中国社会科学院 学者文选
汪海波集
中国社会科学院科研局组织编选

中国社会科学出版社

图书在版编目(CIP)数据

汪海波集/中国社会科学院科研局组织编选.—北京：中国社会科学出版社，2007.12（2018.8 重印）
（中国社会科学院学者文选）
ISBN 978-7-5004-6562-1

Ⅰ.①汪… Ⅱ.①中… Ⅲ.①汪海波—文集②经济学—文集
Ⅳ.①F0-53

中国版本图书馆 CIP 数据核字（2007）第 180303 号

出 版 人	赵剑英	
责任编辑	丁玉灵	
责任校对	修广平	
责任印制	戴　宽	

出　　版	中国社会科学出版社	
社　　址	北京鼓楼西大街甲 158 号	
邮　　编	100720	
网　　址	http://www.csspw.cn	
发 行 部	010-84083685	
门 市 部	010-84029450	
经　　销	新华书店及其他书店	
印刷装订	北京市十月印刷有限公司	
版　　次	2007 年 12 月第 1 版	
印　　次	2018 年 8 月第 2 次印刷	
开　　本	880×1230　1/32	
印　　张	19.125	
字　　数	458 千字	
定　　价	99.00 元	

凡购买中国社会科学出版社图书，如有质量问题请与本社营销中心联系调换
电话：010-84083683
版权所有　侵权必究

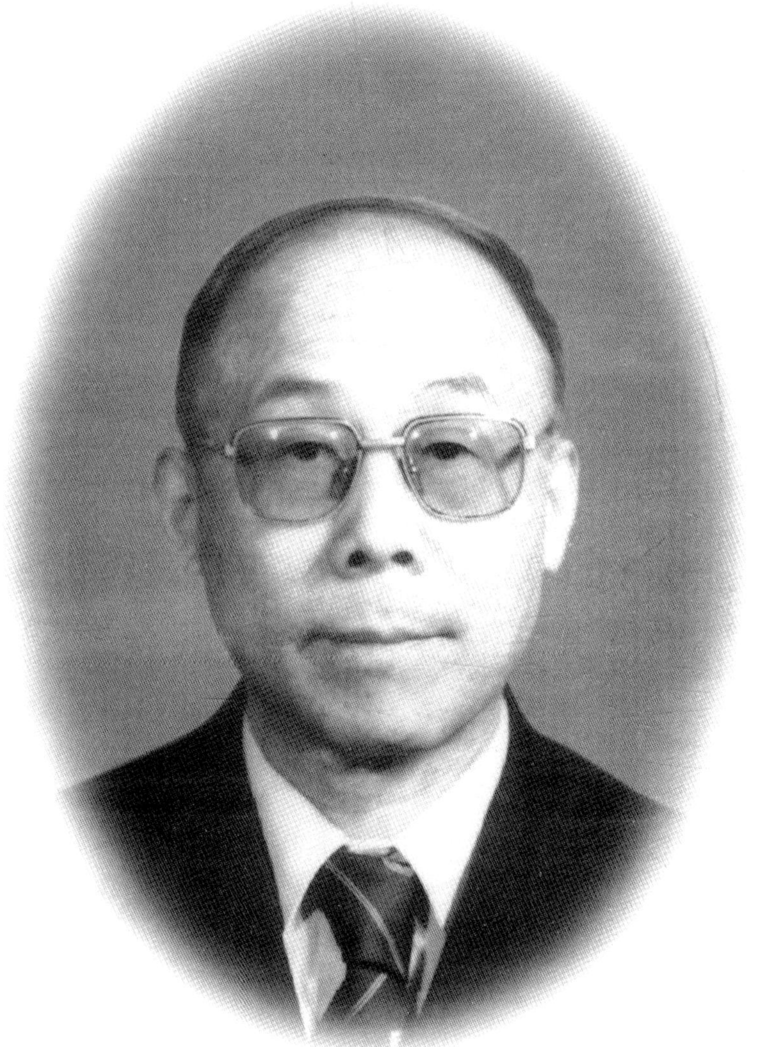

出版说明

一、《中国社会科学院学者文选》是根据李铁映院长的倡议和院务会议的决定，由科研局组织编选的大型学术性丛书。它的出版，旨在积累本院学者的重要学术成果，展示他们具有代表性的学术成就。

二、《文选》的作者都是中国社会科学院具有正高级专业技术职称的资深专家、学者。他们在长期的学术生涯中，对于人文社会科学的发展作出了贡献。

三、《文选》中所收学术论文，以作者在社科院工作期间的作品为主，同时也兼顾了作者在院外工作期间的代表作；对少数在建国前成名的学者，文章选收的时间范围更宽。

中国社会科学院
科研局
1999年11月14日

目 录

作者自序 …………………………………………… (1)

第一部分　关于扩大再生产和级差地租

关于扩大再生产公式的初步探讨 ………………… (3)
关于社会主义级差地租产生原因的探讨 ………… (15)

第二部分　关于拨乱反正

按劳分配不是产生资产阶级的经济基础 ………… (41)
科学技术人员和工程技术人员也是生产劳动者 … (57)

第三部分　关于社会主义经济体制改革

价值规律和社会主义企业的自动调节 …………… (81)
深化经济体制改革的方向问题
　　——评经济私有化的观点 ………………… (100)
90年代深化经济体制改革若干问题探讨 ……… (110)
试论计划调节与市场调节的有机结合
　　——兼评"计划调节为主论" ……………… (126)

企业体制改革与企业行为合理化的历史考察
　　——兼论加速对国有企业实行股份制改造
　　的必要性 ……………………………………………（142）
关于中国现阶段国有经济的比重问题
　　——兼论国有经济主导作用的历史发展 …………（158）
社会主义市场经济导论 ……………………………………（172）
论政府经济职能的历史发展 ………………………………（218）
历史经验的启示 ……………………………………………（244）

第四部分　关于社会主义现代化建设

知识分子在现代生产中的作用 ……………………………（251）
从我国经济现状出发,确定积累率 ………………………（269）
提高经济效益的对策 ………………………………………（299）
试析2002年通货紧缩的特征
　　——兼及通缩率和通胀率公式的修正 ……………（333）
略论新一轮经济周期的特征及其战略含义 ………………（342）
试论"十五"期间投资率和消费率的运行特征及其变动
　　趋势 …………………………………………………（348）
当前亟须控制固定资产投资的过快增长
　　——兼论地方政府投资膨胀机制的治理 …………（374）
试论第三产业的优先发展 …………………………………（394）

第五部分　关于中国化马克思主义

"新民主主义论"研究
　　——纪念毛泽东诞辰100周年 ……………………（439）
关于社会主义本质问题的研究
　　——学习邓小平经济理论的一点体会 ……………（463）

对陈云关于稳定发展中国经济思想的历史考察
　　——纪念陈云诞辰90周年 ································ (478)

第六部分　关于经济学研究的方法

关于当前经济学研究的若干问题 ···························· (507)
《资本论》研究要为社会主义商品经济研究服务 ············ (526)

第七部分　关于新中国工业史和中国现代产业经济史

《新中国工业经济史》序 ····································· (543)
《中国现代产业经济史》序 ··································· (558)

作者著作目录 ··· (569)
作者年表 ·· (587)

作者自序

作者在这篇自序中,叙述自己研究工作的主要过程、内容和进展。

1956年夏,作者在中国人民大学经济系研究生毕业后,在进行教学工作的同时,开展了研究工作。作者的研究工作是与我国的政治经济形势的发展相联系的。据此,可以分为以下三个阶段:(1) 1957~1963年;(2) 1977~1978年;(3) 1979年至今。

一 1957~1963年

这时作者刚毕业,教学和研究工作积极性都很高。作者年纪轻,教学之余,仍有很大精力从事研究工作。当时学术自由的氛围虽然远不如现在浓厚,但还相当宽松。这期间,作者与复旦大学经济系同届毕业同学周叔莲(他在中国科学院经济研究所做研究工作)进行了有效合作。因而,这期间,虽是我的研究工作起步阶段,但在全国性报刊(《光明日报》,作为现在《经济日报》前身的《大公报》和《经济研究》以及有全国影响的地方刊物《学术月刊》、《中国经济问题》和《江汉学刊》)都发表过文章。

就这期间发表文章的政治倾向和内容来说，大体可分为三类：(1) 政治倾向和内容都是错误的。比如，《在城市街道建立人民公社的若干问题》①（1958年）和《人民公社在实现农业技术改造中的伟大作用》（1960年）等文，就是宣传当时作为经济上"左"的路线的主要内容之一的人民公社的，政治倾向根本错误，内容也谈不上什么科学性。(2) 主要政治倾向和内容都较好，但有片面性。比如，《关于社会主义级差地租产生原因的探讨》一文，是在马克思关于级差地租理论的指导下，总结了以人民公社作为基本核算单位失败的教训，适应实行以生产队作为基本核算单位的客观需要而写的。但把社会主义级差地租产生的原因仅仅归结为社会主义集体所有制是远远不够的，带有片面性。(3) 政治倾向和内容都是好的。如《关于扩大再生产公式的初步探讨》（1961年）一文，就是在马克思扩大再生产理论指导下，根据"大跃进"失败的教训，并适应实施农轻重为序方针的实践需要，将苏联和我国经济学界广为流行的扩大再生产公式 Ⅰ（v+m）> Ⅱc 这样一个基本公式，扩展为 Ⅰ（v+m）> Ⅱc 和 Ⅱ（c+m）> Ⅰ（v+m/x）这样两个基本公式。

二 1977~1978年

从50年代下半期起，"左"的路线逐步占据了主要地位，"左"的实践趋于严重，到"文化大革命"中发展到顶点。这样，学术自由的氛围越来越淡薄，到"文化大革命"就完全消失。所以，从1963年到1976年，作者也就完全停止了研究工作。

---

① 本书汇集的论著，主要是作者独著（主编）的，有一部分是合著（主编）的。有关作者和出版单位均见后面的论著目录。

但到1976年10月，以粉碎"四人帮"为标志的"文化大革命"结束，极大地激发了作者的政治热情。这时学术自由逐步恢复。作者同周叔莲等老同学又进行了良好合作。这样，作者在这期间发表了大量的以拨乱反正和批判"四人帮"为主要内容的文章。

主要的文章有：（1）《按劳分配不是产生资产阶级的经济基础》。（2）《论社会主义工资及其具体形式》。（3）《必须把劳动者的一部分收入与企业的经营状况紧密地结合起来》。（4）《批驳"四人帮"诋毁社会主义商品生产的谬论》。（5）《利润范畴和社会主义企业管理》。（6）《充分发挥企业的主动性》。（7）《科学技术人员和工程技术人员也是生产劳动者》。（8）《企业管理的劳动性质不容歪曲》。（9）《社会主义生产过程中人与人之间的相互关系是阶级对抗关系吗？》。（10）《必须坚持合理的规章制度——批判"四人帮"破坏社会主义规章制度的谬论》。（11）《斥"四人帮"攻击〈条例〉的谬论》。（12）《一本宣扬"四人帮"反动谬论的坏书》。

在这些文章中，论证了按劳分配、工资、商品生产、利润、生产关系和国有企业规章制度的社会主义性质，以及它们在发展生产中的重大作用，批判了"四人帮"在这些根本问题上的谬论。这里要说明：（1）1975年，邓小平在主持中央工作期间，进行了经济整顿，在他的支持下，国家计委提出了《关于加快工业发展的若干问题》（即"工业二十条"）。这是当时整顿工业的指导文件。但在随后的"批邓"中遭到了"四人帮"的攻击。第11篇文章就是集中批判"四人帮"对这个《条例》的攻击的。（2）"文化大革命"中，某大学政治经济学系编写了一本《政治经济学》（社会主义部分），集中地体现了"四人帮"的经济观点。第12篇文章就是批判这本书的。

从主要方面说来，这些批判都是阐述了马克思主义的观点，还马克思主义的本来面目，但是，也并没有摆脱计划经济体制的框框。可就当时情况来说，在有些问题上还是做了进一步探索。比如，明确提出并深入阐述了必须把劳动者的一部分收入和企业的经营状况紧密地联系起来，企业必须自负盈亏，以及科学技术人员、工程技术人员和企业管理人员都是生产劳动者等。

三　1979年至今

1978年底召开的党的十一届三中全会，重新确立了实事求是的马克思主义思想路线，开辟了以改革开放和社会主义现代化为主要特征的社会主义建设新时期。从这时起，作者在研究工作中比较自觉地遵循这条思想路线，并围绕这个主要特征满怀激情地开展了工作。在这方面主要涉及以下问题：

1. 关于社会主义初级阶段的研究

作者在《社会主义初级阶段》（1992年）论文中，主要分析了以下四个问题：（1）研究社会主义初级阶段问题的前提：对科学社会主义的再认识。（2）划分社会主义初级阶段的根本标准：社会生产力的发展水平。（3）社会主义初级阶段的基本经济特征：包括以社会主义公有制为主体的多种所有制经济等方面。（4）社会主义初级阶段的历史命运：不管社会主义国家经历多少曲折变化，社会主义初级阶段承担的历史使命最终一定会实现。

2. 关于社会主义商品生产的研究

作者对社会主义商品生产的认识且不说在改革开放前很差，就是在改革以后也经历了一个过程。比如，改革初期作者还认为国有企业只是一个相对独立的商品生产者，只是在后来才逐步比较准确地把握了社会主义商品经济。

在《社会主义商品经济研究》（1998年）等论著中，对社会主义商品经济存在的原因、生产目的、价值规律、竞争、市场、价格、劳动、收入分配等重要问题都进行了系统深入的分析，并对改革前后在这些方面的流行观点提出了商榷意见。在有些方面还做了进一步探讨。

（1）关于社会主义生产目的的研究。在《关于社会主义国家所有制企业生产目的的探讨》（1980年）、《关于社会主义集体所有制企业生产目的的探讨》（1980年）、《实现社会主义生产目的的症结何在？》（1980年）等论文中，并没有拘泥于流行的观点，把社会主义生产目的笼统地归于满足人民的物质文化生活需要，而是依据企业的所有制情况做了具体分析。比如，作者认为，集体所有制企业的生产目的主要是为了满足本企业劳动者的生活需要。作者还提出，仅是建立了社会主义公有制并不能保证社会主义生产目的充分实现，还必须健全社会主义民主制度，根本改革经济管理体制。

（2）关于价值规律作用的研究。在《价值规律和社会主义企业的自动调节》（1979年）论文中提出：充分发挥价值规律的作用，实现企业的自动调节。为此，要使企业成为名副其实的商品生产和商品流通的独立经营者，要根本改革经济管理体制。该文虽然没有提出社会主义市场经济的概念，但涉及了这个概念的核心内容。

（3）关于社会主义劳动的研究。在《关于我国现阶段产业后备军的若干问题》（1989年）论文中，分析了传统经济理论将产业后备军看做是资本主义制度的特有范畴的片面性，提出在社会主义商品经济中也必然而且还需长期存在产业后备军。并据此提出要积极进行相应的、包括建立失业保险制度的改革，还要把调控失业率作为一项全新职能列入政府宏观经济调控。

在《论社会主义劳动纪律的基本格局》（1988年）论文中提出：这种基本格局可以归结为按劳分配（包括不劳动者不得食）纪律＋失业纪律＋自觉纪律。

（4）关于社会主义分配的研究。在《社会主义商品经济研究》（1988年）专著中，系统地深入地揭示了国有经济中生产资料补偿基金、劳动报酬基金和剩余产品基金的性质、量的规定及其分配过程。

3. 关于社会主义市场经济和市场取向的经济体制改革的研究

作者对社会主义市场经济的认识也经历了一个过程，随着改革实践和理论研究的进展，才逐步得到了提高。在《论市场取向的经济改革》（1996年）、《社会主义市场经济概论》（2002年）和《中国转轨时期的政府经济职能》（2005年）等论著中，对社会主义市场经济理论一些基本内容（包括伟大历史意义、建立的必然性和特征等）和以建立社会主义市场经济为目标的经济体制改革的一些主要方面（包括企业、市场和政府等方面的改革）都做过系统深入的分析，并在有些方面做了进一步思索。

（1）关于计划经济体制过渡到社会主义市场经济体制必然性的研究。在这方面，试图采取历史唯物主义的态度，依据我国国情（包括社会生产力和其他各种社会条件），肯定了计划体制在新中国成立初期的积极作用，又依据这些情况的变化，论证了其向社会主义市场经济体制过渡的必然性。

（2）关于社会主义市场经济概念的研究。在这里运用抽象法，分四个层次（即从市场经济一般入手，引入有国家干预因素，再引入有较多国家干预的因素，最后引入制度因素）比较全面地解释了社会主义市场经济这一概念的内涵。

（3）关于经济体制改革方向的研究。作者在《深化经济体制改革的方向问题——评经济私有化的观点》（1990年）一文中，针对当时国内出现的经济私有化的观点，尖锐地提出深化经济体制改革的方向问题，是我国经济改革实践提出的问题，也是阶级斗争实践提出的问题。这个方向只能是和必须是社会主义制度的继续自我完善，不是也不可能是经济私有化。

在20世纪90年代初，在经济改革方面还出现了某种凝固化倾向。从理论上说来，这种倾向是同孤立强调经济稳定发展和社会稳定，忽视发展和稳定对改革的依存关系，以及忽视承包经营制在实现改革目标方面的局限性有关的。针对这种倾向，作者连续发表了《关于深化经济体制改革的若干重要认识问题》（1991年）和《90年代深化经济体制改革若干问题探讨》（1991年）两篇文章，分析了上述倾向，提出必须按照社会主义有计划商品经济的要求，及早采取得力措施推行改革。

在1990年初，计划调节为主的观点又在某种范围内出现了回潮。针对这种倾向，作者发表了《试论计划调节与市场调节的有机结合——兼评"计划调节为主论"》（1992年）。

作者依据改革经验的总结，并适应深化国有企业改革的需要，在《企业体制改革与企业行为合理化的历史考察——兼论加速对国有企业实行股份制改造的必要性》（1993年）论文中，从传统国有企业、承包经营制企业和股份制企业的行为的比较中，提出以实行股份制作为国有企业改革的目标，并依据当时情况提出了推行这项改革的措施。

在《关于中国现阶段国有经济比重问题——兼论国有经济主导作用的历史发展》（1996年）论文中，依据历史经验和国有经济进行战略性调整的要求，提出实行以国有经济为主导、多种经济同时存在和共同发展,是经济高速增长最重要的推动力量。按照当时国有经济覆盖面过宽、比重过大的情况,并适应社会生产力发展的要求,提出依据产业、行业、规模和有进有退等项原则,适度压缩国有经济比重,以利于提高国有经济的整体质量和增强国有经济的主导作用。

(4) 关于政府经济职能的研究。这方面的研究包括两项内容:第一,在《政府经济职能的历史发展及其一般内容和理论意义》(2003年)论文中,依据对古代社会、古典市场经济、现代市场经济和计划经济条件下的经济职能的考察,提出政府经济职能的一般内容,它包括维护经济基础、改革经济体制和承担社会公共职能三个方面。还提出了这种历史考察的理论意义。主要是:拓展了历史唯物主义的基本范畴,进一步揭示古代社会、资本主义社会和社会主义社会的发展规律,以及为研究转轨时期政府经济职能提供方法论。第二,在《中国转轨时期面临的经济环境与政府职能》(2003年)论文中,提出这种环境主要包括急需实现由计划经济体制到社会主义市场经济体制的转变、推进社会主义现代化建设、实现经济和社会的可持续发展和增强国家经济安全四个方面。与此相对应的四个方面,也就是中国转轨时期的政府经济职能。

(5) 关于封建主义社会和资本主义社会条件下经济体制改革的研究。在《历史经验的启示》(1987年)论文中,提出在维护基本经济制度下,封建主义社会和资本主义社会都进行过经济体制改革。前者如中国由领主制度到地主制度的转变,后者如由自由放任的古典市场经济到有国家干预的现代市场经济的转变。这两项改革都大大推动了社会生产力的发展。还分析了这些历史经验对我国经济改革的启示意义。

4. 关于社会主义现代化建设的研究

(1) 关于体力劳动和脑力劳动的研究。在《社会主义的脑力劳动和体力劳动》（1980年）专著中，针对"四人帮"对脑力劳动的污蔑以及1958年以后多年存在的"左"的历史唯心主义的"消灭"体力劳动和脑力劳动差别的做法，不仅再次强调了科学技术人员、工程技术人员和企业管理人员是生产劳动者，而且进一步提出教育和卫生等部门的脑力劳动者也是生产劳动者；还着重提出无论是体力劳动和脑力劳动分工的产生和发展，或其消灭，根本的决定因素都是社会生产力的发展。

(2) 关于积累和消费问题的研究。在《中国积累和消费问题研究》（1986年）专著中，系统深入地分析了社会主义积累和消费的根本特征、比例关系及其模式。特别是依据国内外历史经验的总结，以及自己在这方面构建的分析框架（即综合分析工农业总产值翻两番、城乡人民收入的成倍增长和国民收入的物质构成这三个因素，以确定积累率），推算出20世纪最后20年的积累率。在这里还要着重提到：鉴于英国经济学家黑伊·哈罗德提出的经济增长模型[即产量（收入）增长率（G）= 储蓄率（S）/资本产出率（C）]既有科学性也有局限性（即忽视了原有生产基金利用效率提高在产量或收入增长中的作用），作者用马克思主义经济学语言将这个经济增长模型拓展为：国民收入增长率 = 积累率 × 积累基金效率 + 原有生产基金效率的增长率。

(3) 关于经济效益的研究。在《中国经济效益研究》（1991年）、《中国国民经济各部门经济效益研究》（1990年）、《中国工业经济效益问题研究》（1990年）和《工业经济效益问题探索》（1990年）等专著中对经济效益问题做了相当完整、系统的研究。其特点是：第一，涵盖了国民经济和经济各部门（除了包括工业、农业、建筑业、交通运输业和商业以外，还包括科技、教育和卫生部门）、工业和工业各部门的经济效益以及各生产要素（除了包括劳动力、设备、原材料和资金等以外，还包括自然资源和自然环境）的利用效益。第二，用系统的统计资料和全要素生产率描述了我国经济效益的变化的历史和现状。第三，运用抽象法，通过四个层次（即从生产一般开始，引入商品生产因素，再引入工业化因素，最后引入制度因素）全面地揭示了社会主义经济效益这一概念的内涵。第四，系统地阐述了经济效益的运行特征：速度效益型、周期波动型、粗放经营型、资金和劳动力投入主导型、不平衡型和低效益型。并从经济体制、战略、结构、技术和企业管理等方面分析了这些特征的成因，提出了相应的对策。在对策方面涉及一个极重要问题，即要有适度的经济增长速度。在这方面提出要依据我国国情把握这种速度的三个重要特点：即必须有利于提高经济效益，并适应非均衡增长条件和经济周期波动条件的适度增长。

针对90年代初经济实践中又一次发生的由盲目追求速度忽视效益而导致经济过热的严重情况，作者连续发表两篇文章，尖锐提出《真想还是假想提高经济效益》（1991年），强调《当前要强调提高速度与增进效益相统一》（1992年）。

（4）关于社会主义现代化建设三步走战略和经济运行的研究。在《论中国经济的持续快速发展》（2000年）、《我国"九五"、"十五"宏观经济分析》（2002年）和《论中国经济社会的持续快速全面发展》（2006年）等论著中，对社会主义现代化建设三步走的战略目标及其实现的艰巨性和可行性，全面建设小康社会的目标及其实现的战略（包括新型工业化道路、产业结构的优化升级、全面繁荣农村经济、实施西部大开发、实施可持续发展、实施科教兴国、深化改革和扩大开放、扩大就业和不断改善人民生活），以及90年代以来的经济运行做系统深入的分析，并对其中的一些方面做了进一步探索。

在《试析2002年通货紧缩的特征——兼及通缩率和通胀率公式的修正》（2004年）论文中，对其特征（主要是混合型）做了分析。并依据这个特征的分析，对学界流行的通缩率和通胀率公式提出了修正意见。即将通缩率＝物价下降率修正为通缩率＝物价下降率－由各种非需求不足因素引起的物价下降率；将通胀率＝物价上涨率修正为通胀率＝物价上涨率－由各种非需求过旺因素引起的物价上涨率。

在《对2004年我国经济运行特征的分析》（2004年）论文中，在论及特征形成的原因时提出：1992~1997年形成和实践了以反经济过热、实现"软着陆"为特征的宏观调控政策体系；1998~1999年形成和实践了以反经济过冷、制止经济增速过度下滑为特征的宏观调控政策体系；2000~2003年上半年继续完善和实践了以反经济过冷、实现经济回暖为特征的宏观调控政策体系；2003年下半年以来又开始形成和实践了以反经济局部过热、实现"软着陆"为特征的宏观调控政策体系。

在《新一轮经济周期运行特征及其战略含义——兼论经济周期的历史发展》（2005年）论文中，除了简要总结古代社会自然经济条件下经济周期和资本主义商品经济条件的经济周期以及新中国成立以来的历次经济周期的历史发展以外，着重分析了新一轮经济周期的运行特征，即以轻波为主要特征的经济快速平稳持续发展。并指出了其战略含义就是中国在21世纪初一个相当长的时期内面临着千载难逢的重要战略机遇期。

在《试论"十五"期间投资率和消费率的运行特征及其变动趋势》（2005年）论文中指出，与以往九个五年计划相比较，"十五"期间投资率趋于巅峰，消费率驶入低谷，并系统深入地分析了其形成的原因。还指出了其变动趋势，提出了对策（包括提高对这个问题严重性的认识、提高投资率和消费率预期指标在宏观调控中的战略地位和科学性及其实现的保证体系）。

在《当前亟须控制固定资产投资的过快增长——兼论地方政府投资膨胀机制的治理》（2006年）论文中提出：当前投资过快增长的根源是居于主导地位的地方政府和各种经济类型的企业的投资膨胀机制。因此，要控制当前固定资产投资的过快增长，重点是抑制地方政府的投资膨胀机制。

在《新中国十个五年计划的回顾：成就和经验》（2006年）论文中，分三个阶段（即"一五"计划、"二五"至"五五"计划和"六五"至"十五"计划）总结了其编制和实施的成就和经验。

在《试论第三产业的优先发展》（2007年）论文中，指出了我国第三产业发展和现状的特征是严重扭曲和严重滞后。从战略、体制、结构和经济增长方式等方面揭示了其原因；强调了这是当前有关经济发展、改革深化、政治稳定和社会和谐的一个全局性问题；为此，要从合理设置发展目标，创造有利环境，增加要素投入和提高劳动生产率，优化结构和布局，提高城镇化率，以及加快改革等方面，积极推进第三产业的优先发展。

5. 关于中国化马克思主义研究

在《"新民主主义论"研究——纪念毛泽东诞辰100周年》（1993年）论文中，针对学界广泛流行的把毛泽东提出的"新民主主义论"仅仅归结为新民主主义革命论一个方面，经过系统考证和深入分析，把"新民主主义论"归结为新民主主义革命论和新民主主义社会论两个方面，并指出这是毛泽东对马克思主义所做的划时代发展。

在《关于社会主义本质问题的研究——学习邓小平经济理论的一点体会》（1998年）论文中，在详细考察了邓小平关于社会主义本质问题的论述以后指出：邓小平这个理论是创造性地运用马克思主义的重大成果；是科学总结社会主义建设经验的产物，是批判党内曾经长期存在的"左"的错误的产物，特别是揭露"四人帮"假社会主义的产物；是科学社会主义理论发展的新阶段，党的基本路线的理论基石，经济改革的根本指导思想。

在《对陈云关于稳定发展中国经济思想的历史考察——纪念陈云诞辰 90 周年》（1995 年）论文中，分析了这个思想在陈云整个思想中的重要地位及其形成的历史条件，这个思想在新中国各个时期的具体表现及其所起的重要指导作用以及它的深远意义。

6. 关于经济学研究方法的研究

在《关于当前经济学研究的若干问题》（1986 年）论文中，明确而系统地提出：第一，要把马克思主义著作中否定社会主义商品经济的观点扬弃掉，并把马克思主义关于资本主义商品经济中适合社会主义经济和我国国情的部分运用起来。第二，要把现代资产阶级经济学所总结的、适合社会主义商品经济和我国国情的有用部分借鉴过来，并把其中庸俗的和不适合的部分批判掉。第三，要以我国和其他社会主义国家的实践为基础建立和发展社会主义的商品经济理论，同时又要用已经为实践所证明的社会主义商品经济理论去指导社会主义各国的实践。

在《〈资本论〉研究要为社会主义商品经济服务》（1989 年）论文中提出：要从改革前《资本论》研究主要为阶级斗争和计划经济体制服务，转到主要为发展社会主义社会生产力和社会主义商品经济服务。为此：第一，不能从已有原则出发，必须从事实出发。第二，要把握事物的共性和个性相互联系的原则，不能只把《资本论》看做是资本主义商品经济特殊在理论上的反映，还要把它看做是发达的商品经济一般在理论上的反映。第三，要把握复杂事物内部各个要素的相互联系，对《资本论》所反映的发达商品经济一般这个复杂机体，对它的各个范畴的运用，不能孤立进行，而必须注意其相互联系。

7. 关于新中国工业经济史和中国现代产业经济史的研究

1984年，作者时任中国社会科学院工业经济研究所工业经济理论和发展研究室主任，所长蒋一苇交给研究室一项研究任务：撰写新中国工业经济史，以填补这个学科的空白。这就是这个长期从事经济学研究的人涉足经济史研究的缘由。

在《新中国工业经济史》专著（1996年）中，作者试图在马克思主义指导下，并从中国实际情况出发，对新中国工业经济史这门新学科的研究对象和方法以及历史分期的标准等做了详细阐述。然后在正文中分时期地阐述了新中国工业经济发展的历史进程。

在《中国现代产业经济史（1949.10~2004）》专著（2006年）中，作者在以下几个方面进一步做了探索：一是用基本经济制度（或经济体制）作为首要标准，用生产力作为第二标准，划分了新中国成立以来产业经济发展的历史时期。二是以历史方法为主并结合逻辑方法，安排了每篇的章节框架。三是把定性分析和定量分析结合起来，既有详尽的史实叙述，又有系统的统计资料。四是力图在真实再现新中国成立以来产业经济历史过程的基础上，做了画龙点睛的总结。

最后，还需要说明：（1）为保论著观点原貌，这次付梓只做了技术性的改动。（2）本书出版得到了中国社会科学院科研局、工业经济研究所科研处和中国社会科学出版社的大力支持，特向他们表示感谢！

汪海波
2007年5月15日

第一部分
关于扩大再生产和级差地租

关于扩大再生产公式的初步探讨[*]

马克思在研究社会资本再生产时所揭示的再生产公式，是马克思关于社会资本再生产理论的最基本的内容。这些公式虽然具有资本主义商品价值的形式，但它反映了社会物质资料再生产的规律，反映了社会生产两大部类的对比关系。因此，它不仅对资本主义社会是有效的，而且对社会主义社会也是有效的。正确认识马克思关于再生产的公式，在理论上和实践上都是有重要意义的。从学术界有关社会资本再生产的论文来看，我们认为对这个问题的有些看法是不全面的。下面提出我们对这个问题的一些粗浅看法，向大家请教。

一

有的同志在阐述马克思关于社会资本再生产的公式时写道："简单再生产的条件是：$I(v+m)=IIc$。扩大再生产的条件是：I

---

[*] 与周叔莲合作，署名实学。原载《光明日报》1961年12月4日。

$(v+m) > II_c$。"① 也有同志认为,简单再生产的基本条件是:"I $(v+m) = II_c$。""扩大再生产的条件是:I $(c+v+m) > I_c + II_c$。如果从两大部类之间的关系来看,这个条件可以表示为:I $(v+m) > II_c$。"② 还有同志认为,简单再生产的条件是:"(一) I $(v+m) = II_c$,(二) I $(c+v+m) = I_c + II_c$,(三) II $(c+v+m) = I (v+m) + II (v+m)$;扩大再生产的条件是:(一) I $(v+m) > II_c$,(二) I $(c+v+m) > I_c + II_c$,(三) II $(c+v+m) < I (v+m) + II (v+m)$。"③ 简单再生产的三个公式,虽然各有其独立的意义,但实际上可以归结为:I $(v+m) = II_c$ 这样一个公式。扩大再生产的两个公式或三个公式,虽然也各有独立的意义,但同样也可以归结为:I $(v+m) > II_c$。所以,上述三种看法实际上是相同的。

我们认为,简单地说来,简单再生产的基本公式可以归结为:I $(v+m) > II_c$。但如果把扩大再生产的基本公式也概括为:I $(v+m) > II_c$,则是不全面的。按照我们对马克思的扩大再生产原理的了解,除了 I $(v+m) > II_c$ 这个首要的基本的公式以外,还必须有 II $(c+m) > I\left(v + \dfrac{m}{x}\right)$ 这个基本的公式。

列宁说过:"公式本身什么也不能证明;它只能在过程的各个要素从理论上解释清楚以后对过程绘图说明。"④ 因此,我们在论述到再生产公式之前,有必要对马克思的再生产理论作简要

---

① 刘国光:《列宁关于社会生产两大部类比例关系学说的发展以及这个学说对社会主义建设的意义》,《经济研究》1959年第11期,第12页。
② 王必:《资本主义再生产与经济危机》,《前线》1960年第7期,第24页。
③ 吴兆浩:《社会主义制度下生产资料生产与消费资料生产的关系》,上海人民出版社,第6—8页。
④ 列宁:《市场理论问题述评》,《列宁全集》第4卷,人民出版社1963年版,第48页。

的分析。

马克思对扩大再生产的分析是从简单生产开始的。他从价值补偿和物质补偿的观点出发把社会总产品从而把社会总生产区分为两大部类，即生产生产资料的第一部类和生产消费资料的第二部类，即Ⅰ与Ⅱ；同时又把每一部类的产品区分为已经消耗的不变资本、可变资本和剩余价值，即c、v与m。

马克思分析了简单再生产条件下两大部类之间的交换，并得出了简单再生产的基本公式：Ⅰ（v+m）=Ⅱc。这个公式表明了两大部类在简单再生产过程中的相互作用，第二部类为了维持简单再生产所需要的生产资料是由第一部类提供的，第一部类所需要的消费资料是由第二部类提供的。

马克思在分析了两大部类的可变资本与剩余价值的实现以后，得出了简单再生产的第二个条件：Ⅱ（c+v+m）=Ⅰ（v+m）+Ⅱ（v+m）。这个公式表明了第二部类在整个社会简单再生产中的作用，表明了两大部类所需要的消费资料都是由第二部类提供的。

马克思在分析了两大部类不变资本的实现以后，得出了简单再生产的第三个条件：Ⅰ（c+v+m）=Ⅰc+Ⅱc。这个公式表明了第一部类在整个社会简单再生产中的作用，表明了两大部类所需要的生产资料都是由第一部类提供的。

简单再生产的三个公式虽然各有它的独立的意义，但第一式既然反映了第二式的要求，也反映了第三式的要求，所以第二式和第三式都可以归结为第一式。同时，第二式和第三式虽然也都反映了两大部类在简单再生产中的对比关系，但只有第一式才在最纯粹的形态上反映了这一点。因此，我们认为，概括地说，简单再生产的公式就是：Ⅰ（v+m）=Ⅱc。

我们现在接着来探讨马克思关于扩大再生产公式的分析。

资本积累是扩大再生产的源泉。剩余价值又是积累的源泉。因此,"为要积累,人们就须把剩余生产物一部分转化为资本。如非借助于奇迹,能转化为资本的,是限于能被使用在劳动过程上的物(即生产资料),和劳动者能依以维持生存的物(即生活资料)"。①

为了实现扩大再生产,首先就需要追加的生产资料。这种追加的生产资料只能由第一部类的剩余生产物提供。但是,为了使两大部类能够从第一部类的剩余生产物中取得追加的生产资料,就不能像简单再生产那样,Ⅰ(v+m)=Ⅱc,而必须是Ⅰ(v+m)>Ⅱc。关于这一点,马克思写道:"因为(1)第Ⅰ部类已经把它的剩余价值一部分,合并在他自己的生产资本内……(2)第Ⅰ部类要用他的剩余生产物,供第Ⅱ部类积累上必要的不变资本以材料。"②

既然社会生产两大部类实现扩大再生产首先必须有追加的生产资料,Ⅰ(v+m)>Ⅱc正是反映了这个要求,因此,它是扩大再生产的首要的基本条件。这个公式反映了第一部类在第二部类和整个社会扩大再生产过程中的决定作用。

从这里可以看出:第二部类的发展是以第一部类的发展作为前提条件的。在社会生产力发展和资本有机构成提高的条件下,第二部类的发展,还必须以第一部类的优先发展作为前提条件。从这一方面来看,第二部类的发展是有限制的,这就是:Ⅰ(v+m)>Ⅱc。如果Ⅱc=Ⅰ(v+m),甚至于Ⅱc>Ⅰ(v+m),那么,第二部类就不能获得追加的生产资料,扩大再生产就是不可能的。

---

① 马克思:《资本论》第1卷,人民出版社1953年版(下同),第726页。
② 马克思:《资本论》第2卷,第649页。

社会生产两大部类要实现扩大再生产，除了首先要从第一部类剩余生产物中获取追加的生产资料以外，还要从第二部类剩余生产物中获取追加的生活资料。但Ⅰ（v＋m）＞Ⅱc只是反映了前者的要求，并没有反映后者的要求。在Ⅰ（v＋m）＞Ⅱc中，只是表明两大部类所需要的追加的生产资料是由Ⅰm提供的，只是表明Ⅱc是要用同Ⅰ（v＋m）相交换的，但未表明两大部类需要的追加的生活资料是由Ⅱm提供的。Ⅰ（v＋m）＞Ⅱc只是表明第一部类对于第二部类和整个社会扩大再生产的决定作用，但它没有反映第二部类对于第一部类和整个社会扩大再生产的制约作用。因此，Ⅰ（v＋m）＞Ⅱc虽然是扩大再生产的首要的基本公式，但不是全部公式。只有这个公式还不能保证扩大再生产的实现。

　　为了说明这一点，我们假定社会总产品的构成图式为：

Ⅰ 5000c＋1250v＋1250m＝7500

Ⅱ 1000c＋500v＋500m＝2000

　　我们还假设 $\dfrac{m}{x}$ 是表示 m 中用于资本家个人消费的部分。在这里，假设Ⅰ$\dfrac{m}{x}$＝Ⅰ250m。

　　这样，这个图式是符合Ⅰ（v＋m）＞Ⅱc的要求的，即Ⅰ（1250v＋1250m）＞Ⅱ1000c。但在Ⅰ（1250v＋250m）与Ⅱ（1000c＋500m）相交换之后，Ⅱm就没有多余的了。这样，无论是第一部类，或者是第二部类都不可能从Ⅱm中获得追加的必要生活资料，因而都不可能实现扩大再生产。

　　上例告诉我们：仅有Ⅰ（v＋m）＞Ⅱc这样一个公式，还不能保证扩大再生产的实现，还必须有Ⅱ（c＋m）＞Ⅰ（v＋$\dfrac{m}{x}$）这样一个公式。

马克思说:"在我们讲可变资本的限度内,第Ⅱ部类为第Ⅰ部类也为它自己而从事积累;因为第Ⅱ部类必须在必要消费资料的形态上,再生产他的总生产物一个较大的部分,从而也特别是再生产他的剩余生产物一个较大的部分。"① 这就是说,为了保证两大部类扩大再生产的实现,第二部类的剩余生产物必须为第一部类和第二部类提供追加的必要生活资料。

Ⅱ$(c+m)>$Ⅰ$(v+\frac{m}{x})$既然反映两大部类扩大再生产必须有追加的必要生活资料的要求,因而,它也是扩大再生产的基本公式。这个公式反映了第二部类对整个社会和第一部类扩大再生产的制约作用。

第一部类对第二部类的扩大再生产虽然有决定的作用,但第二部类对第一部类的扩大再生产也有重要的不可忽视的制约作用。关于这种相互作用,马克思作过这样很好的说明:"像第Ⅰ部类必须由它的剩余生产物,把追加的不变资本,供给于第Ⅱ部类一样,第Ⅱ部类也要在这个意义上,把追加的可变资本,供给于第Ⅰ部类。"② 在社会生产力和资本有机构成提高的条件下,第一部类是必须优先增长的。但从它必须获得追加的必要生活资料来看,这种增长也是有限制的。这个限制就是Ⅱ$(c+m)>$Ⅰ$(v+\frac{m}{x})$。如果Ⅰ$(v+\frac{m}{x})=$Ⅱ$(c+m)$,甚至于Ⅰ$(v+\frac{m}{x})>$Ⅱ$(c+m)$,那么,第一部类的发展也是不可能的。

马克思在总结扩大再生产所需要的全部公式时写道:"所以,在资本主义生产内,Ⅰ$(v+m)$不能与Ⅱc相等……但

---

① 马克思:《资本论》第2卷,第652页。
② 同上。

Ⅰ$(v+\frac{m}{x})$必须常常比Ⅱ$(c+m)$小。较小若干,就看第Ⅱ部类资本家在Ⅱm中无论如何都必须消费的部分来决定。"①

可见,有些同志把扩大再生产的公式归结为(或者实际上归结为)Ⅰ$(v+m)$>Ⅱc这个公式,是不全面的,是不符合马克思关于扩大再生产的原理和扩大再生产的公式的。在这里,有些同志忽视了简单再生产与扩大再生产的区别,忽视了Ⅰ$(v+m)$=Ⅱc与Ⅰ$(v+m)$>Ⅱc的区别。在简单再生产的条件下,Ⅰc和Ⅱ$(v+m)$都是分别在各该部门内部实现的,只有Ⅰ$(v+m)$与Ⅱc才是依靠两大部类之间的交换实现的。在简单再生产的条件下,Ⅰ$(v+m)$=Ⅱc这个公式既反映了第一部类对第二部类的决定作用,也反映了第二部类对第一部类的制约作用。因此,概括地说,只要具备Ⅰ$(v+m)$=Ⅱc这样一个公式,就可以实现简单再生产。在扩大再生产的条件下,情况就不同。按照扩大再生产的要求,一方面需要追加的生产资料,另一方面需要追加的消费资料。但Ⅰ$(v+m)$>Ⅱc只反映了追加生产资料的要求,只反映了第一部类在扩大再生产中的决定作用,而没有反映追加必要的消费资料的要求,没有反映第二部类在扩大再生产中的制约作用。反映这一点的是Ⅱ$(c+m)$>Ⅰ$(v+\frac{m}{x})$。因此,扩大再生产必须有两个公式,即Ⅰ$(v+m)$>Ⅱc和Ⅱ$(c+m)$>Ⅰ$(v+\frac{m}{x})$,而不能归结为Ⅰ$(v+m)$>Ⅱc一个公式。

---

① 马克思:《资本论》第2卷,第657—658页。

二

有的同志认为,列宁在论述社会资本扩大再生产时也只提到 Ⅰ($v+m$) > Ⅱc 这个公式,因此,要保证扩大再生产的实现,只要这样一个公式就行了。

列宁在说到社会资本扩大再生产时,确实只提到了 Ⅰ($v+m$) > Ⅱc 这个首要的基本公式。但这并不等于列宁否定了 Ⅱ($c+m$) > Ⅰ($v+\frac{m}{x}$) 也是扩大再生产的基本公式。

在我们看来,由列宁进一步发挥的第二部类在扩大再生产中的作用的原理,不仅没有否定 Ⅱ($c+m$) > Ⅰ($v+\frac{m}{x}$) 的存在,而且进一步论证了它存在的必然性。列宁说:"当然,说积累'不依赖'消费品的生产是不行的,因为要扩大再生产就需要新的可变资本,因而也就需要消费品。"① 列宁还曾经多次强调过第二部类对第一部类扩大再生产的制约作用。为了扩大再生产(绝对意义上的"积累"),必须首先生产生产资料,而要做到这一点,就必须扩大制造生产资料的社会生产部门,就必须把工人吸收到那一部门中去,这些工人也就对消费品提出需求。列宁还认为,即使在资本有机构成提高的条件下实现扩大再生产,即便是 v 与 $c+v$ 之比愈来愈小,也不可以认为 v 会等于零。既然无论是第一部类或者第二部类的扩大再生产,无论是资本有机构成不变的条件下,或者资本有机构成提高条件下的扩大再生

---

① 列宁:《论所谓市场问题》,《列宁全集》第 1 卷,人民出版社 1963 年版(下同),第 68 页。

产，均需要追加的必要生活资料，那么，$\mathrm{II}(c+m) > \mathrm{I}\left(v+\dfrac{m}{x}\right)$ 就是扩大再生产的客观要求。列宁的这些思想，不仅没有否定马克思提出的 $\mathrm{II}(c+m) > \mathrm{I}\left(v+\dfrac{m}{x}\right)$ 这个公式的必要，而且进一步阐发了这个公式赖以存在的理论基础。

还需指出：列宁在论述有机构成不变以及有机构成提高条件下的扩大再生产的实现过程时，也都运用了马克思的下列公式：

$\mathrm{I}\ 4000c + 1000v + 1000m = 6000$

$\mathrm{II}\ 1500c + 750v + 750m = 3000$

如前所述，这个公式既体现了 $\mathrm{I}(v+m) > \mathrm{II}c$ 的要求，也体现了 $\mathrm{II}(c+m) > \mathrm{I}\left(v+\dfrac{m}{x}\right)$ 的要求。可见，列宁对于扩大再生产的分析，也是从上述两个公式的要求出发的。

那么，为什么列宁在谈到社会资本扩大再生产时，只是明白地提出了 $\mathrm{I}(v+m) > \mathrm{II}c$ 这个首要的基本公式，而没有提出 $\mathrm{II}(c+m) > \mathrm{I}\left(v+\dfrac{m}{x}\right)$ 这个基本公式呢？我们认为，这个情况是同列宁的研究对象的特点，特别是同当时的研究任务有联系的。

列宁说过：对资本主义制度来说，生产的发展主要靠生产资料。"这真正是'为生产而去生产'，生产扩大了，而没有相应地扩大消费。但这种矛盾并不是教条，而存在于实际生活中；这正是一种同资本主义的本性和资本主义的社会经济制度的其他各种矛盾相适应的矛盾。"[①] 列宁甚至强调说："一切积累在消费品

[①] 列宁：《俄国资本主义的发展》，《列宁全集》第 3 卷，人民出版社 1963 年版（下同），第 35 页。

市场并未相应扩大甚至还缩小的情况下也为生产资料开辟新的市场。"① 正因为资本主义生产的发展，主要靠生产资料，而不是消费资料，因而Ⅰ（v+m）>Ⅱc 就比Ⅱ（c+m）>Ⅰ（v+$\frac{m}{x}$）处于更加重要的地位。如前所述，Ⅰ（v+m）>Ⅱc 反映了追加生产资料的要求，而Ⅱ（c+m）>Ⅰ（v+$\frac{m}{x}$）反映了追加生活资料的要求。我们认为，这就是列宁强调并且明白提出Ⅰ（v+m）>Ⅱc，但没有明白提出Ⅱ（c+m）>Ⅰ（v+$\frac{m}{x}$）的原因之一。我们认为，这一点也可以用来说明为什么马克思在《资本论》中，极为详尽地分析了Ⅰ（v+m）>Ⅱc，但只是简要地论述了Ⅱ（c+m）>Ⅰ（v+$\frac{m}{x}$）。

当然，对列宁来说，更重要的原因，还是他当时面临的革命任务，从而也是研究任务。大家知道，列宁在 19 世纪末有关"市场问题"的著作，主要是为反对民粹派的错误观点而作的。民粹派错误地认为，在资本主义制度下，社会产品中的不变资本部分和可变资本部分的实现是没有困难的，而剩余价值部分的实现却是有困难的。民粹派由此作出的结论：资本主义在俄国的发展是不可能的。这个结论，必然导致否认俄国当时面临的资产阶级民主革命中的无产阶级领导权，以及民主革命向社会主义革命的转变。而列宁用来反对这种错误观点的主要论据是：资本主义生产的发展，从而资本主义国内市场的扩大主要靠生产资料，而不是消费资料，即依靠生产资料生产的优先增长。为了达到这个

---

① 列宁：《评经济浪漫主义》，《列宁全集》第 2 卷，人民出版社 1963 年版，第 126 页。

结论，只要分析了Ⅰ（v+m）必须与Ⅱc相交换的原理，并把它同资本有机构成提高的因素结合起来，就可以作出的。至于马克思关于再生产的其他许多原理〔其中当然也包括Ⅱ（c+m）>Ⅰ（v+$\frac{m}{x}$）这个公式〕并未充分展开。我们认为，这就是列宁没有明白提出Ⅱ（c+m）>Ⅰ（v+$\frac{m}{x}$）这一公式的最重要的原因。

为了说明这一点，我们把列宁有关"市场问题"的最主要著作《俄国资本主义的发展》有关这个问题的论述较为详细地引在下面。

列宁在论述了社会资本简单再生产的实现过程〔其中包括Ⅰ（v+m）与Ⅱc相交换的过程〕之后指出："至于这种追加生产（指扩大再生产——引者）是怎样同简单再生产结合起来的问题，我们认为无须详加考察。我们的任务并不是专门研究实现的理论，而说明民粹派经济学家的错误以及从理论上对国内市场问题作出一定的结论，上述的一切就已经足够了。"

"马克思的实现论对我们所关心的国内市场问题作出的主要结论如下：资本主义生产的扩大，因而也就是国内市场的扩大，与其说是靠消费品，不如说是靠生产资料，换句话说，生产资料的增长超过消费品的增长。……可见，资本主义国内市场的扩大，在某种程度上并'不依赖'个人的消费的增长，而更多地靠生产的消费。"

但即使如此，列宁也还同时指出："但是如果把这种'不依赖性'理解为生产消费完全脱离个人消费，那就错了，因为前者能够而且也应该比后者增长得快些（其'不依赖性'也仅限于此);但是不言而喻,生产消费归根到底总是同个人消费相关联的。"① 显然,列宁的这些思想,不仅是 $I(v+m) > IIc$ 的理论基础,也是 $II(c+m) > I(v+\frac{m}{x})$ 的理论基础。

可见,只看到列宁明白地提出了 $I(v+m) > IIc$,而没有明白地提出 $II(c+m) > I(v+\frac{m}{x})$,而不看列宁的全部思想,不考虑列宁的研究对象的特点,特别是列宁的研究任务,就得出结论说:列宁认为,扩大再生产只有一个公式,即 $I(v+m) > IIc$,是不妥当的。

这里应该强调指出:如果对列宁的研究对象和研究任务来说,只强调 $I(v+m) > IIc$ 是适宜的话,那么,对我们的研究对象和研究任务来说,就必须同时提出 $I(v+m) > IIc$,以及 $II(c+m) > I(v+\frac{m}{x})$。对资本主义生产来说,"这真正是'为生产而生产',生产扩大了,而没有相应地扩大消费"。而对社会主义生产来说,生产是为了消费,是为了人民的日益增长的物质和文化的需要。在社会主义制度下,在生产发展基础上,人民的生活必然得到提高。有的同志在论述马克思扩大再生产原理对社会主义建设的指导意义时,只提出 $I(v+m) > IIc$ 一个公式是不妥当的。我们认为,全面地认识马克思关于扩大再生产是两个公式即:$I(v+m) > IIc$ 和 $II(c+m) > I(v+\frac{m}{x})$,而不是一个公式,即 $I(v+m) > IIc$,对于正确认识和运用马克思关于扩大再生产的理论,对于实现社会主义的生产目的,都是必要的。

---

① 列宁:《俄国资本主义的发展》,《列宁全集》第 3 卷,第 33~34 页。

关于社会主义级差地租产生原因的探讨[*]

社会主义级差地租的产生原因,是级差地租理论中的根本问题。正确认识这个问题,对于正确处理集体所有制经济与全民所有制经济之间以及集体所有制经济内部各单位之间的关系,具有重要的意义。本文想就这个问题提些粗浅想法,并对学术界的一些观点提出商讨意见,以就教于同志们。

一

探讨社会主义级差地租产生的原因,必须从分析社会主义生产的经济条件着手。有的同志把社会主义级差地租仅仅看成是收入分配问题,只是从分配方面探讨其产生的原因,我们认为这是不恰当的。当然,社会主义级差地租既是生产方面的问题,也是分配方面的问题。但是生产决定分配,脱离了生产的经济条件,不但级差地租的产生,就是级差地租的分配,也不可能得到正确的说明。

---

[*] 与周叔莲合作,署名汪涛、策联。原载《经济研究》1962年第2期。

从生产方面看，社会主义集体所有制经济中还有着级差地租存在的条件和原因。

在社会主义农业中，存在着土地肥沃程度的差别，土地距离市场远近的差别，土地上追加投资的生产率的差别，概括说来，还存在着优等地与劣等地的差别。诚然，在社会主义制度下，随着生产的发展和技术的进步，一切土地都会得到逐步改良。但正如马克思所说的："土地总面积的绝对丰度的增进，不会废止这种不等，而是增大它，或任其照旧不变，或只是缩小它。"[①] 土地位置的差别和土地上追加投资的生产率的差别的变化，也不可能达到平衡状态，更不可能保持平衡状态。

由于存在着优等地与劣等地的差别，因而劳动生产率也就有差别，在同量土地上投入等量的劳动和资金的条件下，从优等地获得的产品就要比劣等地多。这部分较多的收入就是级差土地收入[②]。

关于社会主义制度下还存在着优等地与劣等地的差别，因而还存在级差土地收入的问题，马克思有过清楚的说明。他说，在资本主义消灭以后，"社会劳动要耕作丰度不同的各种土地，在此际，……所用的劳动有种种差异"[③]。

但是，优等地与劣等地的差别只是社会主义级差地租产生的条件，级差土地收入只是级差地租的实体。要使级差土地收入表

---

① 马克思：《资本论》第3卷，人民出版社1953年版（下同），第862页。

② 有的同志把级差地租的实体叫作补充收入，也有同志把它叫作额外收入，还有同志把它叫作级差土地收入。我们认为，在这些概念中，级差土地收入是较为确切的。它表明了这种收入产生的条件是优等地与劣等地的差别，它表明了这种收入是优等地收入与劣等地收入之间的差额，它还表明了这种收入的稳固性。这样，它就反映了这种收入的特点，既把这种收入同工业中的额外收入区分开来，又把它同农业中由于其他原因而形成的临时性的额外收入区分开来。

③ 马克思：《剩余价值学说史》第2卷，三联书店1957年版（下同），第264页。

现为级差地租，必须有特定的经济条件。级差土地收入是会永远存在下去的，但是作为特定经济范畴的级差地租，却只是在特定的经济条件下，才会存在。可见，事情仍像马克思所说的那样，"地租（指级差地租——引者）是实行土地经营时那种社会关系的结果。它不可能是土地所具有的多少是经久的持续的本性的结果。地租来自社会，而不是来自土壤"。①

在社会主义制度下，级差地租存在的根本原因，是农业生产资料的集体所有制②。正是由于集体所有制的存在，从优等地获

---

① 马克思：《哲学的贫困》，《马克思恩格斯全集》第4卷，人民出版社1958年版（下同），第190页。

② 有的同志认为，工业中也存在生产资料的集体所有制，但不存在级差地租，因此，"级差地租产生的根本原因，是农业生产资料集体所有制"的提法，过于一般了，而应该提为"土地经营的集体所有制的垄断"。他们还说，列宁就是把资本主义级差地租发生的原因归结为土地经营的资本主义垄断的。

我们认为，土地经营的集体所有制垄断应该包括两个方面的内容：土地的有限，以及土地为集体生产单位占用。因此，如果只是谈到社会主义级差地租产生的原因，那提农业生产资料的集体所有制就已经足够了。如果把级差地租产生的条件和原因都包括在内，那就要提土地经营的集体所有制垄断。

我们这样说，是否符合列宁的原理呢？按照我们的体会，列宁提出的土地经营的资本主义垄断，也包括两个方面的内容：土地的有限，以及土地为资本主义企业占用。比如，列宁说："一种是土地经营（资本主义的）的垄断。这种垄断是由于土地的有限而产生的，因此是任何资本主义社会的必然现象。"（《列宁全集》第5卷，人民出版社1959年版（下同），第103页。重点是引者加的）列宁谈到资本主义级差地租发生的原因的时候，也只是提到资本主义的生产关系。比如，列宁说："在资本主义农业中级差地租是不可避免的……"（《列宁全集》第5卷，第99页）列宁在其他很多地方（《列宁全集》第13卷，第274页；《列宁全集》第21卷，第48页等），也有同样的论述。当列宁把资本主义级差地租产生的条件（土地有限）和原因（土地为资本主义企业经营）一并包括在内时，他又把级差地租的发生归结为土地经营的资本主义垄断（《列宁全集》第5卷，第99、102、103页）。这一点，我们在前面分析土地经营的资本主义垄断这一概念时，已经作了说明。除此以外，从列宁的下述论断也可以得到证明。列宁说："第一种地租（指级差地租——引者）是由于土地有限，土地被资本主义农场占用而产生的……"（《列宁全集》第13卷，第274页。重点是引者加的）列宁在其他很多地方（《列宁全集》第5卷，（转第18页）

得的级差土地产品，只能是属于经营优等地的集体生产单位所有，而不能是属于经营劣等地的集体生产单位所有，也不能是属于代表全民的国家所有。这样，级差土地产品也就表现为实物形态的级差地租。

在农业生产资料的集体所有制的条件下，价值规律在农业中的作用就有它的特点。农产品的社会价值不像工业品那样一般是由中等的生产条件决定的，而是由劣等地的生产条件决定的。由于优等地是有限的，由它提供的农产品，不能满足国家建设和人民生活的日益增长的需要。这样，就要同时耕作劣等地与优等地。但在存在集体所有制的条件下，要保证经营劣等地的集体生产单位实现扩大再生产，就必须使它们能够从农产品价格中补偿生产费用，并获得一定的积累。这样，农产品的社会价值就只能由劣等地的生产条件来决定。如果农产品的社会价值由中等地的生产条件来决定，那么，经营劣等地的集体生产单位不仅不能获得合理的盈利，甚至不能补偿生产费用；不仅不能实现扩大再生产，甚至不能维持简单再生产。马克思说过："生产物（也包括土地生产物在内）的市场价值的决定，是一种社会的行为……这不是根据于土地及其丰度的差别，而必然是根据于生产物的交换价值。"①所以，国家在制定计划价格的时候，要按照由劣等地的生产条件来决定的农产品的社会

第99页；《列宁全集》第21卷，第47页），也有同样的论述。可见，列宁有时把资本主义级差地租的发生，归结为土地经营的资本主义垄断，有时归结为土地有限以及土地被资本主义农场占用。这也表明：土地经营的资本主义垄断，是包括土地有限和土地被资本主义农场占用这样两个方面的内容。

我们这样提，是否一般化呢？也不是。按照我们的认识，社会主义级差地租的条件是优等地与劣等地的差别，它的实体是级差土地收入，它的原因是农业生产资料的集体所有制。我们在前面已经分析了社会主义级差地租的条件及其实体。我们在这里只是分析它的原因。所以，如果不是把级差地租的条件、实体与原因孤立起来看，就绝不能认为"社会主义级差地租产生的根本原因，是农业生产资料的集体所有制"的提法，过于一般了。

① 马克思：《资本论》第3卷，第864页。

价值①来规定农产品的收购价格,才能既保证集体生产单位实现扩大再生产,又调动集体生产单位经营农业的积极性。

---

① 朱剑农同志认为:"关于农产品的社会价值,究竟是取决于什么的问题,从严格的意义上说来,应该说是取决于劣等地生产物平均价值,才是最确切的。"(《论社会主义制度下的级差地租》,《江汉学报》1961年第2期。重点是引者加的)照朱剑农同志看来,似乎马克思主义经典作家关于农产品社会价值决定于劣等地的生产条件,或劣等地产品价值的提法,不是最确切的。我们的看法相反,马克思主义经典作家的这个提法是科学的,而朱剑农同志的农产品的社会价值取决于"劣等地生产物平均价值"的提法,是不确切的。

首先,应该指出,马克思主义经典作家从来都没有一般地谈论劣等地的生产条件,而总是把它具体地确定为劣等的贫瘠程度、劣等的位置和劣等的追加投资的生产率。大家知道,马克思总是把农业中超额利润的固定化(这一点是同农产品的社会价值由劣等地的生产条件决定直接相联系的),同农业生产中的自然基础联结在一起的(参见《剩余价值学说史》第2卷,第249、339、342页)。列宁在谈到劣等地的生产条件的时候,总是指的是土地最贫瘠、土地离市场最远以及土地上追加投资的生产率最低。当他谈到劣等地的生产价格的时候,也总是指的是由上述三个条件决定的生产价格(《列宁全集》第5卷,第102～103页;第13卷,第274页;第21卷,第47页)。

现在的问题是:决定农产品社会价值的,当然不只是这三个条件,还有其他的条件(比如劳动者熟练程度、劳动组织、经营管理水平等),那么,马克思主义经典作家为什么只提这三个条件,而没有提其他的条件?其他的条件是由劣等地的水平决定呢,还是由中等地的水平决定呢?大家知道,劣等地的生产条件这个概念,是马克思在《资本论》第3卷第6篇(即"地租篇"),在分析资本主义级差地租的时候才提出的。由于在农业中存在着土地有限以及优等地与劣等地的差别的特点,在资本主义条件下,农产品的社会价值就必然是由劣等地生产条件(如前所述,这是指的是劣等地肥沃程度、劣等地位置以及劣等地追加投资的生产率)决定。除了这三个条件,其他的条件像工业中一样,也是社会平均的生产条件。这些原理,马克思在"地租篇"以前,已经反复地作过详尽的阐述。这对马克思来说,是不说自明的。

根据上面的分析,我们还可以看到:朱剑农同志"关于农产品的社会价值……取决于劣等地生产物平均价值"的提法是不确切的,因为除了土地的肥沃程度、土地的位置和土地上追加投资的生产率这样三个条件是劣等地的生产条件以外,其他的生产条件仍然是社会平均的生产条件。而社会平均的生产条件,不是经营劣等地的集体生产单位的平均生产条件,而是全部集体生产单位(既包括经营劣等地的集体生产单位,也包括经营中等地和优等地的集体生产单位)的平均生产条件。

因此,我们认为,农产品社会价值是由劣等地的生产条件决定的提法,是科学的。我们在分析问题的过程中,仍然使用了这个概念。

正因为农产品的社会价值是由劣等地的生产条件决定的，优等地产品的个别价值就同社会价值发生了差额。在集体所有制的条件下，这个差额只能归经营优等地的集体生产单位所有，因而表现为货币形态的级差地租。

从上述的分析中，我们可以看到：级差地租发生的根本原因是农业生产资料的集体所有制。对集体所有制经济的商品生产部分来说，级差地租的发生还同商品生产和价值规律的作用有联系。但在这里，级差地租发生的根本原因也不是价值规律的作用，而是集体所有制。从根本上说来，在社会主义制度下存在商品生产，也是由集体所有制与全民所有制的并存决定的；价值规律在农业中作用的特点也是由于农业生产主要由集体所有制经济各生产单位经营决定的。

从上述的分析中，我们还可以看到：社会主义级差地租所反映的社会关系，一方面是集体所有制经济内部相互独立的生产单位之间的关系，是它们之间的等价交换关系，是它们之间的经济差别的关系；另一方面是集体所有制经济与全民所有制经济之间的关系，是它们之间的等价交换关系。我们正是把反映这种特定的由农业生产资料集体所有制形成的社会关系的级差土地收入，称作社会主义级差地租。

可见，社会主义级差地租的性质既同资本主义级差地租是根本对立的，又同小农经济级差地租有根本的区别。它不反映资本家和地主对无产者的剥削关系，也不反映个体农民之间的关系。它所反映的是社会主义劳动者之间的特定的关系。

二

有些同志否认社会主义制度下存在着产生级差地租的经济条

件，否认社会主义有级差地租，只承认有级差土地收入。晏永乾同志认为，级差地租这一经济范畴，只存在于资本主义经济中，而不存在于社会主义经济中。他认为，按照马克思关于资本主义级差地租的理论，级差地租是由于土地经营的资本主义垄断而产生的，它的实质是超额利润，它的地租化是由于存在大土地所有制。他从这里作出结论："基于上述对级差地租的产生及这个范畴的认识，我们认为，在社会主义制度下，继续沿用级差地租这一范畴，无论在理论上和实践上都是不适合的。"① 我们的看法相反，把社会主义集体经济中的级差土地收入称作级差地租，无论在理论上或实践上都是适当的。

我们认为，在社会主义制度下，确实不存在资本主义性质的级差地租。但这并不等于不存在社会主义性质的级差地租。土地经营的资本主义垄断和超额利润只是资本主义级差地租固有的不可分割的特征，而不是级差地租一般固有的不可分割的特征。至于租金的形式，那只是资本主义级差地租的一般特征，而不是资本主义级差地租的固有的不可分割的特征②，更不是级差地租一般的固有的不可分割的特征。为了说明这一点，有必要较为详细地探讨一下马克思对小土地所有制经济级差地租所作的分析。

---

① 《试论级差土地收入及其分配》，《光明日报》1961年9月18日。
② 马克思说："资本主义的土地耕作，是以机能资本与土地私有权的分离当作假定，所以原则上排斥地主自己经营的情形。"（《资本论》第3卷，第980页）因此，在资本主义制度下，级差地租一般的都是由农业资本家以租金形式交给地主。但是，马克思主义经典作家也一再指出："在资本主义农业中级差地租是不可避免的，即使在村社的、国家的、无主的土地上经营也是如此。"（《列宁全集》第5卷，第99页）即使在农业资本家就是土地所有者的场合，"那也不会在问题上面引起变化"（《资本论》第3卷，第844页）。显然，在无主的土地上和自有的土地上经营的场合，级差地租就归农业资本家所有，而不采取租金的形式。因此，租金形式只是资本主义级差地租的一般特征，而不是它的固有的不可分割的特征。

马克思依据小土地所有制性质的分析指出：一般说来，在小土地所有制经济中不存在绝对地租，但存在级差地租。马克思说："不管在这里土地生产物的平均市场价格是怎样规定的，级差地租，即丰度较大或位置较优的土地所有的商品价格超过部分，在这里，必然和在资本主义生产方式内一样，是明明白白存在的。即使这个形态是出现在还没有一般市场价格发展的社会状态内，这个级差地租也是存在的；在这种条件下，它是表现为多余的剩余生产物。不过它是流入那些在较有利自然条件下实现他的劳动的农民口袋里。"①

马克思的这个分析告诉我们：第一，在小农经济中，也存在优等地与劣等地的差别，因而也存在级差土地收入。不过，因为"小土地所有制，依照它的性质，就排斥劳动社会生产力的发展"。② 因此，在这里级差土地收入，只同"丰度较大或位置较优的土地"相联系，而不同农业集约化程度较高的土地相联系。第二，小土地所有制经济是级差地租发生的原因。正因为存在着小土地所有制，级差土地收入才归经营优等地的农民所有，才会流入这种"劳动的农民口袋里"，才会表现为级差地租。第三，"在这个形态上，是不要支付什么租金的；……这种剩余利润（马克思在假借的意义上使用了这个资本主义的经济范畴，实际上指的是小农经济的级差地租——引者）是归于农民，和他的劳动的全部收益一样"。③ 可见，小土地所有制经济的级差地租反映了相互独立的个体农民之间的关系，反映了他们为共同市场而生产的竞争关系④，反映了他们之间的等价交换的关系，反映

---

① 马克思：《资本论》第3卷，第1050～1051页。
② 同上书，第1054页。
③ 同上书，第1050页。
④ 列宁说："为共同市场而劳作的独立生产者之间的关系叫作竞争。"（《列宁全集》第1卷，人民出版社1955年版，第81页）

了他们之间的贫富差别和阶级分化关系（级差地租既是构成这种差别的重要因素，又是促进这种分化的重要因素）。按照我们的体会，正是因为小农经济的级差土地收入反映了这种特定的由个体农民的所有制形成的经济关系，马克思才把它确定为小土地所有制的级差地租。

经过上述的分析，我们可以看到：小土地所有制级差地租的产生并不是由于土地经营的资本主义垄断，它的实质也不是超额利润，它也不采取租金形式，但这并不妨碍它成为级差地租。可见，土地经营的资本主义垄断、超额利润和租金形式，只是资本主义级差地租的特征，而不是级差地租一般的特征。根据上述的分析，我们还可以看到构成级差地租一般的特点的，主要是如下的几点：它的产生条件是优等地与劣等地的差别，它的实体是级差土地收入，它产生的原因是特定的生产资料所有制，它总反映着由特定的生产资料所有制所形成的经济关系。

在理论上说来，就是这样。我国的社会主义实际上又是怎样呢？如前所述，在社会主义农业中还存在着优等地与劣等地的差别，还存在着土地级差收入，还存在着生产资料的集体所有制，因此，级差土地收入就表现为级差地租。社会主义级差地租反映着集体所有制经济与全民所有制经济之间以及集体所有制经济内部各生产单位之间的经济关系。可见，把集体经济中的级差土地收入称作级差地租，不仅是符合马克思列宁主义关于级差地租的一般原理，而且也是符合社会主义经济的实际情况的。

有的同志担心，把集体所有制经济中的级差土地收入确定为级差地租，就会混淆它同资本主义级差地租在性质上的根本区别。应该说，这种担心是不必要的。我们并没有一般地谈论级差地租，而是把它具体地确定为社会主义的级差地租。大家知道，马克思把小土地所有制经济中的级差土地收入确定为小土地所有制的级差地租。但是,并没有因此而混同了它同资本主义级差地租的根本区别。相反,正是马克思揭露了这种根本性质的区别。根据同样的道理,把集体所有制经济的级差土地收入确定为级差地租,也不会混淆它同资本主义级差地租的根本对立,不会妨碍揭示这种对立。

也有同志提出疑问:为什么一定要把集体所有制经济中的级差土地收入称作级差地租,把它就叫作级差土地收入有什么不妥呢?我们认为,如果把集体经济中的级差土地收入就称作级差土地收入,那在科学上就没有前进一步,就没有揭示出这种收入在经济性质上的特点。什么叫作级差土地收入呢?按照我们的理解,级差土地收入这个概念的内容只是包括:它的产生条件是优等地与劣等地的差别,它是优等地收入与劣等地收入之间的差额,这种差额收入带有稳固性。它既同工业中的额外收入相区别,又同农业中由于其他原因而形成的临时性额外收入相区别。从某种意义上讲,优等地与劣等地的差别,以及由此而产生的收入上的差别,是和人类从事农业生产同时发生的;如果抛开它在不同的社会带有不同的性质这一点不说,这种级差土地收入还要永远存在下去。但集体所有制经济中的级差土地收入是由农业生产资料的集体所有制所形成的,它反映着特定的社会经济关系。如果把集体所有制经济中的级差土地收入叫作级差土地收入,就没有把它同各种不同经济条件下的级差土地收入在经济性质方面区别开来,就没有揭示出这种收入在经济性质上的特征。要揭示这种收入在经济性质上的特征,就必须把它确定为社会主义的级差地租。

三

有些同志认为,社会主义级差地租发生的根本原因,不是农业生产资料的集体所有制,而是土地的经营垄断,是商品生产。王玠同志认为,社会主义级差地租发生的原因是:"第一,必须对优等地作为经营对象加以垄断。""第二,由于我国目前社会主义阶段存在商品经济制度,必须实行等价交换,而不是无偿调拨,当然也就有产品的社会价值与个别价值之间的差额问题,级差地租的范畴也就会存在。"① 王玠同志在列举这两点的时候,都是脱离了农业生产资料的集体所有制的,这就说明,他认为,社会主义级差地租的发生是同集体所有制无关的。我们认为,这是值得商榷的。

我们先来讨论他的第一个论点②;他的第二个论点同邓翰维同志发表在《江汉学报》1961年第1期上的文章的论点是一样的,我们放在后面一并讨论。能否说,社会主义级差地租的发生,是和集体所有制无关的"对优等地作为经营对象加以垄断"呢?不能。首先应该说明,马克思主义经典作家曾经把资本主义级差地租的发生,归结为土地经营的资本主义垄断。但他们从来没有谈论什么脱离了资本主义所有制的、抽象的"土地经营垄断",而总是谈土地经营的资本主义垄断。马克思在总结资本主义级差地租发生的原因的时候写道:级差地租"是由一种能被

---

① 《关于级差地租讨论的意见》,《光明日报》1961年9月18日。
② 我们在下面只是分析脱离了生产资料的集体所有制,来抽象地谈论"土地经营垄断",是不对的。这里也须顺便指出:即便是结合了集体所有制,如果只提优等地经营的集体所有制垄断,也是不妥的。因为级差地租的发生,不只是由于优等地为集体生产单位经营,而且也因为劣等地为集体生产单位经营,级差地租就是反映着经营优等地与经营劣等地的集体生产单位之间的关系。如果只是优等地而不是全部土地(社会主义国营农场经营的土地除外)为集体生产单位经营,就不可能有级差地租发生。列宁说:"土地的有限……造成一定的垄断,就是说,……全部土地都被农场主占用……"(《列宁全集》第5卷,第102页。重点是引者加的)如果从一般意义上理解,列宁的这个原理,对于社会主义级差地租也是适用的。

独占并且已被独占的自然力由资本利用而生出"。① 列宁在发挥马克思的这一著名原理时写道:"一种是土地经营(资本主义的)的垄断。……这种垄断的结果使粮食价格取决于劣等地的生产条件,对优等地的投资,或者说,生产率较高的投资所带来的额外剩余利润,则构成级差地租。"② 如果结合社会主义的实际来运用这个原理,那也只能像前面已经分析的那样,社会主义级差地租的发生的根本原因是生产资料的集体所有制。抽象的生产关系是从来都不存在的,抽象的"土地经营垄断"也是从来都不存在的。用客观上并不存在的经济条件,来说明客观上存在的级差地租,自然是不可能的。

如果硬要脱离生产资料的集体所有制来抽象地谈论"土地经营垄断",那么,这种"土地经营垄断"只能被理解为:土地的有限以及土地为某一生产单位所使用。但这又不能叫作"土地经营垄断"。如前所述,按照列宁的"土地经营的资本主义垄断"的经典定义,应该包括两个方面的内容:土地有限,土地被资本主义农场占用。③ 在这两方面内容中,最重要的最根本的还是后一方面。"土地有限"总是会存在的。"土地被资本主义农场占用",只是在资本主义条件下才会有的。从一般意义上来理解,那也必须是土地为特定的不同的生产资料所有制的生产单位所经营。因为只有当土地被不同的所有者经营的时候,才有可能发生土地经营垄断的问题;当土地为同一个所有者内部各个生产单位经营的时候,就不会发生土地经营垄断的问题。

现在我们来讨论商品生产是不是社会主义级差地租发生的根

---

① 马克思:《资本论》第3卷,第843~844页。
② 列宁:《土地问题和"马克思的批评家"》,《列宁全集》第5卷,第103页。
③ 详见第17页注②。

本原因。邓翰维同志认为："级差地租从它的本质说来，是一个商品经济的范畴。""社会主义阶段，仍然存在着商品生产，存在着农产品作为商品的情况。在这样的条件下，级差地租的发生便成为客观必然的了。"①

邓翰维同志说他的论断是依据马克思《资本论》第3卷第三十八章关于资本主义级差地租的一般概念的分析得出的。但我们认为，他的这个论断并不符合马克思关于资本主义级差地租的理论，即便对资本主义级差地租来说，也是不妥的。

大家知道，马克思确实把资本主义级差地租完全看作是同商品经济相联系的范畴，把资本主义级差地租的发生同价值规律在农业中发生作用的特点联系起来，把级差地租的形成过程同农产品价格的形成过程结合在一起分析的，并把资本主义级差地租确定为个别生产价格与社会生产价格之间的差额。我们认为，马克思这样做是完全正确的。因为商品生产是资本主义生产的一般特点，剩余价值生产是资本主义生产的本质。因此，资本主义级差地租的发生，必然同价值规律的作用联系在一起，必然同农产品价格形成过程结合在一起，必然表现为超过平均利润以上的余额，必然表现为个别生产价格与社会生产价格之间的差额。也正是在这个意义上，马克思批判了"地租不是由农业生产物的价格生出，而是由它的量生出"②的错误观点。

但是，必须指出：即便对资本主义级差地租来说，马克思也未脱离资本主义生产资料所有制，来说明价值规律在农业中的作用，来说明级差地租的发生。马克思在研究资本主义地租的

---

① 《对现阶段农村人民公社级差地租问题的初步探索》，《江汉学报》1961年第1期，第10页。

② 马克思：《资本论》第3卷，第1027页。

"绪论"中，开宗明义就指出，他所研究的农业是资本主义农业。这就意味着资本的自由竞争和平均利润率的形成①，正是由于资本主义在农业中的统治，正是由于资本自由竞争和平均利润率规律在农业中的作用，才使得农产品的价格取决于劣等地的生产条件，才有级差地租的发生。列宁也是这样看待级差地租发生问题的，他反复指出：土地经营的资本主义垄断，使得粮食价格决定于劣等地的生产条件，由此才有级差地租②。可见，马克思主义经典作家虽然认为，资本主义级差地租的发生是同商品生产和价值规律的作用有联系的，但是他们并没把资本主义级差地租产生的根本原因归结为商品生产和价值规律的作用，而是归结为资本主义的生产资料私有制。问题的关键在于：商品生产和价值规律的作用归根到底是由资本主义生产资料私有制决定的。

把"级差地租从它的本质说来，是一个商品经济的范畴"，当作具有一般意义的命题提出来，更不妥当。资本主义级差地租发生的根本原因虽然不是商品生产和价值规律的作用，但级差地租的产生总还同商品生产和价值规律的作用联系在一起。在其他的经济条件下，商品生产和价值规律的作用不仅不是级差地租发生的根本原因，而且级差地租的发生并不一定同商品生产和价值规律的作用有联系。这首先就是小农经济的级差地租。马克思依据小农经济的自给性生产（这是主要的）和商品性生产相结合的特点指出：级差地租可以表现为"商品价格超过部分"，也可以表现为"多余的剩余生产物"。应该指出：马克思这里所说的"多余的剩余生产物"，不是商品的使用价值形态，不是商品，而是自给性产品。因为马克思在这里明白指出："在还没有一般

---

① 马克思：《资本论》第3卷，第801页。
② 列宁：《土地问题和"马克思的批评家"》，《列宁全集》第5卷，第103页。

市场价格发展的社会状态内，……它（指级差地租——引者）是表现为多余的剩余生产物。"① 可见，马克思认为，在小农经济中，不仅商品生产部分，而且自给性生产部分也包含着级差地租。原因何在呢？按照我们的体会，是否完全同商品经济相联系，并不是级差地租一般的特征，构成它的最基本特征的，是看级差土地收入是否反映特定的"实行土地经营时那种社会关系的结果"。② 而在小农经济中，无论是商品性生产，或自给性生产部分的级差土地收入，均反映着小农经济之间的关系，因而均表现为级差地租。

把社会主义级差地租的本质归结为商品生产，更不妥当。当然，社会主义集体所有制经济的产品除了一部分用于满足自身的需要以外，还有一部分是当作商品向外出售的。就商品部分来说，级差地租的发生是同商品生产和价值规律的作用有联系的，级差地租的形成过程同农产品价格的形成过程也是结合在一起的，级差地租也表现为个别价值与社会价值之间的差额。但从根本上说来，社会主义商品生产的存在，还是由于集体所有制与全民所有制的并存；价值规律在农业中的作用的特点，也是由于农业主要是由各个集体所有制的生产单位经营决定的。可见，即便就商品生产部分来说，级差地租发生的根本原因，也还是集体所有制。

应该着重指出，集体所有制经济的产品中有自给性产品的部分。在目前，这部分产品还占有较重要的地位。当然，自给性产品和商品是有联系的。为了统一核算的需要，自给性产品也具有商品价值形式。自给性产品也可以转化为商品。但无论如何，自

---

① 马克思：《资本论》第3卷，第1051页。
② 马克思：《哲学的贫困》，《马克思恩格斯全集》第4卷，第190页。

给性产品总是存在的,它同商品的区别也是不能抹杀的。因此,如果坚持社会主义级差地租是由存在商品生产决定的观点,那么,按照逻辑的发展,必然会得出结论:集体所有制经济中的自给性生产不存在级差地租。但这个结论是不正确的。无论是商品性生产部分或自给性生产部分中的级差土地收入,都反映着特定的社会关系,因而都表现为级差地租。事实上,邓翰维同志自己也认为,自给性产品中也包含着级差地租。但这样,他就不能不陷于逻辑的矛盾中了。

邓翰维同志还引证马克思的下述论断来证明自己的观点:"即使绝对地租消灭,差额仍会存在,如果这种差额是由土地自然丰度的差异引起的。若完全把自然差异之可能的均衡丢开不说,这种差额就和市场价格的调节连在一起,从而,会和价格及资本主义生产一同消灭。"在邓翰维同志看来,马克思是把级差地租的消失和价格的消失联系在一起的,因而就证明商品生产是社会主义级差地租存在的根本原因。

我们认为,从马克思的这段话只能得出这样的结论:社会主义级差地租发生的根本原因是生产资料的集体所有制,而不是商品生产。马克思的这段话,对于理解社会主义级差地租的发生,具有极重要的意义。但邓翰维同志没有全文引出。我们把它补充引在下面。

马克思在前述引语的后面接着说:"这样,只留下如此的一点:即,社会劳动要耕作丰度不同的各种土地,在此际,虽然所用的劳动有种种差异,但在一切等次上,都能成为再生产的。较劣土地无论如何不会像在资本主义社会一样,发生这样的作用,以致较优的土地必须被支付以更多的劳动。宁可说第Ⅳ级土地所省下的劳动,会用来改良第Ⅲ级土地,第Ⅲ级土地所省下的劳动,会用来改良第Ⅱ级,最后,第Ⅱ级所省下的劳动,会用来改良第Ⅰ级。所以，全部由土地所有者们吞去的资本，将被用来使土地劳动平均化，并减少农业一般所使用的劳动。"①

马克思这段话告诉我们：在资本主义消灭以后，优等地与劣等地的差别，从而级差土地收入还会存在。社会主义社会如果建立了单一的全民所有制，这些级差土地收入就归社会所有，由社会用来改良劣等地。这时候级差地租也就消灭了。但在还存在集体所有制的条件下，级差土地收入是归经营优等地的集体生产单位所有的，因而就还表现为级差地租。马克思曾经假定在资本主义消灭以后建立起来的社会主义制度是社会主义全面的全民的所有制，商品生产不再存在。这样，自然"差额……会和价格及资本主义生产一同消灭"。而现在的情况是：社会主义集体所有制与社会主义全民所有制并存，商品生产仍然存在。虽然商品生产对集体所有制经济商品性生产部分的级差地租的发生还是有作用的，但归根结底级差地租的发生还是由于生产资料集体所有制的存在。

四

有些同志认为，不仅在社会主义集体所有制农业中，而且在社会主义全民所有制的农业中也存在着级差地租。这也涉及对社会主义级差地租产生原因的看法，需要进行专门的讨论。

在社会主义全民所有制的农业中②，自然也存在着优等地与劣等地的差别，也存在着级差土地收入。但这种级差土地收入并

---

① 马克思：《剩余价值学说史》第2卷，第264页。
② 我们这里谈的社会主义全民所有制农业，只是指社会主义国营农场的全民所有制部分，不包括生产队（国营农场的基本核算单位）和生产小队（国营农场的包产单位）的小部分集体所有制部分，也不包括国营农场职工的"自留地"部分。

不表现为级差地租。在社会主义全民所有制的农业生产单位中，生产资料是属于全民所有的，而不是属于各个生产单位所有的。国营农业生产单位之间的关系，不是不同的所有者之间的关系，而是同一的全民所有制内部的各个生产单位之间的关系。国营农业生产单位是由代表全民的国家直接领导经营的，是直接受到国家计划的指导的。当然，集体所有制农业生产单位也要接受国家计划的指导，但那是间接的。集体所有制农业生产单位是由各个集体独立经营的。这样，在国营农业生产单位之间，就不像集体所有制农业生产单位那样，存在着土地经营垄断的关系。国营农业生产单位的产品（包括级差土地收入）不是属于各个生产单位所有的，而是属于全民所有的，并且由国家按照全民的需要进行分配的。马克思在论到级差地租消失的经济条件时，曾经指出：由经营优等地节省下来的劳动，将由社会用来改良劣等地①。马克思的这个原理在国营农业生产单位中，已经得到了实现。所以，在社会主义全民所有制农业中，并不存在级差地租。

朱剑农同志认为，在社会主义全民所有制农业中也存在着级差地租。他提出的论据是："社会主义全民所有制的国营农场，……还不是完全成熟了的全民所有制。"因为"国营农场实行企业全额利润按一定比例留成的制度……这表明：国营农场优等土地上所产生的级差土地收入，依然作为级差地租而由直接经营这些优等土地的农场，从中占有一部分"。②

首先，我们认为朱剑农同志的这个论点，是不符合马克思关

---

① 参见马克思《剩余价值学说史》第2卷，第264页。
② 《论社会主义制度下的级差地租》，《江汉学报》1961年第2期，第9～10页。从朱剑农同志的全文看，他在这里所说的社会主义全民所有制农业，也只是指国营农场的全民所有制部分，不包括生产队和生产小队的小部分集体所有制，也不包括国营农场职工的"自留地"。因此，他同我们讨论问题的范围是一致的。

于级差地租产生的原理的。级差地租是由不同的生产资料所有者所形成的经济关系呢？还是由同一的生产资料所有者内部的分配方面的原因所形成的经济关系呢？按照我们对马克思关于级差地租一般原理的理解，只能是前者，而不是后者。如前所述，马克思把资本主义级差地租发生的原因归结为资本主义的生产资料私有制，把小土地所有制级差地租归结为个体农民的私有制。马克思还提出过一个具有一般意义的命题，即地租"是实行土地经营时那种社会关系的结果"。① 可见，级差地租只能是由不同的生产资料所有者所形成的经济关系。这是马克思关于级差地租理论的最基本的内容。朱剑农同志却把国营农场级差地租的起因，归结为由按劳分配原则决定的利润分成制度，那就是认为级差地租可以是由同一所有者内部的分配制度而引起的经济关系。这是不符合马克思关于级差地租产生的原理的。

在这里，朱剑农同志把两种经济关系，即由不同的生产资料所有者所形成的经济关系和由同一所有者内部的分配制度所形成的经济关系混同起来了。这是由于他只看到了二者的某些共同点，却忽视了二者的本质区别。在现实经济生活中，经营优等地的集体所有制生产单位可以获得级差土地收入，经营优等地的国营农业生产单位也可以分得一部分级差土地收入。但这里存在的不只是量的差别，从根本上说来，它是质的差别：第一，前者是生产资料的集体所有制引起的，后者是由全民所有制内部的按劳分配原则引起的。第二，集体所有制经济中的级差土地收入，原则上或者大部分都要归经营优等地的集体所有制生产单位所有，当然，国家也可以通过农业税和工农业产品的交换提取一部分，但只能是一部分。国营农业生产单位的级差土地收入的大部分，

---

① 马克思：《哲学的贫困》，《马克思恩格斯全集》第4卷，第190页。

是要通过利润上缴和税收交付给国家的,经营优等地的国营农业生产单位通过利润提成(利润提成只包括一部分级差土地收入,不全是级差土地收入)而获得的级差土地收入,只能是一部分。这正是两种不同的经济关系的反映。第三,由于各个集体所有制生产单位占有的级差土地收入状况的不同,它们之间的劳动报酬水平会发生显著的差别(这种差别不只是由级差土地收入引起的,还有其他因素)。这种差别不只是反映了它们的劳动状况的不同,而且也反映了它们占有优等地与劣等地的状况不同。在全民所有制经济中,职工的工资标准大体上是一致的。当然,由于经营优等地的国营农业生产单位可以通过利润提成制度,获得一部分级差土地收入,不同国营农业生产单位成员之间的实际工资收入也会发生某些差别(这种差别也不只是由级差土地收入引起的,还有其他因素),但它不会像集体所有制生产单位之间那样显著。在这里,实际工资收入差别所反映的只是按劳分配原则的要求。由此可见,把这两种不同的经济关系区分开来,把集体所有制经济的级差土地收入确定为级差地租,把全民所有制经济的级差土地收入就确定为级差土地收入,是符合马克思关于级差地租产生的原理的,是符合客观实际情况的。

还需要指出,朱剑农同志的国营农业生产单位存在级差地租的说法,同马克思关于级差地租消失的原理,也是不符合的。马克思说过级差地租消失的经济条件是:"如果土地所有权变为人民所有,资本主义生产的基础就一般废止了,劳动条件在劳动者面前独立化的基础也就废止了。"① 但朱剑农同志认为,应该把马克思的"土地所有权变为人民所有","看作共产主义的全民所有";"在国营农场中,'资本主义生产的基础',是废止了,

---

① 马克思:《剩余价值学说史》第2卷,第261页。

但还存在有它的痕迹"。因为"在社会主义国营农场的利润留成中,既然还有一部分要单独用之于本场职工的福利和奖励,这就是国营农场职工的'资产阶级法权'"。① 这个论据也是欠妥的。第一,朱剑农同志在这里并没做任何论证,就断定说,要把马克思的"土地所有权变为人民所有","看作共产主义的全民所有",这是不能说服人的。第二,马克思在这里明白指出:"土地所有权变为人民所有","劳动条件在劳动者面前独立化的基础"的废止。显然,这只是指生产资料的全民所有制的建立,而并不包括按需分配原则的实现,并不要求共产主义全民所有制的实现。在这种经济条件下,从优等地上节省下来的劳动,将由社会用于改良劣等地。第三,朱剑农同志认为,国营农场在生产资料所有制方面也存在"资产阶级法权",这是不符合列宁的著名原理的。列宁说:"社会主义则把生产资料变为公有财产(指社会主义全民所有制——引者)。只有在这个范围内,也只能在这个范围内,'资产阶级的法权'才不存在了。""但是它在另一方面却依然存在,依然是社会各个成员间分配产品和分配劳动的调节者(决定者)。"② 列宁在另一个地方,还把与社会主义集体所有制企业并存的社会主义全民所有制企业,称作"彻底社会主义式的企业"。③ 我们体会,所谓"彻底社会主义式的企业",也就是指在生产资料所有权方面,不带有"资产阶级法权"的企业。可见,朱剑农同志在这里又把分配方面的"资产阶级法权"和生产资料所有权方面的"资产阶级法权"混同起来了。

---

① 《论社会主义制度下的级差地租》,《江汉学报》1961年第2期,第11页。
② 列宁:《国家与革命》,《列宁全集》第25卷,人民出版社1958年版,第453页。
③ 列宁:《论合作制》,《列宁全集》第33卷,人民出版社1957年版,第427页。

这又证明：朱剑农同志的应把马克思的"土地所有权变为人民所有"，"看作共产主义的全民所有"的说法，是没有根据的。

朱剑农同志为了论证级差地租只有在共产主义全民所有制条件下才能消失，还引证了列宁的话："工农业之间就没有任何差别了，任何地租也不可能产生了。"① 我们认为朱剑农同志在这里误解了列宁的原意。列宁的原意是指工农业生产之间不能消除的差别，即土地的有限。为了证明这点，我们把这段话的全文引在下面。列宁在论述资本主义级差地租产生的时候写道："要形成'平均生产率'，要使它来决定价格，那就必须使每个资本家不仅能够一般地投资于农业（既然正如我们所说的，农业中存在着自由竞争），而且能够在任何时候（突破现有的农场的数目）建立新的农场。如果情况是这样，工农业之间就没有任何差别了，任何地租也不可能产生了。但是，正由于土地的有限，情况并不如此。"② 可见，列宁只是指明：在土地有限的条件下，在资本主义农业中，必然产生级差地租；列宁并未指明：只有在工农之间经济差别消失以后的共产主义全民所有制的条件下，级差地租才能消失；列宁也没指明：社会主义国营农场必然存在级差地租。

朱剑农同志还提出："国营农场土地生产物的价格，是不是依照虚假的社会价值决定，也是国营农场对其作为经营对象的土地有没有级差地租的重要标志。"国家收购国营农场的农产品，"与收购集体经济的农产品采取相同的价格。可见，国营农场中的优等地，依然有级差地租"。③

---

① 参见《江汉学报》1961年第2期，第15页。
② 列宁：《土地问题和"马克思的批评家"》，《列宁全集》第5卷，第102页。
③ 《论社会主义制度下的级差地租》，《江汉学报》1961年第2期。

我们认为，在集体所有制经济中存在着虚假的社会价值，在全民所有制经济中并不存在虚假的社会价值。

为了说明这一点，我们首先探讨一下马克思对虚假的社会价值所作的分析：第一，马克思指出，优等地产品生产价格也依照劣等地产品生产价格决定，"这就是由市场价值决定。它在资本主义生产方式的基础上，是通过竞争来贯彻的；由此，生出了一个虚假的社会价值"。可见，在资本主义制度下，虚假的社会价值的产生是资本家之间相互竞争的结果。第二，马克思又说："这个对于社会劳动时间在农业生产上的实现原是负数的东西，现在，对于社会一部分人，即地主，是成为正数了。"这就是说，在资本主义大土地所有制条件下，从优等地上获得的较多的产品，是归地主占有了。这是资本主义条件下虚假的社会价值的最本质的内容。第三，马克思还进一步指出："如果我们设想资本主义的社会形态被扬弃了，社会被组织为一个有自觉有计划的共同结合体，……社会对于这种土地生产物，就不会依照 $2\frac{1}{2}$ 倍这个生产物内包含的现实劳动时间来购买；地主阶级的基础就消灭了。"① 可见，级差土地收入归全社会所有，乃是虚假的社会价值消失的经济条件。

现在我们依据马克思对"虚假的社会价值"的分析，进一步探讨社会主义制度下的虚假的社会价值问题：第一，如前所述，在集体所有制经济中，农产品社会价值是由劣等地生产条件决定的。如果只从全民所有制的农业来看，农产品的社会价值是可以由劣等地也可以由中等地或优等地的生产条件决定的。当然，在全民所有制与集体所有制并存的条件下，既然集体所有制

---

① 马克思：《资本论》第 3 卷，第 864 页。

要求农产品社会价值由劣等地的生产条件决定，那么全民所有制农业生产单位的产品也是必须由劣等地的生产条件决定的。因为全民所有制与集体所有制是相互联系的，整个国民经济是统一的整体。但这仍然是起因于集体所有制，起因于集体所有制和全民所有制的并存，而不是起因于全民所有制本身。因此，在集体所有制经济中，有着产生虚假的社会价值的经济条件；而在全民所有制经济中则无这种条件。第二，在集体所有制经济中，级差土地收入虽然不像资本主义社会那样，是归地主占有的，但还是归经营优等地的集体所有制生产单位所有的，而不是归社会所有。因此，集体所有制经济中的级差土地收入，就是虚假的社会价值。而在国营农场中，级差土地收入绝大部分是归全社会所有的，因而不是虚假的社会价值。可见，虽然集体所有制生产单位和国营农场的级差土地收入均表现为个别价值与社会价值之间的差额，但对前者来说，是虚假的社会价值，对后者来说，就不是虚假的社会价值。

第二部分
关于拨乱反正

按劳分配不是产生资产阶级的经济基础[*]

王张江姚"四人帮"为了颠覆无产阶级专政,复辟资本主义,疯狂诋毁社会主义制度。他们大肆宣扬按劳分配是产生资产阶级的经济基础,就是这种反革命活动的一个组成部分。

"社会阶级在任何时候都是生产关系和交换关系的产物,一句话,都是自己时代的经济关系的产物。"[①] 资产阶级是资本主义剥削关系的产物,而按劳分配却是和资本主义相对立的社会主义经济关系。从这样的经济基础上,怎么能产生出资产阶级来呢?所以,"按劳分配是产生资产阶级的经济基础"的提法荒谬悖理,本来是显而易见的。然而,"四人帮"却玩弄诡计,拼凑"论据",力图证明按劳分配关系必然"分泌"出资本主义的剥削关系。好像这样一来,他们所谓"按劳分配是产生资产阶级的经济基础"的谬论也就得到了论证。拆穿了看,他们的这套理论体系破绽百出,很不像样,然而他们到底是一批惯于施展骗

---

[*] 与周叔莲、吴敬琏合作,原载《经济研究》1978年第1期。

[①] 恩格斯:《反杜林论》,《马克思恩格斯选集》第3卷,人民出版社1972年版(下同),第66页。

术的文痞，他们玩弄的花招，在一段时间内确实迷惑过一些人，因此今天还有必要加以深入的剖析。"四人帮"的"论据"，大致有两类：一是无限夸大按劳分配的缺陷，硬说按劳分配必然引起两极分化和贫富对立；二是把一些跟按劳分配无关的问题扣在按劳分配的头上，硬说按劳分配必然产生高薪阶层和走资派。以下，我们就来逐一加以批驳。

一　按劳分配不会引起两极分化

马克思主义认为，按劳分配是社会主义社会个人消费品分配的基本原则，它对于促进社会主义的生产，巩固社会主义公有制和加强无产阶级专政，有着重要的作用。同时也认为，它还有缺陷，即：就产品按劳动分配这一点说，还是由资产阶级的权利原则支配的，等量劳动和等量劳动相交换，因而人们的"富裕的程度还会不同"。[①]

"四人帮"抓住按劳分配的这种缺陷，加以无限夸大，把它说成产生资本主义的根源。姚文元在他1975年那篇臭名昭著的文章中断定，从按劳分配"带来的那一部分不平等"，"必然会产生两极分化的现象"，使资本主义"发展起来"。"四人帮"这样说，究竟有什么根据？据说根据是有的，就是在价值规律的作用下，从小商品生产的土壤中不可避免地产生资本主义。在按劳分配中，通行着等量劳动相交换的原则，因而也会"分化"出资本主义来。

为了弄清楚按劳分配是否必然引起两极分化，那就有必要把

[①] 列宁：《国家与革命》，《列宁选集》第3卷，人民出版社1963年版（下同），第251页。

按劳分配的经济关系同小商品生产作一对比。

马克思主义关于小商品生产是产生资本主义的基础的原理，无论在历史上或理论上都是完全正确的。从历史上看，在封建社会末期，资本主义是在小商品生产的基础上产生出来的。从理论上说，价值规律的作用必然导致小商品生产者向两极分化：少数小商品生产者上升为拥有资本的资本家，而多数小商品生产者则沦为一无所有的无产者。价值规律的作用必然导致两极分化，使少数小商品生产者上升为资本家，是无偿占有他人劳动的结果。

在按劳分配中通行的一种形式是一定量的劳动可以和另一种形式的同量劳动相交换的原则，和商品的等价值交换有原则区别。正如马克思所指出，在这里，交换的内容和形式都已经改变了，"因为在改变了的环境下，除了自己的劳动，谁都不能提供其他任何东西，另一方面，除了个人的消费资料，没有任何东西可以成为个人的财产"。① 按劳分配和小商品生产不同，不是建立在生产资料私有制的基础上，因而不可能产生自发的资本主义趋势。

从我国历史看，在工业方面，按劳分配制度正是在无产阶级夺取政权以后，在剥夺或改造资本主义私有制，建立社会主义国家所有制的基础上，才建立起来的。它是消灭资本主义的伟大成果，并且是作为资本主义的对立物而产生的。就农业说，所以要在农村搞社会主义改造，建立社会主义制度（包括按劳分配制度），一个极重要的原因正是为了避免农民的两极分化。如果建立起来的按劳分配制度，还是两极分化的经济基础，那要搞经济上的社会主义革命干什么呢？"四人帮"的这个谬论，难道不是要全盘否定我国经济上社会主义革命的伟大成果吗？

---

① 马克思：《哥达纲领批判》，《马克思恩格斯选集》第3卷，第11页。

从理论上说,能否从按劳分配制度中找出它必然引起两极分化的根据呢?不能。按劳分配原则要求每个劳动者各尽所能地为社会劳动,社会在作了各项扣除之后,按照劳动者提供的劳动数量和质量分配个人消费品,它不承认任何人有权根据对生产资料的排他的所有权,占有比别人更多的产品,就是说,不允许无偿占有他人劳动。在这种情况下,虽然劳动力较强、技术水平较高、赡养人口较少的劳动者生活上的富裕程度要高些,但是他们并不能凭借对于生产资料的所有权占有他人的劳动,并因此而逐步上升为资本家。同样,富裕程度较低的劳动者仍然是公有的生产资料的所有者,而且在正常情况下,他们的基本生活是受到社会保障的,绝不会沦为一无所有、只能以出卖劳动力为生的无产者。既然情况是这样,在按劳分配的条件下,怎能发生贫者愈贫、富者愈富的两极分化趋势呢?

"四人帮"无法从经济关系的分析中得出他们所需要的结论,便想出新的花招,从思想引出"产生资产阶级"的结论来。姚文元说,实行按劳分配,它所"刺激起来的资本主义的发财致富、争名夺利思想就会泛滥起来",资本主义"也会发展起来"。按劳分配是否必然使得"资本主义思想"泛滥起来,以及是否由此引起资产阶级的产生呢?回答也是否定的。

按照马克思主义经济基础决定上层建筑的原理,资产阶级的思想意识,只能从资本主义经济基础上产生。因此,毛泽东同志才在我国生产资料所有制的社会主义改造基本完成的时候指出:"由于我国的社会制度已经起了变化,资产阶级思想的经济基础已经基本上消灭了。"[①] 资产阶级思想虽然是由资本主义

---

① 毛泽东:《关于正确处理人民内部矛盾的问题》,《毛泽东选集》第5卷,人民出版社1977年版(下同),第385页。

经济基础产生的，但一经产生就具有相对独立性，它并不会随着资本主义经济基础的消灭而立即消灭。在社会主义现阶段，不但还存在着极少数老资产阶级的残余，而且，由于生产力还没有得到很大发展这个根本原因的存在，新的剥削分子还会从社会主义经济的"缝隙"中产生出来。这是社会主义社会资产阶级思想长期存在的社会经济的和阶级的根源。资产阶级思想无疑会在社会上有广泛的影响，但它并不是从社会主义制度本身产生的。总之，如毛泽东同志所说："反映旧制度的旧思想的残余，总是长期地留在人们的头脑里。"① 在这里，毛泽东同志把旧思想的根源归之于资本主义旧制度，而不是归之于社会主义的按劳分配。

按劳分配不是资产阶级思想产生的原因，相反，资产阶级思想的存在是实行按劳分配必要性的一个方面。马克思在论证按劳分配必然性时指出：社会主义"在各方面，在经济、道德和精神方面都还带着它脱胎出来的那个旧社会的痕迹"。② 这显然包含资产阶级思想在内。按劳分配制度反过来又是改造资产阶级分子和资产阶级传统习惯的一个有力武器。列宁指出，只有在劳动数量和产品分配方面"对富人、骗子、懒汉和流氓实行计算和监督，才能清除万恶的资本主义社会的这些残余，清除人类的这些渣滓，清除这些无可救药的、腐烂的、坏死的部分，清除这些由资本主义遗留给社会主义的传染病、瘟疫和溃疡"。③ 斯大林也说，"不劳动者不得食""是反对剥削者，反对那些自己不劳动而强迫别人劳动，靠剥削别人发财致富的人的"。"还反对那

---

① 毛泽东：《〈中国农村的社会主义高潮〉的按语》，《毛泽东选集》第5卷，第244页。
② 马克思：《哥达纲领批判》，《马克思恩格斯选集》第3卷，第10页。
③ 列宁：《怎样组织竞赛》，《列宁选集》第3卷，第396页。

些好逸恶劳，想靠别人养活的人"。①

按劳分配还是形成社会主义精神的经济基础之一。毛泽东同志说过，合作社政治工作的任务，是"反对自私自利的资本主义的自发倾向，提倡以集体利益和个人利益相结合的原则为一切言论行动的标准的社会主义精神"②。按劳分配，多劳多得，少劳少得，能够把发展社会主义生产的集体利益和提高劳动者生活的个人利益结合起来。所以，按劳分配的经济关系，正是社会主义的思想政治工作得以有效进行的经济基础。正因为按劳分配具有这样的作用，因而只要某一个地区按劳分配原则削弱或破坏了，那么这个地区的资产阶级思想就会泛滥起来，新老剥削阶级分子的破坏活动也就猖狂起来，社会主义经济制度和社会主义精神就会受到破坏。过去由"四人帮"及其死党控制的某些地区不就是这个情况吗？

当然，按劳分配仅仅是在当前的生产力条件和思想觉悟条件下同好逸恶劳、不劳而获等资本主义倾向作斗争、把劳动者个人利益同集体利益联系起来的手段。它并不足以消除全部资产阶级思想，而且它本身也还没有完全超出"资产阶级权利"的狭隘眼界。要完成对资产阶级思想的改造，还需要许多其他条件，归根到底，是生产力的条件，即劳动生产率的极大提高，产品的极大丰裕，并在一定的物质基础上大力进行共产主义思想教育，提高人们的共产主义觉悟。在这些还没有完全做到以前，各种属于资产阶级思想体系的思想，总是要表现出来的。它们并不是由按劳分配产生的。实际上，即使不搞按劳分配，比如，搞什么绝对平

---

① 斯大林：《在全苏集体农庄突击队员第一次代表大会上的演说》，《斯大林全集》第13卷，人民出版社1956年版，第223页。

② 毛泽东：《〈中国农村的社会主义高潮〉的按语》，《毛泽东选集》第5卷，第244页。

均主义，像1958年陈伯达、张春桥刮的"共产风"那样，资产阶级思想还会更加严重地表现出来。其所以更加严重，是由于按劳分配遭到了破坏。这种情况不仅说明资产阶级思想并非来源于按劳分配，而恰好说明按劳分配是同资产阶级思想作斗争的一种武器。

社会主义经济制度（包括按劳分配制度）对全体劳动者来说，是一条共同富裕的道路。毛泽东同志说过："实行合作化，在农村中消灭富农经济制度和个体经济制度，使全体农村人民共同富裕起来。"① 毛泽东同志这里讲的是农村社会主义制度，但对整个社会主义制度都是适用的。按劳分配就是这样一种制度。

从历史发展趋势看，随着社会主义建设的发展，这条共同富裕道路的美丽画卷将会越来越清楚地展现在人们的面前。在我国社会主义制度建立以后，劳动人民的生活已经有了显著的提高。但整体说来，生活还不很富裕，各部分劳动者之间（如体力劳动者与一部分脑力劳动之间、工人和农民之间以及各个集体经济单位之间）的生活还有不少的差别，特别是那些生产水平不高的生产队，在遭到严重自然灾害的时候，有些社员的生活甚至会发生困难。但这种整个生活还不富裕的情况，同按劳分配没有本质的联系，它是由目前社会生产力发展水平决定的。随着我国社会生产力的发展，劳动者的生活必然得到普遍的提高。

对于目前各部分劳动者之间的生活差别，需要作具体分析。有的是同按劳分配有关的，有的则是由于存在着两种社会主义公有制（全民所有制和集体所有制，在集体所有制中目前大多数还是生产队所有制），使得按劳分配的作用受到限制的结果。因为在两种公有制存在的条件下，就不能做到像列宁讲的社会全体

---

① 毛泽东：《关于农业合作化问题》，《毛泽东选集》第5卷，第187页。

公民"同等地工作,并同等地领取报酬"。① 此外,还有许多复杂的因素。比如,由于重男轻女的旧传统习惯形成的男女同工不同酬状况等。这些历史上形成的不合理的因素,显然同按劳分配制度是不相干的,而且还是对按劳分配的一种限制。但随着我国社会生产力的发展,不仅这些历史上形成的不合理的状况会逐步地得到改革和消除,而且随着小集体所有制过渡到大集体所有制,集体所有制进一步过渡到全民所有制,就能做到列宁所说的"整个社会将成为一个管理处,成为一个劳动平等、报酬平等的工厂"。② 这时,同按劳分配相关联的富裕程度的差别虽然还会存在,但两种公有制对按劳分配的限制,以及由这种限制所形成的不同单位劳动者生活上的差别却不存在了。因此,从长远的发展趋势看,实行按劳分配的结果,绝不像"四人帮"舆论工具所污蔑的那样,"人们之间的贫富差别就会越来越大",而是在富裕程度普遍提高的基础上,富裕程度的差别将会越来越小。

对全体劳动者来说,实行按劳分配不仅是一条共同富裕的道路,而且是一条走向共产主义的道路。实现由社会主义按劳分配到共产主义按需分配的过渡,必须创造一系列条件,必须创造比资本主义更高的劳动生产率。而贯彻按劳分配原则,对于创造这些条件具有重要作用。在做好思想政治工作的条件下,正确地贯彻按劳分配原则,对于调动劳动积极性,对于促进劳动者体力和智力的发展,对于提高社会生产力,对于巩固无产阶级专政,均有重要的作用。随着社会生产力的高速度发展,集体福利的比重将逐步提高,分配中的按需分配的因素也将有所增加。

可见,"四人帮"在这个问题上对马克思主义的背叛,不仅

---

① 列宁:《国家与革命》,《列宁选集》第3卷,第258页。
② 同上。

在于他们把由按劳分配形成的富裕程度的差别,篡改为贫富差别,而且在于他们把实现按劳分配是一条共同富裕的道路、走向共产主义的道路,篡改为两极分化、产生资本主义的道路。他们歪曲和篡改马克思主义,真是达到了登峰造极的地步!

二 按劳分配不是产生高薪阶层的经济基础

"四人帮"为了给他们的谬论寻找"根据",还打着总结苏联变修的历史经验的幌子,把苏联高薪阶层的形成,以及一部分干部和知识分子蜕化为资产阶级分子的原因,归结为实行按劳分配的结果。这既是对按劳分配原则的无耻诬蔑,又是对苏联历史的肆意篡改。

在苏维埃政权建立初期,曾经根据当时情况实行对少数专家的高薪制。但这种高薪制只适用于资产阶级专家,党员干部和党员专家的工资,大体上同工人工资是相等的。在列宁逝世以后,特别在20世纪30年代后,苏联不但没有逐步取消高薪制,反而错误地把高薪制的范围扩大到一部分党政领导干部和无产阶级自己培养出来的专家,形成了高薪阶层。这是否是贯彻按劳分配原则的必然结果呢?不,恰恰是破坏按劳分配的结果!

苏维埃政权建立初期,由于缺乏无产阶级自己的建设人才,对少数资产阶级专家实行高薪制,"用高额薪金进行收买",[①] 以便吸引那些同苏维埃制度格格不入甚至怀有敌意的资产阶级知识分子"明星"参加社会主义建设,是完全必要的。然而正像列宁所明确指出的:"专家的报酬不按社会主义标准而按资产阶级

---

① 列宁:《全俄中央执行委员会会议》,《列宁全集》第27卷,人民出版社1963年版,第286页。

标准发给的问题,也就是说,不按劳动的困难程度或特别艰难的条件而按资产阶级习惯和资产阶级社会的条件发给。"① 列宁这里讲的"按资产阶级习惯和资产阶级的社会条件"就是指的脑力劳动和体力劳动严重对立的社会条件,以及资产阶级习惯于用高价收买迫切需要的供不应求的商品的习惯。总之,高薪制是不符合按劳分配的社会主义原则的。

在按劳分配的条件下,由于"默认不同等的工作能力是天然特权",② 在脑力劳动者和体力劳动者之间必然形成劳动报酬上的差别,这是符合按劳分配原则的。但这种差别是不应该悬殊的。因为:第一,在一般情况下,劳动者智力上的差别就不是悬殊的。英国古典经济学创始人亚当·斯密说过:"人们天赋才能的差异,实际上并不像人们感觉的那么大。"③ 马克思在《哲学的贫困》中引用并肯定了斯密的这段话,指出:"搬运夫和哲学家之间的原始差别要比家犬和猎犬之间的差别小得多,他们之间的鸿沟是分工掘成的。"④ 在社会主义的条件下,旧分工的残余虽然仍然存在,城乡对立、脑体对立却已经消灭了。社会为所有的劳动者发展自己的能力提供了旧社会所不可比拟的条件。第二,恩格斯在分析社会主义社会复杂劳动的较高工资问题时曾经指出,在私有制社会里,训练有学识的劳动者的费用是由私人或其家庭负担的,所以有学识的劳动力的较高的价格也首先归私人所有。"在按社会主义原则组织起来的社会里,这种费用是由社会来负担的,所以复

---

① 列宁:《莫斯科省第七次党代表会议》,《列宁全集》第33卷,人民出版社1963年版,第65~66页。

② 马克思:《哥达纲领批判》,《马克思恩格斯选集》第3卷,第12页。

③ 亚当·斯密:《国民财富的性质和原因的研究》,商务印书馆1972年版,第15页。

④ 马克思:《哲学的贫困》,《马克思恩格斯选集》第1卷,第124页。

杂劳动所创造的成果，即比较大的价值也归社会所有。"① 当然，在社会主义现阶段，劳动者的家庭还负担着相当一部分教育费用，对于劳动者为获得知识所付出的艰辛努力，应当给予适当报酬，但对复杂劳动付给的较高报酬，其差距显然小于劳动本身的差距。此外，随着社会主义经济建设和文化建设的发展，脑力劳动和体力劳动的本质差别存在着逐步缩小的趋势。

按劳分配原则是马克思为社会主义社会生产者规定的个人消费品的分配原则。至于非生产领域的脑力劳动者的薪金则应由巴黎公社原则来调节。这个原则规定："从公社委员起，自上至下一切公职人员，都只应领取相当于工人工资的薪金。"② 这是无产阶级专政国家本质的表现，又是为了防止国家和国家机关由社会公仆变为社会主人的一个极重要的办法。

可见，只要正确地贯彻按劳分配原则和巴黎公社原则，就不会造成劳动报酬的差别悬殊，就不会形成高薪阶层。高薪制是违反这些原则的结果。

正如列宁所说的高薪制是一种妥协，是离开巴黎公社和任何无产阶级政权的原则的。③ 那么，在变换了的条件下，当自觉为社会主义建设事业服务的专家队伍已经形成的时候，让资产阶级知识分子的代表人物领取比工人阶级的优秀分子的工资高得无与伦比的工资，那完全是不合理的、不正确的。这时，高薪制就理所当然地应当废止，而由普遍实行按劳分配原则来代替。苏联

---

① 恩格斯：《反杜林论》，《马克思恩格斯选集》第3卷，第241页。
② 马克思：《法兰西内战》，《马克思恩格斯选集》第2卷，第375页；恩格斯：《〈法兰西内战〉1891年单行本导言》，同上书，第335页。这里需要顺便指出：巴黎公社原则和按劳分配原则并不是对立的，在精神上是一致的。
③ 列宁：《苏维埃政权的当前任务》，《列宁选集》第3卷，人民出版社1972年版（下同），第502页，并参见列宁《苏维埃政权的当前任务》初稿第八章。

30年代后不是这样做的,相反对无产阶级自己的专家和党员干部实行高薪制,正是违反了列宁所指出的原则。

这样,我们可以看得很清楚:绝不能把苏联在贯彻按劳分配工作中发生的高薪制的错误,归之于按劳分配本身,正像我们不能把贯彻按劳分配工作中有时发生的平均主义错误,归之于按劳分配本身一样。由高薪制而形成的高薪阶层,以及由此引起的一部分干部和知识分子蜕化为资产阶级分子,不仅不是贯彻按劳分配的结果,而且正是破坏按劳分配原则的结果。

三 按劳分配不是产生"走资派"的经济基础

"四人帮"鼓吹按劳分配是产生资产阶级的经济基础,要害在于证明"党内资产阶级的经济根源"是"资产阶级法权",[①] 以便为他们那个"老干部是'民主派','民主派'就是'走资派'"的反革命政治纲领作政治经济学的"论证"。关于这个问题,"四人帮"有两种说法:一是把党政军领导干部同广大群众在收入上的差别,说成是阶级剥削,把级别高、工资多当作划所谓"党内资产阶级"的经济标准。一是把按劳分配的资产阶级权利说成是"走资派"的"命根子",也就是说,"走资派"是按劳分配的经济关系的政治上的代表。这两种说法都是极其荒谬的。

"四人帮"狂热鼓吹领导干部级别高、工资多,就是"走资派"。他们在辽宁的那个死党到处叫嚷:"三四百元一栋楼,汽车警卫样样有"的"大官"就是"党内资产阶级"。他们在河南的爪牙甚至说,工资在一百元以上的都是"走资派"。这是对马克思主义阶级划分学说的无耻歪曲。

---

① 梁效:《资产阶级就在共产党内》,《光明日报》1976年5月18日。

列宁指出：阶级是这样一些大的社会集团，这些集团在历史上一定社会生产体系中所处的地位不同，对生产资料的关系不同，在社会劳动组织中所起的作用不同，因而领得自己所支配的那份社会财富的方式和多寡也不同。"所谓阶级，就是这样一些集团，由于它们在一定社会经济结构中所处的地位不同，其中一个集团能够占有另一个集团的劳动。"①

既然我们的前提是生产资料公有和按劳分配，这里就排除了占有他人劳动和人剥削人的可能。在这个前提下，劳动者之间收入的差别是由劳动的差别引起的，它怎么能够成为划分阶级的经济标准呢？列宁早就批判过庸俗社会主义者把收入状况作为划分阶级的标准的谬论。他说："从收入来源寻找社会不同阶级的基本特征，这就是把分配关系放在首位，而分配关系实际上是生产关系的结果"。"阶级差别的基本标志，就是他们在社会生产中所处的地位，因而也就是他们对生产资料的关系"。② 在按劳分配的条件下，劳动者不论收入是高是低，都是生产资料的主人。在他们之间，由于提供劳动的数量和质量不同，会有富裕程度的差别。但是，这种富裕程度的差别乃是由社会主义经济关系形成的劳动者之间生活水平的差别，并不反映阶级对立关系。它同剥削阶级和被剥削阶级之间的贫富差别是根本不同的。后者是一个阶级概念，反映的是剥削和被剥削的关系：剥削阶级依靠剥削占有愈来愈多的社会财富，并过着穷奢极欲的寄生生活；而劳动者由于受剥削穷得丧失了基本生产资料，甚至连基本生活也得不到保证。"四人帮"及其舆论工具离开对整个生产关系，首先是各

---

① 列宁：《伟大的创举》，《列宁选集》第4卷，第10页。
② 列宁：《社会革命党人所复活的庸俗社会主义和民粹主义》，《列宁全集》第6卷，人民出版社1963年版，第233页。

个社会集团对生产资料关系的分析,仅仅从生活水平的差别来谈贫富差别,这就从根本上背离了马克思主义。而且,即使从生活水平来看,由按劳分配形成的差别,同由阶级剥削形成的差别,也是根本不能相比拟的。由阶级剥削形成的差别是富者愈富,贫者愈贫,而在按劳分配制度下形成的富裕程度的差别,则会随着劳动者的生活的共同提高而逐渐泯灭下去。"四人帮"及其舆论工具把经济内容有着根本区别的"富裕程度的差别"和"贫富差别"混淆起来,显然是别有用心的。

党的十一大的政治报告指出,"四人帮"荒谬地把级别高、工资多当作划"走资派"的经济标准。"他们故意把党政军领导干部和广大群众在分配上存在的差别同阶级剥削混为一谈,为他们炮制的党内军内有'一个资产阶级'的谬论提出所谓经济上的论据。这完全是颠倒是非,混淆黑白。他们这一套,不过是他们提出的老干部是'民主派','民主派'就是'走资派'这个反革命政治纲领的一个组成部分。"[①] 这段论述透彻地揭示了"四人帮"的谬论的反马克思主义和反革命的实质。

既然按劳分配并不是产生资本主义和资产阶级(包括所谓"党内资产阶级")的经济基础,那么,"四人帮"提出的按劳分配是"走资派"的"命根子",或者作为资产阶级政治代表的走资派,代表的就是按劳分配的资产阶级权利的论点,也就不攻自破了。

马克思在《路易·波拿巴的雾月十八日》这部分析阶级关系的名著中,对于一个阶级的政治代表人物同这个阶级本身之间的关系,做了精辟的论述。他说,小资产阶级民主派的代表人

---

① 《中国共产党第十一次全国代表大会文件汇编》,人民出版社1977年版,第29~30页。

物，按照他们所受的教育和个人地位来说，可能和小店主有天壤之别。使他们成为小资产阶级代表人物的，是下面这种情况，他们在思想上不能越出小资产者在生活上所越不出的界限，因此他们在理论上得出的任务和作出的决定，也就是小资产者的物质利益和社会地位在实际生活上引导小资产者得出的任务和作出的决定。马克思着重指出："一般说来，一个阶级的政治代表和著作方面的代表人物同他们所代表的阶级间的关系，都是这样。"①这就清楚地告诉我们：识别各个阶级政治代表的唯一标准，就是他们集中代表的是哪个阶级的物质利益。

所以，问题的症结就在于，按劳分配究竟符合哪个阶级的利益——符合无产阶级的利益，还是符合资产阶级的利益？按劳分配是作为剥削制度的对立物产生的，它反对不劳而获，锋芒指向一切剥削者，是调动广大劳动群众积极参加社会主义建设和对他们进行社会主义教育的强大武器。因此，贯彻按劳分配原则当然有利于劳动人民，而不利于剥削者。正像列宁所指出："不劳动者不得食"，"这是一切工人、一切贫农以至中农，一切度过贫苦生涯的人，一切靠工资生活的人都同意的。十分之九的俄国居民赞成这个真理。这个简单的，十分简单和明显不过的真理，包含了社会主义的基础，社会主义力量的取之不尽的泉源，社会主义胜利的不可摧毁的保障"。② 作为资产阶级代表人物的"走资派"，怎么可能把按劳分配这个社会主义的"基础"，社会主义力量的"泉源"，社会主义胜利的"保障"当作"命根子"来维护呢？难道他们不是恰恰相反，把按劳分配视为眼中钉、肉中

---

① 马克思：《路易·波拿巴的雾月十八日》，《马克思恩格斯选集》第 1 卷，第 632 页。

② 列宁：《论饥荒》，《列宁全集》第 27 卷，人民出版社 1963 年版，第 365～366 页。

刺，必欲置于死地而后快吗？

他们或者用剥削制度下的分配原则来偷换按劳分配，或者用绝对平均主义来破坏按劳分配，或者交替使用这两手。林彪和"四人帮"不就是这样干的吗？

"四人帮"妄图搞臭社会主义制度从而颠覆社会主义制度，是无所不用其极的。为此，"四人帮"及其舆论工具竟然大肆宣传，"资产阶级法权"（这首先是指按劳分配——引者）是"老的资产阶级分子失去了政权和生产资料以后"拼命想"抓住"的"一根稻草"。[①]"它是新老资产阶级和党内走资派赖以生存的命根子！"[②] 在"四人帮"及其理论仆从的笔下，老资产阶级分子竟然成了社会主义原则的忠实维护者；而社会主义原则也居然成了老资产阶级的命根子。请看，他们丑化社会主义制度、美化资产阶级到了何等反动、何等荒谬的地步！

"四人帮"编造以上种种胡言乱语，显然不是出于理论上的无知，而是出于政治上的险恶用心。如果按劳分配成了万恶之源，那么社会主义制度岂不应当毫不吝惜地加以否定，如果他们的这一套能够成立，按劳分配是新老资产阶级的"命根子"，贯彻社会主义原则就是"走资派"，那么，坚持社会主义道路的革命领导干部岂不应该一干二净地加以打倒，而"四人帮"梦寐以求的反革命目标不就可以轻而易举地实现了吗？"四人帮"的这套理论，在思想上造成了极大的混乱，在实践中造成了极大的危害，对于它的流毒，我们绝不能低估。我们必须奋起马克思主义的千钧棒，对它进行彻底的批判。

---

① 庄岚：《无产阶级专政和限制资产阶级法权》，《学习与批判》1976年第3期。

② 康立：《绝不能同资产阶级讲平等》，《学习与批判》1976年第6期。

科学技术人员和工程技术人员
也是生产劳动者*

在社会主义制度下,脑力劳动者也是劳动者,这本来是很清楚的道理。但万恶的"四人帮"出于他们的反革命本性和复辟资本主义的反动需要,肆意把马克思主义的这个原理篡改得面目全非,践踏得混乱不堪。他们恶毒诬蔑知识分子是"剥削者",是"知识地主"、"知识资本家",是"精神贵族",等等。针对"四人帮"的攻击,在全国科学大会上,邓小平同志重申了马克思主义的论断:"从事体力劳动的,从事脑力劳动的,都是社会主义社会的劳动者",并尖锐地揭露了"四人帮"的谬论的反动本质。他说:"'四人帮'把今天我们社会里的脑力劳动与体力劳动的分工歪曲成为阶级对立,正是为了打击迫害知识分子,破坏工人、农民和知识分子的联盟,破坏社会生产力,破坏我们的社会主义革命和社会主义建设。"① 这既是对"四人帮"谬论的粉碎性打击,也给我们提供了批判"四人帮"的锐利武器。

---

* 原载《社会科学战线》1978 年第 2 期。
① 《全国科学大会文件》,人民出版社 1978 年版(下同),第 6、18 页。

但还必须清醒看到"四人帮"的流毒还远远没有肃清,以致有的干部在落实党的知识分子政策上还心有余悸,有的劳动者对知识分子的看法上还有模糊的甚至错误的认识,有的知识分子自己在精神上也没得到解放。这样,深入探讨脑力劳动者也是劳动者这一马克思主义命题,进一步批判"四人帮"的谬论,对于粉碎"四人帮"强加在知识分子头上的精神枷锁,对于调动他们的积极性,对于加强工人、农民和知识分子的联盟,对于加速实现四个现代化,都具有重大的现实意义。

一

列宁说过:"为了解决社会科学问题,为了真正获得正确处理这个问题的本领而不被一大堆细节或各种争执意见所迷惑,为了用科学眼光观察这个问题,最可靠、最必需、最重要的就是不要忘记基本的历史联系,考察每个问题都要看某种现象在历史上怎样产生,在发展中经过了哪些主要阶段,并根据它的这种发展去考察这一事物现在是怎样的。"① 为了不为"四人帮"散布的谬论所迷惑,为了科学地认识这个问题,我们也必须依据列宁的教导考察科技人员和工程技术人员在历史上的产生和发展,并且根据这种发展去分析社会主义条件下科技人员和工程技术人员的状况。

马克思在抽象地考察人类各个社会劳动过程的共同特点时指出:劳动过程的简单要素是劳动本身、劳动对象和劳动资料。劳动本身是"有目的的活动"。就是说,劳动者在劳动过程开始之

---

① 列宁:《论国家》,《列宁选集》第4卷,人民出版社1963年版(下同),第43页。

前，就已经依据对自然界的认识，在头脑中作出了关于产品以及生产产品的活动形式和方法的设计。然后根据这种设计进行生产。所以劳动者在劳动中"不仅使自然物发生形式变化，同时他还在自然物中实现自己的目的"。① 这样，"正如在自然机体中头和手组成一体一样，劳动过程把脑力劳动和体力劳动结合在一起了"。② 所以，马克思把劳动力"理解为人的身体即活的人体中存在的、每当人生产某种使用价值时就运用的体力和智力的总和"。③

原始公社的劳动过程也是把脑力劳动和体力劳动结合在一起的。这种脑力劳动的一个重要表现，就是在原始公社极为漫长、极为缓慢的生产发展过程中，劳动者依据对自然现象和生产过程的直接观察，获得了某些处于萌芽状态的自然科学的知识，并且依据这些知识逐渐改进了生产工具。生产实践是自然科学知识最基本的来源。所以，毛泽东同志曾经指出："中国自有人类生活以来都要吃饭，要吃饭就要进行生产，就有自然科学的萌芽。"④ 当时人们为了改进生产工具也开始了某些原始的科学实验活动。这种活动也有助于获得某些原始的自然科学知识。但它并没有从生产实践活动中分离出来，而是结合在一起的。自然科学的研究，"按照制造工具和武器的材料"，把人类的史前时期"划分为石器时代、青铜时代和铁器时代的"。⑤ 在原始社会整个发展过程中，生产工具的这种改进，是劳动者掌握的处于萌芽状态的

---

① 《马克思恩格斯全集》第23卷，人民出版社1972年版（下同），第202页。
② 同上书，第555页。
③ 同上书，第190页。
④ 毛泽东：《在边区自然科学研究会成立会上的讲话》，《新中华报》1940年3月15日。
⑤ 《马克思恩格斯全集》第23卷，第204页注（5a）。

自然科学在生产中运用的成果。比如,由于原始社会劳动者经过长期的生产经验的积累,逐渐懂得铜和锡的冶炼知识,因而才有铜锡合金——青铜器的生产。劳动者掌握和运用某些粗浅的科学知识的过程,也就是脑力劳动的过程。当然,这种脑力劳动是同他们的体力劳动结合在一起的,并不是分离的。

在人类社会进入奴隶社会和封建社会以后,体力劳动和脑力劳动发生了分离,自然科学知识也有了某些发展,并开始建立了数学、天文学和力学这样一些古典科学。但当时的科学实验活动基本上还没有从生产实践中分离出来,以这种"实验为依据的"、"科学的、系统的和全面的发展"[1]的自然科学也还没有建立起来。毛泽东同志在讲到中国奴隶社会和封建社会的自然科学的发展时也曾指出:"过去没有把自然科学发展为一个系统。"[2]

恩格斯把这种"科学的、系统的和全面的发展"的自然科学称作为"唯一的科学"。这种"唯一的科学"只是在资产阶级反对封建主义"这一场革命中诞生和形成起来"。[3] 因为资产阶级革命推动的大机器工业的发展,"不但提供了大量可供观察的材料,而且自身也提供了和以往完全不同的实验手段,并使新的工具的制造成为可能。可以说,真正有系统的实验科学,这时候才第一次成为可能"。[4] 这是一方面。另一方面,资本主义大工业的发展"要求以自然力来代替人力,以自觉应用自然科学来

---

[1] 恩格斯:《自然辩证法》,《马克思恩格斯全集》第20卷,人民出版社1965年版(下同),第370、360页。

[2] 毛泽东:《在边区自然科学研究会成立会上的讲话》,《新中华报》1940年3月15日。

[3] 恩格斯:《自然辩证法》,《马克思恩格斯全集》第20卷,第533页。

[4] 同上书,第524页。

代替从经验中得出的成规"。① 在古代，人们从手工业生产中，凭借对自然现象和生产过程的直接观察和总结，可以产生数学、天文学和力学，但不能产生近代和现代自然科学。资本主义企业的生产实践的对象也只是自然界的一个有限的部分；资本主义企业的生产手段在探索自然规律方面的作用也远不能同科学实验手段的作用等量齐观。因此，单是依靠资本主义的生产实验，也不能满足它对自然科学的需要。要满足资本主义大机器工业对自然科学的需要，就要深入探索物质内部的结构和规律，就只有依靠专门的科学实验。而科学实验一旦从生产实践中分离出来以后，确实又成为人们探索自然和改造自然的强有力的手段。因为它大大延长了人类的感觉器官，使人类对自然的认识达到了前所未有的广度和深度，以至马克思把近代自然科学称作"实证科学"。②在现代，人们依靠科学实验手段，可以观测到的宇宙尺度已经达到100亿光年，测量到的原子核小到十万亿分之一厘米；实验室已经能够达到上亿度的超高温，上百万大气压的超高压，已能得到十万亿分之一秒的超短脉冲，几千亿电子伏的带电粒子，等等。这样，现代自然科学理论，如相对论、量子力学、基本粒子理论、分子生物学、信息论等，大多数都是在科学实验的基础上建立起来的。人们完全可以说，没有科学实验，便没有现代自然科学的发展。

这里需要进一步指出的是：在资本主义大工业发展的初期，自然科学中的基础科学直接对工业起着指导作用。但随着大工业的进一步地发展，现代工业各门专业中包括的科学技术问题，也

---

① 《马克思恩格斯全集》第23卷，第423页。
② 马克思：《剩余价值理论》，《马克思恩格斯全集》第26卷（Ⅰ），人民出版社1972年版（下同），第169页。

就愈来愈综合,愈来愈复杂。这时候各门基础科学当然还是可以用作一般性的指导,但在许多情况下,单靠它来解决具体问题又显得不够了。因此,必须对各工业部门生产实践中的同类型的具体问题进行科学实验,从而找出具体物质运动形式的规律。这样,才能解决各工业部门具体的科学技术问题,由此得到的各工业部门中同类型问题的具体规律的认识,就形成了各门技术科学。

可见,正是资本主义大工业的发展,使得成为自然科学(包括基础科学和技术科学)基础的科学实验从生产实践中独立出来成为可能和必要。正像马克思所总结的,"资本主义生产的发展势必引起科学和劳动的分离"。①

上述科学实验从生产实践独立出来的过程、专门从事科学技术工作的脑力劳动者同从事生产劳动的体力劳动者分离的过程说明:即使在资本主义条件下,一般的科学技术工作者也是生产劳动者,并不是剥削者。因为这种分离过程是社会劳动分工的一种发展。在历史上,在这种分离发生以前,某些科学实验是附属于生产实践的,是由生产劳动者承担的。在这种分离产生以后,科学实验是专门由科技工作者承担的,这并不会改变它的劳动性质。而且,随着资本主义的发展,不仅产业内部的各个生产部门的劳动分工在日益发展,商业资本和银行资本也都会从产业资本中独立出来。这样,不仅商业资本家和银行资本家会从产业资本家中分离出来,而且商业和银行业的劳动者也会从生产劳动者中独立出来。但这种劳动分工的发展,并没有使得商业和银行业的劳动者变成剥削者;相反,马克思主义政治经济学从来都认为,

---

① 马克思:《剩余价值理论》,《马克思恩格斯全集》第26卷(Ⅲ),第489页。

他们同产业工人一样都是雇佣劳动者。同样,一般的科技人员从生产劳动者中分离出来,也不会改变他们的生产劳动者的性质,他们也是资本主义的雇佣劳动者。

科技人员依据科学实验总结出来的自然科学,是"一般社会生产力"。① 说它是"一般"生产力,因为它是"知识形态上"的生产力,是"一般的社会知识、学问"。② 就是说,不仅自然科学中的各门基础科学具有一般性和普遍性,就是后来从各门基础科学中分离出来的各门技术科学,同物理、化学这样一些基础科学相比,虽有一定的特殊性和具体性,但对各个生产部门来说仍有一定的一般性和普遍性。说它是"社会"生产力,因为它是社会劳动(包括科技工作者的劳动)的结晶。把这种知识形态上的生产力运用于生产中,把自然科学的成就凝结在生产的各个要素(包括劳动力、劳动资料、劳动对象和劳动管理等)中就会变成"直接的生产力"。③ 这一点特别突出地表现在:自然科学的成就物化在机器上。因为劳动资料(特别是机械性的劳动资料)是"人类劳动力发展的测量器"。④ 因此,劳动生产率的提高"决定于一般的科学水平和技术进步程度或科学在生产上的应用"。⑤ 近代和现代资本主义大工业的发展以及由此而引起的劳动生产力的巨大增长,以无可辩驳的事实证明:科学技术的应用在提高生产力方面的极重要的作用。因此,"生产力里

---

① 马克思:《剩余价值理论》,《马克思恩格斯全集》第26卷(Ⅰ),第422页。

② 马克思:《政治经济学批判大纲(草稿)》第三分册,人民出版社1963年版(下同),第358页。

③ 同上。

④ 《马克思恩格斯全集》第23卷,第204页。

⑤ 马克思:《政治经济学批判大纲(草稿)》第三分册,第356页。

面也包括科学在内"。① 科学技术工作者的这种社会职能又进一步表明：他们是生产劳动者，而并不是剥削者。因为作为剥削者的资本家，既不是直接的生产力的要素，也不创造知识形态上的生产力。

马克思依据科技工作者的上述社会职能，把"一切科学工作，一切发现，一切发明"，称作"一般劳动"（或"人类精神的一般劳动"）。马克思这里说的"一般劳动"，就是指的社会劳动的意思。正如马克思自己分析的，这种"一般劳动"，"部分地以今人的协作为条件，部分地又以对前人劳动的利用为条件"。当然无疑也包括科技工作者本身的劳动。马克思还分析了这种"一般劳动"同以生产过程的"直接协作作为前提"的"共同劳动"（即社会化的生产劳动）的相互关系："二者都在生产过程中起作用，并互相转化。"② 这一点，同马克思关于科学是知识形态上的生产力以及科学"部分地以今人的协作为条件"的思想，显然是完全吻合的。马克思关于科技工作者劳动性质的这种分析又从根本上把他们同剥削者区别开来。因为对剥削者来说，根本就不能说"一般劳动"，更谈不上同生产劳动有"互相转化"的关系。

可见，在资本主义制度下，尽管一般的科技人员的世界观是资产阶级的，尽管他们的科学技术成就被资产阶级利用来加重对劳动者的剥削，但他们本身还是专门从事脑力劳动的生产劳动者。

在资本主义制度下，脑力劳动与体力劳动的分离过程，不仅表现在专门从事科学实验的科技工作者同生产实践中的体力劳动

---

① 马克思：《政治经济学批判大纲（草稿）》第三分册，第350页。
② 《马克思恩格斯全集》第25卷，第120页。

者独立出来，而且表现在生产实践中从事脑力劳动的工程技术人员同从事体力劳动的广大工人群众的分离上。

这种分离也是在资本主义大机器工业发展过程中实现的。随着资本主义简单协作向工场手工业的过渡，各部分工人在负担的体力劳动和脑力劳动上就发生了不均等的变化。资本主义的简单协作既没有改变劳动工具，也没有改变劳动方法。这时候，劳动者已经失去了生产资料，成为一无所有的无产者，但劳动者仍然保持了原来的小手工业者的全部劳动技能。这时候，如果不说劳动过程已由资本家管理这一点，那么仍然可以说劳动过程是把脑力劳动和体力劳动结合在一起的。

但随着简单协作向工场手工业的过渡，情况就发生了重大变化。工场手工业是以分工为基础的协作，不仅劳动工具成了部分的工具，工人也相应地成了局部的工人，就是说，劳动者在某种商品生产的总过程中只担任了部分的职能。"各种职能有的比较简单，有的比较复杂，有的比较低级，有的比较高级。"[1] 因而，各种职能在体力和智力上对劳动者提出了不同的要求："在一种操作中，他必须使出较大的体力；在另一种操作中，他必须比较灵巧；在第三种操作中，他必须更加集中注意力，等等。"[2] 可见，资本主义工场手工业的发展，担任不同职能的各部分劳动者负担的体力和智力就已经发生了不均等的变化。但工场手工业毕竟是以手工业技术为基础的协作，因而不可能使得脑力劳动和体力劳动发生完全的分离。

资本主义大工业的发展，一方面需要大量的工人从事体力劳动，另一方面又需要少量的工程技术人员从事脑力劳动。正如马克思所

---

[1] 《马克思恩格斯全集》第23卷，第388页。
[2] 同上书，第387页。

说的:"资本主义生产方式的特点,恰恰在于它把各种不同的劳动,因而也把脑力劳动和体力劳动,或者说,把以脑力劳动为主或者以体力劳动为主的各种劳动分离开来,分配给不同的人。"①

上述历史过程表明:在资本主义生产过程中,专门从事脑力劳动的工程技术人员,也是从生产劳动中分离出来的。这种分离不仅不意味着劳动性质的变化,恰恰是证明了工程技术人员也是生产劳动者。因为这种分离过程是生产领域内劳动分工的发展。

历史的分析是如此,理论的分析将进一步证明这一点。有人可能提出这样的问题:第一,工程技术人员不像体力劳动者那样直接操作生产工具作用于劳动对象;第二,他们是从事脑力劳动的,而不是从事体力劳动的,因而,能否算作生产劳动者呢?关于第一点,马克思作了这样的说明:"随着劳动过程本身的协作性质的发展,生产劳动和它的承担者即生产工人的概念也就必然扩大。为了从事生产劳动,现在不一定要亲自动手;只要成为总体工人的一个器官,完成他所属的某一种职能就够了。"② 在大工业生产的条件下,工程技术人员虽然不亲手操纵劳动工具,但他"成为总体工人的一个器官",他所负担的职能是生产上必不可少的。关于第二点,马克思也作过回答。马克思在讲到资本主义生产方式必然使得生产领域内的脑力劳动和体力劳动发生分离以后,接着指出:"但是,这一点并不妨碍物质产品是所有这些人的共同劳动的产品……另一方面,这一分离也丝毫不妨碍:这些人中的每一个人对资本的关系是雇佣劳动者的关系,是在这个特定意义上的生产工人的关系。所有这些人不仅直接从事物质财富

---

① 马克思:《剩余价值理论》,《马克思恩格斯全集》第 26 卷(Ⅰ),第 444 页。

② 《马克思恩格斯全集》第 23 卷,第 556 页。

的生产,并且用自己的劳动直接同作为资本的货币交换,因而不仅把自己的工资再生产出来,并且还直接为资本家创造剩余价值。"① 这样,马克思就不仅从劳动过程的观点,而且从价值增值过程的观点,因而从完整的资本主义商品生产过程的观点,论证了资本主义生产过程中脑力劳动者也是生产劳动者。马克思正是依据这样的科学分析,明确作出结论说:"自然,所有以这种或那种方式参加商品生产的人,从真正的工人到(有别于资本家的)经理、工程师,都属于生产劳动者的范围。"② 马克思在批判地吸取英国古典政治经济学时,曾经肯定了亚当·斯密的这个论点:"亚当·斯密自然把直接耗费在物质生产中的各类脑力劳动,算作'固定和物化在可以出卖或交换的商品中'的劳动。斯密在这里不仅指直接的手工工人或机器工人的劳动,而且指监工、工程师、经理、伙计等等的劳动,总之,指在一定物质生产领域内为生产某一商品所需要的一切人员的劳动,这些人员的共同劳动(协作)是制造商品所必需的。"③ 我们这样不厌其烦地引证马克思关于这个问题的论述,是为了准确地充分地说明马克思认为从事脑力劳动的工程技术人员是生产劳动者;是因为马克思的科学论断仍然是我们正确认识社会主义条件下工程技术人员作用的指导原则,是我们批判"四人帮"反动谬论的尖锐武器。

在社会主义制度下,已经消灭了资产阶级对无产阶级的剥削,因而也就基本上④消灭了脑力劳动和体力劳动的对立。但在社会

---

① 马克思:《剩余价值理论》,《马克思恩格斯全集》第26卷(Ⅰ),第444页。
② 同上书,第147页。
③ 同上书,第155~156页。
④ 在社会主义现阶段,极少数老的资产阶级残余还存在,新的资产阶级分子还可能产生,因而只能说基本上消灭了脑力劳动和体力劳动的对立,而不能说彻底地消灭了这种对立。

主义这个历史阶段，还不可避免地存在着脑力劳动和体力劳动的差别。这种差别的一个重要方面，就是科学技术人员、工程技术人员从事的脑力劳动与广大工农劳动群众从事体力劳动的分工。

我们在前面所以要详细地分析资本主义条件下的科技人员和工程技术人员都是生产劳动者，正是为了论证社会主义制度下的科技人员和工程技术人员也是生产劳动者。而前一方面说清楚了，后一方面也就比较容易说明了。这不仅是因为按照社会职能来说，社会主义制度下的科技人员也是生产劳动者，工程技术人员也是生产劳动者，而且因为在社会主义制度下这种劳动者的面貌表现得比资本主义更为明显。因为，第一，一般说来，在资本主义制度下，科学技术人员和工程技术人员都是为资产阶级服务的。在社会主义阶段，由于还存在着阶级斗争，在科学技术人员和工程技术人员面前，总还存在着依附在无产阶级这张皮上还是资产阶级这张皮上的问题。但在社会主义制度下，他们当中的绝大多数人都是为无产阶级服务的。在社会主义制度下，科学技术已不再是资本家压迫剥削劳动者的工具，而是成了全体劳动人民的共同财富。第二，在资本主义制度下，科技人员和工程技术人员的世界观都是资产阶级的。在无产阶级夺取政权不久，旧社会留下的科技人员和工程技术人员还占多数，他们当中的多数人的世界观也是资产阶级的。在这方面，他们同工农劳动群众还存在着差别。但随着社会主义建设的发展，无产阶级自己培养的科技人员和工程技术人员占的比重越来越大，老的科技人员和工程技术人员的世界观也在逐步得到改造。在社会主义制度下，无产阶级不仅通过教育来培养科技人员和工程技术人员，而且直接从优秀的工农群众中选拔科技人员和工程技术人员。因而在世界观方面的差别就越来越小，越来越不重要。应该指出的是：在资本主义制度下，科技人员和工程技术人员的世界观是资产阶级的，并且是为资产阶级服务的,这两种情况虽然不改变他们本身劳动者的性质,但使人们不易看清这种性质。在社会主义制度下不存在这两种情况,因而人们比较容易看清这一点。第三,在资本主义制度下,科学技术是生产力。在社会主义制度下也是如此。1963年毛泽东同志明确指出,要打科学技术这一仗,不打这一仗,生产力无法提高①。但事情还不只是这样。尽管目前我国的科学技术水平还远远落后于发达的资本主义国家。但从发展趋势看,社会主义制度必然越来越明显地表现为是发展现代科学技术的旗手。因为资本主义私有制同现代科学技术社会化的矛盾越来越尖锐;资本家也只是在现代科学技术能够预示最大利润的时候,他们才会采用现代科学技术,否则就会阻碍科学技术的发展。社会主义公有制的建立排除了科学技术发展上的这种障碍,因而社会主义国家的现代科学技术的发展速度必将大大超过资本主义。恩格斯早就预言:在社会主义和共产主义"这个新的历史时期中,人们自身以及他们的活动的一切方面,包括自然科学在内,都将突飞猛进,使以往的一切都大大地相形见绌"。②

二

"四人帮"直接控制的原上海市委写作组编写的《社会主义政治经济学》提出的一个主要论据是:脑力劳动(请注意:包括工程技术人员,下同)和体力劳动的本质差别"是企业内部相互关系方面资产阶级法权严重存在时一个重要标志"。按照这本书的理论观点,资产阶级法权就等于资本主义。由于"存在

---

① 转引自方毅《在全国科学大会上的报告》,《全国科学大会文件》,第35页。
② 恩格斯:《自然辩证法》,《马克思恩格斯全集》第20卷,第375页。

着资产阶级法权，因而人与人之间最本质的关系依然是阶级关系"。这样，他们就把社会主义条件下脑力劳动者和体力劳动者的关系也归结为阶级对抗的关系。

应该肯定，在社会主义制度下，脑力劳动与体力劳动的本质差别，还是一种旧的分工。随着社会主义向共产主义的过渡，这种旧分工是要消灭的。但这种本质差别是什么呢？能不能把它归结为对立的阶级差别呢？

在社会主义制度下，脑力劳动者和体力劳动者在文化技术水平、劳动分工和劳动报酬等方面均存在着差别①，其中最根本的是文化技术水平的差别。因此，斯大林把社会主义条件下脑力劳动和体力劳动的本质差别，归结为"文化技术水平的悬殊"。②

这种本质差别并不是具有资产阶级属性的资产阶级权利，并不是资本主义经济关系，并不是资产阶级和无产阶级的阶级对抗关系。只要我们从社会主义生产关系方面做些分析，就可清楚地看到这一点。

在社会主义制度下，生产资料是归既包括体力劳动者又包括脑力劳动者的全体人民所有的，他们在占有生产资料方面是平等的。这里并不存在资本家占有生产资料，而劳动者一无所有的情况。按照列宁的说法："在这个范围内，也只有在这个范围内，

---

① 此外，在无产阶级夺取政权以后不久，旧社会留下来的知识分子，在脑力劳动者中还占多数，他们当中多数人的世界观还是资产阶级的。在这方面，他们同工农劳动群众也存在着差别。但这是世界观方面的问题，不是属于社会主义生产中相互关系的范畴。而且，伴随着社会主义建设的发展，无产阶级培养的新知识分子在脑力劳动者中占的比重会越来越大，老知识分子的世界观也逐步得到改造。因而这方面的差别就会越来越小，越来越不重要。所以，我们在讲整个社会主义阶段脑力劳动和体力劳动的差别时，可以把这一点存而不论。

② 《斯大林文选（1934~1952）》，人民出版社1962年版，第393页。

'资产阶级权利'① 才不存在了。"② 这里需要进一步指出的是：社会主义制度下的脑力劳动与体力劳动的本质差别，并不是起因于他们占有生产资料方面的差别，而是起因于他们掌握的科学文化知识的差别，归根结底还是由于社会主义社会的生产力还没有达到极高的发展。列宁说过，苏维埃机构在口头上是全体劳动者都参加的，而实际上还不是他们全体都参加的。这根本不是法律妨碍了这一点，如在资产阶级时代那样；恰恰相反，我们的法律还促进了这一点。但只有法律是不够的，必须有广大的教育工作、组织工作和文化工作，需要进行长期的巨大的努力。在体力劳动和脑力劳动的本质差别方面，也有类似的情况。就是说，体力劳动者不能参加脑力劳动，并不是全民所有制妨碍了这一点，像资本主义私有制那样；恰恰相反，全民所有制还促进了这一点。但只有全民所有制还不够，还必须有社会生产力的极大发展，以及建立在这个基础上的社会文化教育事业的极大发展。因此，这又证明：社会主义条件下的体力劳动者和脑力劳动者在占有生产资料方面是完全平等的。在这方面，并不存在资产阶级权利，并不存在资本主义经济关系。这是第一。

第二，在社会主义制度下，尽管脑力劳动者比较固定地和比较多地从事脑力劳动，体力劳动者比较固定地和比较多地从事体力劳动，但后者也有权管理生产。毛泽东同志说，劳动者管理国家、管理各种企业、管理文化教育的权利，是社会主义制度下劳动者最大的权利，是最根本的权利。可见，就管理生产来说，劳动者不仅有权管理企业，而且有权依据民主集中制的原则管理国家，管理整个国民经济。毛泽东同志的这些科学论断，深刻地反

---

① 过去译为资产阶级法权，现在改译为资产阶级权利。
② 列宁：《国家与革命》，《列宁选集》第3卷，第252页。

映了客观存在的经济关系。而且，在社会主义制度下脑力劳动者和体力劳动者的分工虽有区别，但生产的目的都是为了满足国家和人民的需要。这些说明，社会主义制度下体力劳动者也像脑力劳动者一样，都是生产中的主人，他们的根本利益是一致的，他们之间也是社会主义的互助合作关系。这是他们平等地占有生产资料在生产中的反映。这同资本主义制度下资本家和无产者之间的剥削和被剥削的关系是根本不同的。在这方面也根本不存在什么资产阶级性质的权利。

第三，在社会主义制度下，无论对于体力劳动者，还是对于脑力劳动者，都实行各尽所能、按劳分配的原则。这也是他们平等地占有生产资料在分配中的反映。当然，马克思确实说过：按劳分配中的平等权利"按照原则仍然是资产阶级的权利"。① 但这是从抽象的意义上，就社会主义按劳分配和资本主义商品交换都依据同一原则（即等量劳动相交换的原则）来说的，并不是按劳分配也是一种具有资产阶级性质的资产阶级权利；恰恰相反，马克思同时强调了按劳分配同资本主义的根本区别。也应该承认，按劳分配会造成劳动者之间在收入上和生活上的差别。但这是在共同富裕道路上富裕程度的差别，并不是由阶级剥削造成的贫富差别②。

总之，社会主义制度下体力劳动者与脑力劳动者的关系，是社会主义劳动者之间的社会主义的互助和合作；他们之间的本质差别，虽然带有阶级差别的痕迹，但并不是资本主义经济关系，并不存在具有资本主义属性的资产阶级权利，并不是无产阶级和

---

① 马克思：《哥达纲领批判》，《马克思恩格斯选集》第3卷，人民出版社1972年版（下同），第11页。

② 参见本书《按劳分配不是产生资产阶级的经济基础》一文。

资产阶级的对抗关系。

"四人帮"的舆论工具为了"论证"自己的理论观点,还引用了马克思、恩格斯的下列论断:"分工和私有制是两个同义语。"他们根据这一点说分工和私有制、阶级都是必然联系在一起的,社会主义制度下的脑力劳动和体力劳动的分工也是这样,因而也是一种阶级对抗关系。这是对马克思、恩格斯的恶意歪曲。马克思、恩格斯这句话是什么意思呢?他们自己说得很清楚:"其实,分工和私有制是两个同义语,讲的是同一件事情,一个是就活动而言,另一个是就活动的产品而言。"什么"是就活动而言"呢?就是"物质活动和精神活动、享受和劳动、生产和消费由各种不同的人来分担"。这显然是以剥削阶级占有生产资料作为前提的,因为这种"所有制是对他人劳动力的支配"。什么"是就活动的产品而言"?就是独占"精神活动"的剥削阶级无偿占有专门从事"物质活动"的劳动者的劳动产品。这当然也是以剥削阶级占有生产资料为前提的。所以,"分工和私有制是两个同义语,讲的是同一件事情"。① 但这种分工同社会主义制度下脑力劳动和体力劳动的分工在性质上也是一样的吗?难道在社会主义制度下也存在着独占"精神活动"的剥削者无偿占有从事"物质活动"的劳动者的劳动产品吗?怎样能够用马克思、恩格斯的上述论证来证明社会主义制度下脑力劳动和体力劳动的关系也是阶级对抗的关系呢?

恩格斯还说过:"分工的规律就是阶级划分的基础。""四人帮"的舆论工具又根据这一点把社会主义制度下脑力劳动者和体力劳动者的关系说成是阶级对立关系。但恩格斯的科学论断并

---

① 马克思、恩格斯:《费尔巴哈》,《马克思恩格斯选集》第1卷,第36、37页。

不能给"四人帮"的论客帮什么忙。实际上只要不是存心篡改马克思主义，恩格斯这个论断的确切含义并不难弄清楚，因为他在《反杜林论》中对这个历史唯物主义的命题多次作了明确的充分的阐明。这里讲的分工就是"从事单纯体力劳动的群众同管理劳动、经营商业和掌管国事以及后来从事艺术和科学的少数特权分子之间的大分工"。① 这种大分工为什么必然会产生呢？是由于生产发展的不足。所以，恩格斯的这个命题实际上说的是："社会分裂为剥削阶级和被剥削阶级、统治阶级和被压迫阶级，是以前生产不大发展的必然结果。"或者说，"这种划分是以生产的不足为基础的"②。恩格斯在这里没有说、也不可能说脑力劳动和体力劳动的分工是阶级划分的基础。其所以是不可能的，是因为马克思主义从来都认为："阶级差别的基本标志，就是它们在社会生产中处的地位，因而也就是它们对生产资料的关系。"③ 因此，恩格斯不可能单独地把脑力劳动和体力劳动的分工作为划分阶级的基础。恩格斯在这里更没有说在生产资料的社会主义公有制条件下的脑力劳动和体力劳动的分工是阶级划分的基础。

"四人帮"的舆论工具为了把知识分子说成资产阶级，从而把他们同工农群众的关系说成是阶级对立关系，惯用的一手是把知识分子都说成是世界观没有得到根本改造的资产阶级知识分子。

"四人帮"的这个谬论，首先是从根本上否定了新中国成立后我党在改造和培养知识分子方面所取得的伟大成果，是从根本

---

① 恩格斯：《反杜林论》，《马克思恩格斯选集》第3卷，第221页。
② 同上书，第321页。
③ 列宁：《社会革命党人所复活的庸俗社会主义和民粹主义》，《列宁全集》第6卷，人民出版社1965年版，第233页。

上抹杀了广大知识分子在改造世界观方面的自觉努力，是对我国知识界的无耻诬蔑。方毅同志在《在全国科学大会上的报告》中对我们已经有了一支工人阶级的又红又专的科技队伍的问题，作了深刻的阐明，清楚地描绘了我国知识界的全新面貌。他说："二十年前，由我们党培养起来的科学技术工作者在整个科学技术队伍中只占少数，劳动人民家庭出身的也只占少数。现在，科学技术队伍的组成情况已经起了根本的变化。根据调查，科学技术专业队伍中，百分之九十以上是解放后我们党培养起来的，三分之二以上是劳动人民家庭出身的。解放后培养的科学技术工作者，包括一部分非劳动人民家庭出身的在内，绝大多数对党对工农兵群众有深厚的感情，认真学习马克思列宁主义、毛泽东思想，他们是工人阶级的知识分子新部队。从旧社会过来的科学技术工作者，绝大多数是拥护党的领导，热爱社会主义祖国，努力为人民服务的，在改造世界观的过程中有不同程度的进步，已经有越来越多的人转化成为工人阶级的知识分子。"① 方毅同志这里讲的是科技队伍，但对整个知识队伍都是适用的。当然，为了适应新时期总任务的需要，知识分子还必须坚持同工农相结合的光辉道路，还必须不断改造世界观，不断提高业务水平，在又红又专的道路上继续前进。

其次，按照"四人帮"的反动谬论，资产阶级世界观竟成了划分阶级的标准。这是对历史唯物主义的背叛。历史唯物主义从来都认为，"社会阶级在任何时候都是生产关系和交换关系的产物，一句话，都是自己时代的经济关系的产物"。② 因此，"所谓阶级，就是这样一些集团，由于它们在一定社会经济结构中所

---

① 《全国科学大会文件》，第37~38页。
② 恩格斯：《反杜林论》，《马克思恩格斯选集》第3卷，第66页。

处的地位不同,其中一个集团能够占有另一个集团的劳动"。①马克思在他的不朽的遗著《资本论》中指出:"雇佣工人、资本家和土地所有者,形成建立在资本主义生产方式基础上的现代社会的三大阶级。"②马克思把资本主义社会条件下的一般工程技术人员确定为雇佣劳动者也是从上述的关于阶级区分原理出发的,而并不是用资产阶级世界观来划分的。毛泽东同志对旧中国各个阶级的分析也是马克思主义关于阶级划分理论的光辉运用和发展③。毛泽东同志还指出:"所谓劳动人民,是指一切体力劳动者(如工人、农民、手工业者等)以及和体力劳动者相近的、不剥削人而又受人剥削的脑力劳动者。"④毛泽东同志在这里把旧中国那些"和体力劳动者相近的、不剥削人而又受人剥削的脑力劳动者"确定为劳动人民,依据的当然也不是他们的世界观,而是他们的被剥削的经济地位。

"四人帮"的这个谬论是典型的历史唯心主义。他们同历史唯物主义相反,不是认为经济关系决定阶级,阶级的经济地位决定阶级的思想;而是认为思想决定阶级,因而认为世界观可以成为划分阶级的标准。有人可能提出这样的疑问:老的地主资产阶级在经济上早已被消灭了,但现在又说他们极少数残余还存在,那是否是从政治上思想上划分阶级呢?这是一种误会。老的地主和资本家的生产资料确实早已被没收或赎买了,作为阶级在经济上是已经被消灭了。现在还说他们作为阶级存在当然是就他们在

---

① 列宁:《伟大的创举》,《列宁选集》第4卷,第10页。
② 马克思:《资本论》第3卷,《马克思恩格斯全集》第25卷,第1000页。
③ 参见毛泽东《怎样分析农村阶级》,《毛泽东选集》第1卷,人民出版社1966年版(下同),第113~115页。
④ 毛泽东:《关于民族资产阶级和开明绅士问题》,《毛泽东选集》第4卷,第1230页。

政治上思想上还没得到改造来说的。但问题的关键在于：他们之所以成为地主和资本家是由于他们在土改以前和生产资料所有制社会主义改造以前掌握了生产资料，并依靠这种占有对农民和工人进行了剥削。把他们划为地主和资本家，是那时他们的经济地位、并且是在那个时候划的。他们现在的政治立场和世界观也是那时的经济地位决定的。所以，只要不是割断历史，不是孤立地只看土改以后或生产资料所有制社会主义改造完成以后的情况，而是同时看到他们在这以前的情况，那就可以清楚看到：地主资产阶级的划分，并不是依据他们的政治思想，而是依据他们在社会经济结构中的地位。

最后，还须着重指出："四人帮"把脑力劳动者说成是剥削者，把知识分子和工人、农民的关系歪曲为阶级对立关系，目的是要把知识分子打成专政对象，为他们推行地主、资产阶级专政、社会法西斯主义专政制造舆论；是要破坏工人、农民和知识分子的革命联盟，颠覆无产阶级专政。我们则必须依据马克思主义的理论，大讲知识分子也是劳动者，工人、农民和知识分子都是无产阶级专政依靠的基本力量，是社会主义建设的重要力量，以加强工人、农民和知识分子的联盟，并促进社会主义建设的发展。

第三部分
关于社会主义经济体制改革

价值规律和社会主义企业的自动调节[*]

一 社会主义企业是自动机,还是被拨动的算盘珠

由于林彪、"四人帮"、"左"倾机会主义路线对我国社会主义建设的严重破坏,十几年来我国经济发展缓慢,1976年更濒临于全面崩溃。这种情况使一些人对于社会主义制度是否具有优越性产生了怀疑。他们问:"说社会主义制度优越,为什么经济发展没有资本主义快?"这既是一个理论问题,又是一个实践问题。看来,要彻底解除对社会主义优越性的怀疑,归根到底有赖于社会主义建设的实践。我们的任务,不仅是从理论上回答社会主义制度有没有优越性的问题,而且要指明社会主义制度优越性在哪里,以及如何充分发挥这些优越性。

在社会化大生产的条件下,社会主义制度较之资本主义制度具有极大的优越性,这在理论上是显而易见,毫无疑义的。马克思分析了资本主义生产方式的基本矛盾,即生产社会化和资本主

---

[*] 与周叔莲、吴敬琏合作,原载《经济研究》编辑部:《关于社会主义经济中价值规律问题讨论专辑》1979年。

义占有的矛盾，指出这个矛盾必然导致资本主义制度的灭亡和社会主义制度的产生。在资本主义制度下，生产社会化和资本主义占有的矛盾表现为无产阶级和资产阶级的对立，表现为个别工厂的生产的组织性和整个社会生产的无政府状态之间的对立。在生产资料的社会主义公有制的条件下，这些矛盾不再存在了，因而能够容许生产力以更高的速度向前发展。这个理论上的结论已为在列宁、斯大林领导下苏联国民经济的迅速发展和我国第一个五年计划期间生产力的跃进所证实。

那么，为什么在某些社会主义国家的某些时期，甚至在相当长的时期中，生产力的发展缓慢，速度低于个别资本主义国家呢？

达里首先有一个何谓社会主义的问题。事实表明：我们过去对社会主义生产关系的理解，并不都是正确的；按照这个理解建立的社会主义经济体制，往往并不完全符合社会主义原则。而且，随着生产力的发展和人们认识的提高，社会主义制度还有一个不断完善的过程。其次，社会主义制度的优越性并不像有些人所想象的那样，随着社会主义制度的建立就能自然而然地发挥出来。社会主义制度优越性的发挥有赖于人们的主观努力，即需要采取一系列必要的措施来充分发挥这些优越性。

根据我国和其他社会主义国家的经验，充分发挥社会主义制度优越性需要解决的一个重要问题，甚至可以说是关键问题，就是必须改变企业依靠国家行政机关从外面推动，推一推，动一动，不推则不动的状况，使社会主义企业"自动化"。所谓企业"自动化"，就是企业时时刻刻发挥主动性，努力发展社会主义生产，满足整个社会及其成员的需要。

社会主义制度的最大的优越性，在于劳动人民成了生产资料的主人，他们对于搞好生产有着巨大的主动性和积极性。企业是社会主义经济的基层组织，是组织社会主义生产、流通、分配的基本单位。我们要发挥社会主义的优越性，首先必须充分发挥社会主义企业在改进经营管理、改革技术、增加生产和改善产品质量等方面的主动性和积极性。由于废除了生产资料私有制，消除了无产阶级和资产阶级的对立，有可能克服整个社会的生产无政府状态，因此在客观上，社会主义企业发展生产比由资本家经营追求个人发财的资本主义企业有更多有利的条件。但是，这种客观上的有利条件并不足以保证社会主义企业在生产上必然超过资本主义企业。如果我们不注意发挥企业的作用，如果企业没有主动性、积极性，那么，这些有利条件是不能发挥作用的。当前我国国民经济中存在的许多严重问题，如经营管理混乱、技术停滞、产品花色品种少、质量差、浪费严重、劳动生产率低、利润少以及基本建设战线长、投资效果差，等等，很大程度上是由于企业没有发挥主动性和积极性造成的。

要使社会主义企业发挥主动性和积极性，使企业"自动化"，首先必须承认它在经济利益上的独立性，即承认企业劳动者集体有自己的经济利益。有些书籍和文章只承认社会主义企业在生产技术和经营管理上的独立性，而不承认它在经济利益上的独立性。这种观点是不正确的。现在人们已经普遍感到：我国企业缺乏改善经营管理的内在动力。这种情况是怎样发生的？根本原因就在于不承认企业在经济利益上的独立性。忽视这种独立性，否认企业有自己的经济利益，不使企业自身的物质利益同生产的发展、技术的进步和经营管理的改善息息相关，就不能不造成企业对改善经营管理漠不关心，只能推一推、动一动的严重后果。

胡乔木同志的重要文章《按经济规律办事，加快实现四个现代化》提出的社会主义经济动力问题，引起了经济工作者和经济理论工作者的极大兴趣。对于这个问题,历来是有争论的。一切社会主义者都认为,社会主义较之资本主义具有更大的动力。一切反对社会主义的人则认为社会主义制度没有动力,或没有强大的动力。例如欧文就说过:"财产公有制比引起灾祸的私有制具有无比优越性。"① 他认为,在以公有制为基础的公社制度下,生产将迅速发展,因为在公社里,人们是以"利益的共同性"互相结合起来的,因而劳动是"富有成效的"。李嘉图则说:"难道任何头脑健全的人能够和欧文一样相信,一个人们发愤努力是靠社会利益,而不是靠私人利益来刺激的社会,能够繁荣,并且能够用同样数量的人生产出比以往任何时候更多的产品?历代的经验不是证明恰恰相反吗?"② 马克思和恩格斯在《共产党宣言》中曾批判了那种认为公有制会带来懒惰的观点,指出:"有人反驳说,私有制一消灭,一切活动就会停止,懒惰之风就会兴起。这样说来,资产阶级社会早就应该因懒惰而灭亡了,因为在这个社会里是劳者不获,获者不劳的。"③ 我们马克思主义者坚信那种认为社会主义公有制经济没有发展动力的观点是完全错误的。在整个社会范围内联合起来的劳动者谋取共同的物质利益,这就是社会主义经济发展的动力。这种动力空前巨大,是任何私有经济无法与之相比拟的。问题在于这种动力如何落实到每一个企业的生产经营中,以及通过哪些环节来落实。

　　社会主义企业的经济动力问题,说到底还是一个利益问题。要使社会主义企业有发展生产的强大动力,就要使它既为整个社会利益而生产,又为本企业及其职工的利益而生产,更确切地

---

① 《欧文选集》下卷,商务印书馆1965年版,第15页。
② 《李嘉图著作和书信集》第8卷,剑桥大学出版社1952年版,第46页。
③ 马克思、恩格斯:《共产党宣言》,《马克思恩格斯选集》第1卷,人民出版社1972年版,第267页。

说,是把企业自己的利益同社会利益结合起来,从自身的物质利益上关心社会生产多快好省的发展。这是由社会主义社会生产力的发展水平和生产关系的性质所决定的。社会主义的物质利益原则和按劳分配的经济规律相联系。按劳分配是通过企业贯彻实行的,只有企业的经济利益得到承认和保证,按劳分配才有可能充分实现。为了解决社会主义企业的动力问题,就必须做到:第一,承认企业有自己的利益;第二,在服从整个社会的利益的前提下,把企业利益和社会利益正确地结合起来,同时把劳动者个人利益和企业利益正确地结合起来;第三,把企业利益和企业的经营管理密切结合起来,使企业利益多少决定于它的主观努力。总之是要做到,使企业所做的对社会有利的事情,对本企业也有利;对本企业有利的事情,对社会也有利;而且企业愈是努力发展生产,对本企业也就愈是有利,从而对社会也就愈是有利。

为了使企业能够为整个社会和本企业的利益努力发展生产,必须让企业有必要的权力。如果企业有改善经营管理的积极性,但国家对企业的管理制度却不允许企业主动处理生产经营中的各种经济问题,设备换一个部件也要报到部、局去审批,"打酱油的钱不许买醋",等等,企业还是不能做到"自动化"。毛泽东同志早就指出:"把什么东西统统都集中在中央或省市,不给工厂一点权力,一点机动的余地,一点利益,恐怕不妥。"[①] 他在这里尖锐地提出了企业的独立性问题。

毛泽东同志提出社会主义企业的独立性问题已经20多年了,但这个问题一直没有得到解决,至今企业还缺乏必要的权力、机动余地和利益,更没有"自动化"。为什么会造成这种情况呢?

---

① 毛泽东:《论十大关系》,《毛泽东选集》第5卷,人民出版社1977年版,第273页。

一个重要原因在于，政治经济学社会主义部分中一整套反对企业独立性的观点还统治着我们的理论和实践。这套观点集中反映在斯大林同志指导下由苏联科学院经济研究所编写的《政治经济学教科书》中。该书对社会主义国营企业的特点是这样概括的："第一，国营企业中的社会主义的生产关系是最成熟、最彻底的。""第二，国营企业的产品是社会主义国家的财产，是按国家机关规定的手续和价格实现的。""第三，在归全民所有的国营企业中，归工人个人消费的那一部分社会产品，以工资形式付给工人。国家预先规定单位制品或单位工时的劳动报酬的固定标准。""第四，社会主义国家直接领导属于国家的企业，通过自己的代表，即由有关的国家机关任免的企业经理管理这些企业。"① 这里既否定了企业应该有自己的利益，又否定了企业应该有自己的权力，还否定了企业应该由群众来管理。不仅如此，该书还把这样的国营企业称之为最成熟最彻底的社会主义生产关系，也就是说这是不可更改的。这不是完全否定了社会主义企业的独立性吗？

苏联政治经济学教科书的这些观点在我国一直流传到现在。我国1976年6月出版的一本《政治经济学讲话》（社会主义部分）说："无产阶级专政的国家对国营经济实行集中统一领导"，"国营企业的生产资料，非经上级主管机关的批准，不得自由转让给别的企业或单位；国营企业的生产和经营，必须服从国家的统一计划；国营企业所需要的生产资料的采购、产品的调拨和销售、劳动力的增加或减少，以及职工的工资标准，都必须遵照国家的统一规定，而不能自由处理；国营企业的盈利，必须上缴给

---

① 苏联科学院经济研究所编：《政治经济学教科书》下册，人民出版社1955年版，第428~429页。

国家统一支配和使用。"1978年6月出版的一本《政治经济学》（社会主义部分）说："社会主义全民所有制是由无产阶级国家代表全体劳动人民占有生产资料的一种所有制形式","是社会主义公有制的高级形式"。首先，"它的生产资料和劳动产品""直接由无产阶级国家""在全社会范围内统一调拨"。其次，"国营企业由国家直接领导，生产经营完全按照国家计划进行，企业领导人由国家任命和委派"。最后，国营企业职工的"工资标准由国家根据整个社会生产发展水平和政治经济情况统一制定，职工的工资收入与本企业的生产水平无关"。根据这套理论，又怎么能允许企业有独立性呢？有些同志主张扩大企业的权益，充分发挥企业的作用，则又被认为是"鼓吹资本主义自由化"、"妄图复辟资本主义"，等等。林彪、"四人帮"实际上利用了我们这些理论上的错误，把它推到极端，宣扬"国家至上"、"长官意志"第一，胡说"强调经济利益"就是"修正主义"，反对给予企业任何经济利益，从根本上否定了企业经济上的独立性，完全扼杀了企业的主动性和积极性。

在林彪、"四人帮"横行时，还流行一种奇怪的理论，说是政治或阶级斗争是社会主义企业发展生产的动力。这种观点在理论上是错误的，在实践上是有害的。在一切社会制度下，生产的目的都是为了获得物质生活资料，为了一定的物质利益。任何政治上层建筑，归根到底都是为生产服务的。因此，把政治说成是经济的动力，只能是一种头脚倒立的怪论。建立在生产资料公有制基础上的社会主义生产关系，消灭了剥削，不再是无产阶级和资产阶级的关系，在这种情况下，就更不能说阶级斗争是社会主义经济发展的动力。诚然，在社会主义现阶段还存在阶级矛盾和阶级斗争，这种矛盾和斗争在企业中也会有所反映，但是在一般情况下它们不占重要地位，更非主要矛盾。在不存在或基本上不存在无产阶级和资产阶级的对立的社会主义企业中搞什么阶级斗争，而且把它作为发展生产的动力，其结果必然不是发展生产，而是破坏生产。

二 在商品交换基础上建立企业之间的关系

既然承认企业在经济上具有独立性，各个企业在社会的共同利益之下有自己独立的经济利益，就必然要承认它们是以商品生产者的资格互相对待的。社会主义企业的经济核算制，就是以这种商品生产和商品交换为基础的。

社会主义经济形态的政治经济学的传统观点认为，彻底的社会主义经济——全民所有制经济内部，是不存在商品生产和商品交换的。商品交换只存在于全民所有制经济和集体所有制经济之间，以及不同的集体经济之间。斯大林在《苏联社会主义经济问题》中，对于社会主义各国全民所有制企业间进行交换这一普遍存在的现象所做的解释是：全民所有制企业之间的交换，是由存在着两种不同的社会主义公有制，存在不同社会主义所有者之间的商品交换引起的；社会主义全民所有制内部流通的产品只具有商品的外壳，实质上已经不是商品。现在看来，这种理论是不完整和有缺陷的。

斯大林这一理论的出发点是，只有在两种所有制之间交换的产品，即通过交换改变所有权的产品，才是商品。但是，实际情况比这复杂得多。例如，第二次世界大战后，许多资本主义的大公司相继普遍采用"分权的事业部管理体制"，即在公司内部划分各个事业部，由它们独立经营、单独核算。这也就是使价值规律在公司内部发挥作用，促进生产的发展。美国通用汽车公司从1920年开始就实行这种制度，事业部在公司统一领导下，有权在一定限额内进行固定资产投资，采用自己认为最好的措施来利用流动资金。只要能完成公司规定的任务，事业部可以自行安排生产计划，决定所需零部件和供应品的来源。有些零部件虽然公司内部其他部门也有生产，但如其价格高于市场价格或质量不如其他供应者，事业部有权不在公司内部购买而向外界供应者采购。由于为价值规律在公司内部充分发挥作用创造了条件，因而促使各事业部努力提高产品质量、增加产量、降低成本、扩大销路、争取最高利润。各事业部之间交换的产品虽然是同一公司内部的交换，并不改变所有权，因此按斯大林的说法并不是商品，但它们事实上却和向外界采购的商品没有区别，是地地道道的商品。如果把社会主义全民所有制经济看作一个大托拉斯，那么，全民所有制内部各个企业之间交换的产品，就和资本主义大公司各事业部之间交换的情况相仿，也是同一所有者内部各独立经济单位之间交换的商品。为什么在这种情况下各个企业之间交换的产品也是商品呢？我们认为，这是由于企业具有相对的独立性，即由于企业是有自己利益的相对独立的经济主体。如果在全民所有制企业之间不实行商品交换，那就势必侵犯企业的利益，从而也就破坏企业的独立性，这就违背社会发展的最基本的规律——生产关系一定要适合生产力性质的规律。斯大林把两种社会主义公有制形式的并存作为社会主义商品生产的原因，本来应该否认全民所有制经济内部存在商品生产，但他又不否认全民所有制经济内部国家与职工交换的消费资料是商品，这也是他逻辑上不一致的地方。

　　政治经济学所谓的商品是一种什么样的经济关系呢？是多多少少互相分离的生产者之间的关系。在社会主义全民所有制的条件下，全社会组织成为一个统一的生产者，各个企业已经不是截然分离的了。但是无可否认，具有独立的经济利益的企业之间，还有你我界限，因此，企业在转让产品时，必然要求等价补偿，否则它们的利益就会受到损害。从这里可以看到，全民所有制经济内部交换的产品仍然具有商品性。

人们时常引证马克思主义经典作家的话来证明建立起单一的全民所有制后商品生产就会消灭。诚然，马克思、恩格斯、列宁说过这样的话，他们设想过社会主义将要消灭商品生产。但是，这仅仅是设想而已。实践是检验真理的最终标准，社会主义制度下商品生产的命运究竟如何，这最终是要由实践来解决的。而依据迄今为止社会主义各国的实践，商品生产不仅存在着，而且发展着，在看得见的时期内，消灭商品生产是不可能的。

应当指出，马克思肯定地认为在新社会中将会消失的，是"私人交换"，而不是一切交换。在我国经济学界过去的讨论中有一些作者把马克思关于私人交换将会消失的论断解释为以"产品调拨"（即企业将产品交给国家再由国家分配）代替商品交换，这样，就把社会主义和自然经济混为一谈。我们认为，这是不符合马克思的原意的。在《政治经济学批判大纲（草稿）》中，马克思在指出资产阶级社会既不同于资本主义之前的各种社会形态，又不同于未来的社会时指出："私人交换一切劳动产品、能力和活动，不但和以个人相互间自发地或在政治上的支配关系与隶属关系为基础的分配制度不相容……而且也和在共同占有和共同控制生产手段这个基础上联合起来的个人所进行的自由交换不相容。"① 从原则上说，我们今天全民所有制企业之间的交换，就是这种"在共同占有和共同控制生产手段这个基础上联合起来的个人所进行的自由交换"。马克思还说："如果我们

---

① 马克思：《政治经济学批判大纲（草稿）》第1分册，人民出版社1975年版（下同），第95～96页。

在当前的社会里面没有在隐蔽的形态下发现无阶级社会所必需的种种物质生产条件以及与其相适应的种种交换关系，那么任何进行破坏的尝试，都是堂吉诃德式的愚蠢行为。"① 我们认为，根据目前社会主义的实际情况，把现阶段的"自由交换"叫作商品交换，在理论上和实践上都是没有坏处的。

三 充分发挥经济规律的作用，实现企业的自动调节

我们主张在商品交换的基础上建立社会主义企业之间的关系，这并不是说，我们认为社会主义公有企业之间的关系同资本主义私人企业之间的关系是一模一样的，或者说，社会主义的商品生产和商品交换同资本主义的商品生产和商品交换是一模一样的，而只是说，在社会主义全民所有制的基础上，各个企业还有自己的独立的经济利益，要以商品生产者的身份互相对待。企业的独立经济利益，并不是孤立存在于社会整体之外的，更不是和社会整体利益相对立的。因此，企业根据自己的条件进行经济上最有利的活动，必须受到社会利益的制约和控制。

那么，在社会主义的现阶段，什么是在符合社会最大利益的前提下，把社会利益和企业利益结合起来的尺度和标准呢？那就是社会主义的商品等价交换。价值规律是在一切社会的商品交换中都发生作用的经济规律，在社会主义条件下，它也可以成为而且应该成为把社会利益和企业利益结合起来自动进行调节的经济杠杆。价值规律在企业的经营活动中经常地起作用，用社会平均必要劳动时间（价值）去衡量企业的工作成果，由此形成信息，通过纯收入、利润等价值杠杆自动反馈于企业，促使企业调整生

---

① 马克思：《政治经济学批判大纲（草稿）》第 1 分册，第 95~96 页。

产，改善经营。

很早以前，有些同志就提出要充分发挥价值规律对社会主义企业生产的促进作用。例如，孙冶方同志在1956年发表的《把计划和统计放在价值规律的基础上》一文中就提出："在商品经济中，价值规律""随时提醒落后的生产者要努力改进工作，否则便要受到严酷的惩罚；也随时鼓励先进的生产者并给他丰厚的奖赏，要他继续前进。它是赏罚分明，毫不徇情，不断地督促落后者向先进者看齐"。"我们应该肯定说，通过社会平均必要劳动量的认识和计算来推动社会主义生产的发展——价值规律的这个重大作用——在我们社会主义经济中非但不应该受到排斥，而且应该受到更大重视。"① 虽然孙冶方同志主要是从计划统计的角度提出问题的，而且没有解决社会主义制度下价值规律充分发挥作用的机制问题，但他在那时就提出这个现在迫切需要解决的问题，而且20多年来一直坚持这个观点，确实是十分可贵的。20多年来的经验教训表明孙冶方同志的这个观点是正确的。

但是，孙冶方同志的正确观点不仅没有受到应有的重视，而且受到不应有的责难，许多人（包括本文的部分作者在内）曾指责孙冶方同志"鼓吹资本主义自由化"，"宣扬修正主义"，认为发挥企业的主动性积极性应该依靠加强行政领导。这种意见还长期被认为是天经地义的。现在，我们的社会主义建设经过了曲折的过程，有必要也有可能根据历史经验，来重新探讨究竟应该怎样发挥企业主动性，实现企业"自动化"的问题了。

单纯依靠加强行政领导能不能充分发挥企业的主动性和积极性呢？事实证明是不可能的。长时期以来我们是依靠加强行政领

---

① 孙冶方：《把计划和统计放在价值规律的基础上》，《经济研究》1956年第6期。

导来管理企业的,但我们一直未能发挥企业的主动性。这绝不是偶然的。第一,行政领导就是靠外力来推动企业,因此它没有解决也不可能解决企业本身的动力问题。第二,企业的情况千差万别,上级机关是不可能把企业所有的活动全部管起来的,如果管起来,势必犯瞎指挥的错误,而管不起来,企业又缺乏推动力,两者都不利于企业发挥积极性。第三,行政单位的性质和任务不同于经济组织,企业生产活动单纯依靠行政单位推动,必然造成按"政府意志""长官意志"办事,造成机构重叠、会议成灾、公文泛滥、官僚主义严重、经济效果很差,使社会主义管理变成手工业式的甚至封建衙门式的管理。这样,又怎么可能使企业发挥主动性和积极性呢?

列宁早就说过:"经济工作在性质上不同于军事、行政和一般政治工作。"[1] 管理社会主义经济,科学的行政方法当然是必要的,但必须以经济方法为主,把科学行政方法和科学经济方法结合起来。上面那种依靠加强行政领导的主张,实际上是主张单纯或主要依靠行政方法来管理社会主义经济。这一套理论和实践是搞不好经济工作的。

用经济办法管理经济,就必须依靠价值规律,充分发挥价值规律在社会主义经济中的积极作用,使企业自动地发挥主动性、创造性。事实表明,在社会主义经济中,充分而又正确地发挥价值规律的作用,就能促进社会主义生产迅速发展。即使我们过去时刻提防着价值规律的消极作用,不敢让它充分发挥作用,但只要我们对它稍加利用,也就取得了显著的效果。最明显的例子表现在经济核算制的作用上。我国第一个五年计划期间比较认真地

---

[1] 列宁:《新时代,新形式的旧错误》,《列宁全集》第33卷,人民出版社1963年版,第8页。

实行了经济核算制，虽然这种制度还远不完善，但由于它在一定程度上使企业的利益和企业的经营状况直接结合起来，为价值规律发挥作用创造了条件，因此就调动了企业的主动性、积极性，使国民经济得以较快的发展。以后我们破坏了经济核算制，违背了价值规律的要求，国民经济也就受到了严重的损害。60 年代初期我们又恢复了经济核算制，尊重价值规律作用，国民经济又得到了迅速的恢复和发展。例如，鞍山钢铁公司 1961 年起恢复和完善了经济核算制，1962 年产品质量普遍提高，原材料消耗大幅度降低，全年可比商品产品成本比上年降低 11.17%，流动资金周转比计划加速 23 天，利润率比上年提高 11%。当时全国开展了节省"一厘钱"运动，取得了巨大成绩，这也是价值规律作用的生动表现。"文化大革命"以后，由于林彪、"四人帮"的干扰破坏，经济核算制被破坏无遗，严重挫伤了企业和职工的积极性，这是造成我国国民经济濒于崩溃的重要因素之一。

近些年来，有些地区利用"大集体"所有制的形式，使工业生产得到了迅速的发展。这种所谓"大集体"企业，实际上仍然属于社会主义全民所有制，只不过比一般国营企业有更大的经济独立性和经营上的自主权。从"大集体"企业的迅速发展，可以看到尊重价值规律作用对企业生产发展的积极影响。例如，常州市"大集体"工业的生产发展比国营工业快得多。1965 年至 1977 年，工业产值、税收和利润、全员劳动生产率的年平均增长速度，国营工业分别为 11.8%，10.6% 和 6.7%，而"大集体"工业则分别为 18.3%，15.7% 和 13.4%。就物质技术条件来说，"大集体"工厂许多方面不如国营厂，如设备落后、管理基础差、原材料供应缺乏保证、分配不到大学毕业生和技术人员、按规定得不到国家投资。为什么"大集体"工业发展反而快呢？一个重要原因在于"大集体"工厂不像国营工厂那样由国家包下来，而是实行自负盈亏的，加上国家对"大集体"工厂的管理不如对国营工厂那样死，地方和企业有较多的主动权，这就为价值规律发挥作用提供了比较广阔的条件。由于"大集体"企业发生亏损要影响地方的利润分成，影响企业的存在和发展，影响职工工资的发放和调整，这就促使他们精打细算，讲究经济效果，企业有主动性，职工有"奔头"，发展生产的干劲比较足，艰苦奋斗的精神比较好。它们灵活性大，适应性强，调整生产比较快，对增加品种，发展新产品，实行专业化协作，改善经营管理比较积极，因此经济效果也比较好。1977年全市"大集体"企业每百元固定资产的产值是480元，比国营企业的287元多67%，每百元固定资产的利润是64元，比国营企业的32元多1倍，每百元产值的利润是13元，比国营企业的11元多18%[①]。

众所周知，在资本主义制度下，价值规律曾对企业发展生产起着决定的作用。正是价值规律的作用使得资本主义企业"自动化"。现在，在一些人的传统观念里，往往只看到资本主义企业主动性的消极面，认为它毫无可取之处，以此来反对利用价值规律使社会主义企业"自动化"。这种看法，至少是不全面的。诚然，在资本主义社会里，私人企业追求利润的主动性是生产无政府状态和经济危机的重要原因。但是，难道不正是企业的这种主动性才使得资本主义社会像用魔术一样唤醒了沉睡于社会劳动里的生产力吗？资本主义主动性的直接结果是生产力的蓬勃发展，是科学技术的突飞猛进。如果社会主义企业不能"自动

[①] 我们这里所要讨论的，是用什么形式管理全民所有制企业的问题。目前有些地方在"厂社挂钩，产品扩散"的名义下把国营企业改为社、队企业，这实际上是侵犯国家财产，把它转为地方或集体财产，对于生产发展是不利的。

化"，社会主义经济是不可能比资本主义经济更快发展的，社会主义制度是不能最终战胜资本主义制度的。而我们现在最缺少的不正是企业的主动性吗？

问题还在于，社会主义生产是商品生产，而"价值规律正是商品生产的基本规律"。① 马克思说的价值规律对资本主义生产的促进作用，如果我们抽掉资本主义生产关系的特点，对社会主义生产上也是应该具有而且必须具有的。孙冶方同志曾这样描述过价值规律对发展生产的作用："发展生产的秘诀就在于如何降低社会平均必要劳动量，在于如何用改进技术，改善管理的办法，使少数落后企业的劳动消耗量（包括活劳动和物化劳动）向大多数中间企业看齐，使大多数的中间企业向少数先进企业看齐，而少数的先进企业又如何进一步提高。落后的、中间的和先进的企业为了降低社会平均必要劳动量水准而不断进行竞赛，也就是生产发展社会繁荣的大道。"② 只有让价值规律在社会主义制度下发挥这种作用，社会主义生产才能迅速发展。因此，我们必须依靠价值规律的作用，即正确地认识和利用这个规律，创造条件充分发挥这个规律的作用，促使社会主义企业自动化，促进生产迅速发展，社会日趋繁荣。

有的同志可能提出这样的问题：为什么不强调依靠社会主义基本经济规律和国民经济有计划按比例发展规律来使社会主义企业"自动化"呢？我们认为，作为社会主义企业，当然必须按照社会主义基本经济规律和国民经济有计划按比例发展规律的要求办事，如果不按照这两个规律的要求办事，社会主义企业的社

---

① 恩格斯：《反杜林论》，《马克思恩格斯选集》第3卷，人民出版社1972年版，第351页。

② 孙冶方：《把计划和统计放在价值规律的基础上》，《经济研究》1956年第6期。

会性质就变了，就不成其为社会主义企业了。问题在于，社会主义基本经济规律和国民经济有计划按比例发展的规律不涉及企业的特殊利益，不涉及社会利益和企业利益之间的关系问题。因此，仅仅依靠这两个规律是不可能达到企业"自动化"的目的。而且，社会主义基本经济规律的要求并不能自动地实现，国民经济有计划按比例发展规律的要求也是如此。只有企业自动地而又正确地发挥社会主义的积极性、创造性，才能顺利实现社会主义基本经济规律和国民经济有计划按比例发展规律的要求。我们主张社会主义企业"自动化"，也正是为了保证实现这两个规律的要求。

也有的同志认为：既要利用价值规律的作用，也要限制价值规律的作用。我们认为，这种提法是令人费解的。什么地方存在着商品生产和商品交换，价值规律就要在哪里起作用。我们只能创设条件，避免价值规律的作用产生消极后果，而不能限制价值规律，使它不起作用。何况价值规律并非注定要对社会主义生产引起消极后果，只有在一定条件下，而且主要是由于我们没有正确认识和利用它，才会发生这种消极后果。我们过去笼统地强调限制价值规律的作用，结果使自己吃尽了苦头。由于限制了价值规律促进企业生产的作用，使得企业不去精打细算地节约人力物力的消耗，不去努力搞好经营管理，实行专业化协作，提高劳动生产率。

纵观历史，限制价值规律促进生产的作用必然对生产力的发展起消极作用。例如，中世纪的行会制度，虽然开始曾经起过保护手工业发展的作用，但由于对手工业者的劳动力、工具机械、技术措施和生产规定了种种限制，终于严重地束缚、阻碍了生产力的发展。再如，资本主义发展到帝国主义阶段后，垄断资本限制了竞争的作用，也严重地阻碍了生产和科学技术的发展，成为帝国主义腐朽性的一个重要表现。资本主义国家的大公司实行"分权的事业部管理体制"以后，使价值规律能够在更大的范围内起作用。这种体制在发展生产上，也取得了较好的效果。

过去我们之所以没有充分发挥价值规律的作用，以致现在有人还有意无意地反对这样做，是和思想上受一些传统观点的束缚，理论上存在着禁区分不开的。因此，这里也有一个解放思想，破除迷信的问题。

一种非常流行的传统观念认为，价值规律对社会主义生产只起影响作用，不起决定作用。按照这种认识，价值规律被说成只能作为计划工作的工具，而不能作为计划工作的依据。受这种观念的束缚，我们当然不能充分发挥价值规律的作用，更不可能依靠价值规律的作用使企业自动化了。但是，既然社会主义生产是商品生产，而价值规律又是商品生产的基本规律，那么怎么能否认价值规律对社会主义生产的决定作用呢？斯大林提出要区分价值规律对生产的调节作用和影响作用，这有其合理的地方，但也引起了混乱。以价值规律对社会主义国民经济计划的作用来说，和在资本主义社会不同，社会主义制度下价值规律有可能被人们自觉用来为计划经济服务，使它不再自发地调节劳动在各个部门的分配。但是，既然社会主义制度下劳动还表现为价值，那么价值规律也就对国民经济计划起着决定作用（这并不排斥其他社会主义经济规律的决定作用），在制定国民经济计划即在各个部门分配劳动时，就必须考虑价值规律的这种决定作用，也就是必须以价值规律为依据。因此，绝不能根据价值规律作用的形式不同而否认它对社会主义国民经济的决定作用。我们所以必须把价值规律作为计划工作的工具，就是因为它对国民经济计划起着决定作用，它是计划工作的依据。否则，价值规律就变成可以遵守也可以不遵守的了。这样，所谓价值规律是计划工作的工具，也就变成了一种实用主义的理论。再以价值规律对社会主义企业生产的作用来说，由于生产中消耗的劳动表现为价值，只有通过价值才能计算监督劳动的消耗，才能促进企业不断提高劳动生产率，生产更多更好的产品来满足社会日益增长的需要，可见价值规律在这里也起着决定的作用，因而也不能说它只起影响作用，而不起决定作用。价值规律对社会主义生产起着决定作用，这正是我们需要充分发挥价值规律的作用，利用它使企业"自动化"的根据。

本文只是分析了必须利用价值规律才能实现社会主义企业的自动调节，至于如何利用价值规律来实现这一点，将在另文中进行专门讨论。

深化经济体制改革的方向问题[*]
——评经济私有化的观点

一 深化经济体制改革的方向问题,是我国经济改革的实践提出的根本问题,也是阶级斗争的实践提出的根本问题

1988年9月党的十三届三中全会提出了治理经济环境、整顿经济秩序、全面深化改革的方针,进入治理整顿与深化改革的时期。当前我国深化经济体制改革面临的问题很多。但是,方向问题是决定和制约整个经济体制改革的根本问题,也是深化经济体制改革的根本问题。方向问题的意义,不仅在于它是我国深化经济体制改革提出的根本问题,而且在于它是国内外阶级斗争提出的根本问题。第一,按照马克思主义的观点,经济体制改革的方向,是社会主义制度的自我完善。深化经济体制改革的方向,显然也要循着这条轨迹前进。但近几年泛滥起来的资产阶级自由化观点认为,在国民经济中占主导地位的社会主义国家所有制,

---

[*] 原载《经济管理》1990年第2期。

成了"现代生产力发展的桎梏","走到了尽头","到了最后被否定的阶段"。"中国改革只能走产权私有化道路。"1989年五六月间发生的动乱和反革命暴乱的策划者则把中国经济私有化作为他们的纲领。而且,已有的实践证明:如果社会主义国家在深化经济体制改革的进程中,不能坚持四项基本原则与资产阶级自由化的斗争,并在斗争中取得胜利,即使原来是社会主义的国家,经济私有化的纲领也存在着付诸实践的现实危险。可见,深化经济体制方向问题上的斗争,是坚持四项基本原则与资产阶级自由化斗争的最重要方面,是社会主义国家中一定范围内存在的阶级斗争的最重要方面。第二,从1917年苏维埃俄国的建立,到第二次世界大战后一系列社会主义国家的建立,帝国主义国家始终没有放弃颠覆社会主义国家的战略目标。但在一个长时期内,帝国主义国家实现这个战略目的的主要手段是武装侵略。十月革命胜利以后发生的14个资本主义国家对苏维埃俄国的武装侵略,第二次世界大战期间希特勒发动的对苏联的侵略战争,以及50年代初和60年代初先后由美国发动的对朝鲜和越南的侵略战争,均属此例。但所有这些战争,不仅使帝国主义国家付出了沉重代价,而且未能实现其战略目的。于是,国际反动势力把实现其战略目标的手段,重点地转移到"和平演变"方面来。所以,深化经济体制改革方向上的斗争,又是社会主义国家反对国际反动势力推行的"和平演变"政策的一个基本方面。上述两方面都是关系到社会主义制度存亡的根本问题。

二 深化经济体制改革的方向,只能是和必须是社会主义制度的继续自我完善

其根据如下:第一,社会主义的基本经济制度,是基本上适

应社会生产力发展的，是根本优越于资本主义经济制度的。因此，改革必须在坚持社会主义基本制度的前提下进行。这种"适应"和"优越"的主要之点是：（1）在资本主义条件下，生产资料的资本主义私有制同生产社会化构成了资本主义社会的基本矛盾。社会主义公有制同生产的社会性是相适应的，从而从根本上解决了这一基本矛盾。（2）资本主义私有制必然导致社会生产的无政府状态。在以生产资料公有制为基础的社会主义有计划的商品经济条件下，就有实现经济协调发展的客观可能性。（3）在资本主义制度（包括对资本家按资本分配利润和对无产者按劳动力价值分配工资）下，必然导致生产与消费的尖锐矛盾。在社会主义制度（包括积累和消费的分配和按劳分配）下，有实现生产与消费协调发展的客观可能性。（4）资本主义的剥削制度必然造成资本和劳动的对抗。在社会主义公有制条件下，人们之间虽然也有局部利益的矛盾，但根本利益是一致的，是社会主义的互助合作关系。（5）在资本主义制度下，存在着你死我活的竞争关系。在社会主义条件下，除了存在着与有计划的商品经济相联系的、在性质上根本区别于资本主义的竞争关系以外，还存在着与根本利益一致相联系的社会主义竞赛关系。

第二，单一的社会主义公有制（主要是国有制）和传统的经济管理体制，不适合社会生产力的发展，必须改革。如前所述，社会主义公有制是适应社会生产力发展的，因而必须坚持。但是，我国还处于社会主义的初级阶段。因此，只能坚持社会主义公有制在国民经济中的主导地位（对社会主义国家所有制来说）和主体地位（对包括国家所有制和集体所有制在内的全部公有制来说），而不能排除作为社会主义经济必要补充的非社会主义经济成分（包括劳动者的个体经济、私营经济和外资企业等）。历史经验表明：50年代末期到70年代末期盲目追求单一的社会主义公有制（主要是国有制），排斥作为社会主义经济必要补充的非社会主义经济的发展，是不利于我国社会生产力发展的，必须改革。至于传统的经济管理体制，在新中国成立初期有其建立的客观必要性，并起过重要的积极作用。但它愈来愈不适应社会主义商品经济发展的要求，也必须改革。

不过，这种改革不是社会主义制度的否定，而是社会主义制度的完善[①]。完善的主要之点是：一是在以社会主义公有制为主体的前提下发展多种经济成分；二是使企业成为商品生产者；三是建立计划经济与市场调节有机结合的社会主义商品经济运行机制；四是在以按劳分配为主体的前提下实行多种分配方式；五是在共同富裕的目标下鼓励一部分人通过诚实劳动和合法经营先富起来；六是在企业内部领导体制方面，确定党委的政治核心地位、厂长在生产经营上的中心地位以及广大职工的主人翁地位，等等。进行这些改革，就可以克服传统经济制度的弊病，充分发挥社会主义制度的优越性，进一步推动社会生产力的发展。

第三，在社会主义制度下，经济体制改革是符合党和国家以及人民的根本利益的。在改革进程中，也有局部利益的矛盾。但由于根本利益一致，这些矛盾依靠社会主义制度本身是可以解决的。因而，经济体制改革可以表现为党和政府领导下的人民群众的自觉行动。

第四，社会主义经济制度的完善，总要表现在生产的发展和人民生活的改善上。在这种相互联系的意义上，我们把生产发展和生活改善看作是社会主义制度自我完善的一个根本标志。1979

[①] 这里需要说明的是，多种经济成分中的劳动者的个体经济、私营经济和外资企业，以及多种分配方式中的与私有经济相联系的分配方式，都不是社会主义性质的。但它们的适当发展，是社会主义经济的必要补充。从这个意义上，也可以算作是社会主义制度的自我完善。但确切地说，还是社会主义经济体系的完善。

年以来，我国经济体制改革尽管有许多失误，却一直是沿着社会主义制度自我完善的方向前进的。我国经济发展的状况证明了这一点。1978~1988年，我国国民收入平均每年增长9.2%，大大超过了1953~1978年的6%的速度①；全国居民消费水平平均每年增长7.6%，更是大大超过于1953~1978年的2.2%的速度②。

上述情况表明，我国经济体制改革的方向是社会主义经济制度的自我完善。深化经济体制改革的方向，也只能和必须沿着这条轨迹前进。

上述情况还表明，那种认为社会主义国有制成了"现代生产力发展的桎梏"、"走到了尽头"、"到了最后被否定的阶段"的观点，是完全站不住脚的。第一，它毫无根据地否定了社会主义基本经济制度所能容纳的社会生产力有可能大大超过资本主义。第二，它完全忽视了经济体制改革在发挥社会主义基本经济制度优越性方面所能起的巨大作用。实际上，我国历史上领主经济向地主经济的转变，是封建经济制度下经济体制的改革，并大大推动了封建社会生产力的发展。在资本主义经济发展史上，由自由放任的市场经济到国家调控下的市场经济，也是资本主义制度下经济体制的改革，更是大大推动了资本主义社会生产力的发展。社会主义制度下的经济体制改革，在这方面将起更大的作用。

三　经济私有化不是也不可能是深化经济体制改革的方向

在近几年来资产阶级自由化思潮泛滥的过程中，有些人就经济私有化（即经济的资本主义化，下同）提出了许多理论上和

---

① 《奋进的40年》（1949~1989年），中国统计出版社1990年版，第335页。
② 《中国统计年鉴》（1989年），中国统计出版社1990年版，第721页。

事实上的"依据"。其中最主要的有两条：

第一，经济私有化是在中国实现现代化的唯一成功之路。

我们先假定中国现阶段可以实现经济私有化。但其结果并不是社会生产力的发展，而是社会生产力的破坏。

有一种天真的想法，似乎中国实现经济私有化，就可以达到当代经济发达的资本主义，就可以有很富裕的生活水平。其实，这一点并不是由人们的主观愿望决定的，主要是由社会生产力发展水平决定的。尽管当前我国已经有了一部分现代化的产业，但就包括农业在内的整个国民经济来看，我国社会生产力的水平实际上还处于马克思所说的工场手工业向机器大工业过渡的阶段；或者说，还处于工业化的前期阶段。在这种社会生产力水平下，中国经济私有化的结果必须是原始的资本主义。此其一。其二，中国过去经历的封建社会历史长，当前封建主义在社会生活诸方面的影响还较多；生产力和劳动者的文化水平都低。这样，中国经济私有化的结果，又必然是带有浓厚封建色彩的资本主义。其三，在当今的世界市场上，不仅存在着经济发达的资本主义国家的竞争，而且许多新兴工业化国家和地区也在参与角逐。这样，作为中国经济私有化结果的、被鼓吹资产阶级自由化的人称为中产阶级的人。由于同广大人民群众存在经济利益上的对立，政治上必然软弱，不可能真正捍卫民族独立，其结果必然受到西方经济发达国家的奴役。

与上述状况相联系，早期资本主义和半殖民地半封建中国发生过的种种残酷剥削和压迫，诸如劳动时间长、劳动强度大，在恶劣条件下大量使用童工，在没有社会保障条件下的大量失业，广大劳动者生活的相对贫困乃至绝对贫困，等等，都会再度在中国发生，结果必然极大地摧残作为社会基本生产力的劳动者；中国社会生产无政府状态必然会有极度的发展，其结果，是社会生产资源的极大浪费；旧中国长期存在并多次发生的由各个帝国主义控制的军阀之间的战争，以及帝国主义对华的侵略战争，又会在中国重演。这些当然不是什么社会生产的发展，而是大倒退。仅此数端（远不是经济私有化的全部恶果）就可以充分说明：经济私有化绝不像搞资产阶级自由化的人所宣传的那样，是什么中国实现现代化的"唯一成功之路"，而只能使中国重新陷于极端贫穷落后的境地！

　　需要进一步指出的是，前面所做的关于中国现阶段可以实现经济私有化的假定是不能成立的。问题的关键在于：要在中国现阶段搞"和平演变"，实现经济私有化，需要有一个最基本的前提，即改变中国共产党的性质和党的纲领。而这是根本不可能的。因为：（1）党一开始就是用马克思列宁主义武装起来的，并把马克思主义的普遍真理与中国革命和建设的具体实践相结合作为根本的指导原则。尽管党在革命和建设的各个时期都犯过错误，但都是依靠自己的力量纠正的。所以，党有一个坚持马克思列宁主义的好传统。（2）党是工人阶级的先锋队，是中国各族人民利益的忠实代表，党有一个全心全意为人民服务的好传统。而摒弃资本主义道路，走社会主义道路，是中国人民经过了100余年斗争以后所做的历史选择，党绝不会违背人民的这个根本意愿。（3）党的十一届三中全会以后，提出了党在我国社会主义初级阶段的一个中心（以社会主义经济建设为中心）、两个基本点（坚持四项基本原则和坚持改革开放）的基本路线。从一定意义上说，这个基本路线就是反对国际反动势力对中国实行"和平演变"的路线。（4）党领导的人民革命战争，经历了22年才取得了全国范围的胜利。新中国成立以后，在50年代初和60年代初又分别经历了抗美援朝和抗美援越战争。这种长期革命战争的实践，使得党的干部对帝国主义的侵略本质有了深切的认识。对帝国主义实行的"和平演变"政策是有警惕的。这些就是我们党用来捍卫党的纯洁性和防止"和平演变"的最重要的保证。这样说，并不意味着可以放松对国内外反动势力搞"和平演变"的斗争；相反，是以加强这种斗争为前提的。

总之，在中国搞经济私有化，不过是国内外敌对势力的反动空想而已。

第二，中国当前的生产水平和人民生活水平远远落后于经济发达国家。这是极少数搞资产阶级自由化的人提出的中国必须实行经济私有化的最主要的事实"依据"。

这里涉及的根本问题，是正确地运用比较方法。应该肯定，比较方法是科学研究和进行决策的重要方法之一。问题是要科学地运用。科学运用比较方法的一个最重要要求，是要把两个（或几个）相比较的事物放在同等的条件下。当然，事物及其存在的条件都是具体的，要找出完全相同的事物及存在条件，是不可能的。但尽可能向这方面努力，还是必要的。我们依据这种要求进行以下四种比较：

1. 社会主义新中国与半殖民地半封建旧中国在发展生产和提高人民生活方面的比较。有人说，现在已经到了20世纪的80年代末期，做这种比较没有意义。这种观点是不妥的。任何新事物都是从旧事物发展而来的，新旧事物的纵向对比，从来都是显示新事物优越性的一种重要方法。把新中国和旧中国做纵向对比，也是显示社会主义经济制度优越性的一个重要方面。此其一。其二，新中国和旧中国的社会经济制度是根本不同的。但在国情的其他许多方面（当然不是一切方面）具有共同点，有较多的可比性。其三，旧中国属于世界资本主义经济体系的范畴，把新中国同旧中国做对比，并没有脱离社会主义制度与资本主义制度对比的范围。

与旧中国相比，新中国在发展生产和提高人民生活方面的优越性，只要提及以下两件事就很可以说明问题了。一是与旧中国社会生产力极为落后相对照，新中国现在已经建立了独立的比较完整的工业和国民经济体系。二是与旧中国广大劳动人民生活水平绝对下降相对照，新中国现在广大人民生活已经有了显著的改善。还要说明：新中国经历的时间只有 40 年，比旧中国经历的时间要短得多。由于缺乏经验，再加上其他原因，致使已经建立的传统经济体制存在弊端，又曾经长期犯过"以阶级斗争为纲"的错误，还长期实行过以速度为中心的经济发展战略。这些都使得社会主义制度的优越性没有得到充分发挥。显然，随着时间的推移，社会主义制度的优越性必然进一步显示出来。

2. 社会主义中国与早期资本主义在发展生产和提高人民生活方面的比较。做这种对比，在一个根本点上，即在社会生产力发展水平上大体相当，有可比性。这里也只需提到两件事：一是中国工业化进程比早期资本主义工业的发展要快得多；二是资本主义工业化带来劳动人民生活的相对贫困甚至绝对贫困，而社会主义工业化却带来人民生活的逐步改善。

3. 社会主义的中国与资本主义的印度在发展生产和提高人民生活方面的比较。中国与印度在解放（或独立）的时间、解放（或独立）前生产力水平、人口和国土等方面，都有近似之处，具有较多可比性。在这方面，社会主义制度的优越性有可能表现得更明显。1953~1987 年，中国国内生产总值和人均国民生产总值的年平均增长率分别为 7% 和 5.1%，其中 1953~1980 年分别为 6.2% 和 4.2%；1981~1987 年分别为 10% 和 8.6%。而在这三个阶段，印度分别只有 3.9% 和 1.6%、3.7% 和 1.4%、4.9% 和 2.6%。1981~1987 年，中国人均消费年平均增长率为 4.9%，印度只有 2.8%。

4. 社会主义中国与经济发达的资本主义国家在发展生产和

提高人民生活方面的比较。这里首先需要明确一个概念：尽管社会主义制度在提高社会生产和人民生活方面具有资本主义制度不可比拟的优越性，但社会生产水平不仅决定于经济制度，就一定时限来说，主要决定于社会生产力和构成生产力的各项要素。至于人民生活水平，更主要决定于社会生产力水平。而在这方面，我国和西方经济发达国家存在着许多不可比的因素。由于半殖民地半封建旧中国的生产力极为落后，致使当前我国生产设备、科学技术、劳动者文化和企业管理水平都很低。我国人口多，人均占有自然资源量也低。新中国成立的时间不长，还没有来得及改革不适合生产力发展的传统经济体制。资本主义制度从诞生的第一天起到现在，都依靠剥削和掠夺殖民地和不发达国家。而社会主义经济制度是根本排斥这一点的。

但这并不是说我国社会主义经济制度在这些方面没有表现优越性。较快的经济增长速度从来是后续社会经济制度优越于前期社会经济制度的一个重要指标。社会主义经济制度对于资本主义经济制度也是如此。比如，1979~1987年，中国国内生产总值平均增长速度为9.4%，美国为2.3%，日本为4%，联邦德国为1.7%，英国为1.8%，法国为1.8%，意大利为2.6%，加拿大为2.7%，澳大利亚为3.4%[①]。可见，我国社会主义经济制度在提高社会生产和人民生活方面的优越性表现得很明显。

所以，不看上述各种不可比的因素，也不顾社会主义经济制度对于提高社会生产和人民生活所表现出来的优越性，仅凭当前中国生产水平和生活水平落后于经济发达的资本主义国家，就否定社会主义经济制度的优越性，就鼓吹走经济私有化道路，显然是极少数搞资产阶级自由化的人别有用心的歪曲。

---

① 《奋进的40年》(1949~1989年)，中国统计出版社1990年版，第468页。

90年代深化经济体制改革若干问题探讨*

　　党的十一届三中全会以前，我国经济体制已经进行过两次改革，一次是1958年，一次是1970年。这两次改革都是在产品经济的框架内进行的，没有找到改革的正确方向。正是这一点从根本上决定了这两次改革的失败。但在党的十一届三中全会以后，改革方向已发生了根本性的转变。总的说来，改革循着社会主义有计划的商品经济这个正确方向，已经取得了举世瞩目的成就，并积累了丰富的经验。与此相联系，我国在发展经济和提高人民生活水平方面也获得了前所未有的成效。但是，这10多年改革进程中，在改革与发展、改革的目标选择、改革本身各环节的配套以及经济改革与政治思想建设之间关系的处理等方面，也存在诸多失误。总结80年代改革的经验教训，对于顺利推进90年代的改革，显然是十分必要的。

＊ 原载《经济研究》1991年第6期。

一 经济改革与经济发展问题

依据马克思主义的理论和我国当前的具体情况，经济体制改革和经济发展的关系可以归结为：一方面，改革要为发展服务，要促进发展；另一方面，发展要为改革创造条件，要有利于改革。大体上可以认为，这是马克思主义关于生产关系与生产力相互关系的基本原理在我国当前具体条件下的运用。

从这一点出发，并从总的方面说来，10多年的改革，是促进了发展的，而发展又为改革创造了条件。比如，从1978～1990年，按可比价格计算，国民生产总值每年平均增长8.8%，显著高于1953～1977年平均增长6.1%的速度。1979～1990年居民平均消费水平，扣除物价因素，平均每年提高6.5%，比1953～1978年平均每年提高2.2%的速度，也要快得多[1]。显然，经济增长和生活提高，主要是由改革推动的，并在物质和精神等方面为今后深化改革准备了条件。这一点在农村表现得尤为明显。比如，1953～1977年，农业总产值平均每年增长3.1%，而1978～1990年平均每年增长6.2%，其中1978～1984年平均每年增长7.7%[2]。改革以后的10多年，农村的非农产业（包括工业、建筑业、运输业和商业）增长速度更高。1978年农村非农产业占农村社会总产值的比重为31.4%，1990年上升到54.6%[3]。改革后农村经济的迅速发展，是以下三项改革的巨大

---

[1] 《人民日报》1991年2月27日。
[2] 《中国统计年鉴》（1990年），中国统计出版社1991年版（下同），第57页；《人民日报》1991年2月23日。
[3] 《中国农村统计年鉴》（1989年），中国统计出版社，第49页；《人民日报》1991年2月23日。

成果：一是家庭联产承包责任制的普遍实行；二是农产品价格的调整和改革；三是以公有制为主体的多种经济成分的巨大发展，以及与此相联系的农村非农产业的高速增长。而就1978~1984年这段时间来看，可以毫不夸张地说，农业改革和发展之间形成了良性循环；家庭联产承包制的逐步普及，推动了农业生产的发展；农业生产的逐步发展，又促进了家庭联产承包制的普及。

但改革10多年来，在改革与发展的关系上，也有沉痛的教训。当然，这方面的情况，同1958年和1970年的改革，是有重大区别的。1958年改革的失败，除了由于改革方向上的失误以外，也由于在急于求成思想指导下，错误地采取了群众运动的方法，并在1957年底至1958年6月中旬的半年多的时间内，仓促地把当时中央政府所属的80%左右的企业事业单位下放给地方管理①。但没有（也不可能有）相应地形成中央政府对地方政府有效的调控机制。这样，这次以中央政府向地方政府下放经济管理权限为主要内容的经济管理体制改革，虽然有利于调动地方政府发展地方经济的积极性，但却造成了国家在管理经济方面的严重失控，大大助长了国民经济盲目发展和"大跃进"，以致这种即使在产品经济框架内的改革，也缺乏必要的宏观经济环境，而不得不从1958年底开始陆续收回中央政府下放给地方政府的各项经济管理权限，宣告了这次改革的失败。1970年的改革，在这方面差不多犯了同样的错误，也导致了改革的失败。1979年以后，在党的十一届三中全会正确思想指导下，不仅在改革方向上发生了根本性的转变，而且批判了上述与急于求成的指导思想相联系的错误做法。因而对经济发展起了良好的作用。这一点，在1979~1983年

---

① 详见作者主编的《新中国工业经济史》，经济管理出版社1986年版，第220~227页。

间表现得尤为明显。但是，在这期间，无论是急于求成的指导思想，或者是一哄而起的做法，都没有完全改变。尤其是改革的配套方面，我们做得很不够。由此形成的后果是：一方面，出现了多元的经济利益主体（包括多种所有制企业和国有经济中的国家、部门、地区和企业），以及与此相联系的多元的利益激励机制；另一方面，并没有在企业、市场和宏观经济管理方面形成有效的约束机制、诱导机制和调控机制。这样，不仅没有消除传统经济体制中的投资膨胀机制，而且在1984年以后强化了这种机制；不仅把传统体制下长期以隐蔽形式存在的人们购买力超过商品供应量的矛盾外表化了，而且形成了新的消费膨胀机制。因而，在1984年和1988年又发生了两次经济过热。这是说的是经济改革对经济发展所造成的不利影响及其教训。这是一方面。

另一方面，在这期间经济发展对经济改革也发生过不利影响。比如，由于理论和经验的准备不足，没有有效地利用1980年初开始出现的某些重要生产资料（如机电产品）买方市场，大踏步地推出价格改革，致使失去了一次作为改革关键的价格改革的良机。然而更严重的问题在于，1982年以后，经济增长方面的急于求成思想故态复萌，提前"翻番"之风又起，终于导致了1984年和1985年的经济过热和失衡。1986年虽然进行了经济调整，但由于急于求成思想的强大惯性作用，再加上错误运用西方经济学的影响，这次调整工作实际上并未认真进行，终于导致1988年更为严重的经济过热和失衡，这两次经济过热和失衡，给改革带来了严重后果。主要是：不仅已经拟定的改革措施不能出台，而且已有的改革成果也不能巩固（如不合理的比价复归和平均主义的复萌等）；不仅不能进一步改革旧体制，而且在经济过热的环境下还需要在某种程度上复活旧体制的某些要素；不仅不能进一步发挥计划调节的优越性，而且还强化它的局限性；不仅不能充分发挥市场调节的正效应，而且在经济过热以及与此相联系的经济秩序混乱的情况下，会诱发、放大它的负效应；不仅不能赢得改革的时间，而且需要耗费时间先来治理经济环境和整顿经济秩序，为深化改革创造必要的宏观经济条件。

诚然，1989年下半年开始的治理整顿，在消除经济过热、缓解经济总量失衡方面已经取得了显著的成效。主要表现是：第一，国民生产总值的年增长速度由1988年的10.9%下降到1989年的3.6%，1990年只微升到5%[①]。第二，1989年国内总供给大于总需求的正差率达到15%，1990年上半年进一步上升到17.7%[②]。1989年，包括煤炭、钢材、有色金属和化工原料在内的22种主要物资资源总值2036亿元（包括国内生产和进口，下同），比上年增长3.5%；使用总值1985.7亿元，比上年减少了1.5%；年末库存411.4亿元，比上年末增长13.8%。1990年，22种主要物资资源总值2054亿元，比上年增长1%；使用总值2012亿元，比上年增长1.3%；年末库存453.6亿元，比上年末增长10.3%。1989年，县级以上工业全部产成品库存总值1530亿元，比上年增长了61.6%；1990年1~11月，库存达到1978亿元，比上年同期增长了33.6%。1990年12月末，粮食和食用植物油库存分别达到了11981.9万吨和371.6万吨，分别比上年同期增长了27%和21.2%。第三，全国零售物价总指数，1988年比上年提高了18.5%，1989年比上年提高了17.8%，1990年只比上年提高了2.1%[③]。需要着重指出：近年来，计划内外价差大大缩小，有些产品甚至出现倒差价现象。主要是作为生产资

---

① 《中国统计年鉴》（1990年），第33页；《人民日报》1991年2月23日。
② 《中国社会科学院研究生院学报》1990年第6期，第2页。
③ 《中国统计年鉴》（1990年），第251页；《人民日报》1991年2月23日。

料的煤炭计划内外价差率从1989年的134%缩小到1990年的62.3%,钢材从24.1%缩小到6.8%,纯碱从310%缩小到10%,烧碱从150%缩小到11%。在消费品零售价格中,1990年上半年与上年同期相比,国家定价的商品上涨8%,国家指导价的商品价格下降0.4%,市场调节的商品价格下降5.3%[①]。由于1989年、1990年农业连续两年丰收,主要农产品计划内外的差价也已大大缩小。这些主要数据表明:经过近年来的治理整顿,相对宽松的经济环境已经开始出现。这就为深化改革创造了有利的宏观经济环境。

本来,应该利用这种环境来推进作为改革关键的价格改革。但由于多种原因(其中包括缺乏充分的经验准备),又一次失去了这个良机。诚然,有关部门已经决定,从1991年4月1日起,取消统配水泥企业生产的水泥价格双轨制,实行计划内外统一出厂价格[②]。但是,近年来我国实行的紧缩政策,实际上只是财政上的紧缩,在信贷方面仍然是很宽松的。1989年银行贷款达到了1850亿元,比上年增长了17.6%,为国民生产总值增长幅度的4.9倍;1990年11月末又上升到2125亿元,全年增长幅度同1969年不相上下,又成几倍地超过了国民生产总值的增长幅度[③]。这就意味着近年来我国经济中已经潜藏着通货膨胀的危险。而1991年第一季度全国乡及乡以上工业完成工业总产值5142亿元(按1990年不变价格计算),比上年同期增长13.7%。即使把1990年第一季度基数较低的因素考虑在内,这种速度也是很高的。特别是其中主要作为加工工业的轻工业增长了

---

① 《中国物价》1991年第3期,第8页。
② 《经济日报》1991年4月3日。
③ 《经济日报》1990年10月17日、1991年1月10日。

15.9%，远远超过了原煤增长2%、钢增长5.2%的速度①。这就开始露出了经济走向过热的苗头。在这种情况下，即使要在价格改革方面迈出大步（如把当前实行价格双轨制的许多重要生产资料实行并轨），也比1990年要难得多了。

依据上面分析，可以得到这样的结论：第一，经济改革要为经济发展服务。这不仅是因为改革是实现发展的最重要手段，而且因为发展是改革能否起步、起多大步和能否继续进行的最重要条件。实践已经反复证明：那种把改革放在首位的看法，并不符合经济发展的实际。第二，经济发展要为经济改革提供有利的条件，主要是创造相对宽松的经济环境和提供相对充裕的、支持改革的财力。实践也已证明：那种认为改革不需要相对宽松经济环境、可以在紧张的经济环境中实现的想法，也是脱离实际的。第三，经济改革要有效地利用经济发展提供的有利经济环境。在传统经济体制没有根本改革以前，作为经济周期波动的最主要根源并没有消除，这种波动就不可避免。即使宏观经济决策是正确的，也只能降低波动幅度，而不可能根本消除这种波动。这样，避开经济周期的上升阶段和波峰阶段，抓住经济周期下降阶段和波谷阶段的有利时机，大踏步地推进作为改革关键的价格改革，就是一件具有十分重要意义的事。这样说，当然不排除在经济周期的上升阶段和波峰阶段，实行小步、持续、均衡、配套的价格改革。经济改革要有效地利用经济发展提供的有利时机，特别是利用经济周期下降阶段和波谷阶段推进价格改革，也是正确处理改革和发展关系的一个重要方面。而这一点，直到目前为止，实际上并未真正引起有关方面的充分注意，并付诸实践。因而提出这一点是很有必要的。历史经验表明：能否正确地处理经济改革与经济

---

① 《人民日报》1991年4月7日。

发展的关系，是顺利实现 90 年代改革任务的一个重要条件。

二 经济改革与社会政治稳定问题

在我国当前条件下，对经济改革和社会政治稳定的关系可以做这样的概括：社会政治稳定是经济改革赖以顺利进行的一个基本政治前提；而经济改革又是实现社会政治长久稳定的根本途径之一。这一点，似乎也可以看作是马克思主义关于经济基础与上层建筑、生产力与生产关系相互关系的基本原理的具体运用。

改革的 10 多年来，总起来看是较好地处理了经济改革与社会政治稳定的关系的。改革以来，坚持贯彻了党在社会主义初级阶段的一个中心（社会主义经济建设）、两个基本点（四项基本原则和改革开放）的基本路线，从根本上保证了社会政治稳定，为改革的顺利进行提供了一个安定的社会政治环境。同时，改革使社会主义制度的优越性得到了更好的发挥，大大促进了社会生产的发展，大大增强了综合国力，并显著地改善了人民的物质文化生活，从而促进了社会政治稳定。但这并不意味着我们在处理经济改革与社会政治稳定的关系上，就不存在任何问题了。举其大者有：第一，在一段时间内忽视了政治思想上的斗争，放松了思想政治工作，造成了社会主义思想道德面貌大滑坡。第二，由于经济改革多方面的失误，再加上经济发展战略上的失误，造成经济过热、物价大幅度上升、部分群众实际生活水平下降和部分官员腐败，以及在平均主义复归的同时又发生了新的、部分社会分配不公现象。这些都是没有处理好经济改革与社会政治稳定关系的重要例证。

然而，如果说在 1989 年那场政治风波发生之前的一段时间内，在推进经济改革时，对社会政治稳定有某些忽视的话，那么，在这之后的一段时间内，又出现了过分强调社会政治稳定，而对深化改革有某种忽视的议论。近年来，经常可以听到这种流行说法：在当前治理整顿时期，为了社会政治稳定，深化改革难以迈步。这是一个涉及贯彻党的十三届七中全会提出的在今后10年内初步建立社会主义有计划商品经济的新体制的大问题，需要认真地澄清。

有人之所以提出搞改革就会影响稳定的议论，第一是由于没有正确把握改革与稳定的关系。社会政治稳定虽然是经济稳定的前提，但经济稳定却是社会政治稳定的基础。很难设想，如果经济得不到稳定发展，国力得不到进一步增强，人民生活得不到稳步提高，社会主义制度优越性得不到充分发挥，社会政治能够有长期的稳定。而要实现经济的稳定发展，就需要进行改革，消除即时体制中的膨胀机制，建立与社会主义有计划商品经济发展要求相适应的、计划调节与市场调节相结合的运行机制。所以，从长远看，在坚持社会主义方向前提下进行经济体制改革，是实现社会政治稳定的一条最基本的途径。当然，如果经济体制改革搞得不好，也确实会影响稳定。但这种后果，大体上只是在下述三种场合才会发生：一是改革走偏方向，把作为社会主义制度自我完善的改革，搞成了资本主义化；二是改革超过了社会、企业和群众的承受能力；三是处理改革重大问题上有失误。只要坚持党在社会主义初级阶段的基本路线，按照社会的实际承受能力，妥善地处理改革中的各种重大问题，上述三种情况都是可以避免的。所以，如果认为改革注定要影响社会政治稳定，是缺乏根据的。如果因此而在深化改革面前却步不前，更是不妥的。

第二，是由于不能全面地观察治理整顿给社会承受力带来的变化。就拿作为改革关键的价格改革来说，在治理整顿的一定期限内，伴随着经济增长率和经济效益的下降，社会承受力有降低的一面。但是，经过一年多治理整顿，当前经济总量失衡状况有了很大改善，许多基本生产资料和生活资料的计划价与市场价的差距大大缩小了。在这种情况下推行价格改革给社会带来的压力降低了，或者说对社会承受力的要求下降了。这就为推进价格改革创造了更为有利的条件。

第三，是由于不能准确地把握社会承受力，心中无数。仍以价格改革为例。为了使得价格改革能够顺利进行，必须做到不超过国家、企业和人民群众的承受能力。而在我国当前条件下，许多基础产业的产品价格偏低，许多加工工业产品价格偏高，因而在价格改革过程中，价格总水平在一定程度上的上扬，是不可避免的。这就要求做到物价总水平上涨幅度要与经济增长、人民生活水平提高速度相适应。改革以来的经验证明：物价上涨幅度低于同期经济增长率，也低于同期居民收入增长率，社会生产得到发展，人民生活得到改善，各方面的矛盾都比较少；反之，矛盾就多。有关部门对近11年零售物价上涨率、国民生产总值增长率和城镇居民每人平均生活费收入增长率的测算，大体上可以证明这个趋势（见表1）。

表1　零售物价、国民生产总值、居民生活费收入的指数比较

（以零售物价指数为1）

	"五五"末期 （1979~1980年）	"六五"时期 （1981~1985年）	"七五"前四年 （1986~1989年）
零售物价	1	1	1
国民生产总值	1.036	1.065	0.965
居民生活费收入	1.133	1.056	1.037

由表1可知,"五五"末期和"六五"时期零售物价指数均低于经济增长指数和居民生活费增长指数,三者之间的关系较为协调,因而各方面的情况都比较正常。而"七五"前四年,尽管零售物价指数还低于居民生活费收入指数,但已高于经济增长指数,三者的关系不很协调,各方面的矛盾也比较多。

依据上述情况,如果90年代国民生产总值年平均增长率7%是妥当的话[1],那么,居民生活费收入年平均增长率宜安排在6.5%以下,零售物价总水平年平均增长率宜安排在6%以下。这样,就既能保证价格改革的顺利进行,又不会超过国家、企业和人民群众的承受能力。所以,如果能够坚持控制经济总量的方针,使得社会总需求和社会总供给能够实现基本平衡,社会经济环境比较宽松,不会发生由经济过热导致的通货膨胀,那么90年代就可以在零售物价总水平年平均增长率6%以下的空间内推进价格改革。而这种改革并不影响社会政治稳定。

再以劳动制度改革为例。要使企业成为自主经营、自负盈亏的商品生产者,一个重要条件就是要解决企业的生存刚性问题,为此要解决职工就业刚性问题,要改革"铁饭碗"的劳动制度。但现在对这项改革,一是担心带来大量失业,二是担心缺乏财力建立失业保障制度,影响社会稳定。应该说,这种担心是有道理的。但在这方面也要做出恰当的估计。以失业数量来说,不仅要计算由于劳动制度的改革而把国有企业现存的大量隐性失业变成显性失业,而且要计算国有企业现存的大量空额需要增加的劳动力,还要计算进一步调整产业结构(包括适当地多发展劳动密集型产业以及第三产业)和发展多种经济成分需要增加的劳动力,也要计算由于劳动制度改革而带来的经济效益的提高,以及

---

[1] 详见汪海波《论经济的适度增长》,《经济管理》1990年第9期。

由此拓宽的就业门路等。如果做了这样多方面的计算,由劳动制度改革而带来的失业就未必像所想象的那么多。再以建立失业保障制度需要的财力来说,有关专家认为,即使按社会失业达到2000万人计算,每年需要失业保险基金400亿元。这也是一笔可观的数字,但也不是根本无力筹集的。据统计,1988年,单是国家对国有企业的亏损补贴就达到了445.83亿元。而企业亏损在很大程度上又是与大量的在职失业相联系的。因此,单是改革劳动制度,消除大量在职失业,就可以大大减少国家对企业亏损补贴,从而增加国家用于失业保险基金的支出。更何况今后失业保险基金的筹集,并不需要国家单独拿,而是可以采取国家、企业和职工三方拿的办法。当然,在我国社会主义初级阶段,要像当代经济发达国家那样建立高水平的失业保险是不可能的。但建立适合我国国情的、多层次、低水平的失业保险是有条件的。

与上述担心改革会影响稳定的流行议论相联系,近年来在深化改革的步骤上也出现了一些值得注意的稳重有余的情况。急于求成是改革以来存在的主要的错误倾向,它会使改革受挫;而稳重有余,又会使改革难以迈出应有的步伐。因此,要顺利实现党的十三届七中全会提出的90年代的改革任务,需要在党的十一届三中全会提出的解放思想、实事求是思想的指导下,在着力防止急于求成的同时,也要注意克服稳重有余的倾向。否则,90年代的改革任务就很难实现。

三 有计划商品经济与新改革措施选择问题

社会主义的计划商品经济的提出,可以看作是马克思主义关于社会主义经济理论在我国的一个具有划时代意义的发展,并且这种发展在我国经济体制改革实践中取得了巨大的成就。主要是：正在从单一的社会主义公有制体系，逐步变为以公有制为主体、多种经济成分并存的所有制结构，国有企业正在从国家行政机关的附属物逐步变为独立的商品生产者；单一的按劳分配制度，正在逐步变为以按劳分配为主体、其他分配方式为补充的分配制度；过分集中的计划管理体制，正在逐步变为计划调节与市场调节相结合的体制。理论分析已经证明、改革实践也已开始证明：只有循着社会主义有计划商品经济这个目标继续前进，改革才有可能取得完全成功。

但是，1979年以来的改革并没有完全摆脱传统体制框架内的某些做法。尽管这些做法只是局部性的，但是它们偏离了上述目标，从而不利于上述目标的实现。这主要是行政性分权和局限于对企业的扩权让利。

就行政性分权来说，1979年以来，先后实行了地方财政大包干制度、重要工业交通部门的包干制，并建立了行政性公司（这些公司的大部分在近年来的治理整顿过程中被取消了）。其中，地方财政大包干在70年代初就实行过，而重要工业交通部门的包干制和大批建立的行政性公司，则是在这次改革过程中新发生的。这些行政性的分权虽然对经济发展起过不同程度的积极作用，但有一个共同点，就是巩固甚至强化了国家行政机关对企业的行政干预，同把企业变成独立的商品生产者这个改革方向是背道而驰的，并对经济发展发生了严重的阻碍作用。就财政大包干来说，它对于调动地方政府增收节支、发展地方经济的积极性起过有益的作用，但同时大大强化了地方政府对企业的行政干预，助长了经济的盲目发展、经济过热、重复生产、重复建设和重复引进、地区结构趋同化、产业结构低度化、企业规模小型化和企业组织结构的"大而全"、"小而全"，以及地区之间的垄断和市场分割。

就改革以来国家对企业先后实行的利润留成、经济责任制、利改税和企业承包经营责任制来说，流行的观点只是把它们看作改革的措施。这是有道理的。但严格推敲起来，也有值得斟酌的地方。实际上，对待这些措施，是可以而且需要从两方面来考察的。一方面，从它们是由企业作为国家行政机关附属物这个基点，向企业作为独立商品生产者这个目标前进来说，可以把它们看作是建立社会主义有计划商品经济必经的过渡环节，是旨在建立这种商品经济的过渡性改革措施。另一方面，从它们与传统体制下已经实行过的某些改革的联系看，它们也并没有从根本上摆脱传统体制下曾经采用过的分权让利的框框。因此，如果把改革局限到这一步，就可能把它们由建立社会主义商品经济必经的过渡性的改革措施，变成产品经济理论和传统体制也能接受的东西。正因为这些改革措施还没有从根本上摆脱传统体制下分权让利的框框，因而也就没有改变这种体制框框下的经济运行轨迹。就是说，在经济宽松的环境下，国家行政机关可以对企业放权；而到了实行经济紧缩的时候就要收权。1979年以来实行的改革，情况有所变化，但并没有从根本上跳出这个怪圈。

明确这一点，无论对于在理论上正确把握社会主义有计划商品经济的真谛，或者对于在实践上深化经济体制改革，都有重要的意义。显然，要建立社会主义有计划的商品经济，就必须积极创造条件，并且依据条件的变化，在现有改革措施的基础上，把改革继续推向前进。否则，实际上就会在某些重要方面把改革停留在传统体制也能接受的范围内。

即便就当前国有企业普遍实行的企业承包制而论，一方面要看到它是当前巩固和进一步发展企业改革所必须采取的现实选择，它对于调动企业积极性、促进经济发展也有不容忽视的重要作用。如果在条件不具备的时候，轻率地否定它，对于经济改革和经济发展都是很不利的。另一方面也要看到实行这种承包制，并不能真正实现政企分离和所有权与经营权的分离，因而不能使企业真正成为自主经营、自负盈亏、自我发展和自我约束的独立商品生产者。与此相联系，这种承包制还有助长投资和消费膨胀、经济过热和阻碍资产存量调整等不利于经济发展的消极作用。

总之，要进一步建立社会主义有计划的商品经济，就必须要积极创造条件，改革上述的行政性分权，并把分权让利措施继续推向前进，彻底摆脱传统体制框架内的这些改革措施。

值得注意的是，尽管上述的行政性分权和分权让利措施的局限性已经明显地暴露，但当前似乎还缺乏改变这种状况的紧迫感，也缺乏把这些改革继续推向前进的得力措施。不仅如此，就当前正在采取的增强企业活力的某些措施（如赋予企业权利；发展企业集团等）来看，也还没有从根本上摆脱分权让利和行政性分权的框框。这样说，并不否定在当前情况下这些措施在增强企业活力方面的重要意义。例如，《企业法》规定给企业的13条权利，北京市的大多数企业只拿到2.5条，连首钢那样的改革试点单位，至今还没有外贸自主权和完整的投资自主权[①]。显然，在这种情况下，赋予企业自主权（即使是不完整的自主权），对于在某种限度内增强企业的活力，是有重要作用的。这样说，也不否定真正按《企业法》的规定把企业应该享有的权利还给企业，同时在市场和国家的宏观管理方面进行相应的改革，可以使得企业成为独立的商品生产者。但从当前的情况来说，能够真正落实到企业的自主权会是很有限的。

问题还在于，由于行政性分权和放权让利等项改革措施的惯

---

① 《人民日报》1991年3月8日。

性作用；由于深化改革本身及其依存条件的复杂性；由于深化改革是一种权利（包括传统体制形成的权利格局，以及1979年以后某些改革失误所形成的不合理权利格局）的再分配，因而会遇到这样那样的阻力，并且会同传统观念发生更加深刻的冲突；由于理论界和经济界在改革目标的选择与实施等问题上还存在着分歧（其中包括一些人在这个问题上的动摇）；由于深化改革存在着巨大的风险，因而，进一步深化改革的难度是很大的。

基于上述各种情况和各项原因的分析，行政性分权和放权让利措施还可能持续一段时间，甚至可能出现某种凝固化状态。而如果出现这种状态，对实现90年代的改革任务是很不利的。所以，要在90年代初步建立起社会主义有计划商品经济的经济体制，就必须及早采取得力措施，预防这种凝固化状态的出现。这些措施要涉及诸多方面，但最根本的途径就是要不断提高各级干部的马克思主义水平和党性，坚持走党的十一届三中全会以来形成并由十三届七中全会进一步总结的建设有中国特色的社会主义道路。

试论计划调节与市场调节的有机结合*
——兼评"计划调节为主论"

我国传统的指令计划体制是在新中国成立初期伴随传统的经济体制一道建立的。当时建立这种体制有其历史必然性,并对恢复国民经济和建立社会主义工业化基础起过重要的积极作用。但这种体制的严重弊病在 50 年代上半期就已经有了充分的暴露。于是,1956 年提出了包括计划体制在内的工业管理体制的改革方案,并于 1958 年和 1970 年两次付诸实施。但由于这两次改革都是在传统的产品经济理论指导下进行的,没有触及改革必须解决的根本问题——建立社会主义有计划的商品经济,因而均告失败。

党的十一届三中全会以后,在邓小平同志提出的"解放思想,实事求是,团结一致向前看"的思想指导下,在理论上有了一系列根本性的突破,社会主义有计划商品经济理论便是其中之一。1984 年,党的十二届三中全会通过的《中共中央关于经济体制改革的决定》中指出:"改革计划体制,首先要突破把计

---

* 原载《求索》1992 年第 4 期。

划经济与商品经济对立起来的传统观念,明确认识社会主义计划经济必须自觉依据和运用价值规律,是在公有制基础上的有计划的商品经济。"1987年,党的十三大报告又明确提出:"社会主义有计划商品经济的体制,应该是计划与市场内在统一的体制,在这个问题上,需要明确几个基本观念:第一,社会主义商品经济与资本主义商品经济的本质区别,在于所有制基础不同。……第二,必须把计划工作建立在商品交换和价值规律的基础上。……第三,计划和市场的作用范围都是覆盖全社会的。新的经济运行机制,总体上来说应当是'国家调节市场,市场引导企业'的机制。"[1] 这就从根本上摆脱了过去长期存在的把计划经济与商品经济、计划调节与市场调节对立起来的传统观念。

在社会主义有计划商品经济理论指导下,我国计划体制改革取得了重大的进展。据有关部门近年来的调查,在全国工业总产值中,指令性计划只占17%左右。指导性计划占43%左右,市场调节占40%左右[2]。据笔者计算,1990年,在社会商品零售总额、农民出售农产品总额和工业生产资料出厂价格三者相加的总和中,国家定价的比重大约占33%,其余大约67%为国家指导价和市场调节价[3]。再据有关专家估计,近年来在国民生产总值中,国有经济为1/3左右,其余2/3左右为非国有经济,而非国有经济主要是由指导性计划和市场调节的。这些总体数字表明:无论在工业总值、商品总值或者国民生产总值中,指令计划都只占了一部分,指导性计划和市场调节占了大部分。可见,经

---

[1] 《中国共产党第十三次全国代表大会文件汇编》,人民出版社1987年版,第26~27页。

[2] 《90年代中国经济的改革和发展》,经济管理出版社1992年版,第34页。

[3] 资料来源:《人民日报》1991年10月30日;《中国统计年鉴》(1991年),中国统计出版社1992年版,第20、25页。

过10多年的改革，我国传统的指令性计划体制已经产生了深刻的变化。

但也要看到，这些总体数字同时也表明：当前计划体制改革已有的成就，离党的十三大报告提出的计划体制改革的目标还相距甚远。按照笔者的体会，计划体制改革的目标——"计划与市场内在统一的体制"，就是计划和市场有机结合的体制，或者说计划调节与市场调节有机结合的体制。当前我国计划体制改革方面存在的问题还在于：近几年来，在国内外各种背景下，背离上述计划体制改革目标的各种观点（特别是"计划调节为主论"）在全国曾一度广为传播。而这种"计划调节为主论"的实质，就是要恢复传统的（或稍加改良的）计划体制，显然不利于改革的深化。1992年3月召开的党中央政治局全体会议作出了要加快改革开放的步伐的决议，并指出要警惕右，但主要是防止"左"。在这种新形势下，深入分析我国计划体制改革的目标（即计划调节和市场调节的有机结合），并评述"计划调节为主论"，以进一步从"左"的思想影响下解放出来，促进计划体制的深入进行，无疑是完全必要的。

一 计划调节与市场调节有机结合的必然性和必要性

历史经验已经证明：尽管市场调节最初来自于资本主义商品经济，但并不是资本主义所特有的；尽管计划调节最初来自社会主义公有制经济，但也不是社会主义所特有的。问题在于，从一般意义上说，市场调节和计划调节有一个共同的产生基础：以社会大生产作为物质基础的、发达的商品生产。在这个基础上就会有两个经济规律发生作用：一是价值规律的作用；二是按比例发展规律的作用。从本质上来说，市场调节是价值规律作用的反映;计划调节是按比例发展规律作用的反映。就这两种调节和这两种规律作用相互联系的意义上说,无论是在资本主义发达的商品经济条件下,或者是在社会主义发达的商品经济条件下,都必须实行市场调节和计划调节。这是一个必然的、不以人的意志为转移的客观过程。

以上结论并不只是理论分析的结果,而是为长期的历史经验所证明了的。在历史上,把计划调节与市场割裂开来的做法有两种经济类型。一是第二次世界大战前的资本主义经济,依据亚当·斯密的自由放任的市场经济理论,只要市场调节,完全否定国家干预经济生活和计划调节,其结果导致资本主义周期性经济危机趋于加剧。资本主义经济危机发生和加剧的根本原因是资本主义的基本矛盾,但否定计划调节也是一个重要因素。事实上,在第二次世界大战以后,许多资本主义国家依据凯恩斯的宏观经济理论,在市场经济的基础上,加强了国家对经济生活的干预,在某种程度上实行了计划调节,从而使得经济危机的破坏程度大大减轻。二是社会主义国家的经济,由于教条式地对待马克思主义创始人马克思和恩格斯关于社会主义制度下不存在商品经济的预言,只要计划调节,完全否定市场调节,其结果也导致了经济的周期失衡和周期波动。当然,这种波动的根本原因在于传统经济体制内含的投资膨胀机制。而这种体制的一种重要弊病,就是排斥市场机制的作用。事实上,当社会主义国家开始进行经济体制改革,在某种程度上引入了市场调节的因素时,在经济体制改革正常进行的情况下,社会生产资源配置情况也就得到了某种限度内的改善。

我们还须认识到,计划调节与市场调节的结合,不仅有其必然性,而且具有必要性。

计划调节的本质就是社会经济领导机构从国民经济的整体利

益和长远利益以及国力出发，依据对社会主义生产资源和社会需求的计算，安排国民经济主要比例关系，并采取措施加以贯彻，求得经济总量和主要经济结构关系的基本平衡，实现社会生产资源的合理配置。因此，计划调节的优越性就在于自觉地事先安排和协调主要经济比例关系，从而不仅可能避免事后调节必然造成的社会生产资源巨大浪费，而且可能取得巨大的宏观经济效益，并为提高微观经济效益提供一个基本条件。计划调节的优越性还在于：有利于安排长期的、大型的建设项目，有利于集中必要的社会生产资源，以加强国民经济发展中的薄弱环节，有利于发展高技术产业，有利于防止和治理大的自然灾害，有利于正确处理发展经济与保护自然环境、维系生态平衡的关系，有利于实现社会主义共同富裕的重要目标。

但计划调节优越性的实现和发挥，需要依存一系列的条件。主要是：第一，社会经济领导机构指导经济发展的思想正确，宏观经济政策符合实际。如果仍像过去那样，用急于求成的思想指导经济发展，盲目追求经济的高速增长，则不仅不能实现经济的协调发展，而且会周期性地造成经济失衡。或者反过来，经济发展的指导思想偏于保守，则会导致经济增长速度过低，这样虽然可以保持经济的稳定发展，但社会生产资源却不能得到充分利用。或者制定的计划能符合实际，但执行计划却又受到急于求成思想的影响，致使实际的经济增长速度成倍地超过了计划指标，从而导致经济失衡。由此可见，发展经济指导思想和客观经济政策正确，是实现和发挥计划调节优越性的一个重要条件。第二，建立保证经济协调发展的经济管理体制。实践已经反复证明：导致我国经济周期失衡的直接原因，是急于求成的指导思想。急于求成思想形成的原因是多方面的，但支撑这种思想反复出现的经济基础，则是传统经济体制中内含的投资膨胀机制。因此，要实现和发挥计划调节的优越性，就必须建立新的经济体制，这就是社会主义有计划的商品经济。因为在这种体制下，可以在国家宏观经济管理、市场和企业三个环节上形成有效的调控、诱导以及激励与约束相结合的机制，从而为经济的协调发展提供一个基本保证。此外，要实现和发挥计划调节的优越性，还需要其他条件。比如，需要发达的信息机构、现代化的计算手段，以及健全的计划管理机构等。

可见，即使在社会主义制度下，计划调节也只是为经济的协调发展提供了一种客观可能性。在具备上述各种条件下，这种可能性才能变成现实性；反之，就有可能造成有计划的社会生产无政府状态，造成周期性的经济失衡和经济波动。因此，传统观念认为社会主义条件下的计划调节，就一定能实现经济的协调发展，实际上这种看法忽略了计划调节优越性赖以发挥的条件，只是看到了一种现实性（经济的协调发展），忽略了计划调节的局限性和消极作用有可能带来的另一种现实性（经济失衡）。

这里需要着重指出的是：要发挥计划调节的优越性，并克服其消极作用，除了创造上述的各种条件之外，实行市场调节也是重要的一环。因为计划确定的国民经济主要比例关系，必须通过各个企业的经济活动才能实现。而计划对大多数企业又不宜直接发生作用。这就产生一个问题：通过什么中间环节，使计划能够间接作用于企业。由于市场调节本身的特点，宜于成为这个中间环节。可见，计划调节优越性的实现与发挥，还有赖于市场调节。通过市场调节的间接作用，以避免计划调节直接作用于企业所造成的挫伤企业积极性、降低微观经济效益的消极后果。同时，在有计划的商品经济条件下，速度过高的计划会受到市场调节的阻滞和企业的抵制，因而由此所造成的经济失衡，会比企业作为国家行政附属物和不存在市场调节的情况下要小得多。

总之，无论是计划调节优越性的实现和发挥，或者是其局限性和消极作用的克服，均有赖于市场调节。同样，市场调节优越性的实现、发挥及其局限性和消极作用的克服，也有赖于计划调节。

市场调节的本质就是通过市场机制，直接使企业从本身的经济利益出发，自动适应市场需求的变化而决定生产规模和投资去向，在供求关系不断地波动中实现供需平衡，实现社会生产资源的配置。市场调节的这种自动性是它的重要优越性。与这种自动性相联系，还有灵活性和及时性的优点。就是说，它可以使企业依据各自产品的市场状况而灵活地及时地进行调整。市场调节更大的优越性还在于：它所实现的社会生产资源配置作用是和提高宏观经济效益的作用，与发挥企业积极性和提高生产要素运营效益的作用结合在一起的。

但市场调节优越性的充分实现和发挥也需要一系列的条件。较重要的条件有：市场发育程度比较高，价格体系比较合理；市场统一开放，平等竞争，行政性垄断和经济性垄断的排除；社会总供给和总需求的基本平衡；国家的市场管理机构比较健全和有效；正常市场交易规则和秩序的确立等。没有这些条件，不仅难以实现和发挥市场调节优越性，甚至会走向反面。在当前我国由传统经济体制向新经济体制过渡的条件下，这些条件的形成，在很大程度上有赖于国家为适应建立社会主义有计划商品经济新体制的要求而实行的宏观经济管理，其中包括计划调节。

同时还要看到，市场调节本身也确有其局限性和消极作用。一是市场调节以供求关系在某种限度内的不平衡（求大于供或供大于求）作为前提。这种事后调节意味着市场调节是以社会生产资源某种程度上的浪费作为前提的。二是自发性的市场调节不利于长期、大型项目的超前建设，不利于自觉实现宏观经济的协调发展。三是市场调节不仅不能解决环境保护和生态平衡问题，而且会破坏自然环境和生态平衡；不仅不能实现共同富裕，而且会造成两极分化。当然，这主要是就市场调节在经济方面的消极作用而言的。很显然，市场调节在经济方面的消极作用，通过发挥计划调节的优越性在很大程度上是可以得到控制的。

综上所述，我们可以得出这样的结论：要实现社会生产资源的合理配置，必须把计划调节与市场调节结合起来。只有这样，才能充分发挥计划调节与市场调节的优越性，有效克服各自的局限性和消极作用。

现在需要进一步指出的是：要实现社会生产资源的合理配置，不仅在一般意义上需要把计划调节与市场调节结合起来，而且在特定意义上也需要把二者有机地结合起来。这里说的有机结合，指计划调节主要通过市场调节来实现，即计划起指导作用，但是市场基础上的计划；市场起实现作用，但是计划指导下的市场，以至二者完全融合在一起。只有这种有机结合，才能最充分地发挥计划调节和市场调节的优越性，才能最有效地克服二者的局限性和消极作用。相对说来，计划调节和市场调节的板块式结合，在合理配置社会生产资源方面的作用。虽然比只要计划调节、不要市场调节的分离状态前进了一大步，但也只能在有限的范围内发挥二者的优越性，克服二者的局限性。带有某种程度渗透（即计划调节与市场调节相互渗透）的板块式结合，在发挥两种调节的长处、克服各自短处方面，虽然比单纯的板块式结合又前进了一步；但与二者的有机结合比较，还是相差甚远的。

然而实现计划调节与市场调节的有机结合，需要经过较长的历史发展过程。就我国经济发展的历史看，计划调节与市场调节的结合已经经历了以下三个阶段：第一阶段，在社会主义改造基本完成以前，大体上是板块式的结合。总的说来，这个时期对国有工业实行直接计划,对其他经济成分的工业实行间接计划,至于对为数众多的小商品生产则实行市场调节①。第二阶段,在社会主义改造基本完成以后的一个长时期内,大体上只有计划调节。在这个期间,由于经济工作指导思想方面"左"的错误的影响,在所有制方面盲目追求"一大二公",以致非社会主义经济成分几乎绝迹;在经济管理方面,把高度集中的传统体制推到一个极端,以致对集体经济基本上也采取同国有经济相同的直接计划管理的办法。第三阶段,自1979年经济体制改革以来,又开始了计划调节与市场调节板块式结合的过程。80年代初,在工业总产值中,实行指令性计划的占80%以上,实行指导性计划和市场调节的不到20%②。如前所述,近年来,指令性计划只占17%左右,指导性计划和市场调节占83%左右。在这个时期,尽管指令性计划、指导性计划和市场调节在不同程度上都有计划因素与市场因素的结合,但由于改革没有根本完成,缺乏基本的社会经济条件,不可能从根本上实现计划调节与市场调节的有机结合,不可能跳出板块式结合的基本框架。

就目前情况来看,要实现计划调节与市场调节的有机结合,从根本上说,就是要建立社会主义有计划商品经济的新体制。主要是使企业成为独立商品生产者,建立市场体系,实行以间接调控为主的宏观经济管理体系。显然,这是需要时间的。

当然,即使在社会主义有计划商品经济新体制确立以后,实现计划调节与市场调节的有机结合,也只是就社会生产的主要方面说的。实际上,由于资源、供给和需求等方面因素的制约,国

---

① 详见汪海波《新中国工业经济史》,经济管理出版社1986年版,第144~146页。

② 《求是》1991年第10期,第30页。

家对少数产品、项目和企业仍然需要实行直接计划管理。

二 "计划调节为主论"是一种"左"的影响

我们在前面分析的基础上，有必要对"计划调节为主论"的论据及其在近几年来广泛流传的根源进行仔细分析。

"计划调节为主论"者提出的论据综合起来，主要有以下三点：

第一，计划是调节国民经济的主要比例关系，而市场只调节企业的生产经营活动。

如果仅仅停留在对事物直观的观察，则情况确实如此。但如果对事物做深入的研究，那就正如前面已经指出过的，计划要想有效地、尽可能避免消极作用地实现对经济的调节，还有赖于通过市场调节这个中间环节。诚然，市场是直接调节企业的生产经营活动的。但市场正是通过调节作为商品经济细胞的、无数的企业的生产经营活动，实现其对社会生产资源的配置作用。当然，市场要有效地、并且尽可能避免消极作用地实现对经济的调节，也有赖于同计划调节的结合，但这是市场更好地发挥对经济调节作用的问题，而不是不能实现调节经济作用的问题。所以，分别说来，计划和市场都是社会主义社会生产调节者；综合说来，计划和市场的有机结合是社会主义社会生产新型的、最有效的调节者；但绝不能说，只有计划才能调节国民经济的主要比例关系，市场没有这种调节作用。以上是就计划和市场调节经济的具体过程而言的。

从理论上说，不管持何种主张的人一般都不否认马克思主义关于价值规律是资本主义生产调节者的原理。尽管社会主义经济与资本主义经济有根本性质的区别，但社会主义经济既然也是商品经济,那么价值规律就仍然具有调节社会生产的作用。为什么价值规律在资本主义社会通过调节作为商品经济细胞的企业的经济活动,可以实现对社会生产的调节作用,而在社会主义社会价值规律只是停留在对同样作为商品经济细胞的企业的经济活动上,而不能实现对社会生产的调节作用呢?这是"计划调节为主论"者很难回答的难题。

20世纪50年代初,自斯大林发表《苏联社会主义经济问题》以后,价值规律不是社会主义生产调节者的观点在我国经济学界占了主要地位。党的十一届三中全会以来,理论研究和改革实践已经否定了这种脱离实际经济生活的观点。但当前流行的上述观点,尽管比斯大林的观点前进了一步,然而似乎并没有完全摆脱斯大林提出的理论框架。

第二,新中国成立以后,我国经济几次大的波动,都是由于国民经济主要比例失衡造成的。

就某种直接联系的意义来说,这个论断本身无疑是正确的。但是,以此来论证计划调节为主的观点,就是南其辕而北其辙了。这个问题的症结在于:过去发生的几次经济大波动,是不是由于没有实行计划调节为主造成的。如果是,则实行计划调节为主无疑是解决问题的良方。如果不是,甚至正是在实行了计划调节为主(或者只是实行了计划调节)的情况下发生,那么继续实行计划调节为主,则仍会促成经济的大波动。

实际情况究竟怎样呢?按照笔者的观察,新中国成立以来,已经发生了七次经济周期波动,即1953~1955年、1956~1957年、1958~1969年、1970~1977年、1978~1984年、1985~1987年、[①] 1988~1991年。前两次是在实行计划调节为主、市

---

① 详见汪海波《汪海波选集》,山西人民出版社1990年版,第667~681页。

场调节为辅的板块式结合情况下发生的；中间的两次，是在几乎只是实行计划调节的情况下发生的；最后三次也是在计划调节为主、市场调节为辅的板块式结合情况下发生的。当然，并不能把经济的周期波动简单地归结为计划调节。如前所述，经济周期波动的主要原因是经济工作指导思想方面的急于求成，而其根源则是传统经济体制中内含的投资膨胀机制（在当前新旧交替时期还要加上消费膨胀机制）。但是由于只是实行计划调节为主，没有也不可能实现计划调节和市场调节的有机结合，以致二者的优越性不能得到充分发挥，消极作用不能得到有效克服，也是引起经济波动的一个重要原因。因此，如果不在端正经济工作指导思想和根本改革传统体制的前提下，实行计划调节和市场调节的有机结合，反而继续实行计划调节为主，尤其是实行直接的计划调节，那么就绝不可能实现经济的持续、稳定和协调发展。

第三，计划调节为市场调节的导向，应该居于主导地位，是矛盾的主要方面。

如前所述，在计划调节与市场调节有机结合的新型经济运行机制中，市场是计划指导下的市场，计划是以市场为基础的计划。但是，如果以计划对市场的指导作用来论证计划调节为主论，似乎根据也不足。退一步说，即使一般地能以计划对市场的指导作用来证明计划调节为主论，在当前深化经济体制改革时期，这个论据也很难成立。为了说明这一点，引证一下毛泽东对有关问题的分析，是颇有教益的。他说："诚然，生产力、实践、经济基础一般地表现为主要的决定的作用，谁不承认这一点，谁就不是唯物论者。然而，生产关系、理论、上层建筑这些方面，在一定条件之下，又转过来表现为主要的决定的作用。"[1]

---

[1] 《毛泽东选集》第1卷，人民出版社1991年版，第325页。

当然，我们这里讨论的计划与市场的关系，同毛泽东所说的并不是完全相对称的问题。但毛泽东这个论述确实启示我们：即使在上述三对矛盾中，矛盾的主要方面也不是固定不变的，而是依据一定的条件相互转化的。因此，我们不能只是依据计划对市场的指导作用这个抽象道理，就断定说计划调节是主要的，而要在分析当前具体情况以后才能做出以谁为主的结论。这是就考察问题的科学方法而言的。

那么，当前有关这个问题的具体情况是怎样的呢？传统经济体制的主要弊端，就是排斥市场机制的作用。在旨在建立社会主义有计划商品经济的经济体制改革中，正确处理计划与市场的关系，是一个核心问题。而就革除旧体制排斥市场机制的弊端来说，目前的改革只能是市场取向的改革。诚然，自1979年改革以来，我国在发展市场机制的作用方面已经取得了巨大的成绩。但就国民经济中居于主导地位的国有经济来说，市场机制的作用并未得到有效的发挥，市场取向的改革并未基本完成。从这方面说，当前通过深化改革，进一步发挥市场机制的调节作用，仍然是矛盾的主要方面。至于以后矛盾的主要方面是否向计划调节转化，那要视以后的条件变化而定。但这里所说的市场调节或计划调节成为矛盾的主要方面，都是指它们在实现社会生产资源配置作用方面的地位而言，并不是说市场调节或计划调节对协调国民经济主要比例关系根本不起作用。因此，这里的分析同我们在前面对计划调节为主论者提出的第一个论据所做的分析，并不矛盾。

如前所述，"计划调节为主论"是一种"左"的影响，从这种意义上来说，分析"计划调节为主论"在近几年广泛流传的根源，可以归结为分析"左"的影响的根源。

第一，正如邓小平同志于1981年说过的："对'左'的错误思想不能忽略，它的根子很深。"① 这个重要论断，现在仍然有效。显然，在一定条件下，"左"的影响有可能又会形成一种气候，成为阻碍深化改革的主要因素。

第二，1988年我国出现了经济过热和经济失衡。在这种情况下，有人把这一点简单地归结为放松集中的计划体制造成的，其结论也就是要在1989年开始的治理整顿中，恢复传统的计划体制。实际上，1988年经济生活中出现的问题，是由于改革以来，在放松传统的集中计划体制的同时，没有在政府、市场和企业这三个环节上形成强有效的调控、诱导以及激励与约束相结合的机制，从而造成了包括投资膨胀和消费膨胀在内的社会总需求膨胀。因而正确的出路在于把治理整顿和深化改革结合起来，通过治理整顿形成相对宽松的经济环境，然后加大改革分量，加快改革步伐，最后取得改革成功，根本消除膨胀机制。如果恢复旧的传统体制，尽管可以在一定时限内强制实现有限的经济总量平衡，但既不能从根本上解决经济总量失衡问题，更不能触动产业结构失调问题。这样，经过一段时间又会出现新一轮的经济膨胀，使得经济陷入周期性的失衡和波动状态中。这已是为新中国成立以后几十年经济发展史所反复证明了的问题。

第三，1989年春夏之交我国发生了政治风波。在这种情况下，有的人又把这件事同改革联系起来，甚至把改革开放说成是引进和发展资本主义，认为"和平演变"的主要危险来自经济领域。其实，这场风波的国外根源，是国际敌对势力推行的"和平演变"政策；国内根源是极少数顽固坚持资产阶级自由化立场的人和其他敌对分子的煽动和破坏。正如邓小平同志在

---

① 《邓小平文选》（一九七五——一九八二年），人民出版社1983年版，第334页。

1989年6月所说的:"这场风波迟早要来。这是国际的大气候和中国自己的小气候所决定了的,是一定要来的,是不以人们的意志为转移的。"但邓小平同志同时明确提出:"改革开放这个基本点错了没有?没有错。"① 实际上,如果不实行改革开放政策,社会生产、综合国力和人民生活没有显著提高,就难以平息这场风波;即使一时平息了,也不会有这几年的社会政治稳定。当然,改革实际工作中的某些失误,对这场风波起了一定的促进作用。但由此得出的结论应是在坚持社会主义方向的前提下,加快改革,并在实际工作中完善改革以及与改革有关的某些政策和措施,而不是走回头路。

还有,在这场风波以后,着重揭露国际敌对势力推行的"和平演变"政策,批判资产阶级自由化思潮以及右的错误,无疑是正确的,但像过去曾经发生过的那样,在某些方面和某种程度上又出现了一种倾向掩盖另一种倾向,在批判右的错误的时候,包括有碍改革在内的某些"左"的倾向又乘机抬头了。这种现象,同过去长期存在的、虽然在粉碎"四人帮"以后经过多次批判、但并没有彻底清除的"左"比右好的糊涂观念,也有联系。其实,无论是右的错误,还是"左"的错误,都有可能葬送社会主义事业。

第四,80年代末和90年代初,东欧和苏联等社会主义国家先后相继发生了剧变,丧失了社会主义革命成果,丢掉了无产阶级专政,在经济上也已经改变了社会主义性质。在这种情况下,有的人把这一点归结为改革造成的,结论也是要走回头路。就苏联和我国相比较而言,这种看法既存在着对苏联改革情况的误解,又把我国改革同苏联改革存在的原则区别混同起来。苏联在

---

① 《邓小平同志论改革开放》,人民出版社,第114、124页。

30年代建立起来的高度集中的经济体制曾经在一个时期内带来了苏联经济（特别是重工业）的高速增长，建立了卓越的历史功绩。但在第二次世界大战以后，愈来愈不适应生产社会化和商品经济的发展。尽管苏联在50年代下半期和60年代初期就提出了改革问题，但由于改革路子不对，直到1991年苏联解体以前，对在国民经济中处于主体地位的国有经济，并没有什么触动。这就导致经济增长率趋于下降，使得人民失去了对这种体制乃至社会主义制度的信心，酿成了严重的经济危机和政治危机。这是国际敌对势力推行"和平演变"政策能够得逞的一个极重要的内在因素。所以，苏联解体绝不是什么由于对传统经济体制进行了改革的结果，而是由于长期没有进行改革或者没有真正进行有效改革的结果，是由于在政治体制改革方面又完全背离了社会主义方向的结果。在这些方面，中国与苏联的情况根本不同。总的说来，我国改革（包括经济体制改革和政治体制改革）是在坚持四项基本原则的前提下进行的。尽管有的年份出现过右的错误，但都是按照社会主义原则给予了纠正。这是其一。其二，如前所述，1979年以来我国的经济改革取得了巨大成功，社会生产、综合国力和人民生活水平都有了很大的提高，深得人民群众的拥护。1989年那场政治风波的顺利平息就是一个有力的证明。

上述分析表明，就当前加快包括计划体制在内的经济体制改革来说，需要主要防止的倾向是"左"。但同时也必须清醒地看到：在东欧剧变、苏联解体以后，西方敌对势力加紧对我国推行"和平演变"政策，国内又存在着滋生资产阶级自由化的土壤和影响，因此同时也必须对右的倾向保持警惕。

企业体制改革与企业行为合理化的历史考察*
——兼论加速对国有企业实行股份制改造的必要性

一　探讨这个问题的重要意义

企业体制改革与企业行为合理化的问题，是党的十一届三中全会实行改革开放政策以后提出的新问题。随着经济体制改革实践的发展，这个问题愈来愈引起经济界和学术界的关注。这并不是偶然的现象。因为在我国当前条件下，研究这个问题，具有重要的理论意义和现实意义。

第一，有助于发展马克思主义关于社会主义生产关系以及这种生产关系与生产力的关系的理论。

改革以前，我国学术界对社会主义生产关系的研究，主要是局限于社会主义基本经济制度的研究。与此相联系，对社会主义生产关系与生产力关系的研究，也主要是局限于社会主义基本经济制度与生产力关系的研究。

比如，就社会主义国有经济来说，当时主要局限于社会主义

---

* 与刘立峰合作，原载《华东化工学院学报》（社会科学版）1993年第2期。

国有制和这种所有制与生产力关系的研究。当时由于受到教条主义思想的束缚，在理论上并没有把社会主义国有经济这种基本经济制度与作为这种制度的具体表现形式的经济管理体制（包括企业管理体制，下同）区分开来，因而也没有对后者进行独立的研究。当时在这种体制下，企业是作为国家行政机关附属物而存在的，从本质的意义上，企业没有什么独立的经济行为。这种实践也决定了不可能对企业行为有什么独立研究。

这样说，并不否定当时对社会主义国有制的这种基本经济制度的某些具体形式做过研究。比如，当时对作为基本经济制度组成部分的按劳分配的具体形式（即工资）就做过研究。但是，就作为这种基本经济制度的最主要表现形式（即经济管理体制）来说，却没有独立地进行研究，更没有独立地研究企业行为。所以，从这个最主要方面来看，仍然可以说，对社会主义国有经济的研究，主要还是局限于对基本经济制度的研究。

这种研究当然也是必要的，并有重要的意义。但由于这种研究的视角，只是局限于社会主义的基本经济制度，以及这种制度与生产力的关系，而没有把它向前推进到经济管理体制和企业行为这两个具体层次，并把这两个具体层次从生产关系与生产力之间抽掉了，因而这种研究必然局限于抽象的层次，而不可能具体说明和解决我国经济发展和经济改革中的问题，甚至还提出这方面的问题。这就必然会阻碍马克思主义关于社会主义生产关系以及这种生产关系与生产力的关系的理论的发展。反之，如果把经济管理体制和企业行为纳入考察的视线，就可以把对社会主义生产关系以及这种生产关系与生产力关系的研究推向具体的层次，就有助于说明和解决我国社会主义的建设和改革问题。因而有助于发展马克思主义关于社会主义生产关系以及这种生产关系与生产力的关系的理论。

第二,有助于阐明社会主义基本经济制度的优越性。我国传统的企业体制是在新中国成立初期那种具体历史条件下建立的,并在历史上起过重要的积极作用。但这种体制自始就不适应社会主义商品经济发展的要求。随着社会主义社会生产力的发展,这种弊病愈趋严重。但在理论上没有区分社会主义基本经济制度与企业体制的情况下,很容易把后者的弊病归结为前者的弊病,因而很不利于阐明社会主义基本经济制度的优越性。反之,如果在理论上把社会主义基本经济制度与企业体制区分开来,并分别对二者加以研究,就有利于阐明社会主义基本经济制度的优越性;而在企业体制取得成效的条件下,还可以进一步在实践上证明社会主义基本经济制度的优越性。

第三,有利于吸收当代西方经济发达国家企业体制中适合我国国情,并且于我有益的东西。如果在理论上不区分基本经济制度和企业体制,那么,一方面不能把我国社会主义基本经济制度的优越性和企业体制的弊病区别开来,另一方面也不能把当代西方经济发达国家资本主义基本经济制度的腐朽性和企业体制中适合我国情况,并且有用的东西区分开来。这就很不利于吸收西方企业体制中的有益东西。

诚然,在党的十一届三中全会以前的长时期内,不能吸收这些有益的东西,主要是由于存在"左"的错误,但也不能说同理论上没做上述区分无联系。

即使在这以后,从政治条件来说,吸收西方企业体制中的有益东西,已经有了现实可能性。但在理论上做出上述区分仍然是必要的。而且,正因为在这以后实行了改革开放政策,在理论上做出上述区分的前提下,把我国企业体制与企业行为和西方企业体制与企业行为做一番对比研究,吸收后者于我有益的东西,对于推进我国企业体制改革,就更有必要了。

第四，有利于当前深化企业体制的改革。近十年来，我国经济改革已经取得了举世瞩目的成就。但改革并没有完成。在微观层次上，最明显的表现就是企业行为不合理。企业行为不合理，反映了企业体制不合理。这样，对我国企业体制和企业行为做一番历史考察，找出当前企业体制和企业行为不合理的原因，探讨深化企业的途径，特别是在加速对国有企业实行股份制改造方面，就具有重要的现实意义。

为了进一步引起对于企业体制和企业行为研究的注意，我们在前面在较为广泛的意义上简要地分析了这项研究的重要性。但限于篇幅，下文的分析，主要是从深化企业体制这个角度着眼的。但是，企业体制既涉及国家与企业的关系，也涉及企业内部的关系。下文的分析主要涉及前一方面。

二 传统企业体制与企业行为的特征

在传统的企业体制下，生产计划由国家作为指令下达给国有企业。财务由国家财政部门实行统收统支。企业不仅上缴全部利润，而且上缴折旧基金；企业需要的基本建设和技术改造投资，概由国家财政拨款。生产资料由国家物资部门按计划价格调拨给企业。企业产品销售由国家商业部门按计划价格统购包销。国家劳动部门对企业统一分配劳动力，统一规定工资、奖金和集体福利的标准和实行办法。概括说来，这种体制的基本特征是政企职责合一，生产资料所有权与经营权的合一。

由这种企业体制决定的企业行为的特征是：

第一，由于供产销和人财物等方面的权力都由国家掌握，企业无权，因而企业行为缺乏独立性，更多的是对国家行政机关的依附性；缺乏主动性，更多的是被动性，活像一个算盘珠，国家推一推，企业动一动。

第二，在这种体制下，企业行为的目的就是为实现国家的生产计划。诚然，国家计划体现了包括各个企业利益在内的国家整体利益，但难以反映各个企业的特殊利益。因而缺乏企业独立利益，是这种体制下企业行为的一个重要特征。

第三，在这种体制下，各个企业的生产都是为了完成一个共同的国家计划，而不是为了一个共同的市场。因而支配企业行为的仅仅是国家计划，而不是利润；各个企业之间的关系也不是独立商品生产者之间的竞争关系，而是靠一个工厂内各个车间之间的协作关系。这样，这种体制下的企业行为，缺乏利润、市场、竞争、成本和价格等观念的指导，也缺乏利润激励和竞争压力的驱动，只有生产活动而无经营活动。

第四，在这种体制下，既缺乏外在的条件，也缺乏内在的激励机制，促使企业建立各种生产经营责任制度和有效贯彻按劳分配原则的制度，必然造成劳动力和生产资料不能得到充分利用，甚至存在大量的在职失业和生产资料闲置。这种体制不仅不能激励企业在设备、工艺和产品等方面创新，而且还会导致企业在所有这些方面墨守成规，使得大批企业设备老化、工艺陈旧和产品的几十年一贯制。这种体制不仅不能驱动企业追求内涵扩大再生产、企业规模经济和专业化生产，而且会造成企业对于外延扩大再生产、企业规模不经济和"小而全"、"大而全"的偏好。

总之，在这种体制下，企业行为的后果，是生产要素营运效益的低下。

上述分析已经说明了改革传统企业体制以及改变与之相联系的企业行为的必要性。但为了进一步说明这一点，这里还有必要简要地分析一下社会主义商品经济条件下的企业体制和企业行为的特征。

在社会主义商品经济条件下，企业是独立的商品生产者，在人、财、物和供、产、销等方面拥有充分的经营自主权，自负盈亏，并拥有激励和约束相结合的机制。所以，对绝大多数国有企业来说，这种体制的基本特征，是政企职责分开，生产资料所有权与经营权的分离。

与这种企业体制相联系，企业行为具有以下特点：

第一，可以从根本上避免传统体制下企业行为对国家行政机关的依附性和被动性，具有充分的独立性和主动性。

第二，在计划调节与市场调节正确结合的条件下，这种体制可以使得企业行为达到实现国家计划与企业独立利益的统一，实现社会经济效益最大化与企业利润最大化的统一。

第三，这种体制可以使得企业之间的关系由传统体制下存在的那种同一工厂内各个车间之间的协作关系，变成独立商品生产者之间的竞争关系。这样，企业行为就具有市场、利润和竞争等观念的指导，并会受到利润激励和竞争压力的双重驱动。

第四，这种体制可以促使企业从根本上消除在职失业和生产资料的闲置，并使各种生产资源达到充分的运用；可以促使企业在生产设备、工艺和产品等方面不断地实现创新；可以促使企业形成对于内涵扩大再生产、企业规模经济和专业化生产的偏好。

总之，在这种体制下，企业行为的后果，是生产要素营运效益的不断提高。并且因此而成为企业体制改革的目标模式。

三 企业承包经营责任制与企业行为的特征

改革以来，国家对国有企业先后相继实行了企业基金，各种形式的利润留成和经济责任制、利改税以及企业承包经营责任制。前几项改革，对传统体制触动不大，实行的时间较短，这里不予分析。唯有企业承包经营责任制，对传统体制变动较大，普遍实行的时间较长，以至成为由传统体制向新体制转变的、具有特征的、重要的过渡形式。故有必要对它进行专门的分析。

企业承包经营责任制是当前普遍实行的，以国家主管行政部门作为发包方，以国有企业作为承包方，以契约方式界定双方责、权、利的国家对企业的基本管理制度。推行承包制的原则是："包死基数、确保上交超收分成、欠收自补。"企业留利按一定比例用于发展生产和职工奖金与集体福利。承包制要求企业承担技术改造的任务，并允许企业把生产发展基金与固定资产折旧基金、大修理基金捆起来使用。与此同时还实行了企业职工工资增长与企业经济效益提高按一定比例挂钩的办法。

显然，与传统的企业体制相比较，承包制使得企业由没有经营自主权变成有一定的经营自主权，由国家统负盈亏变成企业在某种限度内自负盈亏，并具有某种有限的激励与约束相结合的机制。总之，承包制的基本特征是：政企职责已经开始分开，生产资料所有权与经营权已经开始分离，但在这些方面都没有完成根本性的转变，从而成为由传统企业体制向作为企业体制改革目标模式的独立商品生产者转变的一种过渡性形式。

与这种过渡性相适应，在这种企业体制下的企业行为也具有过渡性的特征。

第一，在实行承包制条件下，在合同规定的范围内，企业在生产经营、市场营销、投资和职工奖金、福利分配等方面的行为，具有某种独立性。但也不可能根本改变企业行为对国家行政机关的依附性。因为，在政企职责没有完全分开，生产资料所有权与经营权没有完全分离，国家在确定企业生产、产品价格、收入分配和企业干部任免等方面还拥有相当广泛权力的条件下，企业是不可能拥有作为商品生产者的企业行为的独立性的。而且，在平等竞争、统一开放的市场体系没有形成和企业不真正承担自负盈亏义务的条件下，有的企业甚至还乐于在生产资料供应和流动资金、技术改造投资贷款等方面保持对国家行政机关的依附性。

与这种依附性相联系，企业行为也不可能根本克服被动性。

第二，实行承包制，增强了企业内在利益激励机制，并促进了市场竞争。但是，在实行承包制的条件下，企业利益及其生存和发展，并不只是取决于企业经营状况的好坏。因为在商品价格扭曲的条件下，企业盈利状况并不完全是企业经营管理状况的反映。就是说，在企业产品价格低（低于价值）的情况下，企业盈利状况不好，并不一定是经营管理差；反之亦然。此其一。其二，在资金平均利润率没有形成的情况下，确定承包基数就缺乏科学的标准。而在开始推行承包制的时候，由于缺乏经验，还只能依据企业承包前3年的平均盈利状况来确定。这就必然产生鞭打快牛（经营状况好的企业）、保护慢牛（经营状况不好的企业）的后果。其三，由于缺乏确定承包基数的科学标准以及其他有关条件，在很大程度上，企业收入在开始确定承包基数时，取决于企业与国家行政机关的讨价还价；在执行承包合同时，取决于企业向国家行政机关争生产资料供应和贷款；在最终考核承包指标完成情况时，又取决于双方的讨价还价，问题的复杂性还在于：由于企业主管行政部门和财政部门的视角差异，无论在确定企业承包基数，或者在考核企业承包基数，都有分歧。从已有的情况来看，前者向企业多留倾斜，后者向企业少留倾斜。其四，实行承包制，即使是实行风险承包，无论是经营者个人承包，经营者集体承包，或者企业承包，他们能够承担的风险总是有限的，只能在有限的范围内承担盈亏的责任。而且，往往是负盈易，比如，在经济高速增长和企业生产发展也快时，企业留利和职工收入都能很顺利地增长；负亏难，比如，在经济滑坡和企业生产下降时，企业留利，特别是职工收入很难减少，甚至还增长。即使企业陷入负债经营，甚至到了破产边缘，也由于实行承包制和没有建立失业保障制度，而不会破产。在这种情况下，企业的利润、市场和竞争观念等不会很强，企业行为受到的利润激励和竞争压力的驱动必然有限。

第三，如前所述，实行承包制，企业行为具有某种独立性和主动性，并在一定程度上受到利润激励和竞争压力的推动。这就提高了企业劳动者的积极性，在对经营者实行聘任制的条件下，也提高了经营者的积极性；加强了企业的经营管理，有不少企业在内部实行了层层包保的生产责任制度；促进了企业的技术改造。这些都有利于提高企业的经济效益。

但是，正像前面已经提出过的，承包制对企业行为的激励和约束都是有限的。它在提高企业经济效益方面的作用也是有限的。

需要着重指出，由承包制带来了企业一系列经济行为的短期化。一是收入分配行为短期化。由于承包制缺乏严格的盈亏责任机制，国家对企业财务预算约束仍然很软。这样，在企业职工向西方经济发达国家高生活水平攀比、要求增加收入的强大压力下，企业收入分配就向职工生活倾斜。二是投资行为短期化。前面已经提到：在实行承包制的条件下，企业的生存和发展，并不完全决定于企业的经营状况。这一点决定了企业的投资眼界并不是集中在长期投资上。再加上企业投资能力低，承包期限短，于是就形成了企业投资的短期行为。但是，并不能由此得出结论，说：延长了承包期，就可以改变企业投资行为短期化。问题在于：承包期限短，只是这种短期行为的一个促进因素，根本原因在于上述的承包制本身的局限性。再加上有关国家机关把注意力集中在企业的多上缴上,企业职工的兴奋点在增加收入,而且,国家也没有实行对企业投资效益的考核,承包者的投资眼光也就会集中在短期见效的投资项目上。这就会降低投资项目的规模效益和长期效益。三是与上述情况相联系,企业在科技投入方面也存在短期化的行为。四是营销行为短期化。其突出表现是不重视产品质量,不重视销售后的服务。

与上述各种情况相联系,实行承包制也不能根本改变传统体制下存在的企业对外延扩大再生产、企业规模不经济和"小而全"、"大而全"的偏好。承包制还妨碍资本存量的调整。因此,实行承包制,既不能根本改变资源配置效益不高的情况,也不能根本改变要素营运效益低下的状况。1987年普遍实行承包制以来,除了少数企业经济效益有了显著提高以外,多数企业经济效益变化不大。当然,近年来企业经济效益大滑坡,主要是同实行紧缩政策而造成的经济增长率大幅度下降相关的。但也不能说同承包制这种企业体制没有关系。事实上,在同样处于实行紧缩政策的宏观经济环境下,乡镇企业和"三资"企业经济效益的变化状况比实行承包制的国有企业要好。当然,这里有许多不可比的因素(如由于国有企业与乡镇企业、"三资"企业税负不同而形成的不平等的竞争条件),但也反映了承包制这种体制的局限性,更不能得出社会主义生产关系不比资本主义企业(对外国资本主义企业来说)优越的结论。但这种比较,以及上述的企业承包制及其企业行为的过渡性可以证明:必须积极创造条件,继续推进企业体制的改革。

基于上述分析,可以看出,那种认为实行承包制可以实现所有权与经营权的分离,可以确立企业的独立商品生产者地位,从而可以成为我国实现企业体制改革目标的观点,是难以成立的。

还有一种观点,认为当前实行的承包制确有缺陷,但可以通过继续完善加以弥补。应该肯定，当前实行的承包制确有继续完善的余地，并且通过继续完善可以进一步发挥它的积极作用。但如果仅仅完善承包制本身，并不从根本上改变承包制的基本缺陷，即不能实现政企职责分开和生产资料所有权与经营权的分离，那就不能实现企业体制改革的目标。

又有一种观点认为，企业承包制之所以暴露出许多缺陷，是由于企业体制以外其他方面的改革不配套。这种说法有一定道理。由于改革不配套，使得企业承包制的优点不能得到充分发挥，缺点不能得到有效抑制。但即使改革配套了，也不能根本消除企业承包制本身的上述基本缺陷。更何况改革的各方面是互为条件的，其他方面改革的深化，也要求继续推进承包制的改革。

又有一种观点认为，近几年来承包制方面存在很多矛盾，是由于实行经济紧缩而形成的宏观经济环境造成的。这种说法也有一定的依据。但即使由实行紧缩政策转变到宽松政策，也不能根本改变承包制的内在缺陷。而且，近年之所以要实行紧缩政策，是由于前几年经济过热引起的。而前几年的经济过热，不是由于实行包括承包制在内的各项改革，形成了多元的利益主体（包括多种所有制企业，以及国有经济内部的国家、部门、地区和企业）和激励机制，而是没有在企业、市场和宏观经济管理方面相应地形成有效的约束、诱导和调控的机制，从而造成社会总需求过旺，大大超过总供给。

总之，认为当前实行的承包制不需要改革的观点，是不妥的。这是一方面。另一方面，那种认为承包制很快就可以完全取消的观点，也是不妥的。因为：（1）承包制还有它的积极作用；（2）承包制对当前宏观和微观的管理条件有较大的适应性。如果不顾这些情况，匆忙完全取消承包制，就会造成经济生活的混乱，对经济改革、经济发展和生活改善都是不利的。

四 股份制与企业行为的特征

股份制是利用股份公司的形式，通过发行股票筹集社会闲散资金，并通过不同股权组合起来的企业制度。它具有以下特征。

第一，产权的明确化。投资者购买股票，把资金让渡给股份公司经营，投资者拥有资金的终极所有权，而企业获得资金的法人所有权，这是第一层次的分离；股东通过股东大会选举董事会、监事会，由董事会推举公司经理，并将除战略决策以外的所有权力交给经理人员，企业经理掌握了经营权，这是第二层次的分离。所以，实行股份制能够真正实现所有权与经营权的分离。

第二，独立的经营者阶层的形成。由董事会选择的企业经理是精通经营管理和生产技术的专门人才。随着股份制的发展，社会上将出现专门从事资产经营的经理人员。他们把资产经营作为自己的事业而倾注全部的精力和才智，企业经营好坏直接关系自己的名誉、收入和社会地位。在企业中他们遵照董事会确立的决策目标，进行经营活动，拥有经营权。经营活动是一种创新的、复杂的脑力活动，并有风险。所以经理阶层享受大大高于普通职工的报酬。

第三，所有权对经营权约束硬化。经过股东大会选出的董事会行使法人所有权，代表广大的股东挑选优秀的经营者，制定企业的发展战略。股东还可以通过买卖股票表达对经营结果的褒贬。经营者必须十分重视本公司股票价格的涨落，股价上扬，预示着企业前景良好；股价下跌，预示着企业前景暗淡，则需调整经营战略；否则经理的位置就会发生动摇。这都表明所有权对经营权约束的硬化。

第四，严格的财会制度及经营状况具有透明度。股份公司要定期向董事会和股东大会公布反映经营状况的财务报表，接受审核，所以必须建立健全财务会计制度。而且公司股票上市也要经过市场管理机构对公司状况的审查。因此，企业的经营状况对股东和股票市场是公开的。

与上述的股份制的特征相联系，这种企业的行为具有以下特点：

第一，股份制保证了企业经营行为的独立性和主动性。股份制确定了企业的法人资产所有权和企业经理的经营权。董事会除了确定企业发展方针以外，不干预企业的经营活动。这样，企业就可以独立地、主动地从事经营活动。这是一方面。另一方面，资产增值的需要，市场竞争的压力，以及经营状况的公开性，也迫使企业从事这样的经营，以求得在激烈的竞争中实现资产的增值。

第二，股份制保证了企业行为长期化。在股份公司里，经理阶层是享有特殊利益和地位的阶层。他的责任就是经营资产，并保其增值。他不仅关心股东当前股息和红利收益，更关心企业未来的发展。为此，他要保持本企业股票价格的上升趋势。这就必须保证企业利润的大部分用于在技术进步条件下的扩大再生产。尽管这样做会减少当前的股息收入，但由于企业实力得到了增强，提高了投资者的信心，促进了股票价格上升，股东们可以利用股价涨落，取得间接收益。并且股份公司设有公积金，公积金是由利润的一部分转化而来，公司常把公积金折成股份，无偿赠给股东或低价卖给股东，股东再到股票市场上出卖获利。这样，股份公司可将股东追求短期获利的行为纳入到企业长期发展中去。

第三，股份制使得兼并行为成为企业扩大经营规模的重要手段。股份经济的重要特点是：多是通过控股、参股以及直接收购其他企业的股票的方法兼并企业，使其他企业成为本公司的子公司，影响其他公司的经营活动。股份企业的兼并活动，是形成规模效益和调整产业结构的重要手段。

第四，与上述各点相联系，股份制企业行为的结果，既有利于要素运营效益的提高，也有利于资源配置效益的提高。

正是由于股份制及其行为具有上述特点，因而可以成为实现我国企业体制改革目标模式的一种较好形式。但上面的分析，是从一般意义上说明股份制企业及其行为的特点。但我国当前试行的股份制，由于各种条件的限制，还没有充分表现它的优越。

第一，现在的多数股份制企业，国家股的比重很大。在缺少国有资产经营主体的状况下，行政主管部门代行所有权，成为企业最大股东，并进入董事会。由于行政主管拥有股票选票最多，对企业有决策权，因而经营者对行政主管部门的依附关系仍然存在，经营权常常得不到落实，凡事需请示，企业经营活动的独立性得不到保证，主动性也受到限制。因此，需要建立国有资产的经营机构，机构的职能是保证现有的国有资产增值。机构设置可利用现有行政条块对国有资产进行分割，各级经营机构掌握一定数量的企业资产，成为企业股东。但经营机构与企业无行政隶属关系，专管资产增值。在此基础上，可以建立各经营机构之间以及其他经营主体间的法人持股，防止董事会中单一决策者的独断专行和决策失误。

第二，扩权让利以后，企业自有资金增加，股份制企业用自有资金折成企业股。企业股设立后，企业不可能以公正的态度对待各类股权，企业股往往享有较多的优先股权，不少企业还给企业股设立较高的股息和分红，企业股的丰厚收入又被拿去增加工人福利和奖金。因而可以视为对国家资产的损害。但是，企业股的资金来源于国家，在确定了企业法人所有权以后，这部分资金的终极所有者理应是国家，企业不能既是终极所有者，又承担法人所有者的身份；否则仍将是所有权和经营权得不到分离。所以，是否需要继续保留和实行企业股，很值得斟酌。

第三，现有的股份制企业，由于行政隶属关系依然，经营者的选择权还在行政长官手中。在企业中经营者没有独立的经济地位和经济利益。主要是：经营自主权没有保证；经济收入与一般职工差别不大；受职工利益取向的制约。因此，需要确定经营权属于经营者，明确经营者的资产经营责任，同时要大幅度提高经营者的收入水平。

第四，股票市场没有建立和良好发育的情况下，股票不能上市，股票无流动性，没有市场交易行为发生，股票变现困难，遇到风险投资者难以承受。所以，股东都急切关心股票的直接收益即股息和红利分配。希望快快收回股本，在职工购买股票成为股东后更是如此。因而出现了个人股享受较高的股息红利分配，侵害国家股的现象。因此一方面要明确股票是风险和利益的统一，不能国家股收益管投资，个人股收入重消费。另一方面要建立股票二级市场，分散风险。

但是，我国当前试行的股份制的缺陷，并不表明这种企业制度不适合社会主义商品经济的要求，不适合我国国情，实际上，股份制是以社会化大生产作为物质技术基础的、发达的商品经济高度发展的产物。从它的共同点来说，既适合于资本主义商品经济发展的需要，也适合于社会主义商品经济的要求。诚然，当前我国商品经济还不发展，资金市场更不发展。但资金市场也是商品经济发展的产物。这个问题在商品经济发展的过程中是可以解决的。实际上，即使对资本主义商品经济来说，无论是资金市场，或者是股份公司，都有一个发展过程。

但上述缺陷确实表明：（1）推行股份制，实行企业体制的进一步改革，需要配套进行其他方面的改革。比如，要真正实现政企分离，把现在由国家行政机关负担的双重职能分离开来，其中的国有资产管理职能交由国有资产的经营机构承担，专管国有资产增值。（2）要积极创造推行股份制所必须的条件。比如，要依据社会主义商品经济发展的需要，采取适当措施，促进资金市场的发育。（3）要加强经济立法，完善股份企业本身的制度。

总之，既需要加速实行对国有企业股份制的改造，又需要健全现有的股份制企业，以便为这种加速改造创造必要的条件。这一点，在企业承包经营制已经普遍推行6年，它的积极作用已经得到充分发挥，现在作用有限的情况下尤其显得必要了。

关于中国现阶段国有经济的比重问题[*]
——兼论国有经济主导作用的历史发展

一 国有经济主导作用的历史发展

就新中国成立以后经济发展的历史来看,社会主义国有经济的主导作用已经跨越了几个历史时期。简要地分析一下这个历史过程,对于正确地认识中国现阶段国有经济在整个国民经济中比重的下降趋势是有启示作用的。

1949年10月新中国的建立,标志着半殖民地半封建社会的终结和新民主主义社会的建立。以毛泽东"新民主主义论"(包括"新民主主义革命论"和"新民主主义社会论")作为理论基础的、1949年9月29日由中国人民政治协商会议第一届全体会议通过的《中国人民政治协商会议共同纲领》,实际上是1949年10月到1952年中国这个新民主主义社会的临时宪法。这个纲领明确提出:"国营经济为社会主义性质的经济。凡属有关国家经济命脉和足以操纵国计民生的事业,均由国家统一经营。凡属

---

[*] 原载《中国社会科学院研究生院学报》1996年第3期。

国有的资源和企业,均为全体人民的公共财产,为人民共和国发展生产、繁荣经济的物质基础和整个经济的领导力量。""各种经济成分在国营经济领导之下,分工合作,各得其所,以促进整个社会经济的发展。"①

在这个方针的指导下,1949~1952年工业总产值中,国有工业的比重由26.2%上升到42.5%,集体工业由0.5%上升到3.3%,公私合营工业由1.6%上升到4.0%,资本主义工业由48.7%下降到30.6%,个体工业由23%下降到20.6%。到1952年,在国民收入中,国有经济的比重占19.1%,集体经济占1.5%,公私合营经济占0.7%,资本主义经济占6.9%,个体经济占71.8%②。这里需要说明:国有经济比重上升得这样快,除了主要由于它本身具有较大的优越性以外,也同当时急于向社会主义社会过渡的"左"的思想的影响,以及与此相联系的对私有经济过早、过多地采取排挤和改造的步骤有很大的关系③。

在急于向社会主义社会过渡的"左"的思想指导下,中国在1952年就过早地结束了新民主主义社会,并于1953年开始实现由新民主主义社会向社会主义社会的过渡。以党在过渡时期总路线作为指导原则的、由1954年9月24日第一届全国人民代表大会第一次会议通过的《中华人民共和国宪法》明确规定:"国营经济是全民所有制的社会主义经济,是国民经济的领导力量和国家实现社会主义改造的物质基础。"④

---

① 《中国人民政治协商会议文件选集》,中国人民大学出版社1952年版,第44~45页。

② 《伟大的十年》,人民出版社1959年版(下同),第36页;《中国统计年鉴》(1985年),中国统计出版社1986年版(下同),第308页。

③ 详见汪海波《新中国工业经济史》(1949.10~1957)第1篇,经济管理出版社1994年版。

④ 《中华人民共和国宪法》,人民出版社1954年版,第8页。

依据这部宪法，中国在1956年就过急、过早地基本上完成了生产资料私有制的社会主义改造。1952～1957年，在工业总产值中，国有工业的比重由41.5%上升到53.8%，，集体工业由3.3%上升到19%，公私合营工业由4%上升到26.3%，资本主义工业由30.6%下降到0.1%，个体工业由20.6%下降到0.8%；在国民收入中，国有经济的比重由19.1%上升到33.2%，合作社经济由1.5%上升到56.4%，公私合营经济由0.7%上升到7.6%，资本主义经济由6.9%下降为0，个体经济由71.8%下降为2.8%[①]。

1953年，中国新民主主义社会结束时，还只能说建立了传统计划经济体制的雏形。但到1956年，基本上完成了生产资料私有制的社会主义改造以后，这种体制也就在整个国民经济范围内建立起来了。从1958年到1978年（除了其中1961～1965年的经济调整时期以外），"左"的路线长期占统治地位，计划经济体制得到了进一步的强化。与此相联系，国有经济的主导作用不仅被坚持下来，而且在国民经济的比重又被进一步提得过高了。1975年1月17日由第四届全国人民代表大会第一次会议通过的《中华人民共和国宪法》再一次确定："国有经济是国民经济中的领导力量。"[②] 由于缺乏1958～1978年各种经济成分在国民收入中比重的统计资料，这里仅以在社会总产值中占一半以上的工业产值的资料来说明国有经济比重进一步膨胀的状况。1958年以后的一个长时期内，经济工作"左"的指导思想的极重要方面，就是盲目追求提高国有经济在国民经济中的比重。现在看来，1957年国有工业（包括公私合营工业）产值占工业总产值

---

① 《伟大的十年》，第36页；《中国统计年鉴》（1985年），第308页。
② 《中华人民共和国宪法》，人民出版社1975年版，第8页。

的80.1%已经过高了。但1958年的"大跃进"把这一比重急剧地提高到89.2%。其后几年的比重也都很高。1966年开始的"文化大革命"又把这一比重提高到90.2%。其后各年均无大的变化。1976年10月"文化大革命"结束以后,虽然没有从根本上触动"左"的路线,但某些方面已在开始扭转。与此相联系,1978年在工业总产值中,国有工业比重下降到80.7%①。但仍超过了1957年0.6个百分点。

1978年召开的党的十一届三中全会以后,中国经济体制改革逐步走上了市场取向的道路,开始了由传统计划经济体制向社会主义市场经济体制的过渡期。但中国要建立的市场经济是与社会主义基本经济制度相结合的。因此,作为社会主义基本经济制度最重要标志的国有经济的主导作用理所当然地被继承下来。但在党的十一届三中全会重新确立的实事求是的思想路线的指导下,提出了社会主义初级阶段的理论。与此相联系,提出了发展多种经济成分的方针。1982年9月召开的党的十二大明确提出了"关于坚持国营经济的主导地位和发展多种经济形式的问题"。② 1984年10月召开的党的十二届三中全会《关于经济体制改革的决定》又一次指出:"全民所有制经济是我国社会主义经济的主导力量,对于保证社会主义方向和整个经济的稳定发展起着决定性的作用。"但同时要"积极发展多种经济形式"。③

在上述方针的指导下,经过10多年的发展,目前我国已经

---

① 《中国统计年鉴》(1983年),第214~215页。说明:1958年以后,由于"左"的错误的影响,非公有经济占的比重很小,以致在统计资料中看不到这方面的数字。因此,在工业总产值中,除了国有工业就是集体工业。

② 《中国共产党第十二次全国代表大会文件汇编》,人民出版社1982年版,第22页。

③ 《中共中央关于经济体制改革的决定》,人民出版社1984年版,第32页。

初步形成了以国有经济为主导的，以公有经济（包括国有经济和集体经济）为主体的多种经济并存和共同发展的格局。据统计，1978~1994年，在工业总产值中，国有工业的比重由80.7%下降到34.06%，集体工业由19.3%上升到40.87%，非公有工业由几乎为0上升到25.07%[①]。另据有关研究单位计算，1978~1993年，在国内生产总值中，国有经济的比重由56%下降到42.9%，集体经济由43%上升到44.8%，非公有经济由1%上升到12.3%。

综上所述，我们可以看出：①中国社会主义国有经济的主导作用，已经经历了新民主主义社会、从新民主主义社会到社会主义社会的过渡时期，以及社会主义社会条件下的传统计划经济体制和从计划经济体制向市场经济体制的过渡期（最后一个过渡期正在进行中）。②如上所述在这四个时期中，国有经济主导作用的内涵虽有共同点，但也反映了各个时期具体条件的特点。③国有经济的比重，除了某些年份外，总的趋势是，在第一、二、三个时期之间及其每个时期各个年份之间都是上升的；只有第四个时期，无论相对前三个时期来说，或者就本时期的各个年份来说，都是下降的。④上述各个时期国有经济比重的升降，对中国社会生产力的影响是很大的，甚至形成了强烈的反差。在1949~1952年、1953~1957年、1958~1978年和1979~1993年这四段时限内，中国国民收入的年平均增长速度分别为19.3%、8.9%、4.3%和9.3%；工业总产值的年平均增长速度分别为34.8%、18%、9.7%和14.2%。在1953~1978年和1979~1994年这两段时限内，国民生产总值的年平均增长速度分别为

---

① 《中国统计年鉴》（1983年），第214~215页；《中国统计年鉴》（1995年），第375页。

6.1%和9.8%①。这四个时期经济增长速度的变化,有多种复杂原因,而且有不少不可比的因素。比如,第一个时期有经济恢复的因素,第三个时期先后发生了"大跃进"和"文化大革命"这样全局性的严重的"左"的路线错误。但很显然,能否正确实行国有经济的主导作用和与之相关的方针,国有经济和其他经济成分在国民经济中的比重是否适当,是决定经济增长的最重要的因素。只要把第一、二、四时期与第三时期,或者把1953~1978年和1979~1994年作一下比较,是可以清楚看到这一点的。⑤作为历史唯物主义基本原理的生产力标准来看,第一个时期在执行国有经济主导作用及有关方针,基本上说来是正确的;第二个时期在这方面受到的"左"的思想影响更大些,但主要也是正确的;第三个时期(除了1961~1965年经济调整时期以外)在这方面受到了"左"的路线的支配,犯了根本上的错误,并对这个时期的社会生产力的发展起了严重的阻滞作用;第四个时期的总的趋势是逐步循着正确轨道前进的。正是由于这个时期较好地执行了以国有经济为主导、多种经济同时并存和共同发展,成为这个时期经济高速增长的最重要的推动力量。

二 中国现阶段国有经济比重的下降趋势

尽管改革以来国有经济在国内生产总值中的比重已经有了显著的下降,但并没有完全改变由改革前后多种因素所造成的国有经济比重过大的局面。这些因素主要有:

---

① 《伟大的十年》,第18、77页;《中国工业经济统计资料》(1949~1984年),第21~22页;《国民收入统计资料汇编》(1949~1985年),第12~13页;《中国统计年鉴》(1994年),第21、23页;《中国统计年鉴》(1995年),第21页。

1. 尽管新民主主义社会阶段（1949年10月至1952年）和由新民主主义社会到社会主义社会过渡时期（1953~1957年）的路线是正确的，经济增长速度也是高的，但这两个时期都过短了，以至于把1949年还占工业总产值的48.7%的民族资本主义工业，到1956年都改造成为社会主义国有工业了。而从生产技术水平看，当时的民族资本主义工业企业的大部分又都属于工场手工业阶段。直到1954年，在民族资本主义工业中，工场手工业户数还占民族资本主义工业总户数的79.1%，产值占总产值的28.6%①。这显然不适合国有经济和以大机器工业作为物质技术基础的要求。

2. 在1958~1978年传统的计划经济体制制度进一步强化的时期，在进一步消灭私有经济的同时，又把由个体手工业改造而建立的手工业生产合作社进一步升为国有工厂。这种情况在1961~1965年的调整时期虽然有些改变，但没有根本解决问题。尤为值得注意的是：由于这期间盲目追求单一的社会主义公有制（主要是国有制），极力强化几乎作为唯一投资主体的国有经济。这样，就把国有经济在国民经济中的比重推到了一个极端。

3. 改革以后的一段长时期内实行的"财政分灶"的制度，虽然在调动地方政府增加收入和节约支出以及促进地方经济发展方面起了积极作用，但却强化了地方政府对经济发展的行政干预，以致过多的重复生产、重复建设和重复引进达到了惊人的地步！据近年来有关部门对我国大陆28个省、市、自治区的调查，产业结构相似系数大于0.85的有8个，小于0.85、大于0.7的

---

① 详见汪海波著《新中国工业经济史》（1949.10~1957年），经济管理出版社1994年版，第63页。

有15个，小于0.7、大于0.59的有5个[①]。这种状况不仅造成了社会生产资源的巨大浪费，而且阻滞了改革以来由于非国有经济比较迅速的发展而导致的国有经济比重下降的趋势，致使当前国有经济比重过大的局面还没完全改变。

4. 在传统的计划经济体制下的企业办社会，也加剧了国有经济比重过大的状况。据统计，国有企业中的住房、医疗、学校和商店等职工福利设施约占企业总资产的15%~20%[②]。

鉴别当前中国国有经济比重过宽的标准是什么呢？按照马克思主义历史唯物主义原理，唯一的标准就是看它是否有利于社会生产力的发展。需要着重指出：过去一个时期经济学的研究，只注意社会生产力和社会基本经济制度相互关系的研究。改革以来，已注意到了社会生产力与作为社会基本经济制度实现形式（如经济管理体制和企业管理体制）的研究，并且取得了巨大的成就，成为推动中国经济改革发展的一个重要因素。但在多种经济成分同时并存和共同发展条件下，对社会生产力与多种经济成分之间量的比例关系的研究，特别是对在国民经济中占主导地位的国有经济比重的研究，则注意得不够。但上述关于中国国有经济主导作用历史发展的分析表明：这方面的研究对于社会生产力的发展，具有极为重要的作用。

当前，中国国有经济比重过大不适合生产力发展的主要表现有：①亏损面过大。当前亏损面（包括明亏和潜亏）约达2/3。②企业资金严重不足，负债率过高，目前高达80%。但与此同时，国有资产流失严重。据有人估算，改革以来国有资产已经流失了5000多亿元。③冗员过多；设备利用率低；许多设备严重

---

① 《经济研究参考》1995年4月22日总第662期。
② 《经济学动态》1995年第10期。

老化，但又无力进行改造；真正懂经营管理的企业家太少，以致生产能力不能充分发挥。目前，国有冗员约占职工总数的30%，约为3000万人，有些长线产品的生产设备的利用率只有40%～50%。④由于国有企业经济效益低和负债率高，造成专业银行呆账率高达30%，不良资产总额达数千亿元，从而成为货币过量发行、加剧通货膨胀的一个重要因素①。凡此种种都是不利于社会生产力发展的。当然，造成这种原因是多方面的。但国有经济比重过大，显然是一个重要原因。

所以，依据生产力决定生产关系的规律，国有经济比重过大的局面必须进一步改变。但这只是一方面的原因；另一方面，在中国，以国有经济为主导、公有经济为主体、多种经济成分同时存在和共同发展的方针以及对外开放政策必将得到进一步贯彻。这就预示着国有经济首先将在国内市场上面临着趋于剧烈的非国有企业（特别是强大的外国资本）的竞争。这样，在市场竞争法则的支配下，那些经济效益差的国有企业必然面临破产的命运。如果国家继续用增加银行贷款的办法来挽救，那就必然使得潜在的银行信贷危机外表化，并加剧通货膨胀。所以，唯一的正确出路就是进一步改变国有经济比重过大的局面。

为了说明当前中国国有经济的比重过大且不适合社会生产力的发展，这里再提供一个参照系。第二次世界大战以后资本主义世界各国多次掀起国有化浪潮。到80年代初，各国国有企业占国内生产总值的平均比重达到了最高峰，其中，经济发达国家为10%，发展中国家为13%②。诚然，社会主义国家的国有经济比重可以而且必须高一些。但按照马克思主义的观点，无论是资本

---

① 《人民日报》1995年11月21日；《光明日报》1995年11月22日。
② 《经济学动态》1995年第10期。

主义的国有化或者是社会主义的国有化，都必须以生产的高度社会化作为物质技术基础的①。从这方面来说，中国直到1993年国有经济仍占国内生产总值的42.9%，显然是过大了。

那么，依据什么原则来改变当前中国国有经济比重过大的局面呢？

1. 规模原则。即抓大（企业）放小（企业）。抓住了大企业，就掌握了国民经济命脉，并能保证经济发展的社会主义方向和社会生产的稳定与持续高速增长。比如，依据1994年15万户国有企业清产核资的数据，按总资产排序的1000户大型骨干企业，占国有资产总额的40%；按净资产排序的1000户大企业，占国有净资产的51%；按上缴利税排序的1000户大企业，占国有企业提供销售税金的52%，占提供利润总额的66%。当然，对这些大企业也必须按照建立现代企业制度的要求进行改造，并把企业改制与企业改组、企业技术改造和加强企业管理结合起来。这样，才能真正发挥它们在国民经济中的主导作用。

国有企业比重过大不适合社会生产力发展的需要，主要就是因为大量的小型国有企业的存在。据有关部门统计，1994年，在国有独立核算工业企业中，亏损企业总数为2.4万户，其中小企业多达1.77万户，占82.1%；小企业国有权益损失（包括资产净损失、经营性亏损和潜亏挂账等）占净资产的82.8%，大型企业这一比重为15.2%；资产负债率平均为80%，而小企业这一比重高达84.1%；净资产平均利润率大企业为9.09%，而

---

① 恩格斯在19世纪70年代末论到这一点时说过："只有在生产资料或交通手段真正发展到不适合于由股份公司来管理，因而国有化在经济上成为不可避免的情况下，国有化——即使是由目前的国家实行的——才意味着经济上的进步，才意味着在由社会本身占有一切生产力方面达到了一个新的准备阶段。"（《马克思恩格斯选集》第3卷，人民出版社1973年版，第317页）

小企业只有4.54%①。既然国有小企业不适合生产力发展的状况这样突出，因而在趋于剧烈的市场竞争中就很难维持下去。

但放小不仅具有必然性，而且具有有利的条件。当前有关方面对此认识比较一致；产权关系和产品结构都比较容易调整；负担较轻，对社会的震动较小等。

当然，放小可以依据具体情况，分别采取股份合作制、出售、租赁、兼并和破产等多种形式。这样放小的结果将不只是进一步发展私有经济，而是进一步发展包括各种公有、私有在内的混合经济、股份合作制经济、私营经济和外资经济等。

2. 产业原则。依据国有经济实现主导作用的要求，需要介入的产业主要包括：涉及国民经济命脉的、垄断性的基础产业和基础设施，关系国家安全的产业（如军事工业和制币工业等），主要是以营利为目的的公益性产业（如公共汽车），投资量和风险均大，但在经济和政治等方面都有重要意义的先导产业和高新技术产业等。对于这些产业，也须区别情况，依据必要和可能实行全部介入或部分介入。

3. 行业标准。依据各个时期的具体条件，对某些关键行业，国有经济也需部分介入或全部介入。在这方面，当前最典型的事例就是药品的经营。药品经营既不是关系国民经济命脉的产业，也不是关系国家安全的产业，但在当前市场交易秩序混乱、假冒伪劣产品泛滥的情况下，它关系人民的生命，国有经济必须介入，实行专营。

上述三项标准在许多方面是重合的，但又是有区别的，需要适当地结合起来加以运用。

贯彻上述三项原则，当前国有经济覆盖面过宽、比重过大的

---

① 《山西发展导报》1995年10月28日。

局面就会大有改观。但这还只是缩小国有经济在国民经济中比重的一条途径。在这方面还有另一条途径。这就是继续坚持改革以来非国有经济以比国有经济更高的速度向前发展。这是能够做到的。

1. 尽管改革以来,非国有经济有了迅速的发展,在国民经济中的比重有了大幅度的提高,但发展潜力仍然很大。这不仅是因为中国富余的劳动力多,而且民间资金充裕,市场需求旺盛。现在的一项重要任务,就是完善各项有关政策,把民间资金更有效地、适当地集中到发展非国有经济方面来。

2. 国内有关的研究表明:80年代以来,中国即进入了经济高速增长的黄金时期(这是任何一个发展中国家在工业化发展到一定阶段都能享受到的经济高速增长黄金时期)。这个时期一直要延续到21世纪上半期。

3. 有关的研究还表明:世界经济新的长期增长期正在来临。按照康德拉季耶夫的计算,世界经济周期长度大约为50~60年。第二次世界大战后到当前,世界经济发展经历了一个长周期。其中头二三十年是经济高速增长的繁荣期,后二三十年是经济减速的不景气期。当前正在进入一个新的长周期,头一个阶段也将是经济的长期高速增长。这个国际经济环境,为中国扩大进出口贸易和利用外资等创造了有利的条件。

当然,上述第二、三点对加速发展国有经济也是有利的。但由于国有企业改革滞后的局面还要经过一段时间才能根本改变。从这方面来说,这两点是加速发展非国有经济更为有利的条件。

通过上述两条途径,就可以把当前国有经济在国民经济中的过大比重降下来。但降到多少合适呢?据有关单位预测,如果各种经济成分发展的条件和国家有关政策措施基本保持"八五"时期的格局不变,在国内生产总值中,1993~2000年,国有经济的比重将由 42.9% 下降到 38.5%，集体经济由 44.8% 下降到 41.3%，非公有经济由 12.3% 上升到 20.2%。这个预测是以各种有关条件不变为前提的。但现在的问题是：为了适应社会生产力发展的要求，需要进一步降低国有经济在国民经济中的过大比重，并为非国有经济的发展腾出更大的空间。当然，又必须坚持国有经济为主导的原则，参照 1952 年和 1957 年的经验。可以设想，到 2000 年，把国有经济占国内生产总值的比重降到 20% 以上，最多是 30%。这样，既可以坚持国有经济为主导的原则，又可以把不适合社会生产力发展的那一部分过大的比重压缩掉，并为具有巨大发展潜力的非国有经济的发展开辟更为广阔的空间。

这样做，并不意味着国有经济总量的减少。因为所谓压缩国有经济在国民经济中的过大比重，主要是在压缩它的存量部分。但它的增量部分每年的数量仍然是很大的。比如，1994 年全社会固定资产投资 16370.33 亿元，其中国有经济部分为 9322.49 亿元，占 56.9%[①]。当然，这个绝对量和比重也可能发生变化，但不会太大。同时，保留下来的国有经济存量部分每年的增加值也是很大的。

这样做，也不意味着国有经济在所有的产业部门都要进行压缩。比如，伴随新兴产业部门战略地位的上升，国有经济就需要在诸如宇航、海洋开发、生物工程、新能源和新材料等高科技产业领域进一步拓展。

这样做，更不意味着国有经济整体质量的下降。正好相反，在压缩国有经济比重的过程中，可以把大量的亏损小企业放掉，以便把有限的人力（经营管理人员和工程技术人员）、物力和财

---

① 《中国统计年鉴》（1995 年），第 138~139 页。

力集中用于作为"瓶颈"的某些基础产业和基础设施，以优化产业结构。同时加速对保留下来的国有大中型企业进行以建立现代企业制度为目标的改造，并把企业改制与企业改组、企业技术改造和加强企业管理结合起来。这样，只会增强国有经济的整体质量。

这样做，也更不意味着国有经济主导作用的下降。历史经验已经证明：直到1952年，国有经济在国民收入中也只占到19.1%。但在当时条件下，既保证了新民主主义社会向社会主义社会的过渡，又促进了国民经济的迅速恢复。在当前，把国有经济在国内生产总值的比重降到20%~30%，同时使集体经济的比重占到30%~40%。这样，既不会削弱国有经济的主导作用，也不会动摇社会主义公有经济的主体地位。

但是，压缩国有经济在国民经济中的比重，毕竟是一项系统、复杂的工程，需要各项改革相配套。在这方面，建立社会保障制度，尤其值得重视。

社会主义市场经济导论[*]

第一节 市场经济形成和发展的主要过程

一 资本主义生产方式的确立与市场经济的形成

从本质上说来,市场经济是以市场作为配置社会生产资源的基本手段或主要方式。市场经济并不是伴随人类社会的产生而产生的,而是资本主义生产方式确立的产物。

当然,在资本主义社会以前,原始社会、奴隶社会和封建社会也有生产资源配置问题。这三个社会在生产力方面存在重大差别,生产关系也有根本不同,但有某种共同点,即都是自给自足的自然经济。这样,这些社会生产资源的配置就分别按照氏族社会首领,奴隶主和封建主的意志(这些意志分别体现了各该社会主体的根本经济利益)进行的。

诚然,在原始社会末期,由于社会生产力的发展,有了剩余产品,在原始公社之间出现了产品交换。但只是在人类社会生产

---

[*] 本文主要内容原载于刘国光等主编《社会主义市场经济概论》第一章"导论",人民出版社 2002 年版。

相继发生了第一次社会分工（农业与畜牧业的分离）和第二次社会分工（农业与手工业的分离），并形成了生产资料私有制以后，才形成了与自然经济相区别的为交换而进行的商品生产（即商品经济）。这种商品生产是以私有制和个体劳动为基础的，是简单的商品生产。它在奴隶社会和封建社会都存在过。但这时的商品生产只是涵盖了社会生产的一小部分，在社会生产中居于主要地位的是自然经济，商品经济只是居于次要地位。甚至在15世纪至16世纪，欧洲进入资本原始积累时期，即封建主义生产方式瓦解和资本主义生产方式形成的时期（由于欧洲是市场经济的发源地，这里从欧洲论述起），资本主义的简单协作和工场手工业虽然已经有了很大的发展，但商品生产仍然没有上升到社会生产的主要地位。显然，在上述的各个社会发展阶段，作为社会生产资源配置主要方式的市场经济是不可能形成的。

英国在17世纪下半期实现了资产阶级革命，18世纪下半期又发生了以机器大工业为标志的产业革命，于是资本主义生产方式在英国获得了统治地位。接着在19世纪，资本主义生产方式又先后在法国、德国和美国这些主要国家取得了统治地位。这样，资本主义市场经济（即资本主义条件下的市场经济）也先后在这些国家形成起来。具体说来，资本主义生产方式的确立为市场经济的形成创造了一系列的条件。

第一，建立私人产权制度。要在市场上实现商品交换，必须有进行这种活动的市场主体——商品所有者。正如马克思所说："商品不能自己到市场上去，不能自己去交换。因此，我们必须找寻它的监护人，商品所有者。"但是，"为了使这些物作为商品彼此发生关系……他们必须彼此承认对方是私有者"。[①] 因此，

---

① 《马克思恩格斯全集》第23卷，人民出版社1972年版（下同），第102页。

要发展市场经济就必须根本改革以人身依附为重要特征的封建主义经济制度，建立私人产权制度。这种制度正是资本主义生产方式准备过程中，特别是在资产阶级取得政权以后逐步建立和巩固起来。

第二，建立近代赋税制度。在封建主义制度瓦解、资本主义制度的准备时期，对新兴资产者的横征暴敛，仍然是封建主的政治特权。为了促进资本主义市场经济的发展，必须根本改变这种状况，必须建立促进资本积累的近代赋税制度。这项制度也正是在这个时期建立的。

第三，建立劳动力市场。在封建制度下，农民对封建地主存在人身依附关系，被紧紧束缚于土地上，不能自由流动。要建立资本主义市场经济必须实现作为基本生产要素的劳动力的自由流动，形成劳动力市场。为此，英国在16世纪开始掀起了旨在建立劳动力市场的、骇人听闻的、大规模的、极为残酷的"圈地运动"，被史书称为"羊吃人"的时代。

第四，建立和发展统一的国内市场。在欧洲中世纪，封建割据盛行，市场分割，各地关卡林立，税收壁垒森严，极不利于市场经济的发展。在欧洲封建制度的瓦解时期，新兴资产者联合并依靠王权击败了各地的封建领主，建立了统一的民族国家，消除了封建割据状态。资产阶级革命取得胜利后，这种统一的民族国家得到了进一步巩固。与此相联系，统一的国内市场也得到了进一步巩固和发展，为商品在国内市场的顺畅流通开拓了广阔的空间。

第五，建立近代信用制度。在欧洲中世纪，在商业比较发达的意大利，从13世纪开始，就出现了以商业信用发展为基础的汇票和汇票结算的交易所。在封建制度瓦解时期和资产阶级革命以后，商业信用和以商业信用为基础的银行信用制度得到了发展。1580年，意大利建立了威尼斯银行。1694年，英国建立了英格兰银行。这些近代信用制度的建立，是促进资本主义市场经济形成和发展的一个重要因素。

第六，建立近代法律制度。中世纪的法律制度是要维护封建的等级制度，不适合资本主义市场经济的要求。正如马克思所说，"商品是天生的平等派"。[①] 要维护和促进资本主义市场经济的发展，就必须建立近代法律制度。事实上，到18世纪下半期，英国伦敦的皇家法院在合伙协议、销售合同、汇票、保险、专利和商品交换的其他领域在执行商业法规方面已经广泛地开展了执法活动，积累了丰富的经验。这就保障和促进了市场经济的正常运行。

第七，形成了市场经济赖以运行的基本规律——价值规律。从根本上说，资本主义生产方式的确立，商品生产在社会生产中占了主要地位，价值规律的作用涵盖了整个社会生产的主要部分。而作为社会生产资源配置主要方式的市场，其作用的主要经济机制也就是作为价值规律表现形式的价格机制。

总之，资本主义生产方式的确立，使得市场经济得以最终形成起来。

二 古典的市场经济：自由放任的市场经济

从总体上说，资本主义市场经济的发展经历了两个大的历史阶段。第一阶段可以称作古典的市场经济。自由放任是这个时期市场经济的特征。第二阶段可以称作现代的市场经济。其特征是有国家干预的市场经济。大体上说来，第一阶段经历的时期是从18世纪下半期开始（以资本主义生产方式确立时间较早和最典

---

① 《马克思恩格斯全集》第23卷，第103页。

型的英国的市场经济形成时间为起点）到20世纪30年代为止（以资本主义市场经济最发达的美国在30年代实行罗斯福新政即有国家干预或政府干预的市场经济为终点），第二阶段是从20世纪30年代开始直到现在，这个阶段仍在向前发展。

在封建社会晚期，商业资本有了很大的发展。但当时他们的力量还比较弱，需要依赖中央集权的、统一的民族国家在打破封建割据和实行对外贸易方面给予保护。而这时的封建王权在财政收入方面也需要依靠商业资本的支持。正是在这种历史背景下，作为商业资本代言人和原始国家干预主义的重商主义就产生了。从早期的重商主义到晚期的重商主义大致经历了15世纪到17世纪下半期两个多世纪的时间。总的说来，重商主义在政策上主张国家对经济生活实行严格的干预，特别是在国际贸易政策方面，重商主义强调实行贸易保护政策，运用关税、限额和补贴等手段，限制国外商品（特别是奢侈品）的进口和国内廉价原料的出口，鼓励国内商品的出口和国外廉价原料的进口，以实现贸易顺差，赚取金银货币，使国家致富。在当时的历史条件下，重商主义对促进资本主义生产的确立起了重要的积极作用。

但是，对像英国这类资本主义国家，在资产阶级革命和产业革命相继取得胜利以后，产业资本在政治上和经济上都变得强大起来。在这种情况下，国家对经济生活的干预不仅显得不必要，而且约束了资本主义企业的自由发展。于是，反对国家干预主张自由放任的市场经济，就成为当时资产阶级的强烈呼声。

英国古典经济学创始人亚当·斯密于1776年发表的《国民财富的性质和原因的研究》（《国富论》），正是集中地、综合地反映了这一呼声。《国富论》从增进国民财富，实现社会资源最优配置的要求出发，首次系统提出和分析了自由放任的市场经济理论。其要义是：①亚当·斯密把自由放任的市场经济理论建立在经济人分析的基础上。他认为,利己是人的本性,人们从事经济活动,无不以追求自己最大经济利益为动机;自由竞争的市场经济是符合人的利己本性的自然秩序。②亚当·斯密认为,在自由竞争的条件下,可以"使各色货币的数量,都能适应需求、供给和竞争各方面的变动情况",调节社会产品供需之间的平衡。自由竞争还可以调节资本和劳动力等生产要素在部门之间的流动,实现社会生产资源的合理配置。"一种事业若对社会有益,就应当任其自由,广具竞争。竞争愈自由、愈普遍,那事业亦愈有利于社会。"③依据上述各点,亚当·斯密提出了著名的"看不见的手"理论。他认为,在符合人的利己本性的自然秩序下,每个人"由于他管理产业方式的目的在于使其生产物的价值能达到最大程度,他所盘算的也只是他自己的利益。在这种场合,像在其他许多场合一样,他受着一只看不见的手的指导,去尽力达到一个并非他本意想要达到的目的。……他追求自己的利益,往往使他能比在真正出于本意的情况下更有效促进社会的利益"。① 亚当·斯密这里说的"看不见的手"就是指的自由竞争形成价格机制。在他看来,依靠这种机制的作用,就可以调节社会产品的供需平衡,可以实现社会生产资源的最优配置。

  据此,亚当·斯密主张实行自由放任的市场经济,在国内外均实行自由贸易政策,并严厉地抨击了重商主义的国家干预政策。

  亚当·斯密从主张实行旨在反对重商主义国家干预政策的、自由放任的市场经济出发,把国家的任务仅仅归结为以下三项:①"保护本国社会的安全,使之不受其他独立社会的暴行与侵略。"②"保护人民不使社会中任何人受其他人的欺侮或压迫。"

---

  ① [英]亚当·斯密:《国民财富的性质和原因的研究》上卷,商务印书馆1972年版,第303页。

③"建立并维持某些公共机关和公共工程。"①

亚当·斯密对市场配置社会生产资源的原理做了原则的说明，奠定了自由放任的市场经济理论的基础。继他之后，英国古典经济学另一主要代表人物大卫·李嘉图在19世纪20年代对这一理论做了重大发展。在19世纪70年代以后，以马歇尔、瓦尔拉、帕累托等人为代表的新古典经济学又对此做了更为精密的分析。

由亚当·斯密在18世纪下半期建立的市场配置社会生产资源的机理成为尔后欧美许多资本主义国家在一个长时期内实行自由放任的市场经济体制的理论基础。当然，在这方面，各个国家，乃至一个国家的不同时期也存在差别。比如，资本主义发展较晚的德国在19世纪上半期对外贸易方面就实行过保护主义的政策。再如，在1914～1917年第一次世界大战期间，许多参战国还实行过战时统制经济。

以亚当·斯密理论为基础建立起来的市场经济体制在促进资本主义社会生产力发展方面起过重要的积极作用。正如马克思、恩格斯在1848年发表的《共产党宣言》中所指出的："资产阶级在它的不到一百年的统治中所创造的生产力，比一切时代创造的全部生产力还要多，还要大。"② 当然，决定这一点的因素是多方面的，但作为社会生产资源配置主要方式的市场经济体制这样一种制度安排，显然起了很重要的作用。不仅如此，即使在现代的市场经济条件下，亚当·斯密的市场经济理论仍有重要的作用③。

---

① [英]亚当·斯密：《国民财富的性质和原因的研究》下卷，商务印书馆1972年版，第254、272、284页。

② 《马克思恩格斯选集》第1卷，人民出版社1972年版（下同），第256页。

③ 美国当代著名经济学家斯蒂格列茨在评论这一点时指出："自从亚当·斯密以来，经济学有着很大的进展，但是，他的基本论点在过去的两个世纪中仍然具有很大的吸引力。"（《经济学》上册，中国人民大学出版社1997年版，第13页）

这是因为，现代市场虽然主张国家对经济生活的干预，但并没有从根本上否定市场是配置社会生产资源的主要方式。

三　现代的市场经济：国家干预的市场经济

按照亚当·斯密的主张，自由竞争的价格机制可以自动调节社会产品的供需平衡。19世纪法国经济学家萨伊还提出了一个所谓"萨伊定律"。这个定律的基本内容是：一种产品总是用另一种产品购买的，一种产品的出售就是对另一种产品的购买。据此，他提出：产品供给会自动创造需求。当然他不否认，现实经济生活中存在的与物物直接交换相区别的、以货币作为媒介的商品流通。也不否认市场上某些商品供过于求，某些商品求过于供。但他认为这种供求不平衡是暂时现象，价格调节可以恢复商品供需之间的平衡。他甚至认为，如果出现生产过剩的经济危机，也是由于"政府当局愚昧无知或贪得无厌"的结果[1]。

但是，马克思主义认为，资本主义生产过剩经济危机的根源在于：资本主义的基本矛盾（即生产社会性和生产成果的私人资本主义占有之间的矛盾）的发展，以及由此决定的一系列矛盾，特别是其中的资本主义生产无限扩张的趋势和劳动人民购买力需求相对狭小之间的矛盾尖锐化的结果。这样，在资本主义制度下，周期性生产过剩的经济危机就是不可避免的。实际上，从19世纪20年代起，资本主义经济大约每隔10年左右的时间就发生一次生产过剩危机。特别是1929～1933年资本主义世界发生的大危机，从根本上震撼了西方整个资本主义制度。其中，尤以资本主义最发达的美国遭受的打击最为严重。1933年同1929年相比，西方各国的工业产值大约下降了45%，比第一次世界

---

[1]　[法]萨伊：《政治经济学概论》，商务印书馆1982年版，第42～46页。

大战前的1913年还低16%，倒退到1908~1909年的水平。其中，美国工业产值下降了55%，倒退到1905~1906年的水平；德国倒退到1897年的水平；法国倒退到1911年的水平；日本下降了32.9%。在这期间，西方各国农产品销售收入也大幅下降。其中，美国由119.13亿美元下降到51.43亿美元，德国由102亿马克下降到65亿马克，降幅均在50%以上。在这期间，美、英、德等国商品批发价格指数下降了1/3左右，法国下降了45.1%；西方各国商品销售额大约下降了2/3，外贸总额下降了61.2%。在这期间，美国失业工人由155万人增加到1283万人。在危机的最严重阶段，西方各国失业人数高达5000万人，失业率高达30%~50%。在这期间，工人收入下降了43%，农民经营农业的净收入下降了67%[①]。

这次大危机彻底宣告了古典经济学关于自由放任的市场经济可以自动协调社会产品供求平衡的理论的破产，并强烈呼唤国家干预的市场经济的政策和理论的诞生，以维系、巩固和发展资本主义经济制度。

美国总统罗斯福1933年3月入主白宫后所推行的"新政"，就是有国家干预的市场经济的政策最早、最著名、最主要代表。为了挽救面临崩溃的美国国民经济，"新政"采取的主要措施有：①为了拯救银行金融业危机，政府采取了清理银行、保障居民存款、发放巨额贷款给金融业界实行货币贬值等办法。②为了拯救农业危机，政府运用奖励和津贴的办法，缩小耕地面积，限制农产品上市量，维持农产品价格，以缓解农业生产过剩和农民收入下降。③为了拯救工业危机，政府采取限制竞争的办法，规

---

① 晏智球主编：《西方市场经济下的政府干预》，中国计划出版社1997年版（下同），第85~87页。

定工业的生产规模、价格水平、销售额和雇工条件等,以缓解工业生产过剩。④为了拯救由严重的工人失业问题而引发的严重社会政治危机,政府还大力举办公共工程,以增加就业和提高居民购买力。政府还直接救济失业工人,并逐步建立了全国社会保险和公共福利制度。"新政"从 1933 年开始实施,延续到 1938 年。"新政"没有也不可能从根本上解决美国资本主义生产过剩经济危机问题,但确实缓解了经济危机,并促进了经济复苏,稳定了资本主义制度。但"新政"更重要的意义还在于:从实践方面宣告了古典的自由放任的市场经济时代的终结,并开创了现代的有国家干预的市场经济这个新的时代。

英国宏观经济学创始人凯恩斯 1936 年发表的《就业利息和货币通论》(《通论》),则综合地、集中地、系统地反映了有国家干预的市场经济诞生的强烈呼声,并从理论方面标志着古典的自由放任的市场经济的终结和现代的有国家干预的市场经济的开端。

就业一般理论是《通论》的主要内容,也是凯恩斯宏观经济理论的核心。凯恩斯认为,有效需求(即有购买力的需求)是决定社会总就业量的关键因素,能否实现充分就业,就决定于有效需求的大小。因此,现实生活中经常存在的有效需求不足就是引发经济危机和严重失业的原因。所以,要解决失业和危机问题,必须依靠政府对经济的干预,刺激有效需求,以实现"充分就业均衡"。这样,在理论方面,凯恩斯就摒弃了新古典经济学关于资本主义社会能永远实现"充分就业均衡"的论断,提出存在非自愿失业和"低于充分就业均衡"是资本主义社会的常态;摒弃了"供给会创造它本身需求"而不存在生产过剩经济危机的理论,提出了"经常存在的有效需要不足"是经济危机和严重失业的根源;摒弃了市场机制自动调节的理论,提出了国家干预市场经济的主张。在政策方面，既然凯恩斯认为有效需求不足是失业和经济危机的根源，因而把政府干预经济的重点放在总需求管理方面。其中心内容是：采取各种措施，增加社会（包括私人和政府）的货币总支出，扩大社会对消费资料和生产资料的需求，以消除经济危机，实现充分就业。主要包括：把实行扩张性的财政政策作为解救危机的主要手段，放在"后危机政策"的首位；实行扩张性的货币政策，但放在次要地位；实行鼓励消费、引导需求的政策；实行对外经济扩张的政策，以弥补国内有效需求的不足。这些情况表明：凯恩斯在分析方法上也摒弃了个量分析，采取了总量分析，侧重从宏观方面分析国民经济总过程，并由此奠定了宏观经济分析的基础。

后来，凯恩斯理论继承者以凯恩斯理论为基础，并依据第二次世界大战后资本主义国家新情况，进一步发展了凯恩斯主义，形成了作为西方政府进行宏观经济管理理论基础的宏观经济学。凯恩斯主义因此成为第二次世界大战后西方世界的主流经济学派。

需要指出：凯恩斯虽然摒弃了由亚当·斯密首先创立的自由放任的市场经济，提出了有国家干预的市场经济，但并没有从根本上否定市场经济（即以市场作为配置社会生产资源的主要方式）。正如凯恩斯自己所说，古典经济学提出的"私人为追求自己利益将决定生产何物，用何种方法（即何种生产要素之配合比例）生产，如何将最后产物之价值分配于各生产要素等等，仍无可非议"。①

第二次世界大战前，只有美国等少数几个国家实行过政府对经济的干预。第二次世界大战后，西方国家在恢复了经济之后，

---

① 凯恩斯：《就业利息和资本通论》，商务印书馆1964年版，第322页。

都以凯恩斯主义作为政策指导实行了有国家干预的市场经济。这种经济体制大大促进了战后西方国家经济的发展。

但是,由于凯恩斯主义没有也不可能解决资本主义的固有矛盾,由于长期推行凯恩斯主义负面影响的积累(比如,由于多年推行扩张性财政政策导致通货膨胀),由于1973年和1979年两次石油危机的影响,西方国家在战后经历一段时间的经济繁荣之后,于70年代中期发生了经济滞胀。

经济滞胀局面使得凯恩斯主义遇到严峻的挑战,并受到新经济自由主义学派的批评。但是,正像凯恩斯没有根本否定亚当·斯密的自由放任的市场经济一样,这些不同学派也没有完全突破凯恩斯主义的基本信条。比如,曾在尼克松政府经济顾问委员会任职的摩赫伯特·斯坦就曾说过:对凯恩斯主义的批评是"凯恩斯主义范围之内的革命"。[1]

这是从理论上说的。从时间上说,经济自由主义的某些学派在某些年份对某些国家政策发生过重要作用。比如,供应学派对美国总统里根执政头两年(1981~1982年)的政策发生过重要影响。但从第二次世界大战后整个时期总的情况来看,凯恩斯主义仍不失为西方国家进行宏观经济管理的理论基础。

第二次世界大战后,旨在实现充分就业和经济稳定发展的凯恩斯主义在西方国家的普遍采用,是促进现代的有国家干预的市场经济形成的最基本因素。但并不是唯一因素。除此以外,以下因素也起了重要作用:①第二次世界大战前和战后初期,社会主义国家实行计划管理和福利政策的影响。②社会民主主义的影响。这一点,在第二次世界大战后,由社会民主党执政的那些国家表现得尤为明显。③第二次世界大战期间实行战时经济体制的

---

[1] 引自《西方市场经济下的政府干预》,第164页。

影响。诚然，战时经济体制与有国家干预的市场经济是有原则区别的，而且，在战后都取消了。但这种体制也为实行有国家干预的市场经济提供了某些有利条件。这一点，在日本表现得很明显。④第二次世界大战后，资本集中程度进一步的提高，也为实行有国家干预的市场经济提供了有利的客观条件。⑤第二次世界大战后，垄断组织的进一步发展，妨碍经济效益的提高。⑥第二次世界大战后，资本主义国家贫富差别的扩大，影响到社会的稳定。⑦第二次世界大战后，治理环境污染问题也更为尖锐起来。⑧第二次世界大战后，保护消费者权益问题也显得更加重要。⑨世界经济一体化和区域经济集团的发展，使得各国企业之间在许多情况下演变成国与国之间的竞争。⑩随着知识经济时代的到来，抢占高新技术制高点，往往成为增强国际竞争力和维护国家经济、政治安全的关键。上述⑤～⑩在客观上也迫切要求国家加强对经济的干预。

有国家干预是现代市场经济与古典的自由放任市场经济相区别的根本点。由此产生了一系列特点。这里强调指出一点：现代市场经济更富有法制经济的特性。在封建经济制度下，存在着等级制度，虽然它也有立法和司法，但它的显著特征是人治。在古典市场经济中，市场主体之间的关系是平等的，因而需要法律来规范和维护这种关系。在现代市场经济条件下，不仅各种市场主体的关系更加复杂化了，而且政府要干预经济。这样，为了发展这种市场经济，不仅需要更为健全和严格的法制来规范和制约各市场主体的行为，而且要依法规范和制约政府的行为。因而，法治经济就成为现代市场经济一个更为显著的特性。

第二次世界大战后，西方经济发达国家普遍推行了现代的有国家干预的市场经济。这是它们的共同点。但各国也有自己的特点。比如，美国虽然早在30年代罗斯福总统时代，政府就开始对经济实行干预，但相对其他经济发达国家来说，干预还是较少的，因而被称为竞争型市场经济模式。日本政府对经济干预较强，被称为政府主导型市场经济模式。法国在计划调控经济方面比较突出，被称为有计划的资本主义市场经济模式。联邦德国对经济的干预在体现社会政策和社会公平方面比较明显，被称为社会市场经济模式。

战后西方经济发达国家普遍推行的现代市场经济大大促进了社会生产力的发展。可以毫不夸张地说，战后半个多世纪的时间社会生产力的发展，已经大大超过了以往的任何时代。当然，这种情况也是由多种因素决定的。比如，战后科学技术发展进程大大加快了，对社会生产的促进作用大大加强了。再如，战后虽然局部战争一直绵延不断，但并未发生世界大战。半个多世纪的和平环境，是经济稳定发展的一个重要因素。

战后现代市场经济的发展，是席卷世界的潮流。西方经济发达国家普遍推行现代市场经济是这股潮流的主体。此外，这股潮流还包括以下两个重要部分：①战后许多民族独立国家的现代市场经济有了不同程度的发展。在现代市场经济推动下，有些国家（如韩国和泰国等）已发展成为新兴工业化国家，有的国家（如新加坡）甚至已经跨入准经济发达国家的行列。②20世纪70年代末期以来，许多社会主义国家先后开始了从计划经济向现代市场经济的过渡。从主要方面来说，大体上可以分为两类：一类是中国，由于在改革方面坚持了正确路线，在改革和发展两方面都取得了举世瞩目的伟大成就；另一类是原苏联和东欧社会主义国家，由于改革方向和方法上的重大失误，不仅根本改变了原来社会主义制度的性质，而且使得经济长期处于衰退的境地，只是在近些年来出现了不同程度的复苏。当然，即使在这些国家，发展现代市场经济在促进生产方面的作用，也正在并日益明显地表现出来。

第二节 市场经济的基本内容

毫无疑问,社会主义经济制度与资本主义基本经济制度在性质上是有根本区别的。但是,市场经济本身并不是属于社会基本经济制度的范畴,而是属于社会经济运行方式和发展经济手段的范畴。因此,资本主义条件下的市场经济与社会主义条件下的市场经济并无本质区别。正如邓小平说过的:"计划多一点还是市场多一点,不是社会主义与资本主义的本质区别。""计划和市场都是发展生产力的方法。"① 因此,本节阐述的市场经济一般理论的基本内容,不仅对资本主义条件下的市场经济是适用的,而且对社会主义条件下的市场经济也是有效的。

一 资源配置方式研究的重要性和市场经济的基本特征

我们先从社会生产资源配置方式在经济学研究中的重要地位说起。

人类社会要想得到生存和发展,就必须进行物质资料的生产,以便取得消费资料。但要进行生产,就必须具有基本的生产要素,如劳动力和生产资料等。不仅如此,还需要把劳动力和生产资料结合起来。正像马克思说过的:"不论生产的社会形式如何,劳动者和生产资料始终是生产的因素。但是,二者在彼此分离的情况下只是在可能性上是生产因素。凡要进行生产,就必须使它们结合起来。"

他还指出:"实行这种结合的特殊方式和方法,使社会结构

---

① 《邓小平选集》第 3 卷,人民出版社 1993 年版(下同),第 373、203 页。

区分为各个不同的经济时期。"① 马克思依据这一点,把人类社会的基本经济制度区分为原始公社制度、奴隶社会制度、封建社会制度、资本主义社会制度和共产主义社会制度。马克思主义还依据他揭示的社会生产力决定社会生产关系这条决定人类社会发展的基本规律,阐明了人类社会基本经济制度变革的根源。这是马克思主义对经济学所做的最伟大、最重要的贡献。

还需指出:人类社会要进行生产,不仅需要基本的生产要素,也不仅需要在生产过程中结成一定的生产关系,而且需要合理的社会生产资源的配置方式。问题在于:人类生活需要是无限的,而资源却是有限的。因此,需要对资源在各个生产领域的配置作出合理的安排,以便取得最佳的经济效益。这种经济效益的提高,是人类社会生存和发展的最主要的物质基础。这种以最小的投入获得最大产出的经济运行过程,就是资源的合理配置过程。需要说明:资源的合理配置不只是一个自然属性问题,即由资源的自然特点决定的物理的、化学的或生物的运动过程,更重要的是经济运行方面的社会组织形式问题。经济学所要研究的就是这个经济运行方面的社会组织形式问题。因此,在经济学研究中,这个问题是一个仅次于社会生产关系(或社会基本经济制度)研究的基本问题。

应该肯定,马克思在《资本论》中最科学、最深刻、最系统地揭示了作为资本主义社会基本经济规律的剩余价值规律。以此为基础,又揭示了资本主义制度必然灭亡、社会主义制度必然胜利的规律。与此同时,马克思还从第一重意义上的价值规律及其转化形态的生产价格规律和第二重意义上的价值规律两个方面,系统地、深入地揭示了支配资本主义条件下社会生产资源配

---

① 《马克思恩格斯全集》第 24 卷,第 44 页。

置的规律。但是,马克思并没有明确把社会生产资源配置方式作为一个独立的经济范畴提出来进行研究。

在这方面进行了独立、系统、深入研究的是现代西方经济学。按照现代西方经济学的定义,"经济学是研究人和社会如何进行选择,来使用稀缺的资源以便生产各种商品,并在现在和将来把商品分配给社会的各个成员或集团以供消费之用"。① 它要解决经济运行中四个基本问题:①"生产什么,产量有多少。"②"产品是怎样生产的。"③"产品为谁生产。"④"谁做出经济抉择,以什么程序做出决策。"②

在市场经济条件下,市场就是社会生产资源配置的基本方式,上述的经济运行中的四个基本问题就是由市场来调节的。这就是从一般意义上来讲的市场经济的基本特征(或本质)。正是这一点,把它在经济运行形态方面与自然经济和计划经济从根本上区分开来。

二 市场经济运行的基础和条件

(一)独立自主的企业制度

这里涉及市场主体问题。在市场上从事交易活动的组织和个人称为市场主体。

市场主体包括自然人和以一定组织形式出现的法人;包括营利性机构和非营利性机构。在一般情况下,市场主体包括企业、居民、政府和其他非营利性机构。

在这方面,企业是最重要、最基本的市场主体。因为作为资

---

① [美]保罗·A.萨缪尔森、威廉·D.诺德豪斯:《经济学》(第2版)上册,中国发展出版社1992年版(下同),第4页。

② [美]斯蒂格列茨:《经济学》上册,中国人民大学出版社1997年版,第11~12页。

源配置基本方式的市场经济就是建立在作为发达商品经济细胞的、独立自主经营和自负盈亏的独立商品生产者的基础上；而且市场经济在配置资源方面作用的实现，也离不开这样的独立商品生产者。因此，企业是市场经济运行的基础。如果没有企业，市场经济就会成为空中楼阁。

但是，企业要成为这样的独立商品生产者需要一系列条件。①企业必须有明确的产权。因为市场上商品交易直观看起来是物品交易，实质上是产权交换。因此，马克思说："在这里，人民彼此只是作为商品的代表即商品所有者而存在。"① 不仅在企业的商品交换过程中，而且在企业的生产和分配过程中也都要求有明确的产权；否则，企业就难以生存和发展。②企业与企业和其他交易者之间的地位必须是平等的。如果没有这种平等地位，企业不仅难以发展，甚至难以存在。③企业必须是经济上、法律上独立自主的实体，拥有自主经营发展必需的各种权力。当然，企业要接受政府的行政管理，但在经济上和法律上又是独立于政府之外的。企业如果没有这种独立地位，就会成为政府的附属物，企业就会名存实亡。

此外，在现代市场经济中，中介机构（如律师事务所和会计师事务所等）提供的与发展市场经济相关的各种服务，显得越来越重要。居民既提供劳动力、资本等生产要素，又是商品和服务的购买者。政府不只是经济运行的调控者，而且直接介入某些市场交易；又是国有资产的所有者，公共物品的提供者和一般商品和服务的购买者。非营利性机构（如学校和医院等）社会提供服务，不是商品和服务的购买者。因而，这些组织和个人也都是市场主体。

---

① 《马克思恩格斯全集》第23卷，第102~103页。

(二) 完善的市场体系

完善的市场体系是市场经济运行的另一个重要基础。

完善的市场体系，不仅要求有消费品和生产资料等商品市场，而且要求有资本市场、劳动力市场、技术市场、信息市场和房地产市场等生产要素市场。这既是企业实现自主经营的前提，也是市场实现资源配置的必要条件。

完善的市场体系，要求平等、有序竞争较为充分地展开。如果出现竞争不足、过度竞争（如低价倾销的恶性竞争）和垄断，如果企业不重视商业信誉，进行广告欺骗宣传和推销假冒伪劣产品，就会限制市场在配置资源作用方面的充分、有效地发挥。

完善的市场体系，要求有全国统一的国内市场。如果全国市场被分割，市场经济的作用也难以发挥。

完善的市场体系，不仅要求市场对内开放，而且要求市场对外开放。因为产品和生产要素在国际市场之间的流动，也是发展市场经济的重要条件。这一点，在经济全球化和知识经济开始到来的时代，显得尤为突出。

完善的市场体系，最根本的要求是有既反映价值，又反映供求关系的产品价格机制。因为所谓市场配置资源，从根本上说来，就是由以价格机制为核心的，并与竞争机制和供求机制相结合的市场机制来配置的。所以，如果没有合理的产品价格机制，市场配置资源就会成为一句空话。

按照马克思主义的观点，商品价格是价值的货币表现，是由价值决定的；而价值是由生产商品的社会必要劳动时间决定的。这就是马克思揭示的价值规律。所以，从本质上说来，所谓市场配置资源，就是价值规律调节经济。

完善的市场体系还要求生产要素价格合理化。其中，特别是资本价格（利息率）市场化和本币价格（汇率）合理化，对于建立和发展市场经济具有十分重要的意义。

（三）健全的宏观经济调控体系

对现代市场经济来说，宏观经济调控体系是它的必要内涵，是题中应有之义。

健全的宏观经济调控体系，要求必须以市场在资源配置中起基础性作用为前提。越过了这一点，就会削弱市场经济，甚至变成计划经济。健全的宏观调控体系要求以经济的和法律的间接手段为主，以行政的直接手段为辅。健全的宏观经济调控体系要求把调控范围主要限制在宏观经济领域。当然，政府管理经济也不可避免地涉及某些微观领域。比如，对企业某些经营项目颁发许可证，对企业某些出口产品实行配额。但从主要方面说来，政府不干预企业的经营活动。健全的宏观经济调控体系还要求严格地依法调控。

（四）严格的市场运行规则

市场经济原本具有契约经济和法制经济的特点。在现代市场经济条件下，这两个特点显得尤为突出。这样，作为法制化的市场竞争关系的市场运行规则，在保障市场经济有序发展方面的作用也变得更重要。

市场运行规则是有关机构（政府和立法机构等）按照市场运行的客观要求和法律、法规规定的市场主体各方必须共同遵守的行为准则。它要求：使各市场主体能够机会均等地进入市场自主经营；使各市场主体能够平等地承担税收和其他负担；使各市场主体在法律和经济往来中处于平等地位。具体说来，市场运行规则大体上包括三方面：①市场进入规则。这是各市场主体进入市场必须遵循的法规和应该具备的条件。②市场竞争规则。这是各市场主体能够在平等的基础上充分展开竞争的行为准则。③市场交易规则。这是各市场主体之间交易行为的准则。

以上各点，就是市场经济运行的基础和条件的一些重要内容。

三　市场经济的作用

市场经济的作用主要有以下几个方面：

第一，传递经济信息。在商品生产条件下，产品能否销售得出去，对商品生产者是一个生死攸关的问题。因此，他们极为关心商品的供求状况。但对单个的商品生产来说，这又是一个复杂的、难以解决的问题。然而，市场价格机制在解决这个问题上却起着至关重要的作用。价格以它自身变动的方向（上升或下降）和幅度（升降的多少）给商品生产者传递着简明的信息。在一般情况下，商品价格上升表示供不应求，给商品生产者传递增加生产的信号；价格下降，表示商品供过于求，给商品生产者传递减少生产的信号。企业可以依据这些信息，决定生产的增减和资本的投向。市场还通过利息、地租、工资和汇率等生产要素价格的变动，给企业生产经营提供不可或缺的、重要的、多方面的信息。

第二，提供经济发展的动力和压力。在商品生产条件下，决定市场价格的价值，不是决定于个别商品者的劳动消耗，而是决定于社会必要劳动时间。这样，那些个别劳动时间低于社会必要时间的企业就可以获得更多的利润；而那些个别劳动时间高于社会必要时间的企业，就会减少利润甚至亏本。这样，市场机制就在物质利益方面为企业改善生产经营管理提供了强大的动力。企业之间的竞争又会在这方面产生巨大压力。

第三，增进企业运营效益。在上述两种条件下，企业就会竭尽全力地改善经营管理，提高生产技术，开发人才资源，开拓营销市场，降低生产经营成本，提高经济效益，以保证资本的保值和增值，并避免在竞争中被淘汰的厄运。所以，市场是增进企业运营效益强有力的机制。

第四，提高社会生产资源配置效益。在市场经济条件下，价值规律已经转化成了生产价格规律。在这种情况下，如果一个部门产品价格在较长时间内高于生产价格，那么企业不仅可以获得平均利润，而且可以获得超额利润。这样，就会推动这个部门的企业增加投资，并吸引别的部门企业的资本转向这个部门。这个部门的产品将会形成供过于求的局面，价格也会随之下降，超额利润就会减少以至消失。反之，如果一个部门产品价格在较长时间内低于生产价格，那么企业不仅得不到平均利润，甚至会亏本。这就会促使这个部门的企业减少投资，并把资本转移到别的有平均利润可图的部门。这个部门产品就会形成供不应求的局面，价格随之上升，可以获得平均利润。就是通过由竞争引起的价格围绕生产价格的上下波动，形成各生产部门合理的比例关系，实现了资源的合理配置，并提高这方面的效益。

市场经济作用的充分实现，是有一系列条件的。主要是，存在完全竞争；价格及时反映资源的供求状况；卖方与买方掌握的信息完全对称，等等。但在实际上，市场只能大体上具备这些条件，不可能完全具备这些条件。比如，一般说来，市场上不大可能存在完全竞争，但垄断竞争、寡头竞争等不完全竞争市场（即竞争性的市场）还是可能存在的。这样，市场经济作用的发挥就会受到一定的限制。

四 市场经济的局限性和政府干预经济的必要性

像世界上的许多事物一样，市场经济具有优越性，但也具有局限性。正是这种局限性使得国家干预经济成为必要。

第一，市场经济具有自发的盲目性，市场调节是事后调节。这样，就会导致经济的周期波动。而且，作为市场最主要主体的企业，投资眼界相对狭隘，往往着眼于当前的短期利润，投资量相对较小，对于关系国民经济长期协调发展的重大建设项目则无心涉足或无力涉足。所以，要实现经济的总量平衡、部门协调和长期稳定发展，单靠市场经济是不够的，必须有政府对经济的干预。因为市场经济在这些方面的局限性，正是政府干预的优越性。

第二，竞争是市场经济的重要特征。竞争发展到一定阶段必然出现垄断，垄断必然走向腐朽，窒息竞争活力，阻碍科学技术进步和管理制度创新，降低生产效率。这样，作为市场经济发展的基本推动力量的竞争就走到了事情的反面。为了制止垄断，保持竞争性市场的局面，也需要政府的干预。比如，制定和实施反垄断法。

第三，在科学技术成为第一生产力的时代，重视基础科学研究，大力发展高新产业，保护重大技术发明者的权益，对于促进社会生产力的发展，具有十分重要的意义。但这一点依靠旨在实现利润最大化的企业也是难以或难以完全行得通的，必须依靠政府力量的支持。比如加大科技方面的投资，制定和实施专利法。

第四，社会消费的许多公共产品也不能或不能完全依靠市场经济的力量来提供。在这方面，重要的有国防事业和基础设施，还有学校和医院等这些公益性或半公益性的事业。这些产业和事业都不是或不完全是以营利为目的的。显然，不能依靠或不能完全依靠旨在实现利润最大化的企业来举办。在这些方面都需要政府的参与。

第五，优胜劣汰是市场竞争的必然结果。因此，如果单纯依靠市场经济的力量，必然导致贫富差别的扩大，甚至两极分化。

这样，社会就难以稳定。所以，必须借助政府的力量，通过财政收入（如实行累进所得税和遗产税）和支出（如建立包括养老、失业、工伤和医疗保险以及对社会贫困阶层发放最低生活费等项内容在内的社会保障制度），以缩小贫富差别和抑制两极分化，维持社会稳定。

第六，在当代，治理环境污染和保护生态平衡，已经成为决定经济社会可持续发展的一个重要因素。但如果单纯依靠市场经济力量，环境污染和生态破坏不仅难以得到治理，而且会进一步恶化。要根本解决这个问题，必须有政府在财力、人力、法律和政策等方面的支持。

第七，在当代，生产者与消费者在掌握信息方面不对称性的情况愈来愈突出，前者多，后者少。而伴随消费者文化素质的提高，维护消费者权益的呼声越来越高。解决这个问题，单靠市场力量显然是不够的。当然，在这方面，市场经济中的某些中介组织（如消费者协会）是有作用的，但并不能代替政府在这方面的重要作用，如颁布和执行消费者权益法。

当代美国著名经济学家保罗·A.萨缪尔森对政府在市场经济中的作用做过精辟的概括，并对市场和政府的关系做了生动的描述。他把这种作用归结为"促进效率、平等和稳定"。他还指出："市场和政府这两个部分都是不可缺的。没有政府和市场的经济都是一个巴掌拍不响的经济。"[①]

政府对经济干预在市场经济中虽有重要作用，但它不仅不能代替市场在资源配置方面的基础性的作用，还要以这种作用为前提。因为在现阶段以至在一个可以预见的长时间内，市场经济在促进经济发展方面的积极作用还是主要的。而且，由于各市场主

[①] 《经济学》（第12版）上册，第87页。

体之间的经济利益的矛盾和政府作为市场主体一方的利益局限，以及法制建设、公务员素质和信息等方面的限制，政府对经济干预的作用也有很大局限性，并且会发生诸多失误。因此，在实际经济工作中必须注意发挥市场在资源配置中的基础性作用；在决定采取行政办法还是市场办法时要谨慎地权衡利弊，并尽可能将二者结合起来。这样，才能有效地发挥政府干预经济的积极作用，并限制其消极作用。

但是必须明确：资本主义社会几百年的发展，为人类创造了巨大的物质文明、制度文明和精神文明。有政府干预的市场经济就是其中最重要的制度文明。历史经验已经充分证明：社会主义社会必须结合自身的具体情况有分析地继承这个制度文明；否则，就会给社会主义制度带来毁灭性的严重后果。

第三节 社会主义市场经济的概念及其建立的客观必然性

一 社会主义市场经济的概念及其基本特征和基本框架

中国社会主义市场经济是一个复合的概念，它主要包括以下相互联系的四个方面内容：①以市场作为配置社会经济资源的主要方式。②现代的市场经济，即有国家干预的市场经济。③有更多的国家干预的市场经济。这是由中国国情决定的。诸如：工业化尚未实现，作为弱质产业的农业占国民经济的比重较大；西部经济大大落后于东部，但有丰富的资源，而且主要是少数民族居住地区。这样，实现工业、发展农业和开发西部就是一个长期的、具有重大经济和政治意义的、需要国家扶持的任务。但这种干预是以市场机制作为资源配置的主要方式为前提，以市场机制的作用为基础的。这就是问题的度，越过了这一点，就又回到了计划经济。④是与社会主义初级阶段的基本经济制度相结合的。

这个基本经济制度就是：以社会主义公有制为主体，多种所有制经济共同发展。

按照马克思主义的观点，事物的共性是寓于个性之中的。市场经济这个共性一般也是寓于资本主义市场经济（即资本主义条件下的市场经济）和社会主义市场经济（即社会主义条件下的市场经济）这些个性之中的。因此，从市场经济这个角度一般来说，这两种市场经济具有许多共同点。比如，本文第二节阐述的市场经济的基本内容，就可以看作是二者的共同点。

但是，这两种市场经济又有重大原则区别。与资本主义市场经济相比较，中国社会主义市场经济的基本特点在于：

第一，它是与社会主义初级阶段的基本经济制度相结合的。在中国社会主义初级阶段，之所以必须实行以社会主义公有制为主体、多种所有制经济共同发展，归根结底，是由这个阶段的社会生产力发展水平及其多层次性决定的。而资本主义市场经济是与资本主义所有制这个基本经济制度相结合的。

第二，与社会主义初级阶段所有制结构相适应，社会主义市场经济只能而且必须实行以按劳分配为主，并与按要素分配相结合的分配制度。而资本主义市场经济是实行以按资分配为主的分配制度。

第三，与上述第一、二相联系，社会主义市场经济发展的根本目的是实现全体人民的共同富裕。当前，我国由于各种因素的制约，在实现共同富裕方面还存在许多有违初衷的情况，远没有实现共同富裕的目标。但随着社会主义市场经济和民主法制的完善以及社会生产力的发展，这个目的是一定可以在将来实现的。在这方面，同资本主义市场经济也有原则性区别。尽管这种市场经济经过几百年的发展，社会生产力和居民生活水平有了空前未有的、迅速的提高，但它不仅没有（也不可能）解决共同富裕问题，甚至没有能够抑制贫富差别的扩大和两极分化的发展。当然，还要提到：社会主义市场经济条件下的共同富裕与计划经济条件下的共同富裕，无论在实现共同富裕的道路上，或者在结果上，都有重大区别。几十年的实践表明：在很大程度上，后者实现共同富裕的道路是同步富裕，其结果是共同守穷。而前者实现共同富裕的道路，是允许和鼓励一部分人和一部分地区通过诚实劳动和合法经营先富起来，然后再带动另一部分人和另一部分地区后富起来。先富的目的是为了更快地实现共同富裕。实践已经开始并将充分证明：先富带后富以实现共同富裕，是一条正确的道路。

第四，在社会主义市场经济条件下，由于社会主义公有制占主体地位，以及政府是由共产党领导的，因而政府对宏观经济的调控可能而且必须基于人民的利益和意志。这与资本主义市场经济条件下政府对宏观经济调控基于资本家的利益，也有原则区别。当然，由于多种因素的制约，当前我国宏观经济调控还很不完善，在充分体现人民利益和意志方面也有许多不足。但随着经济体制和民主法制的完善，以及宏观经济调控经验的积累，这方面的缺陷是可以而且必须逐步得到克服的。

依据改革经验的总结，中国社会主义经济的基本框架可以确定为：公有制为主体、多种所有制经济共同发展，是社会主义初级阶段的基本经济制度。以此为基石，由以公司制为主要组织形式的现代企业制度，商品市场和要素市场共同发展的、价格机制合理的、全国统一的、平等竞争充分展开的市场体系，以间接调控为主的、健全的宏观经济调控体系，按劳分配为主并与按要素分配相结合的分配制度，以及多层次的、多形式的社会保障体系这样五个主要支柱构成。这一个基石和五个支柱共同构成社会主义市场经济的大厦。

二 从计划经济向社会主义市场经济过渡的客观必然性

中国由计划经济向社会主义市场经济（即社会主义条件下的市场经济）的过渡，并不只是由中国改革总设计师邓小平个人意志决定的（尽管他在这方面起了非常重要的作用），从根本上说来，这是一个不以人们意志为转移的客观过程。这可以从以下两个重要方面来说明：

在中国现代经济史上，这是中国人民依据历史发展规律做出的一次关系中华民族存亡和中国现代化事业成败的历史性选择。计划经济的主要特点是：以单一的公有制为基础，实行高度集中的、以行政指令为主的、排斥市场机制的计划。这种行政指令计划是配置社会生产资源的主要方式。

计划经济的建立和发展过程。总的来说，这种体制是1949年10月中华人民共和国成立以后开始建立的，到1956年就基本上建立起来了，以后一直到1978年又得到了进一步强化。表1和表2中1949~1978年的数字可以从总体上说明这一点。当然，这只表明了工业的情况。但在1956年对个体农业的社会主义改造基本完成以后，国家对农业也是实行准计划经济体制。

表1　　　　各种所有制工业在工业总值中的比重　　　　单位：%

年　份	国有工业	集体工业	非公有工业
1949	27.8	0.5	71.7
1952	45.5	3.3	51.2
1957	80.1	19.0	0.9
1978	80.7	19.3	0.0
1999	28.5	38.5	33.0

资料来源：《中国统计年鉴》（有关各年）；中国经济信息网（www.cei.gov.cn）2000年1月31日。

表2　　　　　国家指令计划在工业总产值中所占比重　　　　单位:%

年份	所占比重
1949	26.2
1952	41.5
1957	60.0
1978	70.0
1997	41.0

资料来源：汪海波：《中华人民共和国工业经济史》（1949.10~1998年），山西经济出版社1999年版，第27、171、728页。

高度集中的计划经济体制形成的历史背景。①受以往几千年封建社会形成的自然经济思想的影响。②受过去20多年革命根据地和解放区处于被包围、被分割的农村情况下形成的自给自足、各自为战的管理制度，以及战时共产主义供给制的影响。③在缺乏社会主义建设经验的情况下，基本上学习了苏联斯大林时期实行的计划经济体制。这些因素都是重要的，但都是历史的或外在的因素，而不是现实的和内在的因素。④这种体制适应了"一五"时期集中主要力量进行以重工业为主的重点建设需要。这是现实的和内在的因素。

这种高度集中的计划经济体制有一个很大的优点，就是能够把社会的资金、物质和技术力量集中起来，用于有关国计民生的重点项目、国民经济发展中的薄弱环节和经济落后地区，从而比较迅速地形成新的生产力，克服国民经济各个部门之间和各个地区之间的发展不平衡状态，促进国民经济的迅速发展。这一点，不仅正好适应了恢复国民经济的需要，而且正好适应了实现"一五"计划基本任务的需要。

历史经验已经证明，"一五"时期建立起来的高度集中的计划经济体制，对"一五"计划各项任务的实现，起了重要的促进作用。这种体制有利于集中主要力量建立我国的社会主义工业化的初步基础；有利于克服半殖民地半封建中国留下的农业、轻工业和重工业之间的比例失调状态，以及沿海和内地之间的经济发展的严重不平衡情况；有利于保证国家财政收入的增长、市场价格的稳定和人民生活的提高。

历史经验还表明，高度集中的计划经济体制固有的弊病，在"一五"时期也已经有所暴露。这包括：这种体制不适合国营企业作为商品生产者的要求，束缚了企业的积极性；由这种体制造成的条块分割状态，割断了发展商品经济要求的部门之间和地区之间的经济联系；这种体制内含的投资膨胀机制会造成基本建设投资膨胀，引发国民经济比例关系的失调；这些又会导致经济效益低下的后果等。

高度集中的计划经济体制虽然既有积极作用，也有消极作用，但二者并不是平分秋色的关系。在"一五"时期具体条件下，其积极作用得到了较充分的发挥，是主要的方面；其消极作用受到了限制，是次要的方面。半殖民地半封建中国的产业结构是畸形的，农业比重过大，工业比重过小，轻工业落后，重工业尤其薄弱。新中国成立以来，经过国民经济恢复时期的建设，这种畸形状态有了一定程度的改善，但并没有得到根本的改变。所以，在第一个五年计划期间继续优先发展重工业，是一个正确的战略决定。这个时候我国工业基础仍然是很薄弱的，外延的扩大再生产形式，即主要依靠新建企业来进行的形式占有特别重要的地位。但相对于发展轻工业和进行内涵的扩大再生产形式（即通过对原有企业的技术改造实现扩大再生产）来说，发展重工业和进行外延的扩大再生产，均需要较多的资金。这就需要把社会有限的财力集中于国家手中，用于建设有关国计民生的重点项目，以加速工业和整个国民经济的发展。高度集中的计划经济体制，正好适应了经济发展的这一客观要求，并促进了生产的发展。

以行政管理为主的计划经济体制，它的运行机制是国家各级机关对下级机关以及国家行政机关对企业的行政命令，是国家各级下级机关对各级上级机关以及企业领导人对国家行政机关的行政责任，是维护行政命令和行政责任的行政纪律，是国家各级行政干部和企业领导人的责任心，是党的思想政治工作。而在第一个五年计划期间，党和政府的威信很高，党的作风正派，党的干部队伍比较年轻，官僚主义比较少，广大干部的政治热情高涨，党的思想政治工作也很有力。这一切就使得计划经济体制的运行机制是比较灵敏的，行政管理的效率也是比较高的。

第一个五年计划期间党和国家的宏观经济决策是正确的。在各种经济管理体制下，党和国家的宏观经济决策都是重要的。而在高度集中的、以行政管理为主的计划经济体制下，党和国家的宏观经济决策的正确与否，其意义尤为巨大。因为只有宏观决策正确了，才能从根本上保证行政管理的效率；否则，就根本谈不上行政管理的效率。所以，第一个五年计划期间正确的宏观经济决策，是充分发挥高度集中的计划经济体制积极作用的一个十分重要的条件。上面分析的仅仅是问题的一方面，即由于第一个五年计划期间的各种具体条件，使得高度集中的计划经济体制的积极作用得到了较充分的发挥；另一方面，在这个期间，这种经济管理体制的消极作用却受到了很大的限制。（1）我国生产资料私有制的社会主义改造基本上是在1956年完成的。在此之前，社会主义经济虽然已经居于领导地位，但还存在着大量的资本主义经济以及个体经济。而且，在这个期间，党和政府比较成功地通过运用价值规律，对这些私有经济实行了计划指导。所以，由这种计划经济体制产生的管理过于集中、管得过死、否定市场调节的作用等缺陷，这个期间首先在范围上受到了限制。（2）在这个期间，生产社会化和商品经济都还不发达；由于美国等资本主义国家对我国实行封锁禁运，对外贸易也受到了很大的限制。这样，由这种经济管理体制带来的否定国营企业的商品生产者的地位以及阻碍商品生产等消极作用，这个期间也受到了限制。

上述情况表明：高度集中的计划经济体制，适应了"一五"时期社会生产力发展的要求，并符合"一五"时期的具体情况，从而使它的积极作用成为主要方面。

这是把"一五"时期作为一个整体说的，它并不意味着这种体制的积极作用和消极作用，在"一五"前期和后期都是同等的。实际上，在"一五"前期，这种体制的积极作用更大些，消极作用要小些；而在"一五"后期，虽然还有主要的积极作用，但消极作用明显地增长了。

但是，在"一五"时期以后，由于社会生产力的发展，由于上述充分发挥计划经济体制积极作用以及限制其消极作用的有利条件都发生了变化，计划经济体制的弊病越来越严重，愈来愈不适应社会生产力的发展。这时本应推行市场取向的经济改革（即以建立社会主义市场经济体制为目标的改革），以适应社会生产力发展的要求。

然而，这时人们对经济体制改革的认识还只是停留在行政性分权的水平，即主要是中央政府向地方政府下放经济管理权限，并向企业管理人员下放企业管理权力。1957年10月党中央通过的《关于改进工业管理体制的规定（草案）》、《关于改进商业管理体制的规定（草案）》和《关于改进财政管理体制的规定（草案）》，就具体体现了上述思想。

依据这些规定和其他有关规定，1958年和1970年分别进行了两次经济体制改革，都没有成功。其原因不仅是因为这两次改革方法根本是错误的。这种改革要求在较长的时间用渐进的方法来进行，而这两次改革都采取了短促的群众运动的方法；也不仅因为这两次改革根本缺乏应有的经济、政治环境。这种改革要求有相对宽松的经济环境和相对稳定的政治环境,而1958年的改革是在"大跃进"运动中进行的,1970年的改革是在"文化大革命"中进行的。从根本上说来,是由于这两次改革取向是完全错误的。它不是进行市场取向的改革,而是行政性分权。这样,这种愈来愈不适合生产力发展的计划经济体制又在我国延续了20多年。

不仅如此,毛泽东"左"的思想在"大跃进"中,尤其在"文化大革命"中发展到了顶端。在经济方面,这种"左"的思想最突出的表现就是盲目追求单一的公有制(主要是国有制),彻底否定按劳分配(甚至把按劳分配说成是同资本主义差不多的东西)。这样,本来已经僵化的计划经济体制又得到了进一步强化,弊病更趋严重,以致成为社会生产力发展的严重桎梏。

所以,总的来说,计划经济体制在1949~1952年国民经济恢复时期和1953~1957年"一五"时期曾经起过重要的积极作用,大大促进了国民经济的恢复和社会主义工业化初步基础的建立。但在此后,直到1978年,这种体制愈来愈不适合社会生产力的发展。详见表3中1953~1957年和1958~1978年的数字。

表3　　　　　　　国内生产总值总额和年平均增长率

年　份	总额(亿元)	年平均增长速度(%)
1952	679.0	
1957	1068.0	
1978	3624.1	
1999	82054.0	
1953~1957		9.2
1958~1978		5.4
1979~1999		9.6

资料来源:《中国统计年鉴》(1999年),中国统计出版社2000年版,第55~58页;《人民日报》2000年2月29日。

不仅如此，这种计划经济体制还成为险些给整个社会主义制度带来覆灭命运的"文化大革命"的制度性根源。我国政治体制中曾经存在的权力过分集中的现象，是同高度集中的计划经济体制相联系的。邓小平曾经中肯而又尖锐地指出："权力过分集中，越来越不适应社会主义事业的发展。对这个问题长期没有足够的认识，成为'文化大革命'的一个重要原因，使我们付出了沉重的代价。""如果不坚决改革现行制度中的弊病，过去出现过的一些严重问题今后就有可能重新出现。"①

所以，无论从经济上来说，还是从政治上来说，都必须对计划经济体制进行根本改革。

1978年底，党的十一届三中全会顺应历史潮流提出了改革开放的方针。1992年党的十四大又明确提出了中国经济体制改革的目标是建立社会主义市场经济。市场取向的改革，大大促进了经济的发展，显示了强大的生命力，改革成为不可逆转的历史潮流。详见表4中1950～1978年和1979～1990年的数字。

表4　　　　中国和原苏联国民收入年平均增长率　　　　单位:%

年　份	中　国	苏　联
1950～1978	6.0	7.7
1979～1990	8.4	2.8

表4的数字又把中国改革前后中国国民收入年平均增长率与原苏联做了比较。这些数据表明：改革前，中国国民收入年平均增长率比原苏联低1.7个百分点。这是可以理解的。虽然当时中

---

① 《邓小平文选》第2卷，第329、333页。

苏两国都是实行计划经济的国家，但苏联在国民经济计划管理和贯彻按劳分配原则以及工业基础、科学技术水平和人民文化素质等方面均好于中国。但在改革以后，中国国民收入年平均增长率却比苏联高出 5.6 个百分点。决定这种巨大反差的最重要因素，是这期间中国市场取向的改革取得了重大进展，显示了强大的活力；而苏联改革始终没有越出行政性分权的框框，以致经济陷于衰退的境地。

这里还要提到：1991 年苏联解体的原因是多方面的。其中，包括国外敌对势力的破坏。但决定性的原因，是僵化的计划经济体制长期没有得到根本改革，经济增速大幅下降，人民生活水平踏步不前，以致失去民心。

正是依据对国内外经验深刻的科学总结，邓小平多次尖锐指出："改革是中国发展生产力的必由之路。""不开放不改革没有出路，国家现代化建设没有希望。"在实际上成为他的政治遗嘱的 1992 年初重要谈话中又一次重申："不坚持社会主义，不改革开放，不发展经济，不改善人民生活，只能是死路一条。"① 这绝不是危言耸听，而是后人应铭刻心中的警世名言。

所以，中国实现从计划经济向社会主义市场经济的过渡，是中国人民在邓小平理论指导下依据社会发展规律作出的具有重大历史意义的选择。

这里所说的社会发展规律主要就是马克思主义关于生产力决定生产关系的规律。1859 年马克思在《〈政治经济学批判〉序言》中对这个原理做经典表述时曾经指出："人民在自己生活的社会生产中发生一定的、必然的、不以他们的意志为转移的关

---

① 《邓小平文选》第 3 卷，第 136、219、370 页。

系，即同他们的物质生产力的一定发展阶段相适合的生产关系。"① 诚然，马克思这里所说的生产关系，是指基本经济制度。但历史经验表明：作为社会经济运行方式的经济体制也是由社会生产力决定的。所以，我们完全可以把马克思提出的这条原理引申到这方面来。

我们在前面主要是从历史过程方面论证了从计划经济向社会主义市场经济过渡的客观必然性。下面再着重从理论上说明这一点。

第一，在工业化和现代化生产条件下，企业作为社会生产的基本单位，在发展社会生产力方面起着极为重要的作用。但在计划经济体制下，把企业供产销和人财物等方面的权力均集中在政府手中。这就从根本上抹杀了企业的独立经济利益，否定了企业的经营自主权，使得企业成为政府的附属物和算盘珠。不仅如此，计划经济体制既不适应利益主体多元化的要求，也不可能完全、充分、及时掌握企业经营管理所必需的信息，再加上政府（特别是部门和地区）本身利益的局限性，以及政府工作人员的素质和对客观事物认识过程的限制，政府就不仅不可能对企业实行有效的经营管理，而且必然发生诸多失误。所有这些都会挫伤在客观上作为自主经营、自负盈亏的市场主体的企业的主动性、积极性和创造性。还要提到：在我国社会主义初级阶段，必须贯彻按劳分配为主，并与按要素分配相结合的原则，才能充分调动作为最重要生产力要素的劳动者的积极性。而在计划经济体制下，是不可能从根本上解决作为按劳分配原则对立物的平均主义问题的，更谈不上实行按要素分配的原则。这就必然会挫伤劳动者的积极性。在科学技术正在成为和已经成为第一生产力的时

---

① 《马克思恩格斯选集》第2卷，第82页。

代,企业的科技人员和经营管理人员在发展社会生产力中的作用大大加强。而计划经济体制在挫伤这些人员积极性方面显得尤为突出。所有这些都会降低企业的营运效益。

第二,在商品经济条件下,企业为了避免被淘汰的命运,为了实现资本的保值和增值,展开了激烈的竞争。这种竞争是推动社会生产力发展的一个最强大的力量。而在计划经济体制下,企业既无开展竞争的冲动,也缺乏这方面的权限和空间。这样,计划经济体制不仅扼杀了企业发展生产的动力,而且扼杀了企业发展生产的压力,这就窒息了企业的活力,使得运营效益低下成为企业的通病。

第三,在商品经济条件下,发展部门之间和地区之间的经济联系,是促进各部门和各地区经济发展的重要因素。但在计划经济体制下,中央政府的集中管理在许多方面都是通过中央行政部门和地方行政部门实现的。这就形成了条条(部门)和块块(地方)的分割状态。与此相联系,又形成了部门利益和地区利益。这种分割状态和部门、地区利益的驱动,必然在很大程度上割断了部门之间和地区之间的经济联系,阻碍了各部门、各地区的经济发展。

第四,实现国民经济的持续稳定发展,是我国提高宏观经济效益的一个极重要方面。但在计划经济体制下,中央、部门、地方和企业均有旨在实现经济高速增长的动力机制。再加上盲目推行"赶超战略",以及片面追求"政绩",就在这些方面形成了强烈的投资冲动。但在投资方面又缺乏有效的约束和监督机制。由此形成的投资膨胀机制,周期地导致经济总量失衡和结构失衡。而在计划经济体制下,调整这种失衡的主要手段,又是用行政指令大幅压缩投资。于是,经济的高速增长又迅速变成低速增长,甚至负增长。这样,经济增速大上大下,影响经济发展的常态，从而导致宏观经济效益的低下。

第五，我国社会主义初级阶段的基本经济制度是：社会主义公有制经济占主体地位（其中，国家所有制占主导地位，集体所有制占重要地位），非公有制经济是重要组成部分。但按照计划经济体制的本性，要求在全社会范围内实现国有制。因此，在1958~1976年计划经济体制强化时期，不仅把残存的非公有制经济扫荡无遗，而且对集体所有制生产的主体部分也实行指令性计划，集体所有制还有一部分实现了向国有制的过渡。这样，计划经济体制不仅根本否定了在我国社会主义初级阶段发展社会生产力方面还有重要作用的非公有制经济，而且在很大程度上否定了集体所有制经济的作用。由此也扼杀了各种所有制企业之间的竞争，在很大程度上使国有经济丧失了活力。这就阻碍了整个国民经济的发展。

三 建立社会主义市场经济的任务及其可行性和艰巨性

建立社会主义市场经济的任务，就是要根本改革计划经济体制，建成与社会主义初级阶段基本经济制度相结合的、有国家干预的市场经济。但这种干预是以市场机制作为配置社会经济资源的主要方式为前提的，以市场机制的作用为基础的。具体说来，就是如前述的要建立由一个基石和五根支柱构成的社会主义市场经济大厦。

建立社会主义市场经济的可行性问题涉及诸多方面。但从长期的理论争议和改革实践分歧来看，其中的关键问题是社会主义公有制同市场经济是否兼容。

但在实际上，市场经济同社会主义公有制尽管有矛盾的一面，但二者不仅是可以相容的，而且具有内在的统一性。为了清楚地说明这一点，有必要分两个层次来说明。

第一个层次是从抽象的社会主义商品经济（即撇开中国社会主义初级阶段的所有制结构和公有制的实现形式）考察。因为社会主义公有制同市场经济是否兼容，是可以还原为社会主义公有制同商品经济是否相容的。按照马克思主义对简单商品生产和资本主义商品生产产生条件所做的分析，我们可以概括出商品生产一般存在的两个条件，即存在社会分工和不同的所有制（或具有独立经济利益的生产经营单位）。

在社会主义初级阶段，社会分工这个条件无疑是具备的。马克思主义认为，在共产主义社会第一阶段（即社会主义社会），劳动还只是谋生的手段。这样，各个生产单位就具有独立的经济利益。因而，社会主义社会必然存在商品生产。

在发达的商品经济（即以工业化和现代化作为物质技术基础的商品经济）条件下，必然产生作用范围覆盖全社会的价值规律。所谓价值规律就是商品价值是由社会必要劳动量决定的，商品价格是由价值决定的。而所谓市场经济就是由价格机制配置社会经济资源。所以，从这个抽象层次考察，社会主义公有制同市场经济具有内在的统一性。

但仅仅停留在这一步，这个问题并没有得到根本解决。原因在于：中国在改革以前，非公有制经济几乎完全绝迹，仅仅存在国家所有制和集体所有制这样两种社会主义公有制形式。但国家不仅对国有企业实行行政指令性计划，对集体企业的主体部分也实行行政指令性计划。而这种以实行行政指令性计划为主要特点的计划经济体制，是排斥市场机制作用的，根本谈不上同市场经济的兼容。

所以，对这个问题的分析还必须进行到第二个层次，即从中国社会主义初级阶段的所有制结构和社会主义公有制的实现形式进行具体考察。

历史经验和理论分析已经充分证明：①在中国社会主义初级阶段，要通过改革建立以社会主义公有制为主体的、多种所有制共同发展的格局。②适应国有经济发挥主导作用要求而保留下来的国有企业，还要通过改革建立一个公司制为企业组织形式的现代企业制度。原来的集体企业也要适应商品经济要求进行相应的改革。至于非国有制企业天然就是适应这一要求的。这样，在社会主义初级阶段，各种所有制企业就都成为自主经营、自负盈亏的商品生产经营者。这样，商品经济的价值规律的作用，就覆盖到了全社会范围。这同时意味着市场经济成为社会经济资源的主要配置方式。从而，社会主义公有制同市场经济的内在统一性，就能成为活生生的现实。现在的问题是要分析：社会主义公有制同市场经济不能相容的观念长期存在的原因。

第一，对马克思主义创始人关于社会主义社会商品经济要消亡的设想和预言采取了教条主义的态度。实践已经证明：马克思、恩格斯的这个设想是不符合实际的。但这主要是由于他们所处时代的限制。更重要的一点是：马克思在生前多次告诫当时的和后来的共产党人，他们的理论不是教条，而是行动的指南。所以，如果不是对马克思主义创始人的上述设想采取教条主义的态度，而是采取实事求是的态度，那就没有理由把社会主义公有制同市场经济对立起来。

在那些不熟悉或不相信马克思主义的人们（包括国内外的）中，也有人认为，社会主义公有制和市场经济是不相容的。对他们来说，这种观念主要是囿于一段期间的历史事实而造成的。因为在历史上，市场经济确实是伴随资本主义私有制经济的确立、发展而形成和发展的；而计划经济是伴随社会主义公有制的建立、发展而形成和发展的。但这种观念就像把国家的宏观经济调控（包括计划）同资本主义私有制看成不相容一样，都是不合理的。

第二，没有把作为基本经济制度的社会主义公有制和作为社会资源配置方式（或社会经济运行方式）的市场经济区别开来。但在理论上这是两个有严格区别的经济范畴。而且国内外实践的经验也表明：在发达的商品经济（包括资本主义条件下的商品经济和社会主义条件下的商品经济）条件下，都必须以市场机制作为配置社会资源的主要方式。当然，同时都需要国家的宏观经济调控。

如果从这个角度来考察，那么，社会主义公有制和市场经济不仅是可以兼容的，而且也具有内在统一性。按照邓小平理论，社会主义的根本原则是："一个公有制占主体，一个共同富裕。"社会主义的根本任务"就是发展生产力"。[①] 而党的十一届三中全会以来的改革经验证明：市场取向的经济改革，是重新焕发和激励社会主义公有制企业（特别是国有企业）活力、实现经济持续快速发展和共同富裕的唯一正确道路。当然，像任何事物一样，市场经济也有二重性，在这些方面也都有负面影响。而且，处理不当，也会冲击社会主义公有制的主体地位，在某种程度上导致两极分化和经济波动。但总的来说，市场经济同社会主义公有制是可以兼容的。而且，在建立社会主义市场经济过程中，只要坚持党的基本理论、基本路线和基本纲领，就可以做到有效地发挥市场经济的积极作用，并限制其消极作用，较好地实现它同社会主义公有制的兼容。

但是，无论如何，在中国这样一个社会主义大国，进行市场取向的改革，实现从计划经济到社会主义市场经济的根本转变，总是一个前无古人的极其艰巨的事业。这主要表现在以下五个

---

① 《邓小平文选》第 3 卷，第 111、137 页。

方面：

第一，在改革的理论前提方面。1949年10月新中国成立以后，社会主义社会不存在商品经济被看作是马克思主义的基本观点，计划经济被看作社会主义经济制度的基本特征。而在1958～1978年20年间，除了其中的1961～1965年的经济调整时期以外，"左"的路线居于主导地位。在当时的政治环境下，要根本否定马克思主义创始人这个设想和计划经济，就需要极大的革命胆识和理论勇气。而根本否定这一点，正是市场取向改革的理论前提；否则，这种改革就无从谈起。

第二，在确立改革的目标和框架方面。由于缺乏经验和理论准备，在确立市场取向的改革目标和社会主义市场经济的基本框架方面，经历了一个长期的艰苦的探索过程。但在邓小平多次倡导的解放思想、实事求是这条马克思主义思想路线指导下，中国共产党和人民都进行了成功的探索。其过程大致如下：

第一阶段：1978年12月，党的十一届三中全会指出，我国经济管理体制的一个严重缺点是权力过于集中，应该有领导地大胆下放权力，让企业在国家统一计划的指导下有更多的经营管理自主权；应当坚决按照经济规律办事，重视价值规律的作用，从历史观点来看，这可以看作是开了我国市场取向改革的先河。

第二阶段：1979年以后党的文件，特别是1982年9月党的十二大指出，正确贯彻计划经济为主、市场调节为辅的原则，是经济体制改革中一个根本性问题。与"文化大革命"期间"左"的路线发展到顶峰的状况相比较，这些提法无疑是巨大进步。但这些规定都还没有从根本上摆脱1956年9月召开的党的八大一次会议上的有关提法。

第三阶段：1984年10月，中共十二届三中全会指出，我国实行的是有计划的商品经济。这个提法向市场取向改革目标前进了一大步。

第四阶段：1987年10月，党的十三大报告指出，国家对企业的管理应逐步转向以间接管理为主。计划和市场的作用范围都是覆盖全社会的。新的经济运行机制，总体上来说应当是"国家调节市场，市场引导企业"的机制。这个提法可以看作是向市场取向改革目标迈出了决定性的一步。

第五阶段：1992年10月党的十四大依据同年初邓小平重要讲话的精神，明确宣布："我国经济体制改革的目标是建立社会主义市场经济体制。"1993年党的十四届三中全会勾画了社会主义市场经济体制的基本框架，即前述的一个基石和五根支柱。

至此，可以认为，我国市场取向改革的目标及其框架在理论上、认识上已经基本完成。可见，如果仅仅从1978年算起，这个过程是经过长达15年的。

需要指出：在确立市场取向改革目标及其基本框架方面经历了这样的过程，在改革的其他方面，特别是在发展非公有制经济和实现国有企业改革方面也都程度不同地经历了类似的过程。

第三，在实现改革任务方面。实现改革任务，主要也就是构筑上述的一个基石和五个支柱。构筑社会主义市场经济大厦，是一个极其伟大、十分艰巨、非常复杂的社会经济的系统工程。完成这项工程，不仅需要正确的理论指导，也不仅需要巨大的革命胆略和坚强毅力，而且需要高超的指挥艺术。这项改革任务的艰巨性，特别突出表现在作为改革中心环节的国有企业改革方面。由计划经济体制下的国有企业改革成为社会主义市场经济体制下的国有企业，涉及国有经济运行的全过程，是脱胎换骨的改革。而且这种改革是同国有经济战略性调整、国有企业组织结构的战略性调整以及加强企业的技术改造和管理相结合的，是同处理数以千万计的企业冗员、分离大量的企业办社会机构以及补足巨额资本金、降低资产负债率相结合的。这些就使得国有企业的改革任务变得异常复杂艰巨起来。再加上这方面的改革也存在许多失误，诸如：改革起步以后的长时间由于没有抓紧社会保障体系的建设，以致国有企业改革事实上难以迈出实质性步伐；80年代的"一刀切"的拨改贷，以及后来许多国有企业长期资本金不足，成为国有企业经营状况恶化的一个重要原因；政府职能转变缓慢，大量行政性公司反复出现，甚至发生军警、公安和政法机关经商，事实上为国有企业改革设置了新的障碍；没有抓住卖方市场存在的有利时机，及时放开搞活大量的国有中小企业；在国有大中型企业公司化改造中，没有抓紧法人治理结构和企业经营管理人员的监督、激励制度的建设，以致内部人控制现象十分严重，等等。这些又使得深化国有企业仍然成为当前一项极为艰巨的任务。

第四，在实现改革的条件方面。推进市场取向的改革，需要一系列严格条件相配合。其中，主要是要有稳定的、宽松的经济环境和稳定的政治局面。我国20多年的改革经验证明：改革、发展和稳定三者之间存在相互依存、相互促进的统一关系。稳定是前提，改革是动力，发展是目的。改革以来，由于较好地处理了三者之间的关系，促使我国经济的改革和发展取得了举世瞩目的伟大成就。但在改革进程中，营造改革需要的经济环境并非易事。问题在于：由于经济转轨时期各种特有矛盾的作用，在改革过程中，有的年份经济过热。比如，1978年、1985年、1988年和1992年都发生过经济过热。而每当发生经济过热，都会延缓改革的进程，甚至在一定程度上导致改革的倒退。在这几次发生经济过热时，都及时进行了经济调整，使经济环境重新趋于宽松，从而促进了改革的深化。特别是1992～1997年制止了经济过热，实现了经济"软着陆"；1998～1999年又阻止了经济增速的过度下滑，并抑制了通货紧缩的形势；2000年经济增速出现回升，基本上走出了通货紧缩的局面。这就为深化改革创造了稳定的、宽松的经济环境。在改革进程中，创造稳定的政治局面也很困难。这一点，在当前表现得尤为明显。由于各种因素的作用，部分的行政官员和国有企业的经营管理人员的贪污腐败之风并未从根本上遏制住，农民人均收入水平增幅连续四年下降（其中有相当一部分农民的绝对收入水平下降），城镇失业工人大量增加。这样，采取各种措施，维护政治稳定，就成为一个十分重要的任务。从相互联系的意义上说，市场取向改革需要的这种经济、政治环境，也使得改革的任务变得异常艰巨。

第五，在实现改革的阻力方面。我国市场取向的改革是由党和政府领导人民进行的，是社会主义制度的自我完善。它根本区别于新民主主义时期党领导人民武装推翻国民党反动政权的革命。但市场取向的改革，毕竟也是一场革命。就经济关系变革来说，主要包括两个方面：①生产资料所有制的部分变革。即实现由单一的社会主义公有制向以公有制为主体、多种所有制共同发展的格局转变。②经济体制的根本变革。即实现由计划经济向社会主义市场经济的转变。这是一种经济利益关系的大调整，并且必然带来上层建筑各领域的大调整。从而产生一系列的矛盾和冲突，给改革造成多方面的阻力。诸如：市场取向改革要求根本改变社会主义制度下要消灭商品经济以及计划经济是社会主义经济基本特征的观念，以及由长期计划经济生活形成的习惯势力。这就会同那些思想观念和习惯转变一时难以跟上的人们发生矛盾。改革要求实现政企职责分开、打破地方保护主义以及消除行政性（或行政性与经济性相结合）的垄断。这些都会同坚持个人（或小集团、或地区的）利益的部分官员发生矛盾。改革要求通过先富带动后富，以实现共同富裕；在一定时期内，改革深化可能加剧失业状况；在改革进程中，难免发生经济过热和通货膨胀，对人民生活产生不利影响；许多改革措施在总体上是有利于人民的，但也会对部分人的利益发生不利的影响。这些都会引起同有关人群的矛盾。改革是从制度上切断腐败的根源。因此会同腐败分子发生激烈的冲突。市场取向改革会引起上层建筑领域内的深刻变革，这也会形成一系列的矛盾和冲突。需要指出：这些矛盾和冲突带有人民性（即除少数敌对分子以外，绝大多数均系人民内部矛盾）、广泛性（涉及的人很多）、复杂性（一时难以辨明是非和处理）、隐蔽性、顽固性和长期性的特点。这是形成改革艰巨性的一个很重要原因。

总之，尽管中国市场取向改革具有客观必然性和可行性，但任务也是十分艰巨的。

论政府经济职能的历史发展[*]

正确认识中国政府在转轨时期①的经济职能，对于建立社会主义市场经济体制，实现社会主义现代化建设，推进经济和社会的可持续发展，以及保障国家经济安全等方面，具有十分重要的意义。

任何事物，其现状都是其历史的发展，其共性寓于其个性之中。政府经济职能亦是如此。因此，本文以马克思主义为指导，以国内外历史和现状为依据，首先分析政府经济职能的历史发展及其一般内容，为分析中国转轨时期政府经济职能提供理论基础和方法论。

一 古代社会②的政府经济职能

人类社会历史表明：政府的经济职能，是伴随最先相继产生的两个阶级社会（即奴隶社会和封建社会）而产生和发展的。

---

* 本文主要内容原载《经济管理干部学院学报》2003年第2期。

① 这里所说的转轨时期，指的是从计划经济体制到社会主义市场经济体制的转变时期。

② 这里所说的古代社会，包括奴隶社会和封建社会。

诚然，在这两个社会，由于社会的生产力、经济制度和文化的发展水平等方面的差异，政府经济职能是有重大区别的。但是，由于这两个社会都是阶级社会（一个是奴隶主对奴隶统治的社会，另一个是封建主对农民统治的社会），而且社会生产力都很低，使用手工工具，农业占主要地位，因而二者的政府经济职能又有许多共同点。概括起来，并从宽泛的意义上说①，这两个社会的政府经济职能，主要有以下三个方面：

1. 作为社会上层建筑核心部分的古代社会政府必然要承担起维护该社会的经济基础（即作为基本经济制度的生产资料的奴隶主所有制和封建主所有制）的职能

为了维护这种基本经济制度，古代社会的政府还承担过改革作为基本经济制度的实现形式的经济体制的职能。比如，中国封建社会自始至终都实行封建土地所有制这样的基本经济制度，这种经济制度的实现形式（即经济体制）却经历了由土地的领主所有制到地主私有制的变化。中国西周时期（公元前1066~前771年）就开始建立了封建的领主经济制度。这种制度的基本特征是：作为农业基本生产资料的土地归领主所有，实行井田制度，农奴对领主存在人身依附关系，封建剥削的主要形态是劳役地租。到东周时期（公元前770~前403年），地主经济逐渐代替了领主经济。到战国时期（公元前403~前221年），地主经济占了主要地位。地主经济的基本特征是：土地归地主所有，实行土地私有制，农民对地主的关系主要是契约关系，封建剥削的主要形态是实物地租。这种变化主要是适应了社会生产力发展的要求，但当时封建政府在这方面也起了重要作用。比如，公元前594年鲁国开始实行的"初税亩"的税收制度，就是以土地私有

---

① 这里都是从宽泛意义上讨论政府经济职能。

化（即土地的领主所有制之间地主私有制的转变）为前提的，同时又促进了土地私有化的发展。这种经济体制的变化，曾经大大促进了中国封建社会生产力的发展。中国著名历史学家范文澜依据对历史资料的详细分析，对这段历史做了概括。他说："这个阶段上，束缚在宗族里的农奴得到解脱，成为广大的农民阶级。由于农民阶级的出现，生产力前所未有地提高了。以农业生产为基础，工业也跟着发展起来。"①

2. 作为全社会代表的古代社会政府还要承担人类社会发展所必需的社会公共职能

由于物质资料的生产是人类社会生存和发展的基础，农业是古代社会最主要的生产部门。因此，政府的基本社会公共职能就是维护和促进农业生产的发展，这种职能的主要表现有：在中国封建社会的许多时期，特别是在旧封建王朝覆灭、新王朝建立初期，都提出并在某种程度上实施过"抑制土地兼并"、"轻征薄赋"、"重农抑商"和"兴修水利"等项政策，还实行过多次赈济农民的措施。实行这些政策措施的目的，在于限制地主对农民土地的过多剥夺，减轻政府加给农民的过重税负，以及遏制商人对农民的过度掠夺；兴建作为农业命脉的水利设施；维系作为农业基本生产要素的劳动力的再生产。这里所说的社会公共职能的某些方面（如修水利）就是后续社会政府提供的公共产品和服务的最初的形态。

3. 为了实现上述两项职能，古代社会的政府必须征收税收，因为这是必要的条件。这样，古代社会的政府还承担着国民收入再分配的职能

还有，为了实现上述两项职能，古代社会的政府还在一定范

---

① 范文澜：《中国通史》第 1 册，人民出版社 1978 年版，第 274 页。

围内直接经营某些产业。在这方面最突出的例子，就是中国封建社会长期实行过的盐铁专营。当然，古代社会的国营经济并不只是限于这些方面，通常还要包括某些军事武器的生产以及供封建帝王直接享用的某些消费品的生产。①

上述情况表明：尽管古代社会政府的经济职能还很不发达，但在许多方面都展现出后续社会政府经济职能的雏形。因此，分析这一点，不仅是因为学术界的研究过去很少涉及甚至根本不提及这一点，这方面研究领域急需开拓；而且因为它对我们研究后续社会（包括中国转轨时期）的政府经济职能是有启示作用的。

二 市场经济条件下的政府经济职能

（一）市场经济发展的两个阶段

从本质上说来，市场经济是以市场作为配置社会生产资源的基本手段或主要方式。市场经济并不是伴随人类社会的产生而产生的，而是资本主义生产方式确立的产物。当然，在资本主义社会以前，原始社会、奴隶社会和封建社会也有生产资源配置问题。这三个社会在生产力方面存在重大差别，生产关系也有根本不同，但有某种共同点，即都是自给自足的自然经济。这样，这些社会生产资源的配置就分别按照氏族社会首领、奴隶主和封建主的意志（这些意志分别体现了该社会主体的根本经济利益）进行的。诚然，从原始社会末期到奴隶社会和封建社会，简单商品生产也有了不同程度的发展。但这时的商品生产只是涵盖了社

---

① 可见，如果把国有经济仅仅归结为资本主义社会和社会主义社会的事情，并不完全符合历史事实。

会生产的一小部分，在社会生产中居于主要地位的是自然经济，商品经济只是居于次要地位。显然，在上述的各个社会发展阶段，作为社会生产资源配置主要方式的市场经济是不可能形成的。在18世纪下半期到19世纪上半期，资本主义生产方式先后在英国、法国、德国和美国这些主要国家取得了统治地位，商品生产也在社会生产中占了主要地位，价值规律以及与之相联系的价格机制就成为调节社会生产的主要方式，市场经济随之形成。

从总体上说，资本主义市场经济的发展经历了两个大的历史阶段：第一阶段可以称作古典的市场经济，自由放任是这个时期市场经济的特征；第二阶段可以称作现代的市场经济，其特征是有国家干预的市场经济。大体上说来，第一阶段经历的时期是从18世纪下半期开始（以资本主义生产方式确立时间较早和最典型的英国的市场经济形成时间为起点）到20世纪30年代为止（以资本主义市场经济最发达的美国在30年代实行罗斯福新政即有国家干预或政府干预的市场经济为终点）。第二阶段是从30年代开始直到现在，这个阶段仍在向前发展。这当然是从市场经济总的发展趋势说的，它并不排斥其中的曲折变化。就第一阶段来说，比如，资本主义发展较晚的德国在19世纪上半期对外贸易方面就实行过保护主义的政策。在1914~1917年第一次世界大战期间，许多参战国还实行过战时统治经济。就第二阶段来说，比如，在70年代经济发达国家发生了经济滞胀，作为国家干预经济政策的理论基础的凯恩斯主义遭遇了严重的挑战和非难，各种与此相左的理论纷纷出台。其中，有的学派在某些年份对有的国家政策还发生了重要影响。比如，供应学派就在80年代初左右了美国里根政府的政策。但从市场经济发展的基本线索来说，上述两个阶段的划分，大体上是可以成立的。

我们下面就依次分别考察这两个阶段的政府经济职能。

(二) 古典市场经济条件下的政府经济职能

在论述这个问题之前,首先有必要澄清一个有碍我们正确认识这个问题的误区。有一种颇为流行的观点,依据亚当·斯密"看不见的手"的理论,把这个阶段的政府经济职能仅仅归结为提供某些公共产品和服务,甚至根本否定这时的政府具有经济职能。这是值得商榷的。

应该看到,在资本主义生产方式准备时期(原始资本积累时期),作为原始国家干预的重商主义对促进资本主义生产方式的确立起了重要的积极作用。但是,对像英国这类资本主义国家,在资产阶级革命和产业革命相继取得胜利以后,产业资本在政治上和经济上都变得强大起来。在这种情况下,国家对经济生活的干预不仅显得不必要,而且约束了资本主义企业的自由发展。于是,反对国家干预、主张自由放任的市场经济,就成为当时资产阶级的强烈呼声。古典经济学创始人亚当·斯密于1776年发表的《国民财富的性质和原因的研究》(简称《国富论》),正是集中地、综合地反映了这一呼声。《国富论》从增进国民财富,实现社会资源最优配置的要求出发,首次系统地提出和分析了自由放任的市场经济理论,其要义是著名的"看不见的手"理论。亚当·斯密这里说的"看不见的手"就是指的由自由竞争形成的价格机制。在他看来,依靠这种机制的作用,就可以调节社会产品的供需平衡,可以实现社会生产资源的最优配置。据此,亚当·斯密主张实行自由放任的市场经济,在国内外均实行自由贸易政策,并严厉地抨击了重商主义的国家干预政策。亚当·斯密从主张实行旨在反对重商主义国家干预政策的、自由放任的市场经济出发,把国家的任务仅仅归结为以下三项:第一,"保护本国社会的安全,使之不受其他独立社会的暴行与侵略";

第二,"保护人民不使社会中任何人受其他人的欺侮或压迫";第三,"建立并维持某些公共机关和公共工程"。① 应该肯定,以亚当·斯密理论为基础建立起来的市场经济体制在促进资本主义社会生产力发展方面起过重要的积极作用。不仅如此,即使在现代的市场经济条件下,亚当·斯密的市场经济理论仍有重要的作用。② 这是因为,现代市场经济虽然主张国家对经济生活的干预,但并没有从根本上否定市场是配置社会生产资源的主要方式。

但同时需要指出亚当·斯密观点的局限性。这里姑且不说,亚当·斯密提出的仅仅依靠"看不见的手"就可以自发地调节社会经济总量的平衡的观点是片面的,即使就他把政府经济职能仅仅归结为"建立并维持某些公共机关和公共工程",即提供某些公共产品和服务,也还不是全面的。实际情况比这一点要宽泛得多。

(1) 作为上层建筑的资产阶级政府,其基本职能必然是要维护资本主义的基本经济制度——资本主义私有制。同时还要承担维护自由放任的市场经济体制的职能。其突出表现是政府建立了一系列相关制度,这主要包括:一是摆脱以等级制为特征的封建主义产权,建立自由的私人产权制度。二是废除劳动者的人身依附,建立"自由的"劳动者制度。三是破除由封建割据形成的市场分割,建立统一的国内市场。四是破除原来对资本的重赋,建立适合资本积累要求的近代税收制度。五是适应资本发展

---

① [英] 亚当·斯密:《国民财富的性质和原因的研究》上卷,商务印书馆1972年版(下同),第303页;下卷,第27、254、272、284页。

② 美国当代著名经济学家斯蒂格利茨在评论这一点时指出:"自从亚当·斯密以来,经济学有着很大的进展,但是,他的基本论点在过去的两个世纪中仍然具有很大的吸引力。"(《经济学》上册,中国人民大学出版社1997年版,第13页)

的要求，建立以商业信用特别是银行信用为主要内容的近代信用制度。六是破除维护封建特权的法律制度，建立适应以平等竞争为特征的商品经济的法律制度。诚然，这些制度的形成是以资本主义生产方式的确立为基础的，而且在资产阶级政府建立以前就已经开始部分地形成，并带有某种自发性。但在资产阶级政府建立以后，这些制度得到了进一步发展和完善，其中有些制度还是新建的。这些制度正是充分发挥市场在配置社会生产资源方面的基础作用的必要条件。

（2）世界市场既是资本主义发展的前提，又是资本主义发展的结果。这样，开拓世界市场就成为资产阶级政府的一项全新的极其重要的职能。为此，政府甚至不惜采取军事手段开拓殖民地，以开辟世界市场。

（3）工业化的发展对公共设施的要求越来越广泛，越来越高。政府在这方面承担的职能也越来越重要，越来越多。

（4）工业化的发展与科学技术的关系越来越密切，对劳动者文化素质的要求越来越高。因而政府在承担发展科学和教育方面的职能也日趋重要和广泛。

（5）工业化的发展，导致许多新的产业部门的产生。其中，有的部门一开始生产规模就很大，以致在当时条件下私人资本无力容纳，使得"资本主义社会的正式代表——国家不得不承担起对生产的领导。这种转化为国有财产的必然性首先表现在大规模的交通机构，即邮政、电报和铁路方面"。[①] 这样，掌握这些国有经济又成为资产阶级政府的一项全新的职能。诚然，如前所述，在古代社会就已经产生了国有经济。但二者在形成原因、技术基础和产业内容上都不是一个层次的。后者的产生部分地为了

[①] 《马克思恩格斯选集》第3卷，人民出版社1972年版，第317页。

扩充政府财源，部分地为了减轻商业资本对农民的过度盘剥；其技术基础是手工工具；仅限于盐铁等产业。而前者的产生是适应工业化发展的要求；技术基础是机械化生产；是属于国民经济中的基础产业。

（6）为了实现上述各项职能，政府在国民收入再分配的功能也大大增长了。这充分体现在政府财政收支的绝对量、构成及其占国民收入总量的比重等方面。

可见，在古典的市场经济条件下，尽管企业是市场主体，政府也不像现代市场经济条件下那样干预宏观经济，但仍然具有多方面的经济职能。否定这一点，是不符合历史事实的。

（三）现代市场经济条件下政府经济职能

在现代市场经济条件下，资产阶级政府也继承了维护资本主义经济基础的职能，而且为了维护这个基础，它同时还具有改革经济体制的职能，把以自由放任为特征的古典市场经济推进到以国家干预为特征的现代市场经济。

问题的起因在于：按照亚当·斯密的理论，依靠"看不见的手"的作用，就可以实现经济总量平衡。但是，历史事实表明：资本主义生产过剩的经济危机的根源在于：资本主义的基本矛盾（即生产社会化和生产资料的资本主义私人占有之间的矛盾）的发展，以及由此决定的一系列矛盾，特别是其中的资本主义生产无限扩张的趋势和劳动人民购买力需求相对狭小之间的矛盾尖锐化的结果。这样，在资本主义制度下，周期性生产过剩的经济危机就是不可避免的。实际上，从19世纪20年代起，资本主义经济大约每隔10年的时间就发生一次生产过剩危机。特别是1929~1933年资本主义世界发生的大危机，从根本上震撼了西方整个资本主义制度。其中，尤以资本主义最发达的美国遭受的打击最为严重。1933年同1929年相比，西方各国的工业产值大约下降了45%，比第一次世界大战前的1913年还低16%，倒退到1908~1909年的水平。其中，美国工业产值下降了55%，倒退到1905~1906年的水平；德国倒退到1897年的水平；法国倒退到1911年的水平；日本下降了32.9%。在这期间，西方各国农产品销售收入也大幅下降。其中，美国由119.13亿美元下降到51.43亿美元，德国由102亿马克下降到65亿马克，降幅均在50%以上。在这期间，美、英、德等国商品批发价格指数下降了1/3左右，法国下降了45.1%；西方各国商品销售额大约下降了2/3，外贸总额下降了61.2%。在这期间，美国失业工人由155万人增加到1283万人。在危机的最严重阶段，西方各国失业人数高达5000万人，失业率高达30%~50%。在这期间，工人收入下降了43%，农民经营农业的净收入下降了67%[①]。这次大危机彻底宣告了古典经济学关于自由放任的市场经济可以自动协调社会产品供求平衡的理论的破产，并强烈呼吁国家干预的市场经济的政策和理论的诞生，以维系巩固和发展资本主义经济制度。

美国总统罗斯福1933年3月入主白宫后所推行的"新政"，就是有国家干预的市场经济政策的最早、最著名、最主要的代表，就是把古典市场经济推向现代市场经济在实践上的开端。为了挽救面临崩溃的美国国民经济，"新政"采取的主要措施有：①为了拯救银行金融业危机，政府采取了清理银行、保障居民存款、发放巨额贷款给金融业界、实行货币贬值等办法。②为了拯

---

① 晏智杰主编：《西方市场经济下的政府干预》，中国计划出版社1997年版（下同），第85~87页；马洪等主编：《市场经济300年》，中国发展出版社1995年版，第159页。

救农业危机,政府运用奖励和津贴的办法,缩小耕地面积,限制农产品上市量,维持农产品价格,以缓解农业生产过剩和农民收入下降。③为了拯救工业危机,政府采取限制竞争的办法,规定工业的生产规模、价格水平、销售额和雇工条件等,以缓解工业生产过剩。④为了拯救由严重的工人失业问题而引发的严重社会政治危机,政府还大力举办公共工程,以增加就业和提高居民购买力。政府还直接救济失业工人,并逐步建立了全国社会保险和公共福利制度。"新政"从1933年开始实施,延续到1938年。"新政"没有也不可能从根本上解决美国资本主义生产过剩经济危机问题,但确实缓解了经济危机,并促进了经济复苏,稳定了资本主义制度。但"新政"更重要的意义还在于:从实践方面宣告了古典的、自由放任的市场经济时代的终结,并开创了现代的、有国家干预的市场经济这个新的时代。

宏观经济学创始人凯恩斯1936年发表的《就业利息和货币通论》(简称《通论》),则综合地、集中地、系统地反映了有国家干预的市场经济诞生的强烈呼声,并从理论方面标志着古典的、自由放任的市场经济的终结和现代的、有国家干预的市场经济的开端,为现代市场经济奠定了理论基础。凯恩斯认为,有效需求(即有购买力的需求)是决定社会总就业量的关键因素,能否实现充分就业就决定于有效需求的大小。因此,现实生活中经常存在的有效需求不足就是引发经济危机和严重失业的原因。所以,要解决失业和危机问题,必须依靠政府对经济的干预,刺激有效需求,以实现"充分就业均衡"。凯恩斯主张把政府干预经济的重点放在总需求管理方面。其中心内容是:采取各种措施,增加社会(包括私人和政府)的货币总支出,扩大社会对消费资料和生产资料的需求,以消除经济危机,实现充分就业。

需要指出:凯恩斯虽然摒弃了由亚当·斯密首先创立的自由

放任的市场经济，提出了有国家干预的市场经济，但并没有从根本上否定市场经济（即以市场作为配置社会生产资源的主要方式）。正如凯恩斯自己所说，古典经济学提出的"私人为追求自己利益将决定生产何物，用何种方法（即何种生产要素之配合比例）生产，如何将最后产物之价值分配于各生产要素等，仍无可非议"。①

第二次世界大战前，只有美国等少数几个国家实行过政府对经济的干预。第二次世界大战后，西方国家在恢复了经济之后，都以凯恩斯主义作为政策指导实行了有国家干预的市场经济。这种经济体制大大促进了战后西方国家经济的发展。

但是，由于凯恩斯主义没有也不可能解决资本主义的固有矛盾，由于长期推行凯恩斯主义负面影响的积累（比如，由于多年推行扩张性财政政策导致通货膨胀），由于1973年和1979年两次石油危机的影响，西方国家在战后经历一段时间的经济繁荣之后，于20世纪70年代中期又发生了经济滞胀。

经济滞胀局面使得凯恩斯主义遇到严峻的挑战，并受到新经济自由主义学派的批评。但是，正像凯恩斯没有根本否定亚当·斯密的自由放任的市场经济一样，这些不同学派也没有完全突破凯恩斯主义的基本信条。比如，曾任尼克松政府经济顾问委员会主席摩赫伯特·斯坦就曾说过：对凯恩斯主义的批评是"凯恩斯主义范围之内的革命"。② 因此，总体说来，凯恩斯主义（包括凯恩斯主义在第二次世界大战后的发展）仍不失为当代经济发达国家进行宏观经济管理的理论基础。

第二次世界大战后，旨在实现充分就业和经济稳定发展的凯

---

① 凯恩斯：《就业利息和货币通论》，商务印书馆1964年版，第322页。
② 转引自《西方市场经济下的政府干预》，第164页。

恩斯主义在西方国家的普遍采用，是促进现代的、有国家干预的市场经济形成的最基本因素，但并不是唯一因素。除此以外，以下因素也起了重要作用：①第二次世界大战前和战后初期，社会主义国家实行计划管理和福利政策的影响。②社会民主主义的影响。这一点，在第二次世界大战后由社会民主党执政的那些国家表现得尤为明显。③第二次世界大战期间实行战时经济体制的影响。诚然，战时经济体制与有国家干预的市场经济是有原则区别的，而且，在战后都取消了。但这种体制也为实行有国家干预的市场经济提供了某些有利条件。这一点，在日本表现得很明显。④第二次世界大战后，生产集中度进一步的提高，以及现代信息技术的广泛应用，也为实行有国家干预的市场经济提供了有利的客观条件。⑤第二次世界大战后，垄断组织的进一步发展，妨碍经济效益的提高。⑥第二次世界大战后，资本主义国家贫富差别的扩大，影响到社会的稳定。⑦第二次世界大战后，治理环境污染问题也更为尖锐起来。⑧第二次世界大战后，保护消费者权益问题也显得更加重要。⑨经济全球化和区域经济集团的发展，使得各国企业之间在许多情况下演变成国与国之间的竞争。⑩随着知识经济时代的到来，抢占高新技术制高点，往往成为增强国际竞争力和维护国家经济、政治安全的关键。上述第⑤至⑩点在客观上也迫切要求国家加强对经济的干预。

上述各项促进现代市场经济形成的因素表明：国家干预经济只是对现代市场经济条件下政府一项基本经济职能的总体概括。这个概括包含了多方面的并不断丰富发展的、具体的经济职能，举其要者有：①主要运用经济手段和立法手段，调节经济总量的供需平衡。有些国家的政府还承担某些调整产业结构的职能，第二次世界大战后日本政府在有些年代实行的产业政策就属此例。②提供在总量和范围方面都大大扩展了的某些公共产品和服务。

③在不同时期有伸缩性地（有时扩大，有时缩小）掌握部分国有经营。④维护市场秩序，监督市场主体行为，创造公平、公正、公开并有信誉的市场竞争环境。⑤在某种限度内，遏制垄断资本。⑥创造机会平等的条件，并通过收入再分配，在兼顾效益的条件下实现社会公平。⑦建立社会保障体系，构筑社会安全网。⑧维护消费者权益。⑨适应新技术革命的要求，大力支持高科技产业和教育的发展。⑩治理环境污染，维系生态平衡，促进可持续发展。⑪与上述职能的发展相联系，财政承担的收入再分配的职能显著增长①。⑫开拓国外市场（包括产品、服务市场和要素市场），提高国际竞争力。⑬维护国家经济安全。现代市场经济条件下的政府在某种范围内和某种程度上实现了上述职能，但是，这些职能的实现，都是以市场作为配置社会生产资源的主要方式为前提的，而且主要采用经济手段和立法手段，而不是主要采取行政手段；一般并不直接干预企业的生产经营活动，企业仍然是独立的市场主体。

三　计划经济条件下的政府经济职能

列宁依据马克思主义理论曾经设想：在社会主义社会阶段，"整个社会将成为一个管理处，成为一个劳动平等、报酬平等的工厂"。"全体公民成了一个全民的、国家的'辛迪加'的职员和工人。"② 社会主义各国先后建立的计划经济体制，就是源于

---

① 据美财政学家马斯格雷夫的分析，财政支出占国内生产总值的比重，英国从1890年的8.9%上升到1955年的36.6%，美国从1880年的7.1%上升到1962年的44.1%（斯蒂格利茨：《美国为什么干预经济》，中国物资出版社1998年版，第11~12页）。

② 《列宁选集》第3卷，人民出版社1972年版，第258页。

这个马克思列宁主义理论。

计划经济体制是1917年俄国十月社会主义革命胜利以后,首先在苏联逐步建立起来的。第二次世界大战后,欧亚两洲建立了许多社会主义国家。于是计划经济体制在这些国家也逐步建立起来。由于社会生产力、科学文化和历史等方面的差异,各国实行计划经济体制也有某些区别。但就主要依靠行政指令计划管理经济这个根本点来说,都是相同的。这里且以新中国为例分析计划经济条件下政府经济职能。

新中国是在1949年10月建立的。但在完整意义上的计划经济体制并不是立即建成的,它经历了一个过程,直到1956年才建立起来。1949年新中国成立后,人民政府没收了当时掌握国民经济命脉的官僚垄断资本,建立了在国民经济中处于主导地位的社会主义的国有经济,以此为基础建立了计划经济体制的雏形。但这时广泛存在的私人资本主义经济、个体农民和手工业经济,仍然主要是由市场价格机制调节的。到1956年完成了对生产资料私有制的社会主义改造,私人资本主义经济转变为社会主义国有经济,个体农民和手工业经济转变为社会主义集体经济,社会主义公有制扩及整个国民经济范围。以此为基础,完整的计划经济体制也就在全国建立起来了。

作为社会主义上层建筑的政府也具有维护社会主义公有制这一经济基础的职能,同时还具有实行、强化和改进作为当时公有制实现形式的计划经济体制的职能。

其实行计划经济体制的职能,包括众多内容,重要的有:

(1)通过制定宪法把实行计划经济确定为政府的职能。1954年、1975年、1978年这三年中国全国人民代表大会通过的三个宪法,均把"决定国民经济计划"作为全国人民代表大会一项重要职权,把"推行国民经济计划"作为国务院的一项重要职权。

（2）构建各级政府承担计划经济职能的机构。其全国综合机构是计划委员会，代表政府执行计划经济的职能。

（3）构造实行计划经济的微观基础。这个基础的主要形态和典型形态，就是社会主义的国有企业，这里以此为例进行分析。这种国有企业具有以下特征：一是在国民经济中处于主导地位。二是在国民经济各个主要领域（包括工业、建筑业、交通运输业、商业和外贸以及科学和教育等）处于垄断地位。一般都是行政性的垄断，其中有些产业（如自然垄断行业）还是行政性与经济性相结合的垄断。三是企业的人、财、物的所有权以及供、产、销的经营权均属于政府，企业并不是真正的企业，而是政府机关的附属物。这是就企业与政府的关系说的。就企业职工与政府的关系来说，就业由政府安排，工资由政府依据按劳分配原则确定，工伤、医疗和养老等保险由政府提供。既然企业生产经营活动以及职工就业、工资和保险均由国家行政指令安排，职工也很难说是企业的主人，毋宁说是政府雇员。

（4）政府通过行政指令，确定经济发展的任务和速度，并据此把社会生产资源（包括资金、物资和劳动力等）分配到国民经济各部门和各地区。

（5）企业的计划也依据政府指令计划的指标来制定，企业的供、产、销计划也分别纳入政府有关部门的计划，成为政府部门相关计划的组成部分。这样，企业内部的资源配置也是由国家行政指令计划确定的。

（6）在计划经济条件下，无论是投资品还是消费品，也无论是公共物品还是私人物品和服务，其生产、运输和销售，不仅是由国家行政指令计划安排的，而且主要是由国有企业和作为准国有企业的集体企业提供的。

(7) 在计划经济条件下,承担国民收入初次分配职能的企业财务是国家财政的组成部分,而且财政又承担着国民收入再分配的职能,其再分配部分又占了国民收入相当大的部分。这样,财政就成为推行计划经济最得力的工具。

(8) 在计划经济条件下,国有银行以及集体信用合作社都是从属于国家财政的,实际上是国家的会计机关,因而它又成为推行计划经济的另一个重要工具。

(9) 在计划经济条件下,不断发展生产以及在此基础上不断提高人民的物质文化生活,被称为社会主义的基本经济规律。其中,发展生产是手段,提高生活是目的。在中国当时条件下,发展生产的最主要内容就是实现社会主义工业化。因此,推进工业化,并在此基础上不断提高人民生活,也是政府承担的计划经济职能的重要内容。

以上几点都是政府承担的计划经济职能。具体说来,第(1)、(2)、(3)点,是政府为推行计划经济创造的基础和条件,第(4)、(5)、(6)点是政府承担的计划经济职能最核心的内容,第(7)、(8)点是政府推行计划经济的两个最重要工具,第(9)点是政府承担的计划经济的两项基本任务。

总体来说,在计划经济体制下,从国民经济到部门、地区到企业到个人,从投资品到消费品,从公共物品和服务到私人物品和服务,其生产、运输、流通到分配,均由国家指令计划安排的。如果仅从这方面来说,承担计划经济,就是政府经济职能的总称。

但是,政府不仅具有实行计划经济的职能,而且具有强化它的职能。其突出表现有二:一是不断扩大计划经济赖以实行的微观基础,即扩大社会主义公有制在国民经济中的比重,特别是其中的国有经济的比重。二是扩大指令计划在国民经济中的作用范围。这里以在国民经济中占主导地位的工业为例进行说明。按照中国共产党和政府领导人的原来打算,中国新民主主义革命胜利以后建立起来的新民主主义社会要实行 10~20 年,但实际上只实行了 3 年(1949 年 10 月至 1952 年)就结束了;中国从新民主主义社会到社会主义社会的过渡时期,原来计划需要用 15 年的时间,以便完成对私人资本主义的工商业以及个体农业和个体手工业的社会主义改造,但实际上只用了不到五年的时间(1953~1957 年)就完成了。这期间社会主义工业(特别是国有工业)占工业总产值的比重就由原来占小部分上升到大部分,而非国有工业则由原来占大部分下降到只占很小的比重;国家指令计划占工业总产值的比重也发生了类似的变化。以后在 1958~1960 年的"大跃进"期间和 1966~1976 年的"文化大革命"期间,又进一步提高了这两个比重(详见表 1 和表 2)。这种情况发生的原因是多方面的,其中主要是党和政府领导人的急于求成的"左"的思想(对 1949~1952 年和 1953~1957 年的情况而言)和"左"的路线(对 1958~1960 年和 1966~1976 年的情况而言)。但同时也是计划经济发展的内在本性的要求,因为公有制(特别是单一的国有制)是计划经济体制赖以生存和发展最适宜的土壤。

表 1　　　　各种所有制工业在工业总产值中的比重　　　单位:%

年　份	国有工业	集体工业	非公有工业
1949	27.8	0.5	71.7
1952	45.5	3.3	51.2
1957	80.1	19.0	0.9
1978	80.7	19.3	0.0

注:非公有经济包括私营经济、公私合营经济和个体经济。
资料来源:《中国统计年鉴》(有关各年),中国统计出版社。

表2　　　　　　国家指令计划在工业总产值中所占比重　　　　　　单位:%

年份	比重
1949 年	26.2
1952 年	41.5
1957 年	60.0
1978 年	70.0

资料来源：汪海波：《中华人民共和国工业经济史》（1949.10～1998年），山西经济出版社1999年版，第27、171、728页。

当然，政府也有改进计划经济体制的职能。应该肯定，计划经济体制在新中国成立初期，起过主要的积极作用。但也越来越明显地暴露出它不适应社会生产力发展的根本缺陷，需要进行根本改革。但在当时条件下，在理论上并没有把作为基本经济制度的社会主义公有制与作为其实现形式和经济运行机制的计划经济体制区分开来，而是把它们等同起来；也没有把作为基本经济制度的资本主义所有制与作为其实现形式和经济运行机制的市场经济体制区分开来，而是把它们等同起来。由于这一点，更由于"左"的思想的影响，当时根本不可能提出把计划经济体制改革成为市场经济体制的问题，而只是在保持计划经济体制的框架内，对它的某些局部性的缺陷进行改进。主要有两方面：一是针对中央集权过多，向地方政府下放某些管理权限；二是针对国家管得过多，向国有企业领导人下放某些管理权限。这是在计划经济体制框架内的行政分权。这样的分权一共进行了两次：1958年一次、1970年一次。但即使这样的行政性分权，两次都失败了。一是因为它根本违反了经济体制改进工作的规律。这种改进同革命战争和政治运动是有原则区别的两回事，它不能是急风暴雨式的群众运动，而必须进行和风细雨式的细微工作。而这两次改进搞的都是短促的群众运动。二是因为缺乏成功的条件。这种改进要求有稳定的经济、政治环境,而1958年和1970年的经济、政治环境都很动荡。因而这两次改进必然造成"一放就乱"、"一乱就收"的困境。当然,即使这两次改进成功了,也只能消除计划经济体制的某些局部缺陷,而不能解决它的根本问题,仍然谈不上经济体制改革的成功。但是,仍然应该确定:政府是有改进计划经济体制的职能的。

四 政府经济职能的一般内容及其理论意义

我们分析政府经济职能的历史发展过程,是为了概括出各个历史时期政府经济职能发展的一般规律,抽象出其共同特征,阐述其一般内容,并为探讨转轨时期的政府经济职能提供可以借鉴的有益经验,特别是在方法论方面提供一些有益的启示。

依据上述的历史分析,我们可以得出以下有关政府经济职能问题的一般性结论:

(1)从古代社会到资本主义社会再到社会主义社会,政府的经济职能可以概括为三个方面:一是具有维护其经济基础(即基本经济制度)的职能;二是承担维护和改革作为基本经济制度的实现形式或经济运行机制的经济体制的职能;三是承担社会的公共职能。就经济方面来说,就是促进生产以及与之相关的收入再分配职能。

(2)任何社会的政府之所以必然要承担上述三项经济职能,其主要原因有三:一是社会的上层建筑必然要维护经济基础,这是普遍规律。也是基于这一点,它也必然要维护和改革不适合生产力发展和基本经济制度要求的经济体制。

二是作为全社会唯一代表的政府必然要承担社会公共职能,

这也是一条普遍规律。就经济运行方面来说，物质资料的生产是人类社会生存和发展的基础。因此，一般说来，任何社会的政府都具有维护和促进社会生产的职能。而且，在任何阶级社会，政府作为阶级统治的职能同政府需承担的社会公共职能（其中包括促进社会生产的功能）并不是矛盾的，而是统一的。因为后者是前者的条件。

但这并不是说，阶级社会在任何条件下，政府对社会生产都会起促进作用。一般说来，只是在其政策适应生产力发展的时候，政府才会对社会生产起促进作用；否则，就会走向反面，对社会生产起阻碍作用。即使在社会主义制度下，也是如此。

三是与上述一、二两点原因相联系，政府财政必然会在不同程度上参与收入再分配。这也是一条普遍规律。

（3）任何社会的政府承担的上述三项经济职能，其产生和存在的原因，其对社会经济发展的推动作用和阻碍作用，以及作用的范围和强度，从根本上说来，都是由社会生产力的发展状况决定的。

就政府承担的第一项经济职能来说，在一定的社会生产力水平下，某种基本经济制度是适合生产力发展的，这时，这种基本经济制度以及政府维护基本经济制度的职能，都会存在下去，而且这种维护职能还会对社会生产的发展起积极的推动作用。而当社会生产力发展到一定水平，某种基本经济制度不适应社会生产力的发展要求，这时政府维护基本经济制度的职能，就会对社会生产力的发展起阻碍作用。而当这种基本经济制度与社会生产力之间的矛盾尖锐时，政府就会被革命力量推翻。这种基本经济制度随之被消灭，政府维护这种基本经济制度的职能也就消灭了。

就政府承担的第二项经济职能来说，在某种基本经济制度下，某种经济体制是适合生产力发展的，政府维护这种经济体制，也会对社会生产的发展起积极的推动作用。而当某种基本经济制度还能适应生产力的发展，但其经济体制已经不适合生产力的发展时，在这种情况下，有两种可能：一是政府继续维护这种体制，或做某些局部性改良。这样，随着它同生产力矛盾的尖锐化，在其他各种不利条件（特别是不利的政治条件）配合下，这种体制连同基本经济制度和包括政府在内的上层建筑都会走向灭亡。二是在维护基本经济制度的前提下，政府对不适合生产力发展要求的经济体制进行根本改革，以形成新的经济体制，推动生产力的发展，并巩固基本经济制度和作为上层建筑的政府。

就政府承担的第三项经济职能来说，在一般情况下，社会生产力发展水平越高，政府承担的包括经济在内的各项社会公共职能的作用范围就越大，作用强度也越高。

(4) 政府承担的经济职能不只是决定于社会生产力的发展状况，还会受到理论的、经济的和社会的等各种因素的影响，在一定意义上甚至可以说是决定性的影响。就理论方面来说，比如，亚当·斯密的理论奠定了古典的、自由放任的市场经济体制的理论基础。凯恩斯的理论奠定了现代的、有国家干预的市场经济体制的理论基础。马克思和列宁的理论奠定了计划经济体制的理论基础。邓小平的理论奠定了社会主义市场经济体制的理论基础。正是这些理论指导政府创建和改革经济体制的职能。就经济方面来说，比如，到了近代和现代社会，对外经济关系显得越来越重要，于是政府就在这方面承担了经济职能；就社会方面来说，比如，到了现代社会，环境保护问题变得日趋尖锐，从而政府也在这方面承担了职能。

(5) 政府承担的经济职能并不完全取决于各项外在的因素（如上述第(3)、(4)点提到的），它本身的能动性在这方面也有重要的作用。就政府承担的改革经济体制的职能来说，美国罗斯福政府在20世纪30年代推行的"新政"在实践上开创了由古典的、自由放任的市场经济到现代的、有国家干预的市场经济；中国政府在70年代末开始推行的经济改革，正在成功地把计划经济体制逐步改革为社会主义市场经济体制。

（6）由政府承担的经济职能受到各种因素（如上述第（3）、(4)、(5)点提到的）决定和影响，而这些因素都是不断变化的。因此，其各项经济职能的具体内容也会发生变化。就其推行的改革经济体制来说更是如此，比如，中国封建社会就发生了由领主土地所有制到地主土地私有制的变化；资本主义社会就发生了由古典市场经济到现代市场经济的变化；中国社会主义社会也发生了由计划经济到社会主义市场经济的变化。

（7）基于上述第（6）点提到的同样原因，政府承担的经济职能即使在同一的基本经济制度下也会有差别。比如，其推行的经济体制就很明显。第二次世界大战后西方经济发达国家普遍推行了现代的、有国家干预的市场经济。这是它们的共同点，但各国也有自己的特点。比如，美国虽然早在20世纪30年代罗斯福总统时代，政府就开始对经济实行干预，但相对其他经济发达国家来说，干预还是较少的，因而被称为竞争型市场经济模式；日本政府对经济干预较强，被称为政府主导型市场经济模式；法国在计划调控经济方面比较突出，被称为有计划的资本主义市场经济模式；联邦德国对经济干预在体现社会政策和社会公平方面比较明显，被称为社会市场经济模式。

以上各点就是各个社会的政府经济职能的共同特征，也就是政府经济职能理论的一般内容。

需要着重指出：正确把握经济职能的一般内容，具有重要的理论意义。

（1）它拓展了历史唯物主义的基本范畴和基本理论。这一点在政府承担的改革经济体制职能方面表现得尤为突出和重要。原来在历史唯物主义的范畴中,最基本的有生产力和生产关系以及经济基础和上层建筑,现在增加了一个作为基本经济制度(生产关系)表现形式或经济运行机制的经济体制。

原来在历史唯物主义理论中,最基本的有生产力和生产关系以及经济基础和上层建筑的相互作用的理论,现在增加了一个经济体制与生产力和生产关系以及经济体制与经济基础和上层建筑相互关系的理论。在这方面,经济体制的产生、发展和消失,都决定于社会生产力的发展,但又反作用于生产力,既可以成为生产力的巨大动力,又可以是生产力的桎梏。经济体制既是基本经济制度(生产关系或经济基础)的表现形式,但也反作用于基本经济制度,既可以维护它,又可以导致它的灭亡。经济体制既可以受到作为上层建筑的政府的维护,但也反作用于政府。在适应生产力发展要求而进行改革的情况下,经济体制改革需要依靠政府来推动,反过来也巩固政府。在违反生产力的要求而不进行改革的情况下,也能导致政府的灭亡。

这里还要指出基本经济制度与经济体制的一些重要差别。一是前者能够容纳社会生产力的高度比后者要高得多。二是前者的延续时间比后者也要长得多。三是前者的根本变革,在阶级社会里一般都要经过一个阶级推翻另一个阶级的革命;而后者的根本变革是在政府维护基本阶级制度的前提下实现自我完善。

(2)它有助于进一步具体揭示古代社会、资本主义社会和社会主义社会的发展规律。先以中国封建社会的发展而论,中国封建领主制度到封建地主制度的转变,就可以从一个方面说明下列两种历史现象。①依据历史资料,中国领主经济从产生到消灭,大约只经历了不到 600 年的时间;而地主经济从建立到灭亡,却经历了近 2400 年的时间,后者经历的时间约为前者的四倍。还要看到：尽管整个说来，封建社会生产力发展的重要特征是生产技术停滞，但地主经济时代社会生产力的发展比领主时代还是快得多。所以，这个历史现象证明：地主经济能够容纳的社会生产力的高度比领主经济要高得多。②欧洲的封建庄园制度（类似中国的领主经济制度）只绵延了 1000 年，而中国的地主经济制度却延续了 2400 年。决定这个差异的，当然有多方面的因素，但地主经济比庄园经济能够容纳更高的社会生产力，也是一个重要因素。应该指出：中国许多史学论著在分析中国封建社会延续时间长的原因时，几乎还未注意到这一点。因而这个问题似乎并未得到充分的说明。在这种情况下，提到这一点是特别重要的。

再以资本主义社会的发展而论。现在看来，无论是马克思，还是列宁，他们揭示的资本主义制度和帝国主义制度的灭亡规律都是正确的，但他们对资本主义社会存在的时间都估计短了，对它的灭亡时间估计早了。形成这一点的原因是多方面的：从理论上说，一个重要方面就是他们没有看到（也不可能看到）现代的市场经济体制所能容纳的生产力的高度远远超过了古典的市场经济体制。从根本上说来，这主要是由于马克思和列宁所处的时代的限制。在他们所处的那个时代，不可能看到现代市场经济体制在发展社会生产力方面的巨大作用。这种解释既符合马克思主义认识论，也符合历史唯物论。1859 年，马克思对他创立的历史唯物论做经典表述时明确说过："无论哪一个社会形态，在它们所能容纳的全部生产力发挥出来以前，是决不会灭亡的。"①所以，如果因为马克思和列宁对资本主义存在时间和灭亡时间估计上有误差，就怀疑马克思列宁主义的正确性，是完全没有根据的。

最后，以社会主义社会的发展而论。苏联在 1991 年解体，

---

① 《马克思恩格斯选集》第 2 卷，人民出版社 1972 年版，第 83 页。

而中国在1978年以后经济得到了飞速的发展，社会主义制度得到了进一步巩固。形成这种反差的原因，涉及诸多方面。但苏联长期停留在计划经济体制，致使社会生产力发展很慢；而中国在1978年以后逐步走上了市场取向改革的道路，从而极大地推动了社会生产力的发展。从历史唯物主义的观点看，这无疑是一个根本的原因。

可见，如果脱离了政府改革经济体制在发展社会生产力方面的作用，中国封建社会的发展、现代资本主义的发展，以及社会主义社会的曲折发展，都难以得到充分说明。

（3）有助于我们澄清学术界过去长期存在的甚至当前还存在的许多重要理论问题。比如，在论到阶级社会的政府经济职能时，片面强调它维护经济基础的功能，但却忽视甚至根本否定了它承担的维护和改革经济体制的功能，以及社会公共职能。在论到资本主义社会的政府经济职能时，又依据亚当·斯密的"看不见的手"的理论，把它片面地归结为"建立和维持某些公共机关和公共工程"，而忽视了其他许多方面（这些方面我们在前面已论述过）。在论到社会主义社会政府经济职能时，又片面归结为维护经济基础和承担社会公共职能，而否定它在改革经济体制方面的职能。

（4）为研究转轨时期的政府经济职能提供重要的方法论。一是对转轨时期政府经济职能的研究，要全面看到它承担的三项职能（即维护基本经济制度、改革经济体制和承担社会公共职能），而不能只是看到其中某一项或两项职能。二是对这三项职能的研究，特别是改革经济体制职能的研究，要着眼于有利于社会生产力的发展，并需依据政府面临的整个经济环境，还要注意制约政府经济职能诸多因素的特殊性及其变化。三是对这些职能的研究，要着重于充分发挥政府的能动作用。

历史经验的启示[*]

《中共中央关于经济体制改革的决定》明确指出：在党和政府的领导下有计划、有步骤、有秩序地进行的我国经济体制改革，是社会主义制度的自我完善和发展。为了加深理解我国经济体制改革的这种性质，有必要思考一下人类社会历史发展的某些经验。

历史的经验说明，在社会基本制度不变的前提下进行经济体制的改革，不仅是社会主义社会特有的，在前社会主义社会也发生过。当然，前社会主义社会经济体制改革的情况和性质与社会主义社会有重大的和根本的区别。但是，按照唯物辩证法的观点，事物的共性包含于一切个性之中。这样，剖析一下前社会主义社会经济体制改革的性质，对认识我国经济体制改革的性质是有借鉴意义的。

我国西周时期（公元前 1066～前 771 年）就开始建立了封建的领主经济制度。这种制度的基本特征是，作为农业基本生产资料的土地归领主所有，实行井田制度，农奴对领主存在人身依

---

[*] 原载《人民日报》1987 年 10 月 12 日。

附关系，封建剥削的主要形态是劳役地租。到春秋时期（公元前770～前403年），地主经济逐渐代替领主经济。到战国时期（公元前403～前221年），地主经济占了主要地位。地主经济的基本特征是，土地归地主所有，实行土地私有制，封建剥削的主要形态是实物地租。

　　历史事实表明，由领主经济到地主经济的转变，是封建经济制度范围内一次重大的经济体制改革。然而，这种改革不仅没有根本改变封建经济制度，反而使得这种制度变得完善了。按照历史唯物主义的观点，这里所说的完善，其根本含义就是改革后的地主经济制度，尽管不可能根本解决地主阶级和农民阶级的矛盾，但却适合了当时社会生产力发展的要求。我国已故著名历史学家范文澜依据对历史资料的详细分析，对这段历史作了概括。他说："在这个阶段上，束缚在宗族里的农奴得到解脱，成为广大的农民阶级。由于农民阶级的出现，生产力前所未有地提高了。以农业生产为基础，工商业也跟着发展起来。"[①]

　　资本主义社会从自由竞争阶段发展到垄断阶段，经济管理体制也发生了重大变化。在资本主义自由竞争阶段，资产阶级国家实行自由放任的市场经济。在进入帝国主义阶段以后，特别是在1929～1933年世界资本主义空前严重的经济危机以后，有些资本主义国家（如美国）以市场经济为基础，加强了国家的宏观经济管理。在这同时，德、意、日等法西斯国家为了适应帝国主义侵略战争的需要，把平时经济转向了战时经济，实行了统制经济体制。而在第二次世界大战结束以后，所有参战的资本主义国家又都把战时经济转变为和平经济。前一类国家以市场经济为基础，进一步加强了国家的宏观经济管理。后一类国家也都先后放

---

① 《中国通史》第1册，人民出版社1978年版，第274页。

弃了统制经济体制，转而采用同前者相同的或近似的经济管理体制。

经济管理体制的这种变化，是生产社会化的发展以及由此引起的资本主义社会各种矛盾加深的反映，是当代垄断资本主义发展的要求。但这里所说的反映生产社会化的发展，是在不根本改变资本主义私有制的范围内进行的，因而只能是部分的反映，而不可能是根本的反映。然而，就是这种部分的反映，对战后资本主义国家生产的发展，也明显地起到了积极的推动作用。比如，法国工业生产年平均增长速度，1901~1911年为1.2%，1911~1937年为1.5%，1938~1948年为0.8%；而1951~1980年为2.2%。日本工业生产年平均增长速度，（1895~1899年）~（1905~1909年）为6.4%，（1905~1909年）~（1915~1919年）为8.8%，（1915~1919年）~（1935~1938年）为6.8%；而1951~1980年为11.5%[①]。工业速度的这种变化，是由多方面的因素决定的，但战后资本主义国家经济管理体制的改革，显然是一个重要的原因。我们依据历史唯物主义的观点，也可以把上述体制的变化看成为资本主义生产关系具体表现形式的经济管理体制的某种完善。

上述分析表明，无论是封建社会的经济改革，或者是资本主义社会的经济改革，只要是适合（或部分地适合）社会生产力发展的要求，并由各该社会的统治阶级在它们的政权保护下进行的，都只能导致各该社会经济制度的某种完善，而不可能引起其社会经济制度根本性质的变化。当然，由封建社会或资本主义社会的经济改革所导致的社会生产力的发展，最终会导致各该社会

---

① 参见《英法美德日百年统计提要》，中国统计出版社1958年版，第1~2页；《国际经济和社会统计资料》，中国财政经济出版社1985年版，第119页。

基本矛盾的发展，从而迟早会导致它们的灭亡。但这并不是改革的直接结果，而是改革以后的事了。

我们从分析前社会主义社会经济体制改革的历史中，可以获得的有益启示是：社会主义经济体制的改革，也像前社会主义社会一样，并不导致社会主义经济制度根本性质的改变，而会导致它的完善。而且，社会主义社会由于具有前社会主义社会无可比拟的优越的经济条件和政治条件，更有可能做到这一点。社会主义经济制度所能容纳的社会生产力发展的高度，将会大大超过前社会主义社会，因而由改革所推动的生产力的发展，也将会达到前社会主义社会望尘莫及的地步。同时，这种发展不仅不会像前社会主义社会那样最终导致它们的灭亡，而且会使社会主义社会的矛盾不断地得到解决，使社会主义制度不断地得到完善，以至最终实现共产主义社会。

第四部分
关于社会主义现代化建设

知识分子在现代生产中的作用*

　　林彪、"四人帮"在他们肆虐的10年间,竭力推行蒙昧主义和愚民政策,鼓吹"知识越多越反动"的谬论,知识分子被当作反动的社会力量,横遭凌辱和迫害。粉碎"四人帮"以后,知识恢复了名誉,知识分子也得到了解放。党中央已经明确宣布:科学技术是生产力,知识分子的绝大多数已经是工人阶级的一部分,并采取了一系列措施来改善知识分子的社会地位。这些已经成为调动我国知识分子的积极性、推动科学技术现代化的强大动力。但同时必须看到:林彪、"四人帮"的流毒、封建的传统观念和小生产的狭隘偏见还在严重地束缚着人们的头脑,我国经济、政治制度的许多具体环节还存在着缺陷。这些又妨碍知识分子积极性的发挥,阻碍四个现代化的实现。为了排除这些障碍,不仅需要把已经采取的措施贯彻到底,而且需要采取新的措施。但从理论方面说,有两个问题是必须明确的:一是从经济地位看,知识分子早已是工人阶级的一部分;二是从他们在生产中

---

* 与吴敬琏、周叔莲合作,原载《经济研究》1980年第4期。

的作用看,从事脑力劳动的知识分子①是愈来愈重要的生产力要素。本文拟就后一方面的问题做些粗浅的探索。

一

我们先来说明:在工业化、现代化生产条件下,从事脑力劳动的知识分子是生产力的要素。

人类的劳动,从来就是体力劳动和脑力劳动的结合。马克思说过:"正如在自然机体中头和手组成一体一样,劳动过程把脑力劳动和体力劳动结合在一起了。"②但在原始的劳动形态中,脑力劳动是作为体力劳动的附属物自然地参加的。

后来,在原始社会向奴隶社会过渡时,发生了脑力劳动和体力劳动的分离。到了封建社会,这种分工又有了进一步的发展。但是,奴隶社会和封建社会脑力劳动和体力劳动的分工,主要不是发生在直接的生产过程中,而是限制在剥削阶级(包括他们在政治上、思想上的代表)和被剥削阶级之间。这种分工关系也就是阶级对立关系。这时在被剥削者中间虽然也有从事脑力劳动的,但并不是普遍现象。这种分工的产生和发展是人类历史的一个巨大进步,特别是其中从事科学研究工作的人,对人类认识和改造自然做出了有益的贡献。但他们的活动毕竟还不是直接生产过程的有机组成部分。

在大机器生产的条件下,情况发生了根本的变化。机器生产这种生产形式,"要求以自然力来代替人力,以自觉应用自然科

---

① 本文所说的知识分子,主要是指工程技术人员、科学技术人员、生产管理人员和教育工作人员。

② 《马克思恩格斯全集》第23卷,人民出版社1972年版(下同),第555页。

学来代替从经验中得出的成规"。① 因此,机器大工业的发展,必然要求一部分具有自然科学知识的工程技术人员从工人中分离出来,以实现对工厂的技术指导和管理。马克思说过:"生产过程的智力同体力劳动相分离……是在以机器为基础的大工业中完成的。"② 在以大机器生产为物质基础的资本主义条件下,脑力劳动和体力劳动分工的特点是:不仅从事脑力劳动的资产阶级(也包括他们在政治上和思想上的代表)和从事体力劳动的广大无产者之间的分离加深了,而且在被剥削的生产劳动者中间也普遍地发生了脑力劳动和体力劳动的分离过程。但是,从事脑力劳动的工程技术人员同从事体力劳动的工人的分离,并不意味着前者成为非生产人员,恰恰相反,这种分离是在生产过程内部进行的,它表明:工程技术人员是生产劳动者,是生产力的要素。因为这种分离的起因是大机器生产本身的需要;在这种分离以后,工程技术人员担负了大工业生产所必需的技术管理的职能。这样,劳动协作不仅包括工人和工人之间的协作,而且包括工人和工程技术人员之间的协作。这个一般道理,对社会主义制度下的工程技术人员也是适用的。

自然科学在大机器生产中的应用,是以对于自然规律的把握为前提的。大工业"不但提供了大量可供观察的材料,而且自身也提供了和以往完全不同的实验手段,并使新的工具的制造成为可能。可以说,真正有系统的实验科学,这时候才第一次成为可能"。③ 可见,正是资本主义大机器生产的发展,使得作为自然科学基础的科学实验从生产实践中独立出来成为必要和可能,

---

① 《马克思恩格斯全集》第23卷,第423页。
② 同上书,第464页。
③ 恩格斯:《自然辩证法》,《马克思恩格斯全集》第20卷,人民出版社1965年版(下同),第524页。

使得从事脑力劳动的科学技术人员从工人中分离出来成为必要和可能。马克思在总结这一点时写道:"资本主义生产的发展势必引起**科学和劳动**的分离,同时使科学本身被应用到物质生产上去。"[①] 社会主义制度根本区别于资本主义制度,它消除了阶级对立。但在这里,比资本主义条件下更为发达的大工业和大农业的发展,也会要求专门从事脑力劳动的科学技术人员同直接生产者分离。这种分离丝毫也不意味着脑力劳动者是同直接生产者对立的阶级,也不表明他们成为非生产人员,而表明他们是生产劳动者,是生产力的要素。因为这种分离过程正是适应了生产发展的要求;在这种分离之后,科学技术人员承担了掌握大机器生产所必需的自然科学,并探求它的技术运用途径的职能,而自然科学是"知识底形态上"的生产力,它物化在生产力诸要素(包括生产资料和劳动者)中,就变成了直接的生产力。这样,劳动协作也就包括了科学技术人员的劳动。

在现代的工业和科学技术的条件下,如果脱离了自然科学及其技术运用,生产就根本无法进行。这就使得科学技术研究机构直接成为现代企业内部的越来越重要的部门,使得现代企业出现了科学化的过程。这一点在当代发达的资本主义国家已经成为普遍现象。在那里,经常有大量的科学技术人员在企业中工作,企业也常以巨额的投资用于科学研究。1975年美国有70%的科学家集中在工业部门;科学研究投资分配的比例是:基础理论研究占12%,应用科学研究占23%,产品研制占65%[②]。目前日本私营企业的科研人员占全国科研人员总数的

---

① 马克思:《剩余价值理论》,《马克思恩格斯全集》第26卷Ⅲ,人民出版社1975年版(下同),第489页。
② 参见《光明日报》1978年12月1日。

56%，科研投资也占全国科研总投资的 65.2%。[①] 这是一方面。另一方面，随着现代的工业和科学技术的发展，科学研究本身的活动也越来越社会化和工业化。在近代自然科学开始发展的时候，科学实验还是一种个体劳动。而现代科学实验往往需要包括人数众多的各种专业的科学技术人员、工程技术人员和技术工人，拥有各种复杂的实验设备和工业设备。在当代，有的科学实验单位已经达到国家规模（如美国的宇宙航空研究）和国际规模（如西欧联合的高能物理研究）。随着工农业生产科学化和科学实验的社会化工业化，科学研究和直接生产之间出现了融合的倾向。许多工农业企业设有庞大的研究所和实验室，许多科研单位设有中间试验工厂和样品试制工厂，还有许多研究单位同时也是直接生产机构，等等。工农业企业的科学化和科学实验的社会化、工业化，是现代的工业和科学技术发展的必然产物，它表明愈来愈多的科学技术人员把他们的智力活动加入到生产过程中去，因而使得科学技术人员作为生产力要素的作用，表现得更为明显。

在现代生产中，从事生产劳动的脑力劳动者不仅包括工程技术人员和科学技术人员，还包括生产管理人员。任何大规模的协作劳动都需要管理。但同宗法制农业和手工业相比，现代的社会化大生产无论在管理的内容、方法或手段上，都发生了巨大的变化。在前一种经济中，简单协作固然不复杂，就是以分工为基础的协作也还是比较简单的。在后一种经济中，使用复杂的机器体系，存在着严密的分工和协作；专业化协作的发展，又使得企业的产、供、销等社会联系变得异常复杂起来，这就必须采用现代化的管理方法和管理手段（如使用电子计算机）。企业管理的这

---

① 参见《光明日报》1979 年 12 月 22 日。

些变化,不仅要求管理人员懂得经济理论,而且需要掌握现代科学技术。这样,随着现代生产的发展,就出现了企业管理人员专家化的趋势。企业管理人员的专家化,并不改变管理劳动作为生产劳动的性质[①]。因为这种专家化是现代化生产的产物;管理劳动不仅仍然"成为实际的生产条件",[②] 而且它在生产上的作用比手工业企业是大大增长了。这样,劳动协作自然也包括了企业生产管理人员的劳动。

生产资料社会主义公有制的建立,使得社会生产有计划地发展成为一种客观必然性,使得劳动协作扩大到了社会的规模。而社会生产的管理,又是社会生产有计划发展的不可缺少的因素。这样,从宏观来看的社会生产的管理,像从微观来看企业生产的管理一样,都是"实际的生产条件",都是生产劳动;从事脑力劳动的社会生产管理人员也像企业生产管理人员一样,都是生产力的要素。

教育的作用,是把人类在生产斗争、阶级斗争和科学实验中世世代代积累起来的经验和知识加以系统化,并通过一定的教育手段在一个相对短的时间内把它传授给下一代。在个体农业和手工业作坊中,劳动者一般不需要经过系统教育,最多只要经过一段学徒期,通过自己的经验掌握手艺,就能独立从事生产劳动。但在现代机器大生产的条件下,生产要依靠对自然科学的自觉运用,操作技术也比以往复杂得多。因此,劳动者在独立进行生产以前,必须经过或多或少的学校教育,以便获得必需的文化科学知识和操作技能。否则,就不能驾驭现代技术装备和控制生产过程。这样,在大机器生产的条件下,教育

---

① 参见《马克思恩格斯全集》第35卷,第431页。
② 《马克思恩格斯全集》第23卷,第367页。

已经成为工农业等物质生产的先行部门,因为没有教育培养的各种不同文化水平的劳动力,现代生产是无法进行的,就像没有机器制造业这个先行部门为工农业提供设备,现代工农业就无从建立一样。

自然科学这种知识形态上的生产力转化为直接的生产力,主要是通过两种"物化"途径实现的。一种是"物化"在劳动力上(包括各种不同文化水平的劳动力);一种是"物化"在生产资料上。前一种"物化"是直接依靠于教育;后一种"物化"也间接通过教育,就是说,通过教育培养各种不同文化水平的劳动者(特别是科学技术人员和工程技术人员),来实现自然科学在生产资料上的"物化"。从这方面说,教育又是连接科学研究和工农业等生产部门的纽带。从某种意义上说,也像运输业是其他各个生产部门之间的纽带一样。

教育的新职能以及它的先行作用和纽带作用,说明在现代化生产的条件下,教育也已经成为一个生产部门,教育工作者的智力劳动也成为生产力的要素。

现代的工业和科学技术的发展,使得教育也与直接生产正在日益紧密地结合起来。现代化生产的发展,不仅要求教育部门把新就业人口培养成具有各种不同文化水平的劳动者,而且要求不断提高在业的劳动者的科学文化技术水平。因为:第一,现代科学技术日新月异地进步,科学知识迅速"老化"。据国外有的科学家统计,现在工程师的业务知识在10年内大约有一半陈旧过时。如果在职人员不对他们在学龄期学得的知识进行补充和更新,就不能适应新的需要。第二,现代科学技术的迅速发展,使得原有的工业部门不断改组,新型的工业部门不断出现,使得职工的职业不断地发生变化。马克思说过:"大工业的本性决定了劳动的变换、职能的更动和工人的全面流动性。"因而"承认劳动的变换，从而承认工人尽可能多方面的发展是社会生产的普通规律"。① 在现代生产条件下，为了避免在业职工学到的科学技术知识的"老化"，以维持和提高其就业能力，为了使得他们适应劳动分工变化的需要，以增强其更新职业的能力，就必须对在业职工继续进行教育。为此，当代许多发达的资本主义国家除了业余教育以外，还建立了在职教育或"终身教育"制度，许多生产企业不仅附属有初级、中级的技工学校，而且办起了供自己企业的工程技术人员、科研人员和高级经理人员进修的高等院校。由学校特别是由企业承担的培训在业职工教育的新职能，更为突出地表明教育也是生产部门，教育工作人员也是生产力的要素。因为从某种意义上说，在业职工不断地受教育，以维持和更新其就业能力，就像劳动者不断消费生活资料，以恢复和增强其劳动力，"总是生产和再生产的一个要素一样"。② 这些一般道理，自然同样适用于社会主义社会。

总而言之，在工业化和现代化的条件下，从事智力劳动的知识分子成为社会生产力必不可少的要素，科研、教育部门成为社会生产机体的不可缺少的组成部分。在这种情况下，正如马克思所说："随着劳动过程本身的协作性质的发展，生产劳动和它的承担者即生产工人的概念也就必然扩大。"③ 在现代条件下，由于劳动协作的发展，使得生产劳动和生产劳动者的概念不仅包括从事体力劳动的工人，而且包括从事脑力劳动的工程技术人员、科学技术人员、生产管理人员和教育工作人员。

---

① 《马克思恩格斯全集》第 23 卷，第 534 页。
② 同上书，第 628 页。
③ 同上书，第 556 页。

二

随着现代的工农业和科学技术的发展,从事智力劳动的知识分子作为生产力的要素,变得越来越重要了。

从18世纪末以来,工农业生产已经经历了三次大的技术革命。每次技术革命都标志着人类和自然之间的关系的巨大变革,人类在实现人和自然之间的物质变换时所起的作用的巨大变革。而每次变革或多或少地要以自然科学的发展作为基础。18世纪最后30年到19世纪中叶的第一次技术革命,是以蒸汽机的发明作为标志的。这次革命能够实现,因素之一是利用了17世纪的物理学和化学,特别是牛顿力学的成果。19世纪末到20世纪中叶的第二次技术革命以电气化为标志,它又是以电磁理论等科学的进展作为先导的。从20世纪中期开始的第三次技术革命,是以有机合成技术、电子技术、核技术、信息技术和空间技术等作为标志的,它以现代有机化学、电子学、控制论、分子生物学以及物质结构理论、相对论、量子力学、数学等基础理论科学的成就为前提的。

尽管上述的生产技术革命无不在一定程度上以科学的发展作为基础,但是在各次技术革命中科学所起的作用是大不相同的。在19世纪,虽然大机器生产要求对于自然科学的自觉利用,但是,科学发展对生产变革的影响并不那么直接,从科学发明到它在生产中应用的周期很长,科学和生产大体上是平行发展的。在第二次世界大战以后,情况发生了重大变化。第三次技术革命意味着对生产的动力基础、劳动工具和劳动对象,以及生产工艺和组织管理的全面变革,这种变革对于自然科学和管理等经济科学提出了新的要求。只有科学革命才能成为这样的技术革命的出发点。

如果说在过去，新工艺、新产品基本上是借助于科学知识对传统的工艺和原有的产品进行改进的结果，那么在现代，新工艺和新产品往往是科学研究的直接产物。从发电机和电动机、各种电子器件、各种"人造"合成材料到宇宙飞船，都不是在生产车间而是在科学家的实验室中诞生的。种种高强度、高效率、高精密度的工艺，也莫不如是。于是，生产的"科学密集"（或称"知识密集"）程度大大提高。

与此同时，新的科学技术在生产中的运用也大大加快了。有人对美国1890～1964年期间20项最重大的发现进行了研究。研究的结果表明：第一，"潜伏期"（即从确定一项发明在技术上的实际适用性到这项发明开始投入商业性生产的时间）缩短了21年；第二，经济上掌握的时间（即从承认一项发明的经济价值到这项发明实际应用——以产品或工艺的形式表现——的时间）缩短了两年。总之，在这个期间，研制和掌握新技术的持续时间缩短了23年[①]。

这样，科学技术在生产中的作用大大增长，成为生产发展、劳动生产率提高的基本前提。马克思曾经说过：随着大工业的发展，创造现实的财富已经不再依靠劳动时间和应用的劳动数量了。"相反地却决定于一般的科学水平和技术进步程度或科学在生产上的应用。"[②] 这在19世纪50年代也许还是预言，而今天，它已成为活生生的现实。

以电子计算机为例，从第一台电子计算机1945年在实验室中出现到现在不过30余年，已经经过电子管、晶体管、集成电

[①] 哈根·拜因豪尔、恩斯特·施马克：《展望公元2000年的世界》，人民出版社1978年版，第18页。

[②] 马克思：《政治经济学批判大纲（草稿）》第三分册，人民出版社1963年版，第356页。

路和大规模集成电路四代。同第一台电子计算机比较，今天一台微型机的计算能力提高了20倍，体积缩小为三万分之一，价格降低为一万分之一。目前电子计算机已经进行工业大批量生产，并且在国民经济各部门得到广泛的运用。电子计算技术的应用，使得机器由三个装置（即动力装置、传动装置和工作装置）变成了四个装置（即增加了一个自动控制装置），使得全盘自动化成为真正的可能。这不仅使机器代替了繁重的体力劳动，还代替了一部分脑力劳动，并且使得劳动生产率成百倍、成千倍的提高。这是科学技术的发明在劳动手段方面所引起的革命。在劳动对象方面，由于科学技术的发展，人类对于自然物利用能力空前地增长了。原子能技术的利用就是一个突出的例子。由于原子能的利用，就大大地扩大了人类需要的能源。据日本原子能产业会议的调查统计，到1977年底，全世界原子能发电站共达201座，发电能力已经突破了一亿千瓦大关。常规的火力发电站由第一座电站出现到总容量达到一亿千瓦用了100多年的时间；但核电站只用了20多年[1]。可见，科学技术在提高劳动生产率方面起着多么巨大的作用！据外国的统计资料，资本主义国家工业劳动生产率的提高，在20世纪初还只有5%～20%是采用新科学技术的结果。而现在这个比例上升到60%～80%[2]。在资本主义国家的农业方面，由于直接为农业服务的化学、土壤学和生物学等科学和农用工业（这也是科学技术在工业上的运用）的发展，农业劳动生产率的增长速度还超过了工业。在1950～1960年期间，美国和英国的农业劳动生产率的增长速度比工业快一倍，法国快40%，加拿大快两倍。在1960～1969年间，美国每个农业劳动

---

[1] 参见《光明日报》1978年11月30日。
[2] 参见《光明日报》1957年11月14日。

者的劳动生产率的年平均增长率为6%，而在整个国民经济中，每个劳动者劳动生产率的年平均增长率只有3%；法国分别为6.2%和5%；西德分别为7%和5%；意大利分别为7.6%和6.2%；英国分别为6.8%和2.3%①。这样，马克思所预言的"工业发展到一定阶段……农业生产率必定比工业生产率相对地增长得快"，② 已经成为现实。

科学技术的发展，促进了现代工农业的发展；但现代工业的发展，也为科学技术的发明创造了越来越好的条件。这样，科学技术和直接生产二者之间紧密联系，互相促进，构成了现代社会生产的综合体，其中，科学起着主导作用。

既然现代科学的发展，是技术革命的出发点，是生产和劳动生产率增长的基本前提，是现代生产中的主要因素，那么，发明、运用和传播现代科学技术的知识分子，作为生产力要素的作用，就必然大大增长了。这是一方面，这是主要的原因。另一方面的原因，伴随着科学技术在现代生产中作用的增长，知识分子的人数不仅在绝对量上是不断增长的，而且在生产劳动者中的比重有上升的趋势。

第一，直接生产过程中劳动者（包括脑力劳动者和体力劳动者）的文化科学水平在提高。据苏联统计局的资料，在国民经济的从业人员中，每千名主要从事体力劳动的劳动者具有高等和中等（完全和不完全）教育程度的人数，1939年为44人，1959年为322人，1970年为540人，1977年为700人；在这期间，每千名主要从事脑力劳动者具有这种教育程度的人数分别为

---

① 参见《复旦大学学报》（社会科学版）1979年第1期，第39页。
② 马克思：《剩余价值理论》，《马克思恩格斯全集》第26卷Ⅱ，人民出版社1972年版（下同），第116页。

512人、892人、952人、970人①。这不仅表明脑力劳动者在直接生产过程中的劳动者总数的比重在上升，而且表明体力劳动者的智力劳动成分在增长。由于体力劳动者的知识化，现在在部分工作人员中，脑力劳动者和体力劳动者之间的界限变得越来越不明显了。在那些知识密集程度高的生产部门，尤其是这样。

第二，科学研究部门迅速扩大。据有人计算，在当代，世界知识总量每隔7～10年就翻一番②。恩格斯曾经从自然科学本身发展的内在原因方面揭示了这门科学加速发展的规律性。他说："科学的发展则同前一代人遗留下的知识量成比例，因此在最普通的情况下，科学也是按几何级数发展的。"③ 知识总量的增加，要求有更多的机构和人员从事科学研究工作。苏联科学工作者总数1940年为9.83万人，1950年为16.25万人，1965年为66.46万人，1970年为92.77万人，1976年为125.35万人④。

第三，教育部门迅速发展。日本战后随着国民经济现代化的发展，教育事业（特别是高中和大学）有了迅速的发展，教师（特别是高中和大学的教师）也有了迅速的增长。在1955年到1975年期间，日本的高中教员人数由111617人增加到222915人；大学教员人数由51769人增加到147285人⑤。

这样，专门从事智力劳动的知识分子在社会生产劳动者总量中所占的比重就愈益提高。根据国外的统计资料，美国脑力劳动者的人数，1960年为2852万人，1975年增加到4223万人，

---

① 《苏联国民经济六十年》俄文版，苏联统计出版社1977年版，第56页。
② 参见《光明日报》1980年1月14日。
③ 恩格斯：《政治经济学批判大纲》，《马克思恩格斯全集》第1卷，人民出版社1965年版，第621页。
④ 《苏联国民经济六十年》俄文版，苏联统计出版社1977年版，第142～143页。
⑤ 日本文部省：《学校基本调查报告书》日文版，《每日年鉴》1978年，第324页。

1977年又增加到4479万人；他们在全部就业人口中的比重分别为43.3%、49.8%和50.1%。美国脑力劳动者的增长，主要是由于科学技术人员、工程技术人员和教育工作人员的增长。这三部分人在脑力劳动者总数中的比重，1960年为76.5%，1975年增加到84.3%，1977年又增加到85%①。

作为一般的道理，上述原因对于社会主义社会也是适用的。这就是说，在社会主义的现代化生产中，知识分子也会成为越来越重要的生产力要素。

三

我们说在社会主义制度下科学技术和掌握科学技术的知识分子将发挥越来越重要的作用，是以问题的本质来说的。我国新中国成立后科学技术的发展并不算很快，知识分子作为生产力要素的作用也远没有得到充分的发挥。这是由于发生过"左"的错误，特别是由于林彪、"四人帮"蓄意制造和推行的极"左"路线进行了长达10年的破坏，使得社会主义制度的优越性没有得到有效的发挥的结果。这种一个时期中发生的情况，如果能够及时得到克服，是不能改变问题的本质的。但是，假如长此以往，不能正确认识科学技术和知识分子的作用，并且采取有效措施来发挥这种作用，四个现代化的宏伟规划就会落空。因此，认真分析我国曾经存在过或至今仍然存在着的某些妨碍正确估计和发挥科学技术以及掌握现代科学技术的知识分子作用的思想，就成为当前的重要课题。

我国长期而又广泛地流行着这样一些思想：搞社会主义建

---

① 参见《光明日报》1979年11月10日。

设，只要吃大苦、流大汗、拼命干就行了，科学研究有什么用处？认为只有那些从事体力劳动的工人、农民，才是生产劳动者；专门从事智力劳动的人，不直接操作生产工具作用于劳动对象，不能算做生产劳动者；把知识分子说成是"四体不勤，五谷不分"，"一不会种田，二不会做工"的寄生虫，如此等等。按照这种思想，科学技术现代化就全无必要，知识分子这支实现四个现代化的尖兵和骨干力量更应当从劳动大军中排除出去。试问：如果按照这种想法去办，还有什么科学技术现代化以及农业现代化、工业现代化和国防现代化呢？

这种种错误思想出于一源，就是小生产的狭隘观念。这种观念只适合于闭塞、停滞、落后的宗法制的自然经济，对于资本主义的社会化大生产已经是陈旧过时了，更不用说高度社会化的社会主义大生产了。

在以手工劳动为基础的小生产的条件下，劳动者通常是直接操作生产工具作用于劳动对象的。这种生产依据的是世代相传、很少变化的经验常规，不需要多少科学知识和紧张的智力活动。而脑力劳动和体力劳动的分工又主要发生在剥削阶级和被剥削阶级之间，脑力劳动者基本上是剥削阶级政治上、经济上、思想上的代表人物。因此，生产劳动总是同体力劳动相联系的。

在个体的劳动过程转变为资本主义社会化大生产以后，产品就不再是个体劳动者的直接产品，而是总体工人的共同产品。"总体工人的各个成员较直接地或者较间接地作用于劳动对象。""为了从事生产劳动，现在不一定要亲自动手；只要成为总体工人的一个器官，完成他所属的某一种职能就够了。"[①] 这个总体工人的各个劳动者以极其不同的方式参加直接的产品形成过程。

---

① 《马克思恩格斯全集》第23卷，第556页。

有的人多用手工作，有的人多用脑工作，有的人做管理者、工程师、工艺师等等的工作，有的人做监督者的工作，有的人做直接手工劳动者的工作或者做十分简单的粗工，于是**劳动能力**的愈来愈多的**职能**被列在**生产劳动**的直接概念下，这种劳动能力的担负者也被列在**生产劳动者**的概念下。

社会主义制度是根本区别于资本主义制度的。但就生产社会化方面看又是有共同性的。因此，上述分析对于社会主义社会化大生产也是适用的。所以上述观点也不符合社会主义社会化大生产的实际。

所以，否定知识分子是生产劳动者的观点，不仅不是工人阶级的，甚至不是资产阶级的①，只能看作是小生产宗法制经济的反映。

林彪、"四人帮"正是利用了这种小生产的狭隘观念，并把它推到极端，鼓吹"知识越多越反动"、"知识分子是复辟资本主义的社会基础"等反动谬论，推行蒙昧主义和毁灭社会主义科学、文化、教育的反动政策。当然，作为地主资产阶级政治代表的林彪、"四人帮"，他们推行的路线和政策，是由他们所代表的封建、半封建经济制度的本质决定的。

封建、半封建经济及其专制主义的上层建筑和小生产者的个体经济，有一个共同的物质基础，这就是使用手工工具的小生产。这种生产的进行，不依赖于自然科学，它的管理也不依赖于管理科学。作为这种经济制度的代表人物，从庄头、地主到最高

---

① 资产阶级古典政治经济学创始人亚当·斯密曾经"把直接耗费在物质生产中的各类脑力劳动，算作'固定和物化在可以出卖或交换的商品中'的劳动。斯密在这里不仅指直接的手工工人或机器工人的劳动，而且指监工、工程师、经理、伙计等等的劳动，总之，指在一定物质生产领域内为生产某一商品所需要的一切人员的劳动，这些人员的共同劳动（协作）是制造商品所必需的"。马克思肯定了这个分析，指出："的确，他们把自己的全部劳动加到不变资本上，并使产品的价值提高这么多。"（《剩余价值理论》，《马克思恩格斯全集》第 26 卷 I，第 155~156 页）

的地主——皇帝，都根本不可能承认科学知识、智力劳动和知识分子在生产中的作用，而以为凭借他们作为宗主、长官、圣君、贤相的意志，甚至靠"英明天纵"的皇上的"圣聪独断"就可以管理经济。当然，他们也需要少量知识分子来为自己服务，但这些文人谋士不是被当作科学规律的掌握者，而是作为统治的工具，作为地主、长官和君王的附属品而侧身于统治阶层。

按照封建经济代表人物的本性，他们不仅不会重视科学知识和知识分子；相反，当他们处于没落地位时，还必然要把科学知识和用科学知识武装起来的知识分子视若洪水猛兽，把后者当作威胁自己专制统治的最危险的敌人来对待。在历史上，资本主义产业革命的发展，曾经导致了封建制度的彻底灭亡。适应大机器工业的发展需要而产生的、用先进科学技术武装起来的知识分子，曾经是摧毁封建经济的一支重要物质力量。在社会主义的新中国，用现代科学技术武装起来的知识分子，又是林彪、"四人帮"一类反动派、帝王迷复辟半封建半殖民地旧制度的严重障碍。林彪、"四人帮"就是以封建主的这种阴暗心理对待科学知识、智力劳动和脑力劳动者的，因而力图扼杀科学，毁灭文化，把知识分子像皮球一样"按到水底"！

林彪、"四人帮"从上述谬论作出的"宁要没有文化的劳动者"的反动结论，就是企图煽起并且已经煽起对待科学和有文化的人的野蛮态度。他们一方面要把知识分子打入十八层地狱；另一方面又要把广大工农群众拖回文盲的状态，再加上他们鼓吹和推行的普遍贫穷的假社会主义，我国人民就要变成"迫于贫困、处于人身依附地位和头脑愚昧的小农"。① 这样，"四人帮"

---

① 列宁：《俄国资本主义的发展》，《列宁全集》第3卷，人民出版社1963年版，第161页。

也就为他们所要复辟的半殖民地半封建经济准备了一个根本条件。这就是"四人帮"鼓吹"知识越多越反动"的真谛！我们必须彻底清除林彪、"四人帮"的思想流毒，充分认识并发挥科学技术和知识分子在现代化生产中愈来愈重要的作用。这样，祖国的现代化事业也就有光辉灿烂的前景。

在结束本文的时候，我们还要指出一点，我们在前面强调了在现代化生产中知识分子作为生产力要素的愈来愈重要的作用，这在任何意义上都不是说可以轻视广大工人、农民等体力劳动者在社会主义生产中的伟大作用。如果说知识分子是实现四个现代化的骨干力量，那么，体力劳动者就是实现四个现代化的主力军。周恩来同志说得完全正确：我们要多快好省地发展社会主义建设，"必须依靠体力劳动和脑力劳动的密切合作，依靠工人、农民、知识分子的兄弟联盟"。[1]

---

[1] 周恩来：《关于知识分子问题的报告》，《社会主义教育课程的阅读文件汇编》（第二编）下，人民出版社1958年版，第947页。

从我国经济现状出发,确定积累率[*]

一 对两个战略阶段工农业总产值和国民收入年平均增长速度的预测和分析

20世纪最后20年我国经济发展战略目标,是在不断提高经济效益的前提下,使工农业年总产值翻两番,使城乡人民的收入成倍增长。这个战略目标是经过两个战略步骤实现的。前10年主要是打好基础,积蓄力量,创造条件,后10年要进入一个新的经济振兴时期。这样,前后两个战略阶段的经济增长速度,以及与此相联系的城乡人民收入的增长速度,就有比较显著的差别。而我们这里的任务,正是要从实现经济发展战略目标的需要出发来确定积累率。这就决定了首先必须依据现实的经济情况,对两个战略阶段的工农业年总产值的增长速度作出预测和分析。

但是,无论从价值形态看,或者从物质形态看,工农业总产值均不全部用于积累基金和消费基金,只是其中的净产值用做这两部分基金。其他物质生产部门的净产值也用做这两部分基金。

---

* 原载《中国积累和消费问题研究》,中国社会科学出版社1986年版。

就是说，积累基金和消费基金的来源是全部的国民收入。这样，国民收入的增长状况对于确定积累和消费的比例关系，具有极重要的作用。因此，要探索两个阶段的积累率，不仅需要从我国的经济现状出发，对这两个阶段工农业总产值的增长速度作出预测和分析，而且需要对这两个阶段国民收入的增长速度作出预测和分析。这是就国民收入对积累率的决定作用方面来说的；另一方面，积累率对国民收入的增长也有巨大的反作用。这样，通过积累率与国民收入增长的联系，再通过国民收入与工农业总产值增长速度的对比关系，就可以看出确定怎样的积累率，来保证两个战略阶段要求的实现。

要在 20 年内使工农业年总产值翻两番，年平均增长速度需要达到 7.2%。但据我们的预测，前 10 年的年平均增长速度大约可达到 6.4%，后 10 年约可上升到 8%。这样，按 1980 年不变价格计算，工农业总产值在 1980 年到 1990 年期间，就由 7159 亿元[①]增长到 13313 亿元，增长 0.86 倍；到 2000 年又可以增长到 28741 亿元，增长 1.15 倍，总起来说，实现了翻两番的要求。

前 10 年的经济增长速度之所以比后 10 年要低，是考虑到经济调整、企业整顿和经济改革等项任务的完成，能源、交通落后状况的改变，重大科学技术项目的攻关，企业的技术改造，人才的成长，经济计划管理水平和企业经营管理水平的提高，均需经历较长的时间。正是这些因素制约着前 10 年的经济增长速度不可能很高。

后 10 年的经济增长速度之所以可能比前 10 年要高，是基于那时已经基本实现了经济结构和经济体制的合理化，经济计划管

---

① 《中华人民共和国第五届全国人民代表大会第五次会议文件》，人民出版社 1983 年版，第 67 页。

理和企业经营管理已经走上了正轨,社会主义精神文明建设将取得巨大成就,社会主义制度的优越性将得到比较充分的发挥;农业的科学技术和现代技术装备将获得较大的提高,工业的技术改造也将大规模地、普遍地开展起来;能源、原材料和机械等重工业部门的产量将有较大的增长;伴随着科学技术的巨大进步及其在生产中的广泛运用,能耗、物耗将大大降低,产品质量和加工深度将显著提高;许多附加价值大的新兴工业部门,如电子工业、核能工业、石油化学工业、精细化学工业、新型材料工业和生物技术工业等将获得迅速的发展。

在对20年工农业总产值年平均增长速度进行预测和分析以后,我们进一步对20年来国民收入年平均增长速度进行预测和分析。我们设想前10年国民收入增长率与工农业总产值增长率之比为0.9∶1,后10年为0.95∶1。这样,前10年国民收入年平均增长速度可能达到5.8%,后10年可能为7.6%,20年国民收入年平均增长率为6.7%,2000年国民收入总额比1980年增长2.66倍。

为了说明这一点,需要回顾一下我国社会主义建设的历史经验。我国国民收入年平均增长率与工农业总产值年平均增长率之比,"一五"时期为0.82∶1("二五"时期国民收入为负增长),1963~1965年为0.94∶1,"三五"时期为0.86∶1,"四五"时期为0.71∶1,"五五"时期为0.74∶1[①]。

前10年国民收入年平均增长率与工农业总产值年平均增长率之比,不仅可能超过"三五"、"四五"和"五五"时期,而且可能超过"一五"时期,接近1963~1965年,达到0.9∶1。这样说的根据是:第一,在过去的长时期内,国民收入年平均增

---

① 《中国统计年鉴》(1983年),中国统计出版社1984年版(下同),第19、23页。

长率之所以显著低于工农业产值年平均增长率，主要是由于"左"的错误，特别是"文化大革命"那样长期的严重的错误；由于经济工作指导思想上的错误，经济工作片面强调产值速度的重要性，严重忽视经济效益和经济比例关系，几次造成了国民经济比例关系的严重失调；由于经济管理体制存在着严重的弊端，这一切必然导致社会经济效益的降低，导致产品中物质消耗比重的上升，并阻碍劳动生产率的增长。现在党和国家的工作重点已经转移到社会主义现代化建设的轨道上来，实现并巩固了安定团结的政治局面。社会主义经济建设已以提高经济效益作为出发点，一切经济工作都转到以提高经济效益为中心的轨道上来。党的调整、改革、整顿、提高的方针以及其他的一系列的经济政策，为逐步地、充分地发挥实际存在的节约潜力（包括降低产品的物质消耗和提高劳动生产率等）开辟了广阔的途径。

第二，值得着重提出的是：过去国民收入年平均增长率比较低，还由于物质消耗比重较低的农业在工农业中的比重过快、过大地下降了，而物质消耗比重比较高的工业过快、过大地上升了。在 1953～1980 年期间，农业物质消耗的比重为 20.9%～32%，而工业高达 62.9%～67.1%；农业的年平均增长速度为 3.4%，工业为 11.1%；农业占工农业总产值的比重，由 56.9% 下降到 30.8%，工业由 43.1% 上升到 69.2%[①]。可见，在过去的长时期内，物质消耗比重小的农业增长速度过慢，它在工农业总产值中的比重过快、过大地下降，是国民收入年平均增长率比较低的一个重要因素。正是从这里也可以找到经济正常发展的"一五"时期国民收入年平均增长率，比 1963～1965 年还要低的一个原因。前一个时期，农业总产值年平均增长速度为

---

① 资料来源：《中国统计年鉴》(1983 年)，第 17、20 页。

4.5%，后一个时期上升到11.1%[①]。

但在前10年，农业的增长速度比过去加快了，工业的增长速度虽然仍快于农业，但同农业增长速度的差距是大大缩小了（这一点将在下面作分析）。这也是前10年国民收入年平均增长率可能比较高的一个重要因素。

有人说，当前我国生产技术水平同当代经济发达国家还有较大的差距，因而随着社会主义现代化的发展，产品的物质消耗比重要上升，前10年国民收入年平均增长率对工农业总产值年平均增长率的比数不可能提高。这个论据似不充分。问题在于：技术进步带来产品物质消耗比重的上升，仅仅是一种后果。技术进步同时又是提高劳动生产率和节约物质消耗的最重要因素，从而也是国民收入增长的最重要因素。而且，产品的物质消耗比重的升降，并不只是决定于生产技术的进步，还决定于生产结构和生产资料的节约等多种因素。苏联建设的实践已经证明了这一点。根据苏联的统计资料计算，国民收入年平均增长率与社会总产值之比，1913～1940年为1.017∶1，1941～1950年以及1951～1960年均为1.02∶1，1961～1970年为1.03∶1。可见，尽管当前我国生产技术水平还远远落后于当代经济发达国家，但总不低于苏联50年代、60年代的水平，而苏联在这两个年代及其以前的几个年代，国民收入年平均增长率也是比较高的，并没有表现出下降的趋势，而是略有上升的趋势。

这样说，并不意味着前10年把国民收入年平均增长率对工农业总产值的比数提高到0.9∶1，是轻而易举的事情。恰恰相反，要做到这一点，还存在种种困难。这是因为，企业整顿要真正取得实效，要改变由于能源和原材料供应不足而造成的现有生产能力不能充分

[①] 资料来源：《中国统计年鉴》（1983年），第19页。

发挥的状况，要控制固定资产投资的合理规模，要完成经济体制的改革，要根本转变党风和社会风气，都需要做出艰苦的努力。但基于上述的有利因素的分析，做到这一点，是完全可能的。

后10年国民收入年平均增长率对工农业总产值年平均增长率的比数之所以可能比前10年进一步提高，其原因同前述的后10年工农业总产值的增长速度比前10年要高基本上是相同的，结合这里讨论的问题的特点，着重提出三方面：第一，后10年物质消耗比重较小的农业增长速度比前10年将有进一步提高。这一点也留在后面作分析。第二，后10年深度加工、附加价值大的加工工业会得到更迅速的发展。第三，后10年生产技术将有更大的进步。国务院主要领导同志指出："全国在技术进步方面的总的目标，作过一些初步酝酿，可不可以这样设想：到本世纪末，把经济发达国家在70年代或80年代初已经普遍采用了的、适合我国需要的、先进的生产技术，在我国厂矿企业中基本普及，并形成具有我国特色的技术体系。"① 这个设想将在20世纪最后20年实现，但很显然，后10年的技术进步将比前10年快得多。这是后10年国民收入年平均增长率对工农业总产值年平均增长率的比数能够提高的一个重要因素。根据当代经济发达国家的资料，他们的国民收入的增长额中，有70%～80%是依靠劳动生产率的增长取得的，而劳动生产率的增长又有80%左右是依赖科学技术的进步实现的。

二 积累率与工农业年总产值翻两番

1. 工农业总产值翻两番，要求有较高的积累率

现在在预测工农业总产值和国民收入年平均增长率的基础

---

① 《光明日报》1982年10月27日。

上，依据实现经济发展战略目标的需要，分别探讨两个战略阶段的积累率。在战略目标所包括的两方面内容中，工农业年总产值翻两番，是城乡人民收入水平成倍增长的基础。所以，我们首先探讨确定怎样的积累率，才能满足实现工农业年总产值翻两番的需要。

就20年实现工农业年总产值翻两番这个战略目标来说，主要靠内部积累解决资金问题，具有多方面的、特殊的重要意义。

第一，是实现战略重点的需要。

自从社会分工有了发展以后，国民经济各部门在经济中的地位就是有差别的。但在现代化生产条件下，社会分工获得了前所未有的巨大发展。各部门在国民经济中的地位的差别变得异常复杂了。但这并不妨碍我们按照它们在国民经济中的地位把它们区分为两大类：一类是基础性的部门，它们的发展水平和速度对国民经济发展的水平和速度长期地起着决定性的作用；另一类虽然对国民经济的发展也有重要的作用，但不起决定作用，或者不是长期地起决定作用。

为了这里研究问题的需要，还可以按照另外的标准对国民经济各部门做另一种区分。由于各种原因，在各个时期内，各部门的发展不可能是平衡的和相互适应的；而且国民经济的发展对各部门的需求也是不同的，并有变化的。这样，就产生了各部门对国民经济发展需要的适应能力的差别。依据这一点也可以把国民经济各部门分做两类：一类是长期地、远远地不能满足国民经济发展的需要，从而成了国民经济中突出的薄弱环节；另一类基本上能够满足国民经济发展的需要，甚至生产能力还超过了社会的需要，或者只是暂时地、部分地不能适应经济发展的需要。

那些属于基础性的部门，又长期地、远远地不能适应国民经济发展需要的部门，就会成为经济发展的战略重点。党的十二大所确定的农业、能源和交通、教育和科学，正是这样的战略重点。因为，一方面，农业是国民经济的基础；能源和交通是现代化生产的基础设施；科学技术现代化是四个现代化的关键，教育又是科学的基础。另一方面，主要由于过去长期存在的"左"的错误的影响，农业、能源和交通以及教育和科学，并没有伴随国民经济的发展获得相应的发展，成为我国国民经济发展中的突出的薄弱环节。因而，不仅是当前，而且在今后的一个长时期内，它们都会是制约我国社会主义现代化建设的最重要的因素。所以，发展这些战略重点，是20年实现工农业总产值翻两番的决定性的一环。

但是，要满足这些战略重点发展的需要，特别是能源和交通发展的需要，是需要大量资金的。能源和交通的建设都具有投资数额大、建设周期长、投资回收期长的特点。一个大的能源或交通的建设项目，投资都是以亿元人民币为单位计算的，建设周期大多都要五六年，甚至七八年或更长的时期。还要指出，不仅扩大能源和交通的生产规模需要巨额的投资，即使是维持简单再生产也常常需要大量的资金。这是同能源和交通的另一个特点相联系的。在煤炭和石油等能源的开发以及有些铁路和水路等交通的建设中，往往存在着这样的现象，即生产条件经历着由简单到复杂、由易到难的变化。这样，为了维持原有的生产规模，也需要增加投资。

依据"六五"计划的规定，这个期间用于能源和交通的基本建设投资就达到了884.6亿元，用于农业141.3亿元，用于教育和科学等94.3亿元，总计1120.2亿元[①]。这仅仅是"六五"期间国

[①] 《中华人民共和国国民经济和社会发展第六个五年计划（1981~1985年）》，人民出版社1983年版，第25~26页。

家对这些战略重点的投资,不是20世纪最后20年的投资;这仅仅是国家的基本建设投资,没有包括更新改造资金;这仅仅是国家的投资,没有包括集体经济以及个体经济和各种经济形式的联合体在这些方面的投资。但就是这样,也是一笔很大的资金。

第二,是逐步把整个国民经济转移到现代化技术基础上的需要。

按照党的十二大规定:到20世纪末,"整个国民经济的现代化过程将取得重大进展"。[1] 这既是20世纪最后20年我国经济发展战略目标的一个重要方面,又是实现工农业年总产值翻两番的决定性条件。要实现工农业年总产值翻两番,需要进行多方面的工作,但具有决定意义的是这样两个环节:一是进行以先进技术为基础的、以能源和交通为重点的大中型项目的建设;二是对现有企业(特别是大中型企业)进行技术改造。前面已经对第一个环节做了分析,现在再对第二个环节做些说明。

要实现社会主义生产的现代化,仅仅建设为数不多的、新的、技术先进的企业是远远不够的(虽然这是十分必要和十分重要的),还必须对在数量上居于多数的现有企业进行技术改造。这样做,对于在提高经济效益条件下实现工农业年总产值翻两番,也有特殊重要的意义。这不仅是因为对现有企业进行技术改造,在经济效益上比新建企业要高得多,而且因为现有企业是社会生产的主体。

但要对现有企业进行更新改造,也需要大量的资金。1980年底,国有企业固定资产共有5311.1亿元。[2] 有人估算,在这

---

[1] 《中国共产党第十二次全国代表大会文件汇编》,人民出版社1982年版(下同),第15页。

[2] 《中国统计年鉴》(1983年),第12页。

部分固定资产中,近 10 年内形成的约占 2/3,但不少企业技术落后,或因设计、施工等方面的缺陷,也需进行技术改造。其余 1/3 是 10 年以前形成的,更是亟待改造。如果在 20 年内,这两部分原有固定资产中的机器设备基本上得到更新改造,房屋和建筑物有 1/5~1/4 得到更新改造,再考虑造价的提高,约需资金 4400 亿元。"六五"以后新增的固定资产,也要按照社会主义现代化建设的要求,不断地进行技术改造。大体估算,20 世纪最后 20 年,用于这方面的技术改造的资金约需一万几千亿元。此外,1980 年全国农村人民公社三级固定资产共计 1028 亿元。这部分固定资产及其以后新增的固定资产,当然也需进行更新改造。如果加上这方面的更新改造资金,那 20 年内需要的资金就更多。诚然,更新改造资金主要来自生产资料的补偿基金,但也有一部分来自积累基金。

第三,是增加劳动力的需要。

要实现工农业年总产值翻两番,不仅需要采用现代化的生产技术,而且需要增加大量的劳动力。但增加劳动力对于实现经济战略目标的意义不仅限于这一点。它还在于:解决了就业问题,有利于巩固安定团结的政治局面,为战略目标的实现创造良好的政治环境。

随着就业人口的增加,不仅需要增加劳动报酬基金,而且需要增加生产基金(包括固定资产和流动资金)。1980 年,全国劳动力总数达到 4.2 亿人,其中城镇劳动力 1.1 亿人,农村劳动力 3.1 亿人;国有企业职工平均每人占用固定资产 6623 元,农村人民公社社员平均每个人占用固定资产 328 元。据有人测算,2000 年,全国劳动力总数将增加到 7.6 亿人,其中城镇劳动力 1.6 亿人,农村劳动力 6 亿人。即使按照 1980 年每个职工和每个社员平均占用的固定资产标准大体匡算,那么,在 20 世纪最后20年内，为新就业的城市和农村的劳动力增添的固定资产也将达到4263亿元。这里也略去了以下的需要：随着社会主义现代化建设的发展，每个劳动力（包括原有的和新增加的）拥有的固定资产会进一步增加；新增加的劳动力不仅需要占用固定资产，而且需要占用流动资金。如果估计到这些需要，那20年新增加的生产基金也要比上述数字多得多。

在论到积累对于实现20世纪最后20年经济发展战略目标的意义的时候，还有必要提到一点。

党的十二大提出：到20世纪末，"人民的物质文化生活可以达到小康水平"。[①] 要做到这一点，也要进行多方面的工作，进行非生产性的基本建设（包括科学、教育、文化、卫生和体育的基本建设，市政公用事业的建设，以及居民住宅的建设等），这是一个重要方面。我国当前人民的物质生活水平比较低，人口多，每年新增人口的绝对量很大，要达到生活较为富裕的小康水平，需要的非生产性基本建设投资将是一笔巨额的资金。

上面从不同方面说明了实现20年经济发展战略目标对于积累的需要。其中，有些方面的需要是重复的。但是，无论如何，有一点是可以肯定的：为了实现经济发展的战略目标，需要大量的积累基金，因而需要保持较高的积累率，积累基金少了，积累率低了，同实现这个战略目标的要求，是不能适应的。

2. 对积累率的预测和分析

如前所述，要实现工农业年总产值翻两番，需要保持一定的积累率。那么，究竟需要多高的积累率呢？

为了说明这里的问题，需要有批判地运用当代英国著名经济学家罗伊·哈罗德提出的经济增长模型。哈罗德在1948年出版

---

① 《中国共产党第十二次全国代表大会文件汇编》，第15页。

的《动态经济学导论》一书中，对他的经济增长理论和模型做了系统的论述。此后，他在1973年出版的《动态经济学》一书中进一步阐发了这个理论。哈罗德的经济增长模型是这样一个基本方程式：

$$\text{产量（收入）增长率}(G) = \frac{\text{储蓄率}(S)}{\text{资本产出率}(C)}$$

哈罗德想通过这个模型表述一个基本理论观点：实现资本主义经济均衡增长的根本条件，就是把产量（收入）增长率提高到由它所引起的投资恰好能够吸收本期的全部储蓄。他在政治上的基本用意，就是妄图通过这个模型来"医治"作为资本主义经济制度痼疾的生产过剩的经济危机。

哈罗德的经济增长模型不是从作为物质关系的资本主义生产关系出发的，而是像凯恩斯一样，从人们的主观心理因素出发的；他用单纯数量关系的分析，代替了对资本主义经济制度本质的分析；目的在于粉饰和缓和资本主义社会的矛盾，维护资本主义制度。就这些主要方面来说，是需要从根本上加以否定的。

但是，如果从一般意义上来看待这个方程式所反映的产量（收入）增长率与积累率和资金产出率三个经济变量之间的关系，那又包含着合理的内核。然而，即使从一般意义上对待这个合理的内核，也需要有批判性地吸收。第一，要依据马克思主义政治经济学的观点，赋予这三个经济变量以科学的内容。这就是说：①要把产量（收入）增长率定为国民收入增长率，因为积累率只是同国民收入的增长有联系，社会总产值中扣除国民收入以后的部分，是生产资料的转移价值，同积累率是无关的。②把储蓄率定为生产性积累基金占国民收入的比重，因为只有生产性积累才形成新的国民收入，而非生产性积累是不形成新的国民收入的。③因此，也需要把资本产出率定为生产性积累基金系数或者定为它的倒数积累基金效率。第二，按照马克思主义政治经济学的观点，国民收入的增长，决定于下列三个因素：①劳动量的增长；②劳动生产率的提高；③生产资料的节约。劳动量的增长和劳动生产率的提高可以通过生产性积累基金效率这个指标得到反映，但这个指标是不能反映原有生产资料节约状况的。我们在运用这个方程式时必须看到它的这个局限性。

值得注意的是：现在国内学术界的一些文章也在运用哈罗德的这个方程式，但是并没有提出有批判性地运用这个经济增长模型的问题。就是说，既没有指出这个模型的根本缺陷，也没有明确赋予这个方程式以新的科学的内容，更没有指出它的局限性。有的文章甚至把包括生产性积累和非生产性积累在内的积累率同国民收入增长率联系起来，也没有做必要的说明。这就给人一种印象，似乎非生产性积累也像生产性积累一样，都能形成新的国民收入。还有的文章把国民收入增长率仅仅归结为积累率和积累基金效率这样两个经济变量，似乎同原有生产资料的节约是无关的。所有这些都是值得商榷的。本文正是鉴于这一点，在有批判性地运用这个方程式探讨积累率之前，做了上述的分析。

基于上述的分析，我们可以得到这样两点结论：

第一，即使赋予哈罗德方程式以科学的内容，使之成为：

国民收入增长率 = 积累率 × 积累基金效率

也仍然是不够科学的，因为它忽略了原有生产基金效率提高在国民收入增长方面的作用。当然，上述公式在下列两个条件下，是正确的。这两个条件是：①假定原有生产基金等于零。这在理论上为了抽象地考察某种问题的需要，是可以的。但并不符合事实，因而在实际计算国民收入增长率时，是不能忽视原有生产基金效率提高这个因素的。②事先把由原有生产基金效率提高而导致国民收入增长率部分从左端国民收入全部增长率中减去。

第二,计算国民收入增长率比较科学的公式,似乎是这样:

国民收入增长率(一)= 积累率 × 积累基金效率

$$\left(\frac{计划期新增国民收入(一)}{积累基金}\right)$$

国民收入增长率(二)= 原有生产基金效率的增长率 = $\frac{计划期新增国民收入(二)}{计划期以前的生产基金} \div \frac{基期新增国民收入}{基期原有生产基金}$

计划期新增国民收入 = 计划期新增国民收入(一)+ 计划期新增国民收入(二)

国民收入增长率 = 国民收入增长率(一)+ 国民收入增长率(二)= 积累率 × 积累基金效率 + 原有生产基金效率的增长率

但要运用这个比较科学的公式,当前面临的困难,是在计算上缺乏必要的资料把国民收入增长率(一)与国民收入增长率(二)分开。因而,我们在预测和分析两个战略阶段的积累率时,还不得不采用"国民收入增长率 = 积累率 × 积累基金效率"这个公式。只是不能忘记,这里作为积累基金效率分子的新增国民收入不仅同积累基金有联系,而且同原有生产基金效率的提高有联系。因而,这里所说的国民收入增长率,不仅是由积累率和积累基金的乘积得来的,在实际上是包含了由原有生产基金效率提高而形成的部分。

如前所述,要在20世纪最后20年内实现工农业总产值翻两番,年平均增长速度需要达到7.2%,其中前10年为6.4%,后10年为8%。与此相适应,20年国民收入年平均增长速度为6.7%,前10年为5.8%,后10年为7.6%。为了实现前后两个战略阶段国民收入年平均增长率的要求,首先需要确定这两个阶段的积累基金效益。在积累基金效益确定之后,就可以算出这两个阶段的积累率了。那么，对这两个阶段积累基金效率的变化趋势应该如何估计呢？

有一种观点认为，随着现代化生产的发展，基本建设周期在延长，固定资产在新增生产基金中的比重在上升，因而20世纪最后20年积累基金效率是趋于下降的。

这种观点是值得斟酌的。我们先来看当代经济发达的资本主义国家现代化的实践经验（见表1）。

表1　　　　美国固定资本投资效率的变化

年份	比上年新增国民收入（亿美元）	固定资本投资（亿美元）	固定资本投资效率（％）
1951	384	569	67.5
1952	134	571	23.5
1953	169	609	27.8
1954	-13	628	—
1955	308	713	43.2
1956	178	768	23.2
1957	190	795	23.9
1958	40	770	5.2
1959	356	855	41.6
1960	179	859	20.8
1961	159	857	18.6
1962	391	940	41.6
1963	392	995	29.3
1964	387	1080	35.8
1965	494	1200	41.2
1966	607	1303	46.6
1967	380	1339	28.4
1968	654	1462	44.7

续表

年份	比上年新增国民收入（亿美元）	固定资本投资（亿美元）	固定资本投资效率（%）
1969	584	1586	36.8
1970	389	1666	23.4
1971	731	1851	39.5
1972	1011	2098	48.2
1973	1231	2360	52.2
1974	866	2440	35.5
1975	799	2495	32.0
1976	1568	2782	56.4

资料来源：《国外经济统计资料》（1949~1976年），中国财政经济出版社1979年版，第42、346页；下同。《世界经济年鉴》（1981年），中国社会科学出版社1982年版，第863页；下同。

表1表明：美国在1951~1960年的10年中，固定资本投资效率在10%以下的有2年，在20%~30%的有5年，在40%以上的有3年；在1961~1970年的10年中，20%以下的有1年，20%~30%的有3年，30%~40%的有2年，40%以上的有4年；1971~1976年的6年中，30%~40%的有3年，40%以上的有3年。可见，在1951~1976年的26年中，美国固定资本投资效率除了由于经济危机而引起的大幅度下降（个别年份为负数）以外，从总的发展情况来看，是有某种程度上升的。诚然，在美国的新增国民收入中，有相当大的部分，而且是愈来愈大的部分系非物质生产部门的劳务收入。但是，美国固定资本投资总额中也有相当的部分，也是愈来愈大的部分属于非生产性的投资。比如，在1950~1973年期间，美国农业、工业、建筑业、运输业和商业等物质生产部门提供的国民收入在其总额中的比重，由

80.7%下降到71.3%，而其他部门（主要是非物质生产部门）则由19.3%上升到28.7%。而在1952～1973年期间，美国农业、工业和运输业的固定资本投资在其总额中的比重，由42%下降到36%，而其他部门投资（包括建筑业和商业等生产性投资，也包括金融业、服务业和住宅等非生产性投资，还包括政府的生产性投资和非生产性投资）则由58%上升到64%[①]。可见，从分子（新增国民收入）和分母（固定资本投资）中同时扣除非生产性的部分以后，似乎并不改变上述的结论。

现在的问题是：既然随着美国现代化生产的发展，基本建设周期延长了，固定资产在新增生产基金中的比重上升了，那为什么固定资本投资效率不仅没有下降，反而有某种上升呢？关键在于：如果固定资本投资效率仅仅决定于基本建设周期延期和固定资产比重上升这样一些因素，那么，毫无疑问，随着现代化生产的发展，固定资本投资效率肯定会下降。所以，我们可以把这一类因素称作促使固定资本投资效率下降的因素。但问题又恰恰发生在：固定资本投资效率的变化，不只是取决于这一类因素，它还取决于同样与现代化生产相联系的、但其作用却是相反的因素，即促使固定资本投资效率上升的因素。就资本主义国家内部来看，这些重要因素有：第一，与现代化生产发展相联系，生产资料的价值下降了。这就是说，使得作为固定资本投资效率的分母数减少了。第二，随着现代化生产的发展，一方面有许多生产部门的建设周期在延长，固定资产在新增生产基金中的比重在上升，投资效率在下降，但同时也有一些科学技术密集型的生产部门在发展。这些深度加工、附加价值大的产业，投资效率不仅不会下降，实际上是会上升的。第三，伴随着现代化生产的发展，

---

① 《国外经济统计资料》（1949～1976年），第44、349页。

当代经济发达的国家普遍存在着这种趋势：即固定资产的投资日益主要由新建企业转向现有企业的技术改造。以美国机械工业为例，从1952～1972年，用于原有机床更新的部分占到新生产的机床总数的76%；1973～1978年，美国新生产的机床为120万台，几乎全部用于老设备的更新改造①。这并不是偶然的现象。在现代，科学技术成为发展生产的主要因素，而且，新的科学技术从发明到生产中的运用的周期又大大缩短了。在这种条件下，是否及时用现代科学技术改造现有企业，就成为关系利润大小和能否在竞争中站得住脚这样两个决定资本命运的问题。但用于现有企业技术改造投资的经济效益比用于新建企业的投资要高得多。就资本主义国家对外经济关系来说，它们对经济落后国家的燃料和原料的掠夺，显然是提高投资效益的一个重要因素。比如，第二次世界大战后的一个长时期内，经济发达国家对第三世界某些国家廉价石油的掠夺，就曾起过这样的作用。

所以，我们不能只是简单地依据那些促使投资效率下降的因素，就作出结论说随着现代化生产的发展，积累基金效益下降。某个时期内积累基金效率的变化，要决定于上述两类因素的相互作用，如果促使积累基金效率下降因素的作用强度大于促使积累基金效率上升因素的作用强度，那么，积累基金效率就会下降；如果二者大体上是相等的，那么，积累基金效率基本上是稳定的；如果前者小于后者，那么，积累基金效率就会上升。

这里也需说明：上述的美国固定资本投资效率的上升，在实际上也包括了原有生产资本效率的增长。因为作为固定资本投资效率分子的新增国民收入，不仅是由固定资本投资的增长形成的，而且也是由原有生产资本效率的增长形成的。

---

① 《光明日报》1982年2月20日。

我们在上面从资本主义国家内部分析的促使积累基金效率上升的各项因素，从一般的意义上说，对于社会主义社会也是适用的。结合20世纪最后20年我国的具体情况来说，我们更不难得出积累基金效率上升的结论。这除了由于有优越的社会主义制度这个根本点之外，还有下列一些重要的特殊原因：第一，在过去的长时期内，由于几次宏观经济决策的失误，经济体制存在着严重的弊端，几次经济结构的严重失调，计划管理水平和企业管理水平低，不仅生产中的浪费大，经济效益低，建设中的浪费更大，经济效益更低。但在今后20年内，这些导致经济效益低的因素，将逐步为促使经济效益提高的因素所代替。就是说，宏观经济决策已经走上了马克思主义的轨道，经济结构和经济体制将逐渐合理化，经济计划管理水平和企业经营管理水平会大大提高。这样，无论是生产中的经济效益，或者是建设中的经济效益，都会有显著的提高。第二，在过去的长时期内，我国扩大再生产主要依靠新建企业，而严重忽视现有企业的技术改造。这是积累基金效益差的一个重要原因。今后，一方面要兴建作为国民经济突出薄弱环节的能源和交通等项建设；另一方面要着重推进现有企业的技术改造，以促进固定资产投资效益的提高。第三，为了实现社会主义的现代化，今后要发展像能源、交通这样一些资金密集型的产业。但由于我国人口多，劳动力资源丰富，底子薄，建设资金不足，因而需要同时较多地（相对于经济发达的国家来说）发展科学技术密集型产业，特别是劳动密集型产业。较多地发展后两种产业，也是积累基金效益得以提高的一个重要因素。

由于上述促使积累基金效益提高的各项因素的作用强度，在后一个战略阶段比前一个战略阶段更大，因而后一个战略阶段积累基金效率有可能比前一个战略阶段更高。

在理论上对20世纪最后20年积累基金效率提高这个总趋势做了分析之后，在确立了这个前提之后，我们就可以对这个时期积累基金效率提高的幅度作出具体预测了。

根据有的研究单位提供的预测资料，20世纪最后20年的积累基金（包括生产性积累基金和非生产性积累基金）系数为4.4。但如前所述，只有生产性积累基金才形成国民收入。因而需要把这个基金系数折算成生产性积累基金系数。这就遇到一个问题：今后20年生产性积累基金的比重是多少呢？

1953~1980年期间，生产性积累基金占积累基金总额的73.1%，非生产性积累基金只占26.9%。实践已经证明：前者比重过大，后者过小，成为国民经济比例关系长期严重失调的一个方面。实践也已证明："一五"时期生产性积累基金约占60%，非生产性积累基金约占40%，是比较合适的。鉴于上述的实践经验，我们设想20世纪最后20年非生产性积累基金比重需要恢复到"一五"时期的水平，即占40%。这样设想不仅是以历史经验为依据的，同时又是从20年社会主义建设的实际需要和可能出发的。这种需要主要有三方面：第一，如前所述，教育和科学是20年经济发展的战略重点。要发展这个战略重点，就需要增加这方面的非生产性的积累基金。第二，由于过去长期"左"的错误的影响，严重忽视人民生活的改善，致使城乡人民的居住条件差，城市生活公用事业落后，乡村生活公用设施几乎还是空白。近几年来，城市特别是乡村的住宅建设有了空前未有的巨大发展，改善了人民的居住条件。但离从根本上解决人民的居住困难还相差甚远。这几年，城乡人民生活的公用设施虽有所发展，但并没有同住宅建设取得相应的发展，因而不仅这方面过去长期积累下来的欠账没有还清，又发生了新的欠账，这方面的矛盾显得比过去更为突出。显然，要大大改善我国人民的居住条件和发展生活公用设施,从这方面为人民的生活达到小康水平创造条件,也需要增加大量的非生产性的积累基金。第三,在社会主义生产发展的基础上,也需要增加国防现代化建设的投资。社会主义建设的发展,国民收入总量会增长,这就为在不影响生产性积累基金增长的条件下,适当提高非生产性积累基金的比重,提供了可能。

如果 20 世纪最后 20 年非生产性积累基金比重 40% 是适当的,那么,依据前述的 20 年全部积累基金系数 4.4 的预测数字,就可以计算出 20 年生产性积累基金系数,即为 2.6,或生产性积累基金效率为 37.9%。依据上述的后 10 年的积累基金效率可能比前 10 年提高的分析,我们设想前 10 年积累基金效率为 33.3%,后 10 年可以提高到 42.2%。1953~1980 年,我国生产性积累基金效率为 29.6%。这样,20 年生产性积累基金效率比过去 28 年提高 8.6%,前 10 年比过去 28 年提高 3.7%,后 10 年比过去提高 12.6%。依据上述的分析和预测数字,我们认为达到这一点是有可能的。

在预测了 20 年和前后两个 10 年的积累基金效率之后,我们依据这三个时期国民收入增长速度的要求和上述公式(即国民收入增长率 = 积累率 × 积累基金效率),就可以算出这三个时期的积累率。在上述三个时期的积累基金效率已知的条件下,要实现前 10 年国民收入年平均增长速度 5.8% 的要求,积累率需要达到 17.4%;要实现后 10 年国民收入年平均增长速度 7.6% 的要求,积累率还要上升到 18%;要实现 20 年国民收入年平均增长率 6.7% 的要求,合计积累率要达到 17.7%。

既然上述三个时期的积累率可以分别实现三个时期国民收入年平均增长率的要求,那么,我们依据前述的国民收入年平均增长速度与工农业总产值年平均增长速度的对比关系,可以得出结论：前10年17.4%的积累率可以实现同期工农业总产值年平均增长速度6.4%的要求，后10年18%的积累率可以实现同期工农业总产值年平均增长速度8%的要求，因而，20年17.7%的合计积累率可以实现同期工农业总产值年平均增长速度7.2%的要求。

需要进一步指出：我们这里说的积累率都是指的生产性积累基金占国民收入的比重。而20世纪最后20年，生产性积累基金只占全部积累基金的60%，非生产性积累基金要占40%。这样，如果把非生产性积累基金也算在内，那么，前10年积累率要达到29%左右，后10年要上升到30%，20年合计积累率为29.5%左右。

三 积累率与城乡人民收入的成倍增长

上述的积累率，可以实现20年经济发展战略目标一个方面的要求，即工农业年总产值翻两番的要求，能否实现经济战略目标另一方面的要求，即城乡人民收入的成倍增长呢？看来，是可能的。

为了说明这一点，我们先列表示之如下（见表2）。但在列表之前，我们先做四点说明：第一，如前所述，前10年国民收入年平均增长速度为5.8%，后10年为7.6%。第二，前10年积累率为29%左右，后10年为30%。这一点，前面也已做过分析。第三，20世纪最后20年，社会消费基金和个人消费基金在消费基金总额中各占多大比重呢？确定这个问题，也需要从我国经济现状出发，借鉴历史经验。1953~1980年，在我国消费基金总额中，居民个人消费基金约占90%，社会消费基金约占10%；其中，1980年二者分别占88.2%和11.8%。[1] 考虑到20

---

[1] 资料来源：《中国统计年鉴》（1983年），第26页。

世纪最后20年，作为战略重点的教育、科学和文化、卫生、体育、国防事业发展的需要，以及国民收入增长提供的可能，我们设想20年社会消费基金占消费基金总额中的比重，将可能上升到15%，个人消费基金比重下降到85%。第四，按照计划要求，全国人口总数将由1980年的9.8亿人增长到2000年的12亿人，年平均增长速度为10‰，其中前10年为13‰，后10年为7‰。表2就是依据这四个前提设计的。

表2　　20世纪最后20年居民个人消费水平的变化

年　份	国民收入总额（亿元）	积累基金总额（亿元）	消费基金总额（亿元）	社会消费基金总额（亿元）	个人消费基金总额（亿元）	人口总数（亿人）	全国居民个人消费水平（元）
1980	3667	1165	2519	295	2224	9.8	227
1990	6444	1869	4575	686	3889	11.2	347
2000	13406	4022	9384	1408	7976	12.0	655
1981~1990年年平均增长速度(%)	5.8	4.8	6.1	8.8	5.7	1.3	4.3
1991~2000年年平均增长速度(%)	7.6	8.0	7.4	8.0	7.4	0.7	6.5
1981~2000年年平均增长速度(%)	6.7	6.4	6.8	8.1	6.6	1.0	5.4
2000年比1980年增长倍数	2.66	2.45	2.73	3.77	2.59	0.22	1.89

注：这里说明两点：第一，1980年各项数字参见《中华人民共和国国民经济和社会发展第六个五年计划》（1981~1985年），第11、18、148页。其中积累率是按国民收入使用额3684亿元计算的，故积累基金与消费基金的总和大于国民收入生产额3667亿元。第二，1980年以后各项数字是预测数，都是依据1980年不变价格计算的。

表 2 表明：在上述积累率的条件下，20 世纪最后 20 年全国居民个人消费水平可以提高 1.89 倍。这样，这个积累率就兼顾了经济发展战略的两方面的需要，即工农业年总产值翻两番和城乡人民收入水平成倍增长的需要。兼顾了这两方面的需要，也就是在 20 世纪最后 20 年这个具体条件下贯彻了作为处理我国社会主义积累和消费关系的根本原则的："一要吃饭，二要建设"的方针。

四 积累率与国民收入的物质构成

确定积累率，不仅需要遵循"一要吃饭，二要建设"的基本原则，而且需要遵循积累基金和消费基金的对比关系与国民收入物质构成相适应的原则；否则，积累基金与消费基金是不能实现的。那么，上述的积累率是否遵循了与国民收入的物质构成相适应的原则呢？

为了说明这一点，首先需要对 20 世纪最后 20 年及其前后两个 10 年农业、轻工业和重工业的增长速度作出预测。这样做的理由是：第一，当前我国的生活资料主要是由农业和轻工业提供的，生产资料主要是由重工业提供的。随着社会主义生产的发展，这种情况会逐渐有所变化。但看来在 20 世纪内不会有很大的变化。第二，当前我国的国民收入主要是由工业和农业提供的，其他的物质生产部门只提供一部分。随着社会主义建设的发展，其他物质生产部门提供的国民收入在国民收入总额中的比重还会上升。但工业和农业提供的国民收入占大部分的情况在 20 世纪内也不会改变。第三，在过去的长时期内，我国工农业总产值年平均增长速度与国民收入年平均增长速度的差距是比较大的。但如前所述，在 20 世纪最后 20 年内，二者是逐步趋于接近的。基于这些原因,只要我们确定了主要生产生活资料的农业和轻工业以及主要生产生产资料的重工业的增长速度,并把它们与积累基金和消费基金的增长速度加以对比,大体上就可以判断积累率是否同国民收入的物质构成相适应。

现在我们分别对农业和工业以及轻工业和重工业的增长速度作出预测和分析:

第一,农业的年平均增长速度。

1953~1978年的26年间,我国农业的年平均增长速度仅为3.2%[①]。这主要是由于过去长期存在的"左"的错误造成的。但在党的十一届三中全会以后,就从根本上纠正了这种"左"的错误,在农村实行了一系列正确的政策,主要是大幅度地提高了农副产品价格,特别是实行了家庭联产承包责任制,并将依据我国国情使得这种责任制得到稳定和不断完善。随着社会主义建设的发展,农业的现代技术装备会提高,现代农业科学技术会在农业中得到广泛使用,农业企业的经营管理水平和农业劳动者的技术水平都会提高。所有这些都会提高农业的增长速度。考虑到后10年在发展农业方面比前10年有更好的条件,农业的增长速度会进一步提高。从这些情况出发,我们设想前10年农业的年平均增长速度为5.2%,后10年为5.8%,20年为5.5%。近几年来的实践证明:做到这一点是完全可能的。1979~1982年,农业年平均增长速度已经达到了7.2%。[②]

第二,工业的年平均增长速度。

据有人依据国内外的历史资料计算,农业增长率与工业增长率的对比关系为1∶1.5~1∶1.2时,工业和农业之间的比例关

[①] 《中国统计年鉴》(1983年),第17页。
[②] 《中国统计提要》(1983年),中国统计出版社1984年版,第4页。

系大体上是可以协调的①。我们还考虑到前10年工业发展要受到能源和交通这两个突出的薄弱环节的制约，后10年将有很大的改变。因而设想前10年农业和工业的增长率为1∶1.3，后10年为1∶1.5，20年为1∶1.4。这样，前10年工业的年平均速度为6.9%，后10年为8.7%，20年为7.8%。

第三，轻工业的年平均增长速度。

1980年，在轻工业总产值中，以农产品为原料的部分大约占到70%，以工业品为原料的部分大约只占30%。据有人预测，到2000年，以农产品为原料的部分仍将占到轻工业总产值的60%。但是，在农业总产值中，商品产值部分将获得较快的发展；在轻工业总产值中，以工业品为原料的部分也会得到较快的发展；轻工业的技术基础比农业要先进得多。这样，在20世纪最后20年，轻工业以比农业高出2~3个百分点的速度发展是完全可能的。还考虑到轻工业发展受能源、交通制约的程度比重工业小得多，因而前10年轻工业的发展速度将可能比重工业快，只是到了后10年，当能源、交通生产状况有很大改善的时候，才会发生轻工业增长速度慢于重工业的情况。根据这些分析，我们设想前10年轻工业年平均增长速度为8%，后10年为7.8%，20年为7.9%。

第四，重工业的年平均增长速度。

依据前面分析轻工业年平均增长速度在前后两个10年变化的相同理由，我们设想前10年重工业年平均增长速度为5.8%，后10年为9.7%，20年为7.2%。

这样，前10年重工业年平均增长速度就低于轻工业。这里涉及一个理论问题，即这种设想是否意味着前10年我国社会主

---

① 《经济研究》1983年第4期，第56页。

义生产的发展并不要求生产资料优先增长呢？看来，不能这样说。应该肯定，随着我国一切经济工作转到以提高经济效益为中心的轨道上来，生产资料会得到大量的节约；像农业生物技术这一类技术在生产中的运用，不仅不要求物化劳动比活劳动有较快的增长，而且会节约大量的物化劳动。但是，在我国现阶段，一方面要建设以能源、交通为重点的现代化企业；另一方面，要对现有企业进行技术改造。在这两方面，机械性技术的进步是主要的，并在我国全部生产技术进步中占了优势。因而，现阶段社会主义扩大再生产的进行，还要求生产资料的优先增长。

那么，为什么前10年主要生产生产资料的重工业年平均增长速度反而比主要生产生活资料的轻工业更慢呢？这是因为像任何现代化生产的增长速度要受到能源、资金等条件的限制一样，生产资料生产比消费资料生产更快的增长也要受到能源、资金等条件的限制，而且由于它耗费的能源、资金比生活资料生产更大，因而受到的限制更大。过去有的论著在阐述生产资料优先增长规律时所发生的简单化的毛病，不仅在于它没有分清只有在机械性技术进步条件下实现扩大再生产才要求生产资料的优先增长，而像农业生物技术进步条件下实现扩大再生产并不要求生产资料的优先增长；而且在于没有分清即使在前一种技术进步条件下实现扩大再生产，也只有在具备了能源、资金等条件时才能实现生产资料的优先增长，否则仍然是不可能的。而前10年重工业增长速度较低，正是受到了能源、资金等条件的限制。

以上的分析都只是从国内市场出发的。如果把进出口贸易也放进考察的范围，那情况就可能是另外一个样子。这里仅以1980年外贸部门的进出口贸易为例。这年出口农副产品和农副产品加工品131.36亿元，工矿产品140.88亿元。前一部分产品主要是生活资料，我们这里暂且把它全部看作是生活资料；后一部分产品大部分是生产资料,也暂且把它全部看作是生产资料。这年进口生产资料229.76亿元,生活资料61.54亿元。这样,这年净进口生产资料88.88亿元,相当于这年重工业产值的3.4%;净出口生活资料69.8亿元,相当于这年轻工业产值的3%。看来,在前10年,由于重工业的发展要较多地受到能源和资金的限制,用净出口生活资料换回净进口生产资料的情况,还会有进一步的发展。这样,如果把国内生产的重工业产品再加上净进口的生产资料,把国内生产的轻工业产品减去净出口的轻工业产品,那么,即使在前10年,重工业的增长速度也会超过轻工业的增长速度。这似乎可以说,在存在国外市场、实行对外开放政策、国内能源和资金缺乏等特殊条件下,主要利用国内资源、部分利用国外资源,是实现生产资料优先增长的一种特殊形式。

总之,我们设想前10年重工业年平均增长速度低于轻工业,同生产资料优先增长的规律是不矛盾的,在理论上是可以站得住脚的。

现在我们把上述的预测和分析,列表3汇总如下所示。

表3 前后10年和20年农业、工业、轻工业和重工业的增长速度

年 份	工农业总产值（亿元）	农业总产值（亿元）	工业总产值（亿元）	轻工业总产值（亿元）	重工业总产值（亿元）
1980	7159	2187	4972	2333	2639
1990	13313	3631	9682	5037	4645
2000	28741	6381	22360	10675	11685
1981~1990年年平均增长速度（%）	6.4	5.2	6.9	8.0	5.8
1991~2000年年平均增长速度（%）	8.0	5.8	8.7	7.8	9.7

续表

年 份	工农业总产值（亿元）	农业总产值（亿元）	工业总产值（亿元）	轻工业总产值（亿元）	重工业总产值（亿元）
1981～2000年年平均增长速度（%）	7.2	5.5	7.8	7.9	7.2
2000年比1980年增长倍数	3.01	1.92	3.50	3.58	3.43

注：1980年各项数字见《中华人民共和国国民经济和社会发展第六个五年计划》（1981～1985年），第11、18页。1980年以后各项数字是预测数，均按1980年不变价格计算。

只要把表3所列的重工业和农业、轻工业的增长速度，与积累基金和消费基金的增长速度做一下对比，就可以清楚看到：在前10年，主要依靠生产资料这种实物形态而实现的积累基金年平均增长速度为4.8%，而主要生产生产资料的重工业年平均增长速度为5.8%；依靠生活资料这种实物形态而实现的消费基金为6.1%，而主要生产生活资料的农业和轻工业分别为5.2%和8%。在后10年，积累基金为8%，而重工业为9.7%；消费基金为7.4%，而农业和轻工业分别为5.8%和7.8%。可见，无论是前10年，或者是后10年，积累基金与重工业的年平均增长速度，消费基金与农业、轻工业的年平均增长速度，都是适应的。这是从总体上说的，它并不排斥有一部分重工业产品要输出，有一部分重工业产品要输入，以及有一部分农业、轻工业产品要输出，有一部分农业、轻工业产品要输入。这还是从大体上说的，它也不排除要通过净出口一部分农业、轻工业产品，来换回净进口一部分重工业产品。

但是，积累基金与重工业的年平均增长速度，以及消费基金与农业、轻工业年平均增长速度，大体相互适应的情况表明：上述的积累率基本上是遵循了积累基金和消费基金的对比关系，与国民收入物质构成相适应的原则的。

提高经济效益的对策[*]

提高经济效益的对策涉及许多经济因素和非经济因素。但依据新中国成立以后40余年的经验，最重要、最基本的是以下四个方面：

第一，必须坚持一个中心（社会主义经济建设）和两个基本点（四项基本原则和改革开放）。这样做，既可以避免"以阶级斗争为纲"的错误，又可以避免资产阶级自由化的错误；既可以为经济发展和经济体制改革提供根本的经济、政治、思想前提，保证经济的发展和经济改革的社会主义方向，又可以进一步发挥社会主义基本制度的优越性，有效地推进经济的发展，从体制、物质基础方面为巩固社会主义制度创造条件；既可以在社会主义制度已经建立的条件下，把经济建设放在中心地位，避免背离这个中心，甚至破坏这个中心去搞什么"继续革命"，又可以保证经济体制改革也能围绕这个中心展开。

第二，必须坚持以提高经济效益为核心的经济发展战略。为此，一要切实实现国民经济持续、稳定、协调的发展。二是要实

---

[*] 原载《中国经济效益研究》，经济管理出版社1991年版。

行由外延扩大再生产为主向内涵扩大再生产为主的过渡。

第三,必须坚持从中国国情出发,积极稳妥地推进经济改革。在这方面,既不能像过去那样照搬苏联的做法;也要警惕近些年来有些人鼓吹的照搬西方国家的做法,避免走上资产阶级自由化的道路;既要避免这些年来因急于求成而造成的诸多失误,又要警惕在深化改革的困难面前畏缩不前,甚至走回头路。

第四,必须坚持经济与社会的协调发展。主要指:①稳步地推行政治体制改革,实现社会主义的高度民主,维护安定团结的政治局面,力争把不安定因素消除在萌芽状态中,使之不致酿成大的社会动乱。②在坚持社会主义物质文明建设的同时,加强精神文明建设。③坚持计划生育,逐步实现人口再生产与物质资料再生产的协调发展。④坚持经济效益与环境效益、生态效益的统一,不能片面强调前者,忽视后者。

这里仅就上述的第二点,即实现经济的持续、稳定、协调发展和逐步实现以内涵为主的扩大再生产提出一些设想。最后,对深化经济体制改革的分析,是从保证实现上述对策的角度写的,对改革本身不做详细展开。

一 切实实现国民经济持续、稳定、协调的发展

(一)经济总量基本平衡:经济适度增长与控制经济适度增长的措施

我国社会主义建设的实践证明:要实现国民经济的稳定、持续、协调发展,首先必须实现经济总量平衡。而要实现经济总量的基本平衡,最重要的是要确定适度的经济增长速度。当然,要达到经济总量的基本平衡,还需要在物资供需、财政收支、信贷存放和外汇收支方面实现平衡,特别是要做到货币按社会主义商

品经济发展的需要发行。但所有这些，都会受到经济增长速度的制约。所以，实现经济总量的基本平衡的关键，是确定适度的经济增长速度。

1. 适度的经济增长速度的提出

适度的经济增长速度这个概念的提出，既是我国社会主义建设的经验教训的总结，也是人们认识发展的结果。在1979年以前的一个长时期内，社会主义经济建设中曾有过急于求成的"左"的错误倾向。其主要表现就是盲目地、片面地追求经济增长的高速度，并把这一点看作是压倒一切的事情，而忽视了经济效益的提高、经济的协调发展和人民生活的改善。这种经济发展战略，给我国社会主义现代化建设造成了严重的危害。党的十一届三中全会以后，人们总结了这方面的教训，批判了"左"的错误，把过去经济发展的运行轨迹概括成一条高速度、低效益、低消费的道路。这个结论，无论就其批判的主要锋芒所向而言，还是就其总结的历史过程而言，无疑都是正确的。但是，这个结论并没有对经济增长速度过低的情况做出评价，从而也没有提出经济适度增长的问题。

2. 适度的经济增长速度的内容

什么是适度的经济增长速度？我认为，就当前我国的具体情况来说，需要把握以下三点重要内容：

（1）适度的经济增长速度，必须以尽可能地、最大限度地有利于提高经济效益为前提。这里所说的"有利"，不只是指当前一个生产周期，还包括后续的各个生产周期。从再生产过程的观点来看，好的经济效益不仅是适当的经济增长速度赖以确立的前提，而且是它赖以发展的基础。这样，一方面可以避免速度和效益之间的不良循环，即确定经济增长速度时忽视经济效益，实际结果导致经济效益的下降；经济效益的下降又制约经济速度的增长，甚至导致速度的下降。另一方面，又可以在速度和效益之间建立良性循环，即确定经济增长速度时以提高经济效益为前提和基础，实行结果就可以促进经济效益的提高，并进一步促进经济的稳定增长。

要做到适度的经济增长以提高经济效益为前提和基础，一个必要的条件，就是国力能够承受。而且，这种"承受"也不仅是就当前一个生产周期而言，还包括后续各个周期。这样的速度就可以使国民经济持续、稳定地增长，从而使经济效益也持续、稳定地提高。

（2）我国经济非均衡增长条件下适度的经济增长速度的特点。由于传统的经济体制和经济发展战略的影响，以及改革和发展中的失误，1988年我国经济又一次陷于严重失衡状态。近年来的经济调整已经取得了显著成效，但并没有根本改变经济失衡的状态。而要根本改变这一点，特别是改变加工工业和基础产业的失衡状态，则需要较长的时间。这是其一。我国经济非均衡增长更为长期的原因还在于：要改变当前的二元经济结构，不是短期就能奏效的。但工业中的现代技术基础，为工业的迅速增长提供了可能；而农业中的传统技术基础，则限制了这一可能。这是其二。我国经济非均衡增长的深层原因，在于传统的经济体制。但传统经济体制的根本改革，也不是短期的事。这是其三。因此，即使宏观经济政策是正确的，也只能在一定时期内大大缓解经济失衡状态，仍然很难根本避免经济失衡状态。在这种情况下讨论我国经济的适度增长，必须考虑非均衡增长的特点。即：①在经济的非均衡增长条件下，按经济效益优先原则确定的适当增长速度，就是与生产成本由低到高转折点对应的增长速度。②以适度增长速度为尺度衡量的增长速度过低和过高两种状态，都会提高生产成本，引起经济效益下降。③非均衡经济中的适度增长速度随长线产品和短线产品之间的供求缺口的缩小而上升。④直到经济处于均衡增长时,适度的经济增长速度才能达到最大值。

(3) 我国经济周期波动条件下适度的经济增长速度的特点。在传统的经济体制下,存在投资膨胀的机制,导致周期性的经济失衡和经济波动。经济体制改革以来,中央政府向地方政府、经济部门和企业实行了扩权让利,形成了多元的经济利益主体。但与此同时,并没有在企业、市场和宏观调控方面形成相应的约束机制、诱导机制和调控机制,因而导致了投资需求和消费需求的双膨胀。然而,要完成传统经济体制的根本改革,基本实现由旧体制到新体制的过渡,则需要一定的时间。在这段期限内,经济的周期波动还是不可避免的。即使在宏观经济调控方面采取了正确措施,也只能减小经济波动幅度,而不可能根本改变经济的周期波动状态。这样,如果我们忽视经济周期波动这个条件,那就不能把握适度的经济增长速度的特点。

为了说明问题,我们可以按照经济增长速度的高低,把一个经济周期分为以下三种年份:①经济增长速度最高的年份;②经济增长速度中等的年份;③经济增长速度最低的年份。这样,在经济周期波动条件下,适度的经济增长速度的存在形式就有它的特点。在经济发展不存在周期波动的条件下,适度的经济增长速度大体上是可以存在于各个年份中的。而在经济周期波动的条件下,适度的经济增长速度则大体上只是存在于经济发展速度中等的年份;在最高年份或最低年份,由于速度过高或过低,都偏离了适度的经济增长速度。当然,就一个周期来说,大体上也可以把该周期的年平均增长速度,看作是适度的经济增长速度。

3. 如何确定20世纪90年代我国适度的经济增长速度

现在需要进一步探讨的问题,是如何确定20世纪90年代适度的经济增长速度。大体可以有三种办法:一是历史经验法,二是经济数学方法,三是上述两种方法的结合。这里拟采取第一种办法。乍一看,这种历史经验法似乎没有数学方法可靠。但实际上,经济数学方法也还是一种抽象的方法,它不可避免地要舍弃许多具体条件。但历史经验却反映了各种具体的历史条件。从这方面说,历史经验法也有其可靠之处。当然,对历史经验的考察,不能代替对今后条件的分析。但由历史经验考察中得出的数据,却能为确定今后的经济增长速度提供重要的参照系数。

这里首先遇到的问题是:选择什么指标来反映经济增长速度。用社会总产值指标当然未尝不可,但有两个缺陷:一是不能覆盖整个国民经济,因为它只包括农业、工业、建筑业、运输业和商业五个物质生产部门,而把第三产业中的许多部门排除在外;二是未能排除重复计算,内含了一定程度的虚增因素。而采用国民生产总值这个指标来反映经济增长速度,则可以避免这两个缺陷。但是,目前我国经济统计中,还没有1952~1977年国民生产总值的统计,只有1978~1989年国民生产总值的统计。不过却有1952~1988年社会总产值的统计。因此,尽管社会总产值有上述缺陷,我们还是只能用它来反映新中国成立以后的经济增长速度,并据此确定20世纪90年代适当的社会总产值增长速度。当然,在确定了这个速度以后,还可以依据近10年国民生产总值与社会总产值增长速度的对比关系,进一步确定适当的国民生产总值的增长速度。

为了正确地总结历史经验,并使据此提出的参照系数具有更大的参考价值,选用新中国成立后长时期内各个经济周期的年平均增长速度,是较为可靠的。这里需要强调两点:一是各个经济周期包括了经济增长速度的中等、最高和最低年份。这样,按一个周期计算出来的年平均增长速度,可以大体上反映出该周期内同国力相适应的适度速度。二是各个周期由于经济、技术和政治因素作用的不同，其年平均增长速度也是可以有很大差别的。这样，按新中国成立以后包括各个周期在内的一个长时期计算出来的年平均增长速度，就更能可靠地反映出该时期内同国力相适应的适度速度。因此，我们对包括经济发展第一周期（1953～1955年）、第二周期（1956～1957年）、第三周期（1958～1969年）、第四周期（1970～1977年）、第五周期（1978～1984年）和第六周期（1985～1987年）在内的1953～1987年社会总产值年平均增长速度做了计算，结果为8.6%，以此作为确定今后经济增长速度的参照系数。

现在，我们再依据社会总产值与国民生产总值的年平均增长速度的对比关系，计算出作为今后年平均经济增长速度参照系数的国民生产总值的增长速度。由于统计资料的限制，这里只能计算1979～1988年这10年社会总产值与国民生产总值年平均增长速度的对比关系。据计算，1979～1988年，社会总产值与国民生产总值的年平均增长速度的对比关系为1：0.86。按这个对比关系计算，作为今后90年代平均经济增长速度参照系数的国民生产总值增长速度为7.4%。

当然，这也仅仅是参照系数。要确定这个参照系数在多大程度上适用于20世纪90年代适度的经济增长速度，需要着重考虑以下两方面的情况：一方面，由于传统的经济体制和经济战略的影响，即便是依据长期历史经验提出的国民生产总值增长7.4%的速度，也是偏高的。另一方面，如果今后我国经济体制和经济战略的转换，以及与此相联系的社会主义现代化建设能够顺利进行的话，我国便有了提高经济增长速度的有利条件。基于以上两方面的考虑，可以设想20世纪90年代我国国民生产总值适度的增长速度为7%左右。

然而，如前所述，在存在经济周期波动的条件下，这种适度的经济增长速度只存在于经济增长速度中等的年份,最高年份或最低年份则会高于7%或低于7%。那么,高出7%的上限或低于7%的下限以多少为宜呢?这就需要对制约上限和下限的因素进行分析。

我国社会主义建设的历史经验表明:经济高速增长的主要危险来自工业。而且,在今后一个时期内也还是如此。这不是偶然的。在新旧经济体制交替时期,作为工业主体的国有制工业中,既存在着投资膨胀的机制,又存在着消费需求膨胀的机制。而分配方面存在的某种供给制因素(如低房租和粮食、食油等方面的价格补贴)又大大助长了消费需求膨胀。因而,在投资和消费两方面都存在着推动工业高速发展的强大动因。而工业的现代技术基础,又为这种高速增长提供了强有力的物质手段。农业方面实行的家庭联产承包责任制,则把激励机制和约束机制较好地结合起来,不存在工业方面那样的膨胀机制,也不存在工业中那种供给制。农业中传统的落后技术,还限制了农业的发展速度。

基于这样的分析,我们可以从主要的意义上把制约经济高速增长上限的因素,归结为制约工业高速增长上限的因素。而工业的高速增长,受到农业、能源、原材料和交通运输等基础产业的制约。当前工业与这些基础产业的严重失衡,在许多方面都是新中国成立以来少有的。这就从根本上限制了我国工业增长的最高速度。因此,从主要意义上说,也就限制了我国经济增长的最高速度。在这种情况下,经济增长最高速度的上限区间,以国民生产总值年增长率9%左右为宜。

制约下限的因素与制约上限的因素很不相同。在这方面,既有社会主义经济发展的要求,又有我国当前具体情况的限制。主要有以下几点:第一,社会主义经济要求不断地实现扩大再生产。因此,一方面需要逐年增加一定数量的固定资金和流动资金，特别是要满足作为当前国民经济发展瓶颈的基础产业对于基本建设投资的需要。另一方面，外延扩大再生产方式在当前仍占有重要的位置，每年需要增加一定数量的劳动力。1988年，我国社会劳动者总人数达到54334万人，比1978年增加了14182万人，每年平均增加1418.2万人[①]。在20世纪90年代，每年增加的劳动者的数量仍然是很大的。因而每年需要增加巨额的劳动报酬基金。第二，在社会主义经济正常发展的条件下，伴随着生产的增长，需要不断提高人民的物质文化水平。而在这方面，我国正面临着巨大的压力——既有原有人口提高生活水平的压力，又有新增人口提高生活水平的压力；既有在职劳动者提高生活水平的压力，又有退休劳动者提高生活水平的压力。在所有这些方面，需求数额都是很大的。到1989年末，我国人口总数已经达到111191万人。在1986~1989年这四年中，每年增加人口1500万人左右。这种情况还将持续多年。到1989年末，全国职工人数已达13740万人。1978~1988年，我国离休、退休和退职职工人数由314万增加到2115万，他们与在职职工人数之比由1∶30.3提高到1∶6.4[②]。今后，退休职工人数还会有巨大增长。根据有关单位的抽样调查和预测，当前我国60岁以上的老龄人口在全国人口中的比重为9%；2000年将达到10.18%。

现在的问题是：上述各项需求的满足，主要是靠由提高经济效益带来的新增国民收入，还是主要靠由经济速度带来的新增国民收入？在20世纪90年代，我国仍处于由外延扩大再生产为主向内涵扩大再生产为主过渡的过程中。这样，由提高经济效益带

[①] 《中国统计年鉴》（1989年），中国统计出版社1990年版（下同），第101页。

[②] 《中国统计年鉴》（1989年），第87、152页；《人民日报》1990年2月21日。

来的国民收入在新增国民收入总额中的比重虽然会上升，但仍不会占主要地位；而由经济速度带来的国民收入在新增国民收入总额中的比重虽然会下降，但仍占主要地位。正是这一点，从根本上规定了在上述期间内我国经济增长速度不能太低，下限区间以国民生产总值年增长率5%左右为宜。如果经济增长速度太低了，就难以满足上述各项需求。

总之，在20世纪90年代，我国经济适度的增长率以7%左右为宜；其上限区间约为9%，下限区间约为5%。

这里需要着重指出：在我国今后一段时期经济增长还难以避免周期波动的情况下，探讨这些问题，对于国家实行宏观经济调控是十分重要的。这是因为：第一，它为实行正确的宏观经济管理确定了一个重要目标，即实现适度的经济增长率。第二，在经济过热年份，为实行有效的宏观调控划出了一条警戒线，即经济增长率达到上限区间时，就必须实行紧缩政策。第三，在经济低速增长年份，也为实行有效的宏观调控划出了一条警戒线，即经济增长率达到下限区间时，就必须实行宽松政策。

4. 控制经济适度增长的措施

在现阶段双重体制并行的条件下，即使中央计划机构能够提出比较适当的增长速度指标，对社会也只是起到某种导向或指示作用。根据一个时期以来的经验，实际达到的增长速度往往与政府提出的指标相去甚远。这在一定程度上反映了中央政府对宏观经济运行的调控能力的减弱。目前，按市场调节原则建立的资源配置机制，尚处在发育不足且比较混乱的阶段，适当加强中央政府的权力是必要的。但与此同时，不能放弃借助间接手段调控宏观经济的努力，因为后者代表了宏观经济管理体制改革的长期方向。具体地说，近期应在如下几个方面取得进展：

（1）严格控制货币发行量。无论影响货币发行的原因多么复杂。要求增发货币的压力来自何方和多么强大，通货膨胀毕竟是由银行多发钞票造成的。这个关口应该有一套严格的把关制度。今后一个时期内，可按照国民收入增长、经济货币化进程和货币流通速度减慢的需要，加上一定的系数，确定每年的货币发行量。要加强货币发行的独立性、科学性和可监督性，建立中央银行定期向全国人民代表大会报告货币发行工作、发行方案由全国人大批准的制度。

（2）严格控制财政支出，努力减少直至消除财政赤字。10年改革，9年财政有赤字；如果扣除债务收入，则年年有赤字。总额达600多亿元的财政赤字，构成了总需求膨胀的重要推力。出现大量财政赤字的原因，在收入方面，是国民收入分配重心下移，中央收入份额减少；在支出方面，主要是行政管理费用和各种补贴开支的迅速增加。近年的财政赤字主要靠发行公债平衡。但借债要还本付息，必然增加以后的财政负担。特别是我国已开始进入还债高峰期，这方面的压力会显著增加。因此，从财政口子堵住需求膨胀的根本办法，仍是采取严格有效的措施控制支出，尤其是行政管理费用和财政补贴的支出。同时，要努力提高经济建设和科教文卫等方面支出的使用效率，争取用较少的钱办较多的事。在收入方面，鉴于目前中央政府责任与财力不对称的状况，可以适当提高财政收入占国民收入和中央财政收入占全部财政收入的比重。但幅度不宜过大，以避免以往集中过多的弊端。

（3）多种方式配合，事先控制固定资产投资规模。有关研究表明，固定资产投资增长速度与社会总产值增长速度的正相关系数达0.9以上。所以，控制固定资产投资是防止经济过热的关键环节。近年对固定资产投资的控制，具有以行政性方式为主、力度过大；事后实行等特点。这套办法虽有见效快的优点，但也伴有经济降速过猛、"半截子"工程浪费严重、放松控制后投资冲动回复迅速等问题，因而其调控成本是相当高的。解决投资膨胀问题的基础，是改变投资者收益与风险不对称的机制。在微观层次的改革短期内没有大的进展的条件下，宏观层次对投资规模侧重于行政手段的控制，几乎是不可避免的。但目前的控制办法需要从多方面改进：①控制的着眼点应由事后转向事先，根据已定的适当的国民经济总量增长速度，测算出相应的固定资产投资增长速度。②运用投资计划指标、信贷规模、贷款利率、税率等杠杆，把投资限定在已定的规模之内。③不论采取何种控制手段，都应把总量控制与产业结构、企业结构的调整结合起来，以增加投资的有效供给，提高投资的经济效益。

（4）控制消费规模，引导个人收入的合理增长与分配。消费膨胀是总需求膨胀的又一重要原因。消费膨胀更多地涉及个人，控制难度大于对投资膨胀的控制，必须采取综合治理的方法：①把个人收入增长等同于消费增长，包含了一个概念的错误。个人收入实际上分为个人消费与个人储蓄两部分。不过，个人收入增加终究是个人消费增长的前提。个人收入不适当地过快增长，很容易引起消费的相同反应。在企业内部尚未形成有效地抵制工资侵蚀利润行为的机制时，国家应进一步推广并完善工资总额与经济效益增长挂钩的办法。完善的方向，一是确定更恰当的挂钩系数，既要使职工收入增长低于劳动生产率的增长，又要切实贯彻多劳多收的原则，尤其是重视提高奖金的刺激力。二是建立一套严格的督察制度，增加收入分配的透明度。对目前为数不小的"灰色"和"黑色"收入，要通过单位和个人申报，他人举报、有关单位核查等办法使之"曝光"，并纳入收入分配管理渠道。②作为职工收入增长另一重要形式的实物发放，不具备转向投资的可能性，有很强的消费膨胀推力。实物性收入的透明度低，控制难度更大，应从控制集团消费入手，并定期由独立的审计机构对企业会计账目实行严格核查。③相对地说，职工收入仍是国家比较容易控制的一个领域。而在国家直接控制不及、间接控制又未有效确立的领域，如流通领域的某些方面，寻租活动集中，大量收入非法流入个人腰包，更导致消费畸形超前。在这些领域，政府必须改变其软弱无力的形象。要坚决打击各种非法牟利活动，坚持以法治税，加强税收队伍建设，尽快扭转偷漏税面广量大的局面。④引导个人收入向储蓄和投资转化，是抑制消费膨胀的另一个重要方面。近年虽然居民储蓄大幅度增加，但金融结构仍以银行储蓄存款为主。这种金融结构一旦遇到严重的通货膨胀预期，极易出现储蓄向消费的回流，短期内形成大的消费高峰，引起市场和整个经济的剧烈波动。维持和适当提高储蓄在居民收入中的比重，对保持金融和经济形势的稳定无疑是必要的。与此同时，应逐步增加居民储蓄中能够在通货膨胀条件下保值和增值的中长期金融形式（如股票和金融债券）的份额。

（二）部门产业结构的基本平衡：部门之间适当增长速度的对比关系以及实施这种对比关系的措施

1. 部门之间适当增长速度的对比关系

要实现国民经济持续、稳定、协调的发展，还需要实现部门产业结构的基本平衡，克服当前在这方面的严重失衡状态。为此，首先需要确定20世纪90年代各主要产业部门之间的适当增长速度的对比关系。

要确定20世纪90年代工业和农业之间的增长速度的对比关系，需要解决两方面的问题：一方面要确定农业的速度。从过去的长时期看，农业速度偏低。而且，农村经济改革已经取得了巨大胜利，并会进一步发展，农业现代化建设也会逐步发展，农业扩大再生产赖以顺利进行的宏观经济环境将会逐步改善。这样，今后农业速度有必要、也有可能提高。但是，无论改革经济体制，或者完成包括农业现代化在内的社会主义现代化建设，都需要经过相当长的时间。因而在20世纪90年代又难以指望农业速度有很大的提高。所以，将这个期间农业的年平均增长速度由过去35年（包括六个周期在内的1953年至1987年）的3.7%[①]，提高到4%，是适宜的。

另一方面，要确定20世纪90年代工业的年平均增长速度。过去工业速度偏高，需要调低。我们认为，调低到8%左右是适宜的。这就是说，这个时期工业和农业年平均增长速度的对比关系可以是2∶1。这样说的主要根据是这种对比关系是农业可以承受的。依据有关部门提供的全国投入产出表资料计算，1981年，轻工业和重工业分别每增加1万元产值，需要农业分别提供0.422016万元和0.096019万元产品。1983年，轻工业和重工业每增加1万元产值，需要农业分别提供0.4016万元和0.1320万元产品。而这两年，轻工业和重工业产值分别依次占工业总产值的51.5%和48.5%以及48.5%和51.5%。即这两年轻工业和重工业产值大体上各占工业总产值的一半。从这些数字中不难看出：这两年工业总产值每增长1%，要求农业相应增长0.5%。所以，在20世纪90年代，把工业和农业年平均增长速度对比关系确定为8%比4%，即2∶1，农业是可以承受的。不仅如此，工业的这种增长速度，整个国民经济也是可以承受的。这一点，可以从历史上某些年份的经验得到证明。1963年、1972年和1982年是我国几次经济调整时获得显著成就的3年，国民经济发展比较平稳。而这3年工业的年增长速度依次分别为8.5%、

[①] 《中国统计年鉴》（1989年），第45页。

6.9%和7.8%①，即都是接近8%的。

这里还有一个问题，即工业增长8%、农业增长4%，是否适应前述的国民生产总值增长7%的要求。1979~1988年，国民生产总值年平均增长速度为9.6%，工业为11.8%，二者对比关系为1∶1.23；农业为6.2%，二者对比关系为1∶0.65。这样，如果20世纪最后10年国民生产总值每年平均增长7%，就要求工业增长8.6%，农业增长4.6%。但是，相较过去的长时期来说，今后第三产业将有较快的发展。所以，工业增长8%、农业增长4.6%，也是可以适应国民生产总值增长7%的要求的。

我们运用上述方法（即依据当前产业结构严重失衡状况，参照历史经验数据，并按照90年代的具体情况，确定各产业部门年平均增长速度的对比关系），还可以得出这期间重工业中的采掘工业、原材料工业和加工工业的年平均增长速度的对比关系为1∶1.1∶1.3，工业和电力的对比关系为1∶1.11~1.12（即工业每年平均增长8%，电力增长8.88%~8.96%）；工业和交通运输业的对比关系为1∶1.25（即工业增长8%，货运量增长10%）；工业和邮电业的对比关系为1∶1.375~1.5（即工业增长8%，邮电业务量增长11%~12%）。

2. 实施部门之间适当增长速度对比关系的措施

（1）增加农业投入，提高农业产出。农业的投入与产出涉及两个方面的效益：一是农业与工业及其他部门协调增长，不出现瓶颈，可以产生结构效益；二是农业内部产业的比较效益。因此，提高农业经济效益的意义不仅关系到农业本身，而且关系到国民经济全局。提高农业经济效益，当然要讲究农业内部的投入产出比，但首先要解决增加农业投入的问题。

---

① 《中国统计年鉴》（1989年），第46页。

第一，增加国家对农业的投资。国家对农业投资占全部基本建设投资的比重，"五五"时期为10.5%，"六五"时期降为5.1%，"七五"时期更降到3%左右。根据国际经验和我国现阶段实际，这个比重显然偏低，应逐步提高到10%以上。

第二，引导农村资金流入农业。近年农业资金投入不足的另一个重要原因，是农村地区的资金大量流入非农产业。出现这一情况的直接原因，是农业生产特别是粮食生产比较收益的下降。在农村普遍推行承包经营责任制，农民拥有资金投向权的条件下，要引导农村资金流向农业，就必须有步骤地解决上述比较收益过低的问题。①相机上调粮、油等农产品收购价格，缩小收购价与市价的差距。国家对农产品收购价过低的根本制约因素，是城市农产品销价过低。因此，解决这个问题的着眼点应转到城市。否则收购价愈高，国家财政补贴的负担愈重。可考虑减少粮油平价供应定量标准，对城市贫困人口定量救济，实行最高销售限价等，分几步消化原有的补贴，实行粮油等大宗农副产品购销的正常挂钩。在此基础上，国家可建立一批调节基金。分别在城乡实行最高销售限价和最低收购保护价，防止农产品供求的过大波动。由于这笔基金只是在非常时期发挥作用，故其数额将远小于现财政补贴额。②按照有利于粮食生产的原则调整税制。可根据不同农产品的价格和盈利水平，实行差别税率：对粮食实行优惠性低税率，对经济作物相对提高税赋水平。对于一般性经济作物，如棉花、油料、糖料、蔬菜等，税率应低一些。对不同作物内部的不同品种，税率也应有所差别。如为鼓励良种粮食生产，就可以把税率适当降低。另外，还应考虑开征不同税赋的土地使用税，以调节不同土地使用者的级差收益，促进对土地的有效使用。③逐步稳定农用生产资料价格。近年来，农用生产资料生产发展缓慢，供求缺口增大，加以流通领域混乱，农用生产资料价格不断上涨，推动农产品成本增加，直接影响了农民从事农业生产的积极性。扭转这种局面的根本途径，是扩大农用生产资料的生产。对生产农用生产资料的企业，国家在原材料供应、税收、价格、贷款等方面应给以优惠。同时，要整顿农用生产资料流通领域，不断完善专营办法，减少中间环节，制定最高限价，争取逐步稳住农用生产资料价格。

第三，在完善联产承包责任制的同时，建立和健全农村经济服务体系。农村家庭联产承包责任制，是近来农村经济迅速增长、农业经济效益提高的基础。农业经济效益的进一步改善，依赖于农村承包制的稳定和完善。由于土地承包期限过短和承包合同缺乏必要的严肃性，某些农村基层组织和干部任意改变和废止所签合同，使一些农民产生了不愿向土地投资，对土地只取不予的倾向。对此，近期内应当加强法制观念，尊重并保证兑现承包合同；中长期则应探索和建立适合我国实际的土地有偿使用和转让制度。鉴于我国农村剩余劳动力为数众多，除少数有条件的地区可逐步推广适度规模经营外，大部分地区不宜在这方面提出不切实际的要求，更不能把实行规模经营作为是否在农村坚持社会主义道路的判断标准。另一方面，应坚持自觉自愿的原则，建立一头连接农户、一头连接市场的中间性服务组织，解决农产品生产大起大落、买难和卖难交替出现的问题。同时，还应发展其他类型的农村经济服务组织，促使农村劳动力、资金、技术等生产要素得到优化组合，逐步把产供销、农工商结合成一个有机整体。

第四，增加科技投入，千方百计提高土地产出率。我国人多地少，人均耕地面积不到1.5亩，增加农业产量主要依靠提高单产。提高单产除了增加劳动和资金投入外，增加科技投入是个关键。当前应重点推广一批投入少、见效快的农业科技成果。

(2) 加快基础产业发展。发展基础产业——主要是能源、交通和部分原材料工业，与发展农业一样，一要增加投入，二要提高投入产出比。

第一，在中央财政收入比重有所上升的前提下，稳定投向基础产业的份额。在现有体制条件下，建设大型基础产业项目，中央财政投资在资金规模、投资眼界等方面，拥有其他投资渠道难以比拟的优势。中央财政用于基础产业的投资，不但要切实保证，而且应适当增加。

第二，发展基础产业仅靠中央财政支持显然不够，必须同时调动各级地方政府、企业和个人向基础产业投资的积极性。一个可考虑的方案是：对跨地区或产品供给若干地区的基础产业工程项目，实行向有关地区政府派股制度。派股既有一定强制性，又保留了地方政府对资金的所有权。中央财政还可贴息发行利率较高的基础产业建设基金债券，由社会各界认购。这样，国家可以用少量贴息资金，汇集起大量的基础产业建设基金。

第三，在价格、税收、信贷、承包基数等方面支持基础产业发展。基础产业产品价格近年有一定幅度的上调，但能源、交通、部分原材料的价格依然偏低。应根据基础产品供求态势的变动，有计划地提高偏低的产品价格。同时，在税收、信贷等方面对基础产业实行优惠，适当降低基础产业的承包基数。这些措施一方面有助于吸引加工工业资金向基础产业流动，另一方面可以增强基础产业原有企业的财力，支持它们扩大再生产。

第四，把发展基础产业作为衡量地方政府实绩的一项重要指标。加工工业快于基础产业发展，与地方政府追求短期内的产值高速增长有关。因此，应调整地方政府工作实绩评判标准，按照在结构协调的基础上争取与提高效益相一致的较高增长速度的原则，把发展基础产业作为一项重要衡量指标，其中包括评估基础产业与加工工业的协调状况、对基础产业的投资情况、已有基础产业规模对长期经济发展的影响等。

（3）限制、调整、引导加工工业的发展。从结构失调导致效益下降的角度看，近年加工工业发展中的问题，一是速度过快，二是消耗过高。对加工工业来说，限制其过快增长，无疑是首要的问题。但单纯的限制很可能压抑潜在的增长能力，也不能有效地降低物质消耗。限制应当也可能与调整、引导相结合，在总量增长速度放慢的同时，争取产品结构、企业组织结构向有利于效益提高的方向转化。

第一，严格控制固定资产投资规模。限制加工工业发展速度的关键，是控制加工工业固定资产投资规模。应根据加工工业的合理增长速度和投资系数，确定固定资产投资的规模，加强对固定资产投资的计划管理，严格新上项目的审批程序，坚决把固定资产投资规模压在已定限额之下，不允许通过寻租活动开口子。

第二，根据加工工业与基础产业协调发展和提高经济效益的原则，中央和地方分别列出加工工业中限制生产、淘汰生产和保证生产的目录，据此在贷款数额和利率、税率、承包基数、能源和原材料供应、运输保证等方面做出有保有压的规定。目前应保证和扶持生产人民生活必需品、为基础产业提供技术装备、带动技术进步和出口创汇部门的发展，限制或淘汰高能耗、高物耗、技术落后、规模过小的企业。

第三，加工行业重要项目在地区和企业间实行筹资招标，形成以某个地区或企业为主，与若干地区或企业联合的股份公司，按股份分享收益。此举既可调动地方和企业发展加工业的积极性，给它们掌握的资金以出路；又能减弱乃至避免地方分权体制下重复、分散建设和产业结构趋同的问题。招标可由中央有关部门或其指定的社会专门业务机构主持，实行过程和结果公开，以利于社会监督和防止寻租活动。

第四，继续大力推进企业承包企业和企业兼并企业，发展多种类型的企业集团。应在总结推行承包制经验的基础上，进一步扩大和深化企业改组活动，探索新的企业组织结构调整方式。地方政府可根据效益高低，对同行业企业采取优先发展、限期改进，由优势企业兼并、破产关闭等不同的处理方式。同时，应鼓励企业间自行协调和联合活动，在外部条件上予以适当照顾。

第五，整顿与引导相结合，把乡镇企业的发展推上一个新台阶。改革以来，乡镇企业的发展异常迅速，但也存在着技术和管理落后、产品质量差、经济效益低等问题，因而亦应降速和整顿。乡镇企业的崛起，实质上是城乡长期隔离后，在农村地区发生的相对独立的一场工业化运动，其发展涉及大量过剩劳动力的出路、城乡收入差距的缩小、以工补农等关系国民经济全局的问题。因此，应当允许乡镇企业有一个发展、调整、成熟的过程。就限制加工工业发展而言，对城乡企业似应有所区别——对乡镇企业可适当放宽。对乡镇企业起步较晚、水平较低的地区，应着力引导其发展立足于农副产品和当地原材料加工的行业。在乡镇企业已有相当基础的地区，如东南沿海地区，则应鼓励乡镇企业在装备、技术、质量、管理等方面上升到较高档次。

第六，充分发挥机电工业优势，提高整个加工工业素质。经过几十年的努力，我国机电工业，包括大部分军工工业，在规模、品种、技术方面都达到了一定水准。在加工工业调整中，应努力把机电工业的潜在优势发挥出来：一是为优先发展的基础产业提供精良的技术装备；二是更大规模地参与进口替代与出口创汇；三是大力研制和生产技术先进、节约物耗的设备，以推动加工工业的技术进步和结构高度化。

（三）地区产业结构的协调发展：建立各具特色、发挥优势、区际分工的地区产业结构

要实现国民经济的持续、稳定、协调发展，还需要改变当前地区产业结构严重趋同的状况，建立各具特色、发挥各地经济优势、发展区际分工协作的地区产业结构。

依据有关研究单位的调研资料，就我国东部地区与中部地区相比较的意义，并从总体上和大部分地区的情况来说，东部地区在生产的物质技术基础、劳动力素质、科学技术水平、发展加工工业和高新技术产业以及出口创汇区位等方面具有特点和优势，中西部地区在拥有自然资源和发展基础工业具有特点和优势。这样，依据各地特点和优势，东部地区可以通过引进国外技术和资金与发展区际的经济联合，改造传统产业和振兴老工业基地，重点发展技术密集型、知识密集型和出口创汇产业，逐步建成高新技术产业和出口产业的基地，以推进产业结构的高度化和外向型经济的发展；同时要限制高能耗、物耗和大运量的新建项目，对已有的这类企业，具备条件的要逐步向资源丰富的内地转移。中西部地区可以通过加快改革、开放和区际联合，推进军民结合和发挥"三线"企业潜力，以及改造传统产业和发展新兴工业，加快矿产资源的勘探和开发，发展能源、原材料和某些机电工业，加速农业的开发和发展，并提高包括农副产品在内的各级产品的加工水平，还要发展交通运输，使得中西部地区成为全国的能源、原材料、某些机电工业以及农副产品的重要生产基地，并为将来进一步开发西部地区创造条件。在上述的地区产业分工的基础上，就可以把各地区的产业发展协调起来，把东部地区外向型经济发展战略与中西部资源转换战略相互联系起来，逐步形成中西部地区能源、原材料生产和原材料粗加工——东部地区深加工——再向中西部地区返回资金、技术和管理方法，从而使得东

部地区和中西部地区能够实现相互促进的发展。这样，不仅可以在各地区之间实现资源的合理配置，而且可以有效地利用国外资源，从而大大提高宏观经济效益。

但要实现上述的各有特色、发扬优势、区际分工的地区产业结构的格局，需要有一系列措施以保证其实现。

第一，要逐步实现政企分开，实现税利分流，使企业从根本上摆脱包括地方政府在内的政府行政干预，真正成为自负盈亏的商品生产者。同时，要逐步把当前实行的"财政大包干"制度改成分税制度。这样，就可以切断发展价高利大的加工工业与地方政府之间的利益联系，从根本上改变当前各地竞相发展加工工业、造成地区产业结构趋同的局面。不消除体制上这两方面的最重要根源，要实现上述的地区产业分工格局，是根本不可能的。

第二，要改革价格体制和价格体系，根本改变当前许多采掘工业产品和原材料工业产品价低利小、许多加工工业产品价高利大的状况，使得生产各种产品的企业大体上都能做到等量利润。这样，就有利于从资产存量调整和资产增量投向两方面来改变当前地区产业结构趋同的局面。同时要发展全国的统一市场和包括产品与要素在内的市场体系，改变当前地区市场分割和市场不发育的状况，以及竞争不充分与过度竞争并存的局面。这样，既有利于在全国范围内淘汰过多的加工工业，又有利于促进采掘工业和原材料工业的发展。

第三，在深化企业改革的基础上，进一步发展地区之间的（特别是东西部之间的、主要生产原材料的）企业经济联合和跨地区的企业集团。这对于在西部地区筹集基础工业的资金、协调东西部企业利益分配上的矛盾，以及保证东部地区加工工业的原材料供应，都有重要的作用。

第四，要加强和改善中央政府对地区经济发展的宏观调控。

一是不仅要制定并严格执行部门产业结构政策,而且要制定并严格执行地区产业结构政策,使之成为实行国家计划指导的重要准绳和手段。二是要在提高经济效益的基础上,并在兼顾地方和企业利益的条件下,适当提高财政收入在国民收入中的比重,以及中央财政收入在全部财政收入中的比重,增强中央对基础产业的投资能力和调控地方经济的能力(其中包括今后要适当提高对中西部地区基础产业的投资比重)。三是要充分运用价格、利息和税收等经济杠杆,诱导地区和企业(特别是企业集团)按照地区产业政策的要求调整资产存量和投资方向。四是制定、完善并实行保证地区产业结构政策实现的全国统一的法规,坚决废除旨在实现地区封锁、贸易壁垒和市场分割的地方法规,真正在全国范围内建立社会主义商品经济的新秩序。五是健全对地方政府政绩的考核指标。不只是像当前那样,主要考核产量、产值和利税的增长,而要把经济效益指标放在第一位,还要把实施地区产业结构政策放在重要的位置上来进行考核。

二 逐步实现由外延扩大再生产为主向内涵扩大再生产为主的过渡

我国要完成由外延扩大再生产为主向内涵扩大再生产为主的过渡,需要经历相当长的时期。但又必须积极推动以企业技术改造、技术进步为主要内容的内涵扩大再生产的发展。为此,需要创造一系列的条件,采取一系列的措施。

1. 要使企业具有进行技术改造的动力机制和压力机制

不断地推动企业的技术进步,主要要通过深化改革,建立社会主义有计划的商品经济的经济体制,使得价值规律能够充分地发挥其推动企业技术改造的诱导作用和强制作用,而这种作用又是与国家计划调节有机地结合在一起的,因而企业技术改造就能获得不断的、持续的、稳定的推动力。

但当前在这方面的现实选择,主要还是完善企业承包经营责任制。要切实地把企业的技术改造列入承包的内容,并有效地同企业的物质利益联系起来,要把承包期限与企业技术改造需要的期限协调起来,还要完善企业技术改造的考核指标。比如,年技术进步的速度、年技术进步对企业总产值和净产值的贡献、新产品产值率、优等品产值率、出口产品产值率、人均合理化建议对净产值的贡献等,都可以考虑作为考核企业技术改造的指标。

2. 要在资金方面使得企业具有自我改造的能力

(1) 要使得企业提取的折旧基金能够满足固定资产更新的需要。其办法是:①首先把国有企业固定资产基本折旧率由目前的5%提高到7%,其中高新技术产业可以提高到15%~20%。②要改变目前按固定资产原置价格提取折旧的办法,按重置价格提取折旧。在当前新旧体制交替时期,不仅物价会出现一定幅度的波动,甚至会大幅度上升。因此,提取固定资产折旧必须考虑物价上升因素,按重置价格提取。③取消当前实行的对折旧基金征收15%的能源交通基金和10%的预算调节基金。④要采取各种办法,促使企业必须按照国家的规定提足折旧基金,并保证将折旧基金真正用于固定资产更新。

(2) 要使企业的留利水平能够适应技术改造的要求,这就需要随着价格和税收改革的深化,调整和减轻国有企业的税负,使得它们也像其他经济成分的企业一样,能够获得同资金平均利润率相适应的利润水平。同时要采取法律手段,坚决制止对企业的乱摊派、乱收费、乱集资、乱罚款,保证企业留利能够真正用于技术改造。

(3) 要使银行贷款能够适应企业技术改造的要求。这一点,在当前企业自有资金不多，技术改造大部分依靠银行贷款的条件下，非常重要。为此，首先要使得银行贷款计划与国家的技术改造投资计划相适应，改变当前二者在某种程度上相脱节的情况，否则，企业技术改造的资金来源在很大程度上就要落空。同时，贷款利息率要依据低于资金平均利润率的原则来确定，坚决改变当前前者高于后者的不合理的状况。这样，才能做到企业有款可贷，而且贷得起。

（4）要进一步完善新产品开发费用的提取办法。该项费用要从产品成本列支，占产品销售额的比例目前可以提高到1%～3%，高技术产业还可以再高一些。

（5）要增加国家用于技术引进的外汇，地方政府留成外汇也要确定一定的比例（可以考虑为20%）用在这个方面，还可以允许创汇达到一定标准的企业（或企业集团）按销售收入的一定比例提取外汇留成，以保证企业实现技术改造对于外汇的需要。

3. 要在技术方面使得企业也拥有技术改造的能力

（1）要提高企业职工的技术素质，提高研究与开发人员和技术工人在职工中的比重，加强和发展企业（特别是大中型企业）的研究和开发机构。

（2）要进一步发展科研设计单位与企业在技术开发方面的协作关系。并要进一步发展技术市场，加快新技术在生产中应用的进程。

（3）要进一步推进技术引进工作，并把技术引进与消化、吸收、创新和推广应用紧密地结合起来。

（4）要发展企业集团。当然，发展企业集团不只是对于改变科研单位与企业生产脱节，在技术方面提高企业的研究和开发能力，在资金方面增强企业技术改造的技术引进能力有重要作用,而且对于当前深化经济体制改革,调整资产存量,增强出口产品在国际市场上的竞争能力,也都具有重要的意义。

4. 要充分调动企业劳动者在技术改造方面的积极性

(1) 要正确认识厂长和职工群众在发展生产方面各自具有独特的、不能互相代替的作用,并需建立相应的制度,以保证其作用的实现。就生产力方面来说,在以现代化生产作为物质技术基础的、发达的商品生产条件下,厂长是生产经营的指挥者,在这方面处于中心地位;职工群众是生产的主体。就生产关系来说,厂长和职工群众都是社会主义生产的主人。不过前者是领导者,后者是被领导者。但这种领导和被领导关系仍然是社会主义的平等、互助关系。因此,既要确认厂长的指挥者和领导者的地位,又要确认职工群众的生产主体和主人地位。既不能像1979年以前长时期那样,片面强调职工群众的作用,忽视厂长的作用;也不能像1979年以后某些年份那样,片面强调厂长的作用,忽视职工群众的作用。这当然是从总体上和相对意义上说的。实际上,只是在新中国成立初期职工群众的主人翁作用发挥得比较好。在50年代下半期以后,部分由于受到以"阶级斗争为纲"的"左"的错误的影响,部分地由于把按劳分配搞成了平均主义,部分地由民主管理制度不健全,也没有落实,职工群众主人翁作用并没有得到充分的发挥。而在1989年下半年以来,在某些地区,厂长在生产经营方面的中心地位又受到了怀疑和忽视,以致这一点成为近年来工业生产速度和效益下降的一个因素。

基于上述的对厂长和职工群众的作用的认识,一方面必须坚持和完善厂长负责制,另一方面又要健全并切实实行企业的民主管理制度,并把二者恰当地结合起来。

(2) 要正确认识物质鼓励和精神鼓励(或者贯彻物质利益原则和进行思想政治工作)各自具有独特的、不能互相代替的作用。实际上，贯彻物质鼓励原则所起的保证作用（即保证劳动力再生产）、促进作用（即促进劳动积极性的提高）、榜样作用（即多劳多得所起的示范作用）和巩固作用（即持久的发挥劳动积极性）是思想政治工作所不能代替的。而进行思想政治工作，教育劳动者坚持社会主义道路和反对资产阶级自由化，加强集体主义思想和正确处理国家利益、集体利益与个人利益以及长远利益与目前利益的关系，树立共产主义的远大理想，这些作用又是贯彻物质利益所不能代替的①。因此，既不能像1979年以前长时期那样，片面强调精神鼓励，忽视甚至否定物质鼓励；也不能像1979年以后某些年份那样，片面强调物质鼓励，忽视精神鼓励；更不能像80年代中期以后几年那样，既忽视了精神鼓励，在实际上也忽视了物质鼓励。因此，必须把物质鼓励和精神鼓励、贯彻物质利益原则和进行思想政治工作紧密地结合起来。

（3）要正确安排社会主义劳动纪律和格局：以按劳分配纪律为主，并辅之以失业纪律和自觉纪律。既不能像1979年以前长时期那样，片面强调自觉纪律，忽视甚至否定按劳分配纪律和失业纪律，也不能像1979年以后某些年份那样，片面强调按劳分配纪律，忽视自觉纪律，否定失业纪律；更不能像80年代中期以后几年那样，既在实际上忽视按劳分配纪律，又不承认失业纪律，还忽视了自觉纪律。因此，必须把按劳分配纪律与失业纪律、自觉纪律恰当结合起来。

要正确实现上述的三种结合（即厂长负责制与职工民主管理的结合，物质鼓励与精神鼓励的结合，按劳分配纪律与失业纪

---

① 详见汪海波《社会主义经济问题初探》，湖南人民出版社1981年版，第155～171页。

律、自觉纪律的结合),除了要有正确的认识,并实行正确的制度以外,还要有一个重要条件,即经济管理干部和企业管理干部要忠实地按照马克思主义和党性原则办事。如果用"左"的或右的观念和个人主义原则办事,那就必然不断地"翻烧饼",始终跳不出这个怪圈:即在反"左"的时候,又犯右的错误;反右的时候,又犯"左"的错误。其结果必然挫伤劳动者的积极性,包括技术改造在内的企业生产必然受到影响。总结并吸取这个教训,在当前具有重要的现实意义。

5. 要进一步完善企业技术改造和技术进步的政策

(1) 在当前企业(主要是大中型企业)技术改造资金和技术力量不足而又长期进展缓慢的情况下,国家对企业技术改造在资金、技术方面的支持,无疑具有重要的作用。但是,必须进一步改变过去长期在传统体制下形成的、企业技术改造重点依靠国家投入的局面,把重点转移到依靠企业自己的力量。国家必须支持的重要技术改造项目的选择,要依据产业政策的要求,并实行公开竞争的原则,严格项目管理,改变当前在这方面存在的各地区、各部门和各企业争项目以及与之相联系的争投资、争外汇并为本单位捞实惠的不正常现象,使这些项目在这些单位的技术改造方面切实有效地发挥作用,并能带动本部门的技术进步。

(2) 要进一步改变过去形成的科学研究的重点在研究院、所和高等院校的局面,把重点转移到作为国民经济主战场的企业来,从根本上克服科学研究与企业生产脱节的现象,有效地发挥科学研究在企业技术改造中的作用。为此,需要采取有力措施促进科研和设计单位进入大中型企业。

(3) 今后仍然必须继续坚持并扩大技术引进,以促进企业的技术改造。但重点还要放在自力更生上。而且对有的技术引进已经达到一定规模的行业来说,在一定时期内还要把重点转到吸收、创新、国产化和推广上面，克服当前存在重复引进，重引进、轻吸收创新以及国产化进展迟缓的局面。

（4）1979年以来基本建设投资在固定资产投资中的比重已有显著的下降，与此相适应，技术改造投资的比重也有明显的上升。但还要继续逐步地把固定资产投资的重点转到技术改造方面来。同时还要注意克服技术改造方面的"外延化"现象。为此，在银行贷款方面也要采取相应的措施。

（5）高技术产业在技术进步方面起着先导作用，是产业技术升级的最重要条件。而且，我国已经初步建立了高技术产业，并拥有高技术攻关的能力。因此，对高技术产业的技术进步和技术改造必须给以足够的重视。但它并不能成为这方面的重点。重点要放在主体产业上。主体产业包括农业、基础设施业、基础工业、装备工业和消费品工业，它们是提供基础设施、技术装备、消费品和出口产品的主要产业，并制约着高技术产业的发展，是国民经济的支柱。因此，如果过于重视高技术产业，而不把重点放在主体产业上，那对社会主义现代化事业，将会发生不利的影响。

（6）长线产业和短线产业都要注意技术改造。但从相对意义上，更需要着重短线产业的技术改造，使其具有一定的超前性。

（7）企业技术改造无疑具有增加产量的作用，但重点要放在节约能源、降低原材料消耗，提高产品质量档次，发展名、优、新产品和短线产品的生产，增加出口和进口替代产品方面。需要着重指出：强调把企业技术改造的重点首先放在节约能源和原材料消耗方面，不仅在于它们是当前严重制约我国经济发展的短线产品，而且在于这方面的节约潜力大，并对降低生产成本起着决定性作用。据有关专家对1987年我国国有工业企业产值构成的分析，劳动成本占产值的2.4%，固定资产折旧成本占7.3%，原材料成本占63.6%，其他成本和盈利占26.7%。

（8）电子技术对各产业部门的渗透程度，已经成为当代衡量技术进步的重要标志，电子和机械的结合，也已经成为现代技术装备的主流。我国在这方面已经取得了显著进步。但传统工业的多数还是使用五六十年代的、落后的技术装备。因此，需要着重抓好用电子技术改造传统产业，各企业也要着重抓好与电子技术相结合的产品开发。

要实现上述的一系列企业技术改造和技术进步政策，需要相应的建立支撑体系加以保证。主要是要国家在财政税收（包括税种、税率和折旧率等）、信贷（包括贷款规模、构成和利息率等）、价格（包括优、名、新产品价格等）、物资供应和教育（包括教育投入和教育结构的改革等）等方面采取促进企业技术改造的措施，并在行政和立法等方面给以保证。在某些重要方面，还需要依据当前具体情况，采取有利于企业技术改造的特殊措施。比如，我国"一五"时期以来陆续建立的许多大中型企业，如今仍在国民经济中居于重要地位。但它们长期没有得到改造，设备严重老化，亟待改造。而在当前情况下，单是依靠他们自己的力量又难以承担这项任务，需要国家在税收、信贷和外汇等方面给予支持。又如，1979 年以前，由于受到"左"的错误的影响，包括科技人员在内的知识分子问题并没有得到解决，他们的积极性受到了压抑。在这以后，这方面的情况已经有了很大改进。但有些问题（如脑力劳动和体力劳动报酬倒挂问题）仍然没有解决。如果在这些重要问题上仍然顾虑很多，迟疑不决，势必贻误时机，对企业技术改造发生很不利的影响。

三 深化经济体制改革

经济的持续、稳定、协调发展，是在宏观上实现资源配置效益的最主要条件,同时又为提高微观经济效益创造了必要前提。逐步实现以内涵为主的扩大再生产,是在微观上提高要素营运效益的最主要条件,同时又为提高宏观经济效益奠定了基础。但是,如前所述,无论是经济的持续、稳定、协调发展,还是逐步实现以内涵为主的扩大再生产,都有赖于深化经济体制改革。所以,深化改革是提高经济效益的根本途径。

但当前有一种看法,在论述经济的持续、稳定、协调发展和实现以内涵为主的扩大再生产时,并不强调二者对深化经济体制改革的依赖关系,似乎二者可以脱离深化改革而孤立起来进行。这实际上包含了这样一种观点:在传统经济体制或即时体制(即新旧体制并存)下,也可以实现经济的持续、稳定、协调发展和以内涵为主的扩大再生产。但历史经验反复证明:传统经济体制是经济失衡和外延扩张的最主要根源。现实情况还表明:在即时体制下,形成了经济利益主体多元化,除了国家作为利益主体以外,还有部门、地区和企业。但并没有在各主体内部同时形成与利益驱动机制相结合的自我约束机制。而国家在直接的、以行政手段为主调控能力削弱的同时,由于市场不发育和价格不合理以及其他原因,没有相应的加强间接的、以经济手段为主的调控能力。这样,不仅没有解决传统经济体制下的经济失衡和外延扩大的冲动,而在80年代中期以后经济失衡问题实际上更趋于严重了。

还有一种看法,以为在当前治理整顿时期,为了稳定,难以深化改革。诚然,政治、经济和社会稳定是当前压倒一切的头等大事。其中政治稳定是前提。但经济稳定是基础。而实现经济的长期稳定发展,根本道路是要把传统的经济体制改革成为社会主义有计划的商品经济新体制。所以,如果要稳定,而又在深化改革方面却步不前,那无异于缘木求鱼。

诚然，改革搞得不好，不仅会影响当前的政治、经济和社会稳定，甚至会影响长远的政治、经济和社会稳定。这种后果在发生下述两种失误的情况下是可以发生的：一是改革走偏方向，走上资本主义道路；二是大大超过了社会的承受能力。但是改革可以避免这两种情况，并不是注定要影响稳定。所以，如果认为深化改革就要影响稳定，那就无异于说要搞改革就要发生上述两种失误。而我国改革只要坚持以党在社会主义建设阶段的基本路线为指导，是可以避免走偏方向的。所以，如果认为搞改革就要走上资本主义道路，是没有根据的。至于第二种失误，也是可以避免的。

认为搞改革就要影响稳定，还由于不能全面地观察治理整顿给社会承受力带来的变化。比如，就作为深化改革最基本内容的价格改革来说，在治理整顿期间，伴随经济增长速度的下降，经济效益也下降了。这样，国家、企业和职工对价格改革的承受能力下降了。但这仅仅是一方面的后果；另一方面更重要的后果，经济总量失衡情况有了很大的改善，许多基本生产资料和生活资料的国家牌价与市场价的差距大大缩小了。这就为逐步放开价格创造了很有利的条件。

认为搞改革就要影响稳定，也由于不能准确地把握社会承受力，心中无底。仍以价格改革为例。据有关学者估计，从我国近几年的经验来看，只要工资和福利补偿能够跟得上去，10%以内的物价上涨率，社会是能够承受的。如果我们把由于货币超经济发行引起的物价上涨率控制在3%～4%，那么我们就能够用6%～7%的物价上涨率来进行价格改革①。这样，经过几年的努力，就可以实现价格改革。

---

① 刘国光：《略论以改革促稳定，在稳定中求发展》，《中国工业经济研究》1990年第5期，第3页。

再以劳动制度的改革来说，现在一是担心带来大量失业，二是担心失业保障基金不能满足需要，从而影响稳定。其实在这方面也需要做出恰当的估计。就失业来说，不仅要计算由于劳动制度改革把国有企业由大量隐性失业变成社会的显性失业，而且要计算现在国有企业存在的大量空额需要吸纳的劳动力，还要计算进一步调整产业结构（包括适当多发展劳动密集型产业以及第三产业）和发展多种经济成分需要增加的劳动力，也要计算由于劳动制度改革而带来的经济效益的提高，以及由此拓宽的就业门路。据有关部门估计，前两年我国城市隐性失业大军不下2000万人。也有人估计为2500万~3000万人[1]。另据有关专家估计，前两年因城市人不愿意干而空着的就业岗位至少有3500万个，其中约有1500万个空岗已由进城农民顶着干，缺员也在2000万人左右[2]。可见，如果做出上述计算，推行劳动制度改革，未必像有些人原来想象的那样，会出现那么大量的社会失业。

即使按社会失业达到2000万人计算，看来需要一大笔失业保险基金，据有的专家估计为400亿元。但这也不是根本无法筹集的。据统计，1988年，单是国家对国有企业的亏损补贴就达到了445.83亿元[3]。而企业亏损在很大程度上又是与大量的在职失业相联系的。因此，单是改革劳动制度，消除在职失业，就可以大大减少企业亏损补贴，从而增加国家用于失业保险基金的支出。更何况今后失业保险基金的筹集，并不需要国家单独拿，而是可以采取国家、企业和职工三家拿的办法。

---

[1]《人民日报》1988年6月13日。
[2]《经济日报》1988年9月7日。
[3]《财贸经济》1990年第9期，第14页。

可见，只要准确地把握改革方面的社会承受力，在价格劳动以及其他方面把改革逐步推向前进，是完全可能的。

认为搞改革就要影响稳定，也由于没有看到改革是促进经济稳定发展的重要因素，从而是促进社会承受力提高的重要因素。

当然，促进社会承受力提高的因素，也不只是限于改革，还有其他许多因素。如发展生产，提高经济效益，进行广泛深入的宣传等。而且需要提高对于改革承受力的也不只是限于群众，还有干部。经验表明：如果干部对于改革缺乏应有的革命激情和精神境界，而是囿于狭隘的眼光，畏首畏尾，那么改革的阻力将不只是来自某些群众，而且来自某些干部。这样，即使社会对于某些改革已经具有承受力，也不会被充分利用，以致失去改革的良机。

总之，在继续坚持治理整顿，保持并进一步发展改革所需要的、相对宽松经济环境的条件下，逐步加快宏观经济管理、市场和企业三方面的改革，逐步加大社会主义有计划商品经济新经济体制的分量，是可以做得到的。

试析2002年通货紧缩的特征*
——兼及通缩率和通胀率公式的修正

通货紧缩是与通货膨胀相对应的概念。前者是指由社会总需求增速下降、慢于总供给增速所引起的有效需求（即有购买力需求）不足（即供过于求）而导致物价全面持续下降；后者是指由有效需求过旺（即求过于供）导致物价的全面、持续上升。

但这只是一种抽象的理论概括。在实际经济生活中是不存在这种纯粹形态的通缩和通胀的。因为物价的升降总是由许多复杂因素引起的。就2002年物价下降来说，值得着重提出的有以下几点：

（1）**价值下降**。由于价值是决定价格的根本因素，所以分析从这里开始。一般说来，随着社会劳动生产率的提高，生产产品的社会必要劳动时间趋于下降，因而产品价值量也会下降。从中国改革以来，由于体制创新、结构优化、技术进步和管理加强的共同作用，不仅经济快速增长，社会劳动生产率也有显著提

---

* 原载《经济学动态》2004年第2期。

高。就 2001~2002 年的具体情况来看，按每个就业人口提供的国内生产总值计算，分别为 1.28887 万元和 1.38864 万元，分别比上年提高了 6.6% 和 7.7%[①]。这当然不是说，这些国内生产总值都是由劳动要素提供的，而是由劳动、资本和全要素生产率共同作用的结果。但这个数据确实表明：这两年社会劳动生产率有很大的提高。这是这两年物价下降的一个重要因素[②]。

（2）劳动成本下降。据估算，目前全国进城务工的农民工高达 1 亿人左右，大约相当于城镇就业人员的 40%，在作为支柱产业的建筑业工人中约占 80%。但他们的工资一般仅达到城镇工人的 1/2 甚至 1/3。如果考虑到福利方面的不同待遇，那差距就更大了。这种劳动成本低下的状况，也是价格下降的一个重要因素。

（3）供过于求。总的来说，供求关系的变化，使得价格围绕价值上下波动，并与价值趋于一致。但在供大于求的情况下，价格低于价值。从最重要方面来说，2002 年价格下降正是属于这种情况。仅从这方面来说，是一种典型的通货紧缩。

人们分析这种通货紧缩原因时，总是或多或少地过于强调投

---

① 《中国统计年鉴》（2002 年），第 51、117 页；《经济日报》2003 年 3 月 1 日。

② 这里要说明两点：一是改革以来，我国社会劳动生产率一直有很大提高，但人们往往只强调这期间经济增长率的提高（这当然也是必要的），但却多少有些忽视社会劳动生产率的提高。这就好像人们只强调美国在 20 世纪 90 年代初开始持续 100 多个月的经济高速增长，但都忽视了作为这种增长基础的社会劳动生产率的提高。二是改革以来，由社会劳动生产率提高导致产品价值下降，一直是存在的。但在物价上升的年代，人们不容易想到和看到这一点。到了物价下降但经济增长仍然很高的年代，就促使人们考虑这一点，也比较容易看到这一点。在这方面也有类似对美国经济的看法。在"9·11"事件后，美国经济进一步衰退的时候，但仍有很大活力。这种情况促使人们注意到美国经济即使陷入衰退时，劳动生产率仍然提高很快，这是其经济活力的重要源泉。

资率（或积累率）高，消费率低，从而导致最终消费需求不足，而似乎只要降低积累率，提高消费率，就可以解决通货紧缩问题了。

从直接的、根本的意义上，这种观点是对的。因为一般说来，消费总是需求最主要的组织部分，而且它是最终需求，是决定投资需求的。就我国当前的实际情况来说，积累率确实长期过高。在20世纪50年代下半期，人们曾经认为积累率在25%左右是合适的，80年代末和90年代初人们认为投资率在30%左右是合适的。但在实际上，1997年投资率达到33.5%。其后几年，随着以增长国债投资为最重要内容的扩张性财政政策的实行，投资率继续上升，到2002年已超过42%。在国际上，20世纪90年代以来，世界平均消费率约在80%，而我国在1990~2002年期间平均消费率在60%以下[1]。所以，无论是纵向比或是横向比，我国消费率确实过低。

但是，如果由此忽视我国实际存在的投资需求不足，就值得商榷了。这里首先涉及一个深层次而又被人们忽视的经济理论问题。按照马克思主义的观点，由购买力需求不足而引起的生产相对过剩的经济危机，其根本原因是资本主义的基本矛盾（即生产社会性与私人资本主义占有之间的矛盾）。由此派生的两个直接原因是：生产无限增长的趋势与人民消费购买力相对狭小之间的矛盾，以及企业生产的组织性与社会生产无政府状态之间的矛盾。如果说，前一个直接矛盾发展的结果，主要是消费需求不足，而后一个直接矛盾发展的结果，就绝不是引起消费需求不足，同时还会引起投资需求不足。还要看到：在技术进步和资本有机构成提高条件下实现扩大再生产，尽管不会改变消费需求在

---

[1] 《经济日报》2003年4月28日。

社会总需求中占主体地位的状态,但投资需求的比重是会上升的。如果仅从这方面来说,投资需求不足的情况更为严重。从一般意义上,上述两个派生矛盾的作用,对社会主义条件下的市场经济也是适用的。

就我国的实际情况来看,消费需求不足的矛盾暴露很突出。1997年以来,我国消费品供过于求的状况逐年加重。到2002年下半年,在600种主要商品中供求平衡的商品占到16%,供过于求的商品高达84%,没有供不应求的商品①。但投资需求不足的矛盾也很尖锐。据有关单位统计,1997年900多种工业产品中(其中相当大的部分是投资品),有半数以上生产能力利用率在60%以下。此后几年这种情况并无根本好转,甚至有所加剧。还有,1998~2000年,共发国债投资6600亿元,连同配套投资3万亿元,大约每年拉动经济增长率1~2个百分点。这说明以发行国债投资为重点的扩张性财政政策在促进这几年经济增长中起了十分重要的作用。但同时也表明我国投资需求不足的情况是严重的,从而为发行国债投资提供了巨大的发展空间。

所以,无论是消费需求或者投资需求均存在不足的状况,由此拉动物价下降。这是一种真正意义上的通货紧缩状态。

(4)竞争的不足和过度。一般说来,竞争的总趋势是使供求关系趋于平衡,从而使价格接近价值。并且通过价值下降引起价格下降。但在中国当前除了这些以外,还有许多特殊因素促使价格下降:①竞争还未充分展开。这是由于国有企业改革还没真正到位,还没有形成退出机制。还由于发展非国有经济存在不少限制(如市场准入和融资等),不能依靠市场竞争的力量迫使诸如生产已经过剩而又经营亏损的国有企业退出市场。这种状况,

---

① 《经济日报》2003年2月20日。

使得许多产品供过于求的状况迟迟难以改变。②过度竞争。其在生产领域的突出表现是过多的重点建设。必要的重复建设，是竞争得以展开的必要条件，是市场经济发展的常态。但中国当前的问题是重复建设过多。这有两方面因素：一方面是旧体制包含的行政性因素。诸如政企还未真正分开，地方保护主义，各级行政官员追求政绩。另一方面是市场经济内涵的盲目性。这种盲目性在各种所有制经济中都是存在的。但由于改革深化，国有经济在国民经济中的比重逐步缩小，非国有经济比重逐步加大。所以，后者在过多的重点建设方面的作用也在加大。而且，中国现阶段已处于产业结构急剧变化的时期，而某些急需发展的行业往往是高利润的行业（如当前的汽车和住宅业）。而在市场竞争无序的情况下，政府和国有企业和非国有企业都争着上[①]。于是某些行业很快出现过多的重复建设。过度竞争在流通领域的表现，就是在市场竞争无序和监管不力的情况下，大打超常的价格战。价格战是与市场经济发展相伴随的正常现象。但把价格降到成本甚至成本以下的价格战则是不正常的。同时出现的还有假冒伪劣产品盛行，而这些产品价格要低得多。上述各点都是导致价格下降的重要因素。这里需要指出，人们在谈到过度竞争时，往往只提流通方面，忽视甚至不提生产方面。这是不全面的。

（5）垄断行业的改革。一般说来，垄断包括自然垄断、经济垄断和行政垄断。而且，由于垄断利润高于平均利润，垄断价格高于生产价格。因此，充分发挥市场经济在优化资源配置方面的作用，必须破除垄断，由此可以导致价格的下降。中国当前在

[①] 房地产业在2003年上半年已经出现了某些过热现象。但在这方面不仅有国有企业的参与，也有非国有企业的参与。比如，北京市近年来民营企业投资的70%以上都是这个领域。

这方面的特点是：由于传统计划经济体制的影响，不仅存在自然垄断和经济垄断，特别是还存在行政垄断，而第一种、第二种垄断总是与第三种垄断相结合的。但是，随着中国国有企业改革的发展，必然深入到垄断行业。而且，国际经验表明：随着专业化分工的发展和科学水平的提高，人们越来越清楚地看到：几乎所有的自然垄断行业都可以区分为两个部分：既有自然垄断性业务（生产环节），又有非垄断性业务（生产环节）。比如，在电力行业中，只有高压输电和低压配电属于自然垄断性行业，而电力设备供应、电力生产和供应则是非自然垄断性业务。这种认识的发展，也促进了我国垄断行业改革的深化，由此导致相关行业价格下降。近几年来，这种情况在电力、铁路、民航和通信等方面，已经表现得越来越明显。

（6）价格监管。国家的宏观经济管理，是现代市场经济不可分割的重要组成部分。价格监管是其中的一个重要内容。改革以来，特别是近几年来，政府在价格监管工作方面的力度大大加强，促进了价格的下降。这一点在改变药价虚高方面表现得尤为明显。当然，这项工作也仅仅是有了一个良好的开端。

（7）加入世界贸易组织。从本质上说，经济全球化是生产资源在世界范围内的优化配置，其根本倾向是价格下降。我国在2001年12月11日加入世界贸易组织，2002年是入世后的第一年。入世意味着我国经济在更大范围、更深程度上融入世界经济，在各方面都会发生深刻的影响。就价格来说，由于关税的下降，与放宽进口限制相联系的大量商品（特别是廉价商品）的进口，加剧了国内市场的竞争，从而成为2002年价格下降的一个因素。

总结起来说，2002年通货紧缩具有以下几个特点：①通货紧缩程度不深，属于轻型的。②就2002年从年初到年末各月相比较，以及2002年与2003年相比较而言，通货紧缩程度是下降的，属于缓解型的。③就导致物价下降的原因来看，是由多种因素引起的。而就导致纯粹形态通货紧缩来说，只有上述第（2）点（即消费和投资需求不足），其余几点均不是。因而，严格说来，2002年物价下降，其中一部分属于纯粹的通缩，一部分则不是。所以2002年的通货紧缩是混合型的。④就2002年物价下降的作用来说，上述第（1）、（5）、（6）、（7）点都是中国改革开放和现代化建设的巨大成果，因而是有益的。第（4）点是有害的。但终极说来，也不是由物价下降造成的，而是由于改革不到位造成的。只有第（3）点对经济发展是有害的。诸如由价格下降导致资本利润、投资能力和投资信心下降。但事物都有两重性，即使在这点上也有积极作用的一面。诸如促使企业改进技术和管理，降低成本。所以总的来说，2002年这种混合型通货紧缩的作用是两重的。但其积极作用是主要的。从这点说属于有益型的。这一点已由前述的2002年经济增速的提升和经济效益的改善（如社会劳动生产率的提高）充分证明了。这样说，当然不否定2002年政府继续采用的、旨在制止通货紧缩的积极财政政策和稳健货币政策的作用，恰恰是以这一点为前提的。因为如果不继续采取这些刺激需求的政策，通货紧缩的程度及其后果都会严重得多。

这样，就可以说明人们心中经常存在的一个疑问：为什么2002年经济增速上升了，但物价反而下降了。然而只要全面把握了上述2002年通缩的四个特点，这个问题也就清楚了。问题的关键在于：导致这年物价下降大部分因素［如上述的第（1）、（5）、（6）、（7）点］，既是提高经济增速的因素，也是促进物价下降的因素。

这里还要澄清两个截然相反的观点：一是笼统地把2002年

的通货紧缩看作是经济不稳定的因素。这是一种流行的观点。实际上，如前所述，只有那部分纯粹的通货紧缩才是经济不稳定的因素，而作为混合型通货紧缩主要不是经济不稳定的因素，而是促进经济发展的因素。二是把 2002 年的物价下降笼统地称为"有效降价"。① 这种观点从主要方面来说是正确的，但也有不全面的地方，忽视了 2002 年物价下降确实包含了一部分典型的通货紧缩，以及由此带来的消极作用。

但这样也给理论研究提出了一个重要课题。人们习惯于把通货紧缩等同于物价下降，自觉不自觉地信守这个恒等式：通货紧缩率 = 物价下降率（以下简称公式①）。但依据上述分析，只有在纯粹的通货紧缩形态下，这个公式才能成立。而在混合型的通货紧缩情况下，物价下降率应该首先减去由上述的第（1）、（2）、（4）、（5）、（6）、（7）个因素导致的物价下降率，才等于纯粹的通货紧缩率。这样，公式①需做如下修正：通货紧缩率 = 物价下降率 - 由各种非需求不足因素引起的物价下降率（以下简称公式②）。

依据上述大体类似的道理，通货膨胀率 = 物价上涨率的流行公式（以下简称公式③）也有值得斟酌的地方。这个公式也只是在纯粹的通货膨胀形态下才能成立。但在实际上，通货膨胀也往往是混合型的。仅就问题的基本层面说，价格是价值的货币表现。所以，在实行金属货币制度的条件下，商品价值的上升和货币价值的下降都会引起物价的上涨。但这都不是典型的通货膨胀。在当前实行纸币制度的条件下，由货币价值下降导致物价上升的因素不存在了，但由于商品价值上升而引起物价上升的因素还是存在的。这一点在农业和矿业中表现得较为明显。农业大面

---

① 《经济研究》2003 年第 7 期，第 5~7 页。

积受到自然资源和重要矿产资源严重衰竭的影响，都会引起这些产业社会劳动生产率的下降，从而导致价值上升，并进一步造成价格上升，从而在不同程度上影响物价指数的上升。由成本推动的价格上升，也是属于这个情况。基于此，公式③需做出修正：通货膨胀率＝物价上涨率－由各种非需求过旺因素引起的物价上涨率（简称公式④）。

上述分析，无论在理论上和实践上都是必要的。因为这是正确地估计通缩或通胀形势和恰当地掌握宏观经济调控力度的重要前提。特别是在通缩方面，我国工业化和现代化以及深化经济改革的进程中，由于社会劳动生产率的迅速提高而导致价值下降从而价格下降，以及由深化改革直接导致价格下降的情况是经常存在的，而且在物价下降中占有很大的比重。这样，上述分析对于比较科学地估计通缩形势，以及采取相应宏观经济政策，都是尤为重要的。

当然，结合各个年度的具体情况，如何将上述公式进一步具体地量化，还是一个难度很大的研究课题。

略论新一轮经济周期的特征及其战略含义*

一 新一轮经济周期运行的特征

回顾中国经济近年来的发展历史,如果以作为低谷年的 1999 年为起点考察新一轮经济周期,我们就可以看到,当前宏观经济形势的总体特点是经济快速、平稳、持续发展,而且是新中国成立以后的第一次。这可以从以下四个方面得到证明:

第一,就周期的构成阶段看,不仅不会出现由经济因素和政治因素相结合而形成 1961 年那种危机阶段(这年经济增长 -27.3%),也不会出现由政治因素形成的 1976 年那样的危机阶段(这年经济增长 -1.6%),而且也不会出现 1990 年那样的近乎衰退的阶段(这年经济增长 3.8%),仅仅由经济增长在合理的区间(7%~9.5%)运行的上升和下降两个阶段构成。

第二,在经济上升阶段,不仅在上升时间上是新中国成立以后各个周期的最多年份,更是在合理增长区间上限内运行的最多年份(年增长 8%~9.5%)。我国改革开放以后的 1979~2004

---
* 原载《光明日报》2005 年 11 月 1 日。

年的年均增长率为9.4%。这可以看作是潜在增长率。但它有一个合理的增长区间，其下限可以定为7%，上限可以定为9.5%，合理的增长区间为7%~9.5%。在以前的8个周期，上升阶段的上升年份（包括波峰年份）最多为3年，最少为1年；在合理增长区间的上升年份更少，最多为1年，最少为0年。而在新一轮周期，这两个数字均为4年。这是到2004年为止的数字。但依据目前的情况看，在合理增长区间上限内运行的年份至少还可以延续到2010年。

第三，在这个周期的下降阶段，也将在经济增长合理区间下限内运行（年增长7%~8%）。

第四，就经济增速波峰和波谷年份的波动幅度看，不仅不会是以往周期多次发生的超强波周期（波幅20个百分点以上）、强波周期（波幅10个百分点以上），也不会是中波周期（波幅5~10个百分点），而是首次出现的轻波周期（波幅5个百分点以内）。

决定上述特点的有以下因素：经济全球化条件下改革开放效应；知识经济时代科技进步效应；我国当前工业化中期阶段效应；积累了适应现代市场经济发展要求的宏观调控经验；经济大国效应；中国仍然可以赢得一个较长时期的国际和平环境。上述特征及其决定因素证明：中国21世纪初一个相当长的时期内面临着重要战略机遇期，能够实现经济快速平稳持续发展。这也就是新一轮经济周期运行特征的战略含义。同时表明：作为国民经济的基本风险的经济过热已趋大大缓解。

但这并不是说，2003年下半年开始的局部经济过热已经消除或根治。要实现快速平稳持续发展，就必须着力推进经济改革、结构调整和增长方式转变，并加强和改善宏观经济调控。

二 要下大力气逐步降低投资率,提高消费率

从价值(货币)形态考察,过高的投资率,是投资膨胀在资金方面的基础。这在当前经济总量已达到巨大规模的条件下尤为如此。当前我国工业化正处于作为资金密集型产业的重化工业阶段,又要补偿多年积累下来的环保和生态建设的巨额投资。问题是:投资率长期偏高,2003年和2004年达到了登峰造极的地步。这两年全社会固定资产投资增长了27.7%和25.8%,大大超过了消费增长速度。投资率也上升到47.39%和51.33%。2004年投资率比三年"大跃进"的最后一年1960年还要高出15.59个百分点,比经济过热的1993年也要高出13.59个百分点。

新中国成立后的历史表明:投资是多次发生的经济过热的第一推动力。投资率过高的另一面就是消费率过低。这必然会形成局部经济过热与部分消费不足并存的局面。当前我国大部分消费品供求是平衡的,但也有相当一部分是供过于求。若听任上述局面的发展,也会酿成严重的相对生产过剩的经济危机。因此,要下大力气逐步降低投资率,提高消费率。

在降低积累率方面,当前需要采取的措施主要是:(1)对地方政府的投资冲动,需要通过深化改革加强依法行政,树立中央权威,广泛宣传科学发展观来加以抑制;对企业投资的盲目性,需要通过财税政策和信贷政策的诱导以及发布经济信息等手段,引导到符合国家产业政策的方向上去。(2)对与经济过热相关的引进外资、外贸顺差和外汇储备的规模也需做出适当调整。适当的外汇储备,对于增强我国经济实力,防患金融风险,加强国家安全,是完全必要的,但发展要有度。2003~2004年两年增加的外汇储备比1978~2002年增加总和还要多出379.4亿美元。这些

无疑是促进这两年我国经济持续快速发展的重要条件。因此,在发展对外经济贸易关系方面,不仅首先要花大力气在提高质量和调整结构上下功夫,而且要在规模上做出适当安排。

在提高消费率方面,当前需要采取的主要措施是:1. 提高居民收入。(1)提高农村居民(特别是西部地区农村居民)收入水平。一要依据工业反哺农业的方针和建立公共财政的要求,财政支出向农业生产、基础设施和教育、卫生等方面倾斜;二要通过经济改革和科技兴农等措施,提高农业劳动生产率。(2)提高城镇居民(特别是其中的低收入的居民)的收入水平。一要积极扩大就业,提升就业率在宏观经济调控中的地位;二要在扩大就业的基础上,提高劳动力价格。劳动成本低,在提高产品的国际竞争力和提高企业的积累等方面有好处,但不利于劳动力资源的合理配置,不利于克服内需不足。因此,必须逐步改变劳动力价格过低状况。当前需要采取以下措施:一是要整顿和规范劳动力市场。建立规范的劳资谈判机制,发布和调整工资指导限,加强法制建设,发挥工会的作用,大力推进城乡二元体制改革。2. 提高消费倾向。农村居民和城市低收入居民是消费倾向最高的两个社会群体,提高了他们的收入水平就意味着从最主要方面提高了消费倾向。3. 改善消费预期。加速建立覆盖全社会的、不同层次的、包括养老失业和医疗在内的社会保障体系;加快公共财政建设,规范教育收费;建立健全社会和个人信用制度,改善金融业的信贷服务。

三 调整和完善产业结构政策

从使用价值和价值相统一(商品)形态考察,总供给与总需求失衡,不过是结构失衡的表现。要消除经济局部过热,实现经济发展持续平稳快速,还需调整和完善产业结构政策。除了要把发展农

业放在突出位置以加速农业发展以外,还要注意以下方面:

第一,适度地优先发展第三产业,即适当地以比工业增速更高的速度发展第三产业。我国第三产业发展滞后由来已久,当前已发展到很离奇的地步。在1952~1978年建立和实行计划经济体制时期,第三产业增加值占国内生产总值的比重,由28.6%下降到23.7%。改革以来,到1994年这一比重上升到34.3%,其后10年虽有波动,但总的趋势是下降的,到2004年下降到31.8%。这并不符合工业化和现代化的规律。诚然,我国第三产业比重低,有统计低的因素。但即使考虑到这一点,其比重也是过低的。从实现经济发展的持续平稳快速的视角考察,从整体上说来,发展第三产业需要的投资比较少,在经济增速上升阶段,对缓和可能出现的投资膨胀是有益的。它的就业容量大,扩大需求的作用大,在经济下降阶段,对缓解可能出现的内需不足也大有好处。但是,提出适度优先发展第三产业,不仅是以我国第三产业发展严重滞后为依据,还是以第一产业特别是第二产业已有强大发展作为物质基础的。而且,在这方面,第三产业与第一产业是不同的。对第一产业来说,提出加速发展是可能实现的,但如果提出优先发展,则是不现实的。而发展第三产业则不同,从总体上说来,它不像发展农业那样,会受到土地这种自然条件的限制,也不像发展工业那样,会受到资金、人才和资源的限制;第三产业生产门类极为众多,社会需求极为巨大,发展空间极为广阔,而我国极为丰富的劳动力资源,以及国有企业、集体企业的改革深化和非公有经济的迅速发展,又在这方面提供了极为有利的条件。据此可以认为,适度优先发展第三产业是能够做到的。

第二,适当降低重工业发展速度,并相应提高轻工业的发展速度。到1985年,我国轻重工业比例关系就趋于协调了。此后直到1998年,都大体保持了这种协调关系。1986~1998年,轻重工业产值的对比关系在 46.3~49.4、53.7~50.6 的幅度内波动。但在 1999 年以后,主要是 2003 年以后,这种对比关系又开始陷入不协调状态。在 1999~2003 年 5 年间、轻工业产值比重由 41.9% 下降到 35.5%,重工业由 58.1% 上升到 64.5%。这一点同这期间重工业发展过快直接相关。这 5 年重工业增速依次为 13.5%、20.0%、16.2%、19.1%、33.4%;依次比轻工业高出 2.3、7.0、3.9、2.0、18.6 个百分点;2004 年又高出 3.4 个百分点。诚然,我国正处于重化工业发展阶段,重工业速度可以而且必须高一些。但重工业现在的发展速度过快了(即使按同一口径计算,重工业的发展速度也过快)。新中国成立后,每次经济过热,重工业增速过快都成为带头羊。2003 年下半年以来的经济局部过热亦如此。由于重工业发展速度过快,会带动固定资产投资的膨胀,并由此引起煤电油运供应紧张和物价上涨。当前适当降低重工业的增长速度,是治理经济局部过热,实现经济持续平稳快速发展的一个重要条件。

第三,在推行财政货币双稳健政策的同时,提升土地政策在宏观经济调控中的战略地位,实行严格管理的土地政策。土地和资金、劳动力都是最基本的生产要素,在宏观经济调控中理应居于重要的战略地位。我国原本人均土地很少,土地是最紧缺的资源。而在当前工业化的中期阶段中,作为支柱产业的建筑业的作用会提升,城镇化也会提速,其战略地位就显得更为重要。这不仅在理论上说是这样,在实践上也是如此。面对 2003 年下半年以来经济局部过热的情况,党和政府强调同时把好土地和信贷两个闸门,取得了良好效果。也就是说,提升土地政策在宏观经济调控中的战略地位,完善土地政策,严格管理,在制止这次局部经济过热方面起了十分重要的作用。这是我国宏观调控政策的一大发展,应当坚持。

试论"十五"期间投资率和消费率的运行特征及其变动趋势*

投资率和消费率是国民经济中最基本的比例关系之一。在"十五"期间即将结束、"十一五"期间即将开始时,剖析"十五"期间投资率和消费率的运行特征及其变动趋势,采取相应对策,是一件很有意义的事。

按照国内外统一的统计口径,依支出法计算的国内生产总值包括最终消费、资本形成总额和货物、服务净出口。最终消费包括居民消费和政府消费,资本形成总额包括固定资本形成总额和存货增加。本文主要是研究居民消费率和固定资本形成总额。当然,也会涉及政府消费和存货增加。此外,还会涉及全社会固定资产投资率①。

---

* 本文是为"中国社会科学院首届中国经济论坛"(2005年10月)提供的论文,原载《中国社会科学院研究生院学报》2006年第1期。

① 有关这些概念的解释,参见《中国统计年鉴》(2004年),中国统计出版社2005年版(下同),第85~86、266页。

一 20世纪50年代以来世界各国投资率与消费率的运行轨迹及其与我国"十五"时期之比较

如果仅就20世纪50年代以来的情况来看，世界各国投资率与消费率运行轨迹具有以下特征：

（1）投资率经历了先升后降的过程，而消费率则经历了先降后升的过程。

依据钱纳里等人的研究，1950～1970年期间，101个国家平均投资率由13.6%上升到23.4%，消费率由89.8%下降到76.5%。依据世界银行发展指数数据库的资料（以下简称世界银行的资料）在1970～2002年期间，世界各国平均投资率由25.6%下降到19.9%；消费率由74.2%上升到79.6%。

决定这个特征的主要因素，是在上述期间世界各国都不同程度地经历了工业化和现代化的过程。就其和投资率与消费率的变化相联系的角度说，这个过程包括三重含义：一是在产业结构方面，先是第二产业比重较第一产业比重上升，后是第三产业比重较第二产业比重上升。二是在需求结构方面，先是对工业品需求的比重上升，后是对服务业产品需求的比重上升。而就对投资的需求来说，发展工业比发展农业所需要的投资多，发展第三产业需要的投资比发展工业要少。三是在储蓄率方面，伴随人均收入的提高，储蓄率也是由低走高的。而这一点正是投资率由低走高在资金方面的基础，事实也正是这样。上述的101个国家在1950～1970年期间储蓄率由10.3%上升到23.3%。与此相联系，投资率也由13.6%上升到23.4%。但在第二次世界大战以后，与现代化相伴随的是由国家调控的现代市场经济的发展。这种体制在熨平经济周期波动方面的作用愈来愈明显，对投资的推动作用趋于平稳。同时，在这种体制下社会公平的原则得到较好实现。特别是伴随公共财政体制和社会保障制度的建立和健全，一方面从税收方面遏制了企业主投资需求的增长；另一方面，增加了低收入阶层的实际收入，提高了中等收入阶层的比重，从而消费倾向也随之提高。这些因素以及其他相关因素的作用，又使得储蓄率在上升到一定阶段后又趋于平缓下降。依据世界银行的资料，在1970~2002年期间，世界各国储蓄率由25.8%下降到20.4%，在22年间下降了5.4个百分点。上述三点就从产业结构、需求结构和储蓄率这三个重要方面决定了投资率由升趋降、消费率由降趋升的过程。诚然，上述各点主要是就经济发达国家的情况来说的。但正是这些国家在世界经济总量中占了大部分，从而主导了包括投资率和消费率变化在内的经济发展趋势。

（2）以上是就世界各国投资率和消费率总的趋势说的。

但是，在实际上，低收入国家、中等收入国家和高收入国家（以上三类国家2002年的人均国民总收入分别为430美元、1850美元和26490美元）的投资率和消费率的运行轨迹是有很大差别的。据世界银行的资料，其中低收入国家的投资率由1970年的15.7%上升到1995年的25.2%，再下降到2002年的19.7%；中等收入国家由1970年的22.9%上升到1980年的27.2%，再下降到2002年的23.4%；高收入国家由1970年的26.5%下降到2002年的19%。可见，在这32年中，低收入国家和中等收入国家的投资率都经历了先升后降的过程（前者上升时间经历了24年，下降时间经历了8年，后者分别为10年和22年），只有高收入国家是逐步下降的。与此相应的是这些国家消费率的变化过程，这是其一。其二，上述数字同时表明：直到2002年，上述三类国家的投资率也还有很大差别，依次分别为19.7%、23.4%和19%。其三，投资率由升到降、消费率由降到升的拐点，世界各国也有很大的差异。就世界各国的平均投资率来看，这个拐点大约发生在人均收入1000美元，但其中中等收入国家不到1000美元，低收入甚至不到400美元。

将上述世界各国投资率和消费率的运行轨迹与我国"十五"期间的有关情况做一下比较，就可以清楚地看到：①我国投资率由1952年的22.2%上升到2000年（"九五"时期的最后一年）的36.4%以后，"十五"期间仍在继续上升，到2004年上升到43.9%①，2005年还要上升。可见，我国投资率的上升时间，已经长达54年。这个数字比上述世界各国平均投资率的上升时间长了34年，比其中低收入国家长了10年，比中等收入国家长了24年。②2004年的投资率比2002年世界各国平均投资率高24个百分点，比其中的低收入国家高24.2个百分点，比中等收入国家高20.5个百分点，比高收入国家高24.9个百分点。③即使在21世纪初人均收入已经超过1000美元以后，投资率也没有出现由升到降的拐点，还在继续上升。总之，与世界各国平均投资率的运行轨迹相比较，我国投资率上升时间最长，当前投资率最高，出现拐点的时间最迟。

二 "十五"时期投资率和消费率运行轨迹与前九个五年计划时期之比较

我国"一五"时期的投资率和消费率分别为24.7%和75.6%，1958～1960年"大跃进"时期分别为38.1%和61.5%，1961～1965年经济调整时期分别为21.9%和77.2%，"三五"时期分别为28.3%和71.4%，"四五"时期分别为

---

① 《中国统计摘要》（2005年），中国统计出版社2005年版（下同），第31页。

34.1%和65.6%,"五五"时期分别为35.5%和64.6%,"六五"时期分别为34.5%和66.1%,"七五"时期分别为36.7%和63.4%,"八五"时期分别为40.3%和58.7%,"九五"时期分别为37.6%和59.4%,2001～2004年分别为40.9%和56.8%。可见,与以往九个五年计划时期相比较,2001～2004年投资率是最高的,消费率是最低的;投资率最多要高19个百分点,最少也要高0.6个百分点;消费率最多要低20.4个百分点,最少也要低1.9个百分点。

上面做的是各个时期的比较,如果做年份比较,其差距更明显。2004年投资率高达43.9%,比最低的1962年高28.8个百分点,消费率只有53.6%,要低30.2个百分点;比"大跃进"期间投资率最高年份1959年高1.1个百分点,消费率要低3个百分点;比改革以来投资率最高年份1993年也要高0.4个百分点,消费率要低4.9个百分点。如果再考虑到2005年投资率要进一步上升,消费率要相应下降的情况,那上述差距还要大一些。

如前所述,资本形成总额包括固定资本形成总额和存货增加,消费包括居民消费和政府消费。现在我们分析这两者的内部构成的变化,进一步说明"十五"时期投资率过高、消费率过低的严重程度。

如果考虑到2001～2004年固定资本形成比重上升,存货增加比重下降的情况,那么,这期间实际形成的投资率比重比上述情况还要高一些。这期间固定资本形成总额比重和存货增加比重分别为99.03%和0.97%。前者比"一五"时期要高31.5个百分点,比1958～1960年要高22.5个百分点,比1961～1965年要高14.8个百分点,比"三五"时期要高24.3个百分点,比"四五"时期要高21.3个百分点,比"五五"时期要高17.2个百分点,比"六五"时期要高16.7个百分点,比"七五"时期要高20.6个百分点,比

"八五"时期要高13.5个百分点,比"九五"时期要高5.7个百分点。可见,2001~2005年,同以往九个五年计划时期相比,固定资本形成比重是最高的,最多高出31.5个百分点,最低也要高出5.7个百分点。其对应的数字,就是存货增加低出的数字。这些数字进一步说明了投资率过高的严重程度。

如果再考虑到2001~2004年政府消费比重上升和居民消费比重下降的情况,那就可以进一步看到居民消费率下降的严重程度。这期间居民消费比重为78%,政府消费比重为22%。居民消费比重比"一五"时期下降了5.5个百分点,比1958~1960年下降了4.8个百分点,比1961~1965年下降了5个百分点,比"三五"时期下降了5.4个百分点,比"四五"时期下降了3.2个百分点,比"五五"时期下降了0.8个百分点,比"六五"时期下降了0.9个百分点,比"七五"时期下降了2.4个百分点,比"八五"时期下降了0.6个百分点,比"九五"时期下降了1.4个百分点[①]。可见,与以往9个五年计划时期相比,2001~2004年居民消费率是最低的,最多低5.5个百分点,最少也低0.6个百分点。

总之,与以往九个五年计划时期相比较,"十五"期间的投资率是趋于巅峰,特别是固定资本形成率更是如此;而消费率则跌入低谷,居民消费率尤其这样。

三 "十五"期间高投资率低消费率的形成原因

上述的国际比较和国内历史比较均表明:我国"十五"期间投资率是最高的,消费率则是最低的。这究竟是什么原因呢?

---

① 《中国统计摘要》(2005年),第31~33页。

明确这一点，对于预测"十一五"期间投资率和消费率的发展趋势，采取相应的对策，是完全必要的。

"十五"期间我国投资率继续上升主要是由下列一些重要因素决定的：

（1）就形成投资率走高的经济机制来说，经济改革以前，国有经济（包括中央政府和地方政府以及国有企业）内含有投资膨胀机制。改革以来，随着政府职能的逐步转变和国有企业改革的逐步推行，在中央政府和改制已经到位的国有企业，投资膨胀机制已有很大的削弱。但由于这些改革均未到位，国有经济原来包含的投资膨胀机制并未根本消除。在改制尚未到位的国有企业是这样，在地方政府方面则表现得尤为明显。比如，2000～2004年，由中央管理的项目投资由6433.8亿元增长到6453.9亿元，只增长了0.3%；而由地方管理的项目投资则由26483.9亿元猛增到63618.8亿元，增长了1.4倍[①]。诚然，后者包含了由中央政府统筹安排给地方政府的资金，还包含了非国有企业的投资。因而，它的高速增长有合理成分。但即使考虑到这些，由地方政府推动的投资的增速也大大超过了中央政府的投资。它突出地反映了由政企分开、财税改革和干部制度改革不到位等因素而导致的地方政府投资机制的膨胀。

非国有企业在改革以后资金积累已有了很大增长。在法律和政策环境逐步改善，市场准入和要素运用等方面限制逐步放宽的情况下，它们的拓展空间愈来愈大。"十五"期间经济增长提速，这些就使得它们的投资迅速增长，占全社会固定资产投资的比重迅速上升。2000～2003年，非国有经济投资由16413.3亿元增长到33905亿元，占全社会固定资产投资比重由49.9%上

---

① 《中国统计摘要》（2005年），第52页。

升到61.1%。这种增长必然带有盲目性。

21世纪初,经济发达国家为了发挥它们在众多高科技领域居领先地位的优势,维护其在国际分工的产业链条中的高端地位,继续将中低端产品的生产向发展中国家转移。而我国拥有市场容量大、劳动力数量多、要素价格便宜和社会稳定等方面的优势,从而成为跨国公司的投资热点,这种情况在21世纪初达到一个新的高点。外商直接投资由2000年的407.2亿元增长到2004年的606.3亿元,增长了48.9%[①]。

上述三方面投资机制都会促使"十五"期间投资迅速增长。

(2)当前我国正处于工业化的中期阶段。就其与提高投资率的关系来说,有三点值得重视。一是在这个阶段,重工业发展较快,占的比重也较大。而这类工业是资金密集型工业,它的发展需要追加的投资较多。而就近几年的情况看,它的发展速度又过快了。这是促使投资率上升的重要因素。二是人均收入已经超过1000美元,这个阶段在经济上的重要特点之一就是消费结构变化很快,由此带动的生产结构变化也快,于是经济增长提速。而且,我国当前消费结构升级正处于由千元级向万元级、10万元级过渡的阶段。其突出表现就是对住宅和汽车等的需求快速增长。尽管过去计划经济体制下形成的平均主义还远没有消除,但由于经济转轨时期各种特殊矛盾的作用,居民收入差别迅速扩大。在居民中已有部分人群的收入水平很高。这些人在全国人口中的比重很少,但由于我国人口多,这些人的绝对量也不小。他们对住宅和汽车等的需求量就很大。而这些产业的利润率又高,其本身发展的动力就很强。而且其产业关联度又大,由此也会带动经济增长提速,投资率上升。三是我国虽然处于工业化中期阶

[①] 《中国统计摘要》(2005年),第169页。

段，但由于处于知识经济已经开始到来的时代，因而在一定程度又是与现代化相结合的，而许多现代产业都是资金技术密集型产业。

（3）中国新一轮经济周期的特点，也是推动投资率上升的重要因素。如果我们以作为低谷年的1999年（这年经济增长7.1%）为起点考察新一轮经济周期的运行，就可以看到以下重要特点：①就周期的构成阶段看，不仅不会出现由经济因素和政治因素相结合而形成1961年那种危机阶段（这年经济增长-27.3%），也不会出现由政治因素形成的1976年那样的危机阶段（这年经济增长-1.6%），而且也不会出现1990年那样的近乎衰退的阶段（这年经济增长3.8%），仅仅由经济增长在合理的区间（7%~9.5%）运行的上升和下降两个阶段构成。②在经济上升阶段，不仅在上升时间上是新中国成立以后各个周期的最多年份，更是在合理增长区间上限内运行的最多年份（年增长8%~9.5%）。在以前8个周期，上升阶段的上升年份（包括波峰年份）最多为3年，最少为1年；在合理增长区间的上升年份更少，最多为1年，最少为0年。而在新一轮周期，这两个数字均为4年。这是到2004年的数字。但依据目前的情况看，在合理增长区间上限内运行的年份至少还可以延续到2010年。③在这个周期的下降阶段，也将在经济增长合理区间下限内运行（年增长7%~8%）。④就经济增速波峰年份和波谷年份的波动幅度看，不仅不会是以往周期多次发生的超强波周期（波幅在20个百分点以上）、强波周期（波幅在10个百分点以上），也不会是中波周期（波幅在5~10个百分点），而是首次出现的轻波周期（波幅在5个百分点以内）。将上述四个特点概括起来可以清楚看出：当前宏观经济形势的总体特点是经济快速、平稳、持续发展。这在新中国成立以后是第一次。

决定上述特点的有以下重要因素：一是经济全球化条件下改革开放效应；二是知识经济时代科技进步效应；三是我国当前工业化中期阶段效应；四是积累了适应现代市场经济发展要求的、全过程的宏观调控经验；五是经济大国的正面效应；六是中国仍然可以赢得一个较长时期的稳定的社会政治局面；七是就当前的国际形势看，我们仍然可以赢得一个相当长的国际和平环境。

显然，新一轮经济周期的上述特点不仅是促使"十五"期间投资率上升的重要因素，而且会使投资率在高位上稳定下来。

（4）当前我国经济增长方式的主要特点是粗放型的，经济增长主要依靠包括资金在内的要素投入。这样，经济增长提速必然带来投资率的上升。

（5）区域发展战略的全面实施，也是投资率上升的重要因素。我国在2000年前后相继提出并实施了东部率先实现现代化、西部大开发、振兴东北等老工业基地、中部崛起等项区域经济发展战略。这就必然会带来投资率的上升。

（6）城乡居民储蓄率的迅速攀升，是支撑投资率上升的资金基础。2000~2004年，我国城乡居民储蓄率由10%上升到21.7%[①]。但这期间储蓄倾向的上升，并不只是一般地由于居民收入的提高，还特殊地由于收入差别扩大导致储蓄倾向高得多的高收入人群的增加。

（7）金融体制改革滞后和金融机构功能不健全，对投资率的提高也有重要的影响。其突出表现有二：一是利率市场化改革还没有到位，大大限制了它在抑制投资需求上升方面的功能。二是金融机构单纯为生产服务的面貌改变并不大。2001~2004年，城乡居民储蓄占金融机构资金来源的比重在42.5%~47.6%之

---

① 《中国统计摘要》（2005年），第39、84、102页。

间波动，但在资金运用方面，用于城乡居民的消费信贷则微乎其微。至于证券市场方面的情况则更是如此。在上述期间，股票发行、国债发行、企业债券发行和证券投资基金的总额由9093.7亿元增加到17709.1亿元①；而这些方面的资金运用，几乎同消费无缘。

总体说来，与投资率相对应的是消费率，因而投资率的提高就意味着消费率的下降。但具体说来，正像上述一系列推动投资率上升的因素一样，也有一系列因素促使消费率下降。但在这里只是分析作为消费率主要组成部分的居民消费率下降的因素。

就"十五"期间的情况来看，居民消费率下降，在一定程度上是同政府消费率上升相联系的。与"九五"期间相比，2001～2004年政府消费率在整个消费率中占的比重由20.6%上升到22%，居民消费率由79.4%下降到78%。这一点是同政企、政事分开和行政体制改革不到位，以及由此必然造成的行政管理费大量增长相联系的。2000～2003年，行政管理费由1787.59亿元增长到3437.68亿元，占政府消费的比重由15.2%上升到23.2%②。

但就居民消费率的下降来说，也还有与它本身直接相关的一系列因素的作用。

（1）居民收入水平低。从总体上说，新中国成立以来，特别是改革以来，居民收入有了空前未有的大提高。但直到2004年，农村居民家庭人均纯收入仅有2936元，城镇居民家庭人均可支配收入也只有9422元。收入水平低是同收入水平的增速低于经济增速和社会劳动生产率的增速直接相联系的。如果以

---

① 《中国统计摘要》（2005年），第84、88页。
② 《中国统计年鉴》（2004年）和《中国统计摘要》（2005年）有关各页。

1978年为100，则2004年人均国内生产总值指数为760，社会劳动生产率指数为591.5，农村居民家庭人均纯收入指数为588，城镇居民家庭人均可支配收入指数为554。① 这些数字不仅表明了居民收入水平低的原因，而且揭示了消费率低的关键所在。

农村居民的收入水平更低。其原因主要是城镇化进程太慢，城乡二元体制改革滞后，工业反哺农业的政策出台不够及时，农村税费改革前农民的税费负担重，以及农业资金和科技投入少等因素的作用而导致的农业劳动生产率太低。直到2004年，第一、二、三产业的劳动生产率分别为5888.5元/人、42782元/人和18999.6元/人。可见，这年农业劳动生产率只有第二产业的13.8%，第三产业的39%②。一般说来，在保持适当投资率的条件下，收入水平的提高主要依靠劳动生产率的提高。对占全国人口总数大部分的农村居民来说，尤其是这样。在农业劳动生产率还低于第二、三产业的条件下，农村居民收入水平也一定较低。这是一条规律。当然，当前我国农村居民的收入低，同上述的诸如城镇化进程慢和城乡二元体制改革滞后等因素的作用，也有很大关系。但即使没有这些因素的作用，在农业劳动生产率较低的情况下，农村居民收入水平也会较低，只不过低的程度有很大差别。

城镇居民收入水平比农村居民收入水平要高得多，但也是低的。在城镇居民的低收入和中低收入群众中尤其如此。就整体来说，2004年，城镇居民家庭人均可支配收入比农村居民家庭人均纯收入高出2.21倍。但就城镇居民的低收入户和中低收入户来说，分别只高出24%和105%；前者比农村的中高收入户只高出1%，比高收入户还低47.5%；后者比农村的中高收入户只高

---

① 《中国统计年鉴》（2004年）和《中国统计摘要》（2005年）有关各页。
② 《中国统计摘要》（2005年），第18、19、45页。

出66.9%，比高收入户还低13.1%①。

城镇居民收入低的主要原因：①就业面没有获得应有的扩大。对城镇居民来说，扩大就业是提高他们的收入的基础性工程。诚然，当前我国存在数以亿计的富余劳动力，每年新增加的劳动数量也很多，伴随国有和集体企业改革深化又要释放出大量劳动力。因此，在我国，扩大就业是一个十分重要而又极为艰巨的任务。但是，多年来，由于没有把扩大就业放在政府调控中的突出位置，就业容量大的劳动密集型产业、第三产业（尤其是其中的社区服务业）、手工业、中小企业和非公有经济没有得到应有的发展，在财税、信贷和法制等方面缺乏更有力的措施。当然，在这些方面近几年来有所改进，但也没有完全到位。以致在2000~2004年城镇登记失业人数由681万人增加到827万人，失业率由3.1%扩大到4.2%②。当然，做到这一点，也是付出了很大的努力，来之不易。但我国当前扩大就业仍有很大的拓展空间。而且，失业人数增加和失业率的扩大，是导致城镇居民收入低的一个重要因素。②劳动力价格过低。应该肯定，改革以来城镇职工工资比改革以前有了前所未有的显著提高。1978~2004年，城镇职工平均货币工资由615元提高到16024元，平均实际工资提高了3.85倍。但是，劳动力价格仍然过低。如果以1978年为100，则2002年工业劳动生产率指数为891，而工业职工工资总额指数只有331。因而，在这期间工业工资总额占工业增加值的比重也由16.7%下降到9.3%③。这些数字表明：尽管绝对工资是大大提高了，但相对工资（即工资指数相对工业劳动生产

---

① 《中国统计摘要》（2005年），第102、107、112页。
② 同上书，第47页。
③ 《中国统计年鉴》（2004年）和《中国统计摘要》（2005年）有关各页。

率和工业增加值的指数）却大大下降了。如果再考虑到进城务工的农民工的工资状况，那上述的城镇职工工资上升幅度就要大打折扣。据粗略估算，近年来农民工约1.4亿人，但他们的人均收入只有5000~6000元①，还不到城镇职工的平均工资的1/3。而且就是这样的低工资，又在许多情况下还不能按时拿到手。

劳动力价格过低，有历史原因。在计划经济时期，工资就很低。改革以后，由于长期存在劳动力市场供大于求的机制，在客观上会抑制劳动力价格的上升。再加以政府在逆市场供求机制作用而进行的调节方面还缺乏力度。这样，劳动力价格过低的状况就难以改变。

（2）消费倾向低。显然，居民消费率低，不仅取决于居民收入低，而且取决于居民消费占居民收入中的比重（即消费倾向）。依据边际收入的边际消费倾向的递减规律，消费倾向又不仅决定于居民总体收入水平的高低，而且决定于各类居民群体的收入差别的大小。1980~2004年，我国居民人均可支配收入（或纯收入）由246.8元提高到5644.7元，居民平均消费水平由236元提高到4556元，居民消费倾向由0.965下降到0.807②。其中消费倾向的下降，不仅同居民收入水平提高有关，而且同各类居民群众收入差别有联系。下列数据可以更清楚地表明这一点。2000~2004年，城镇居民平均每人可支配收入和平均每人消费性支出分别由6280元增长到9421.6元，由4998元增长到7182.1元，消费倾向由0.795下降到0.762，下降了0.033个百分点。其中，低收入户人均可支配收入由3132元增长到3642.2元，人均消费性支出由2899.1元增长到3396.3元，消费倾向由

---

① 《经济日报》2005年8月10日。
② 《中国统计年鉴》（2005年），第107页。

0.925 上升到 0.932，上升了 0.007 个百分点；中低收入户人均可支配收入由 4623.5 元增加到 6024.1 元，人均消费性支出由 3947.9 元增加到 5096.2 元，消费倾向由 0.853 下降到 0.846，下降了 0.007 个百分点；中等收入户人均可支配收入由 5897.9 元增加到 8166.5 元，人均消费性支出由 4794.6 元增加到 6498.4 元，消费倾向由 0.812 下降到 0.796，下降了 0.016 个百分点；中高收入户人均可支配收入由 7487.4 元增加到 11050.9 元，人均消费性支出由 5894.9 元增加到 8345.7 元，消费倾向由 0.787 下降到 0.755，下降了 0.032 个百分点；高收入户人均可支配收入由 11299 元增加到 20101.6 元，人均消费性支出由 8135.7 元增加到 13753.1 元，消费倾向由 0.72 下降到 0.684，下降了 0.036 个百分点[1]。可见，在这期间，随着城镇居民人均可支配收入的上升，消费倾向总体上是下降的。但其中的低收入户是上升的；而从中低收入户到高收入户都是下降的，而且收入水平越高，下降的数字越大。这表明，城镇居民收入差别的扩大是降低消费倾向的重要因素。

当然，在这方面起作用的不只是城镇居民之间收入差别的扩大，也不只是农村居民之间收入差别的扩大，还有城乡之间、地区之间和行业之间的收入差别的扩大。

但消费倾向的下降，又不只是由于各类居民之间收入差别扩大，还有其他多种因素的作用：

第一，由于养老、失业和医疗保险制度和财税制度改革滞后，社会保障制度和公共财政制度还没有完全建立，各类保险面窄，水平低，甚至义务教育所需经费也未完全落实，再加上医疗和教育等方面的高收费甚至乱收费，不仅大大降低了居民的即期

---

[1] 《中国统计年鉴》（2005 年），第 107 页。

消费，而且恶化了消费预期。

第二，在买方市场形成和需要巨额支出的众多现代消费品盛行的条件下，消费信贷需要相应地发展。而我国由于金融机构功能不健全、信用制度缺失和消费观念转变滞后等方面的原因，消费信贷并没有得到应有的发展。这种情况限制了即期消费的提高。

第三，当前我国消费品市场中大部分商品是供求平衡的，甚至是供过于求，但也有相当一部分商品是供不应求的。这表明部分商品结构不适合消费者的需要，以致居民这部分消费需求不能实现。

第四，与以往不同，众多的现代消费品的使用，都需要相应的基础设施。但人们常常只在考虑扩大生产投资时，考虑相应的基础设施投资，而对消费方面的基础设施则没有及时给予应有的注意。当然这种状况，现在已有很大改变，但这方面的问题并没有根本解决。这一点在农村的许多地区表现得仍很明显，以致许多现代消费品不能使用。

第五，市场交易秩序混乱。诸如假冒伪劣商品、虚假广告、过度包装和价格欺诈等都很盛行。这些降低了居民的消费欲望。

第六，传统文化中的节约，是一种美德，是建设节约型社会的宝贵资源。当前仍然应该大力发扬这种美德。但像任何观念形态一样，都需要随着时代的发展而不断抛弃不适时宜的方面，增加适合时宜的新内涵。但当前仍有一部分居民坚守改革以前那种低生活水平条件下的节约习惯。特别是在一部分离退休人员中，他们收入水平不低，住房、养老、医疗等方面都有保障，又无养老和育小的负担，本来可以有较高的消费倾向。但由于旧的节约习惯，致使消费倾向很低。当然，发生这种情况，也不只是由于旧的节约习惯，同银发产业的开发不足也有很大关系。诚然，这部分人在居民中占的比重很小，但绝对量也不会少。当然，这也只是一部分离退休人员的情况。在大部分退休人员中，由于没有完全享受到社会经济发展的成果，收入水平很低，也是构成低消费率的因素。

四 投资率和消费率的变动趋势和应采取的对策

将上述的提高投资率和降低居民消费率的各种因素归纳起来，具有以下两个重要特点：①它们不是偶然的，临时起作用的因素，而是必然的、长期起作用的因素。②在正常情况下，这些因素的作用是朝着降低投资率、提高居民消费率这个总方向发展的。但这些因素积极作用的发挥需要经过一个长短有别的过程。因而，这个总方向的实现也要经历一个过程。

据此可以判断，"十五"期间及其以后一段时期内投资率的变动趋势将经历三个阶段：第一，2001～2006年是投资率上升到高峰的阶段和相继进行的削峰阶段。2003年的投资率由2000年的36.4%上升42.4%达到了高峰。于是从2003年下半年开始，政府加强了宏观经济调控，治理经济局部过热，其中最重要的内容就是控制投资的过快增长。但2004年投资率仍然上升到43.9%。据有关单位预测，2005年的全社会固定资产投资率将由2004年51%上升到54%[①]。这样，2005年还不能实现削峰，预计要到2006年才能完成这个任务。这样，2006年投资率就会超过44%。第二，在"十一五"期间的后四年（2007～2010年），在实现削峰任务以后，争取把投资率从峰尖（44%以上）降到高位区间（投资率为40%左右）。高位区间确定的依据是改

---

① 《经济日报》2005年7月20日。

革以来的实践经验。1978～2004年平均投资率为37.7%。其中，1978年投资率达到38.2%，发生了经济过热；1985年投资率达到了38.5%，又发生了经济过热；1988年投资率达到了37.4%，再次发生了经济过热；1993年投资率达到了43.5%，又发生了经济过热；2003～2004年投资率分别达到42.4%和43.9%，发生了经济局部过热。这五次经济过热或局部经济过热的平均投资率为40.3%。在前四次经济过热之后，与经济增长率下降相伴随，投资率也下降，其最低的四年（1982年为32.1%，1987年为36.7%，1990年为35.2%，2000年为36.4%）平均投资率为35.1%。无论是1978～2004年的平均投资率，或者是五次经济过热年份的平均投资率，还是四次最低年份的平均投资率，中间都有曲折变化，但总的趋势都是上升的①。依据这个历史经验，似乎可以把我国现阶段投资率的高位区间定为40%左右，把中位区间定为38%左右，把低位区间定为35%左右。第三，在2011～2020年争取把投资率由高位区间逐步下降到中位区间和低位区间。如果是这样，那么，我国投资率由升到降的拐点，将不是发生在1000美元左右，而是在2000美元左右。

如前所述，影响居民消费率的不仅有投资率，还有政府消费率。但前者是主要因素，后者是次要因素。因此，大体说来，与上述投资率变动的三个阶段相对应，居民消费率变动也将经历以下三个阶段：第一阶段（2001～2006年），居民消费率跌入低谷和相继进行的填谷阶段。2003年居民消费率由2000年48%下降到43.3%，2004年进一步下降到41.9%，跌入了低谷。基于前述理由，2003年下半年开始填谷，预计这个任务要到2006年才

---

① 《中国统计摘要》（2005年），第31页。

能实现。这样，如果按照2001~2004年政府平均消费率占最终消费率的22%，以及净出口占国内生产总值的平均比重2.3%计算①，以下第三阶段都依照这两个假定，那么2006年居民消费率就只有41%左右。第二阶段（2007~2010年）争取把居民消费率从最低谷（41%左右）提高到45%左右。第三阶段（2011~2020年）争取把居民消费率先提高到47%左右，再提高到49%左右。当然，即使做到了这一点，居民消费率仍然不高，还会上升。但这是2020年以后的事，这里暂且不论。以上预测都是假定政府消费率和净出口比重是不变的。但在实际上，随着国有经济改革以及以人为本的服务型政府和公共财政的建立和完善，政府消费率是会下降的。再考虑到当前出口比重已经很高和出口的贸易摩擦加剧等方面的情况，今后这个比重也难以上升，毋宁说会有一定程度的下降。如果考虑到这两个变量，那么上述第二、三阶段的居民消费率还会高一些。

要实现上述降低投资率和提高消费率的进程，需要采取一系列的措施：

（1）要提高对这个问题的严重性的认识，增强解决这个问题的紧迫感。

在这方面，值得着重提出的有以下三点：

第一，我国投资率长期趋高（当前是畸高）、消费率长期趋低（当前是畸低）的格局，不仅同我国社会主义初级阶段的社会经济性质很不适应，而且从一般意义上说，也落后于资本主义社会发展的某些现状。为了说明这一点，有必要对资本主义社会剩余价值生产发展的三个阶段做些很简要的说明。马克思在《资本论》中分析了资本主义社会生产发展的三个阶段，即简单

---

① 《中国统计摘要》（2005年），第31~33页。

协作、工场手工业和机器大工业。大体说来，在前面两个阶段，资本家提高剩余价值率的主要手段是提高绝对剩余价值，即在必要劳动时间不变的条件下，通过延长劳动日和加强劳动强度提高绝对剩余价值。在第三阶段，则主要依靠提高相对剩余价值，即在劳动日长度不变条件下，主要通过提高劳动生产率，缩短必要劳动时间，相对延长剩余劳动时间，以提高相对剩余价值。但在马克思生前，由于时代的局限，他不可能看到剩余价值生产发展的第三阶段。这就是在20世纪50年代以后，在资本主义经济发达国家明显呈现出来的绝对剩余价值率和相对剩余价值率下降的阶段。前者主要是通过劳动日的进一步缩短和劳动强度的进一步下降实现的；后者主要是通过劳动生产率的大幅增长实现的。在劳动生产率大幅增长的条件下，劳动力再生产费用需要上升，创造劳动力价值的必要劳动会延长，剩余劳动会相对缩短。但在这种条件下，作为剩余劳动的凝结物的剩余产品仍然会大大增长。

上述绝对剩余价值率和相对剩余价值率双下降局面的出现，并不是偶然的现象，而是在以往年代无产者反对资产者的阶级斗争已经取得巨大成果的条件下，资本主义社会物质文明、政治文明和精神文明高度发展的必然产物。就物质文明的高度发展来说，在劳动生产率巨大增长的条件下，蛋糕可以做得很大。这样，相对过去来说，劳动者得到的多些，但资本家得到的蛋糕仍然会增加。而且在上述条件下，提高劳动力再生产费用又是做大蛋糕的必要条件。从这方面来说，让劳动者相对多得一些，还是资产者的营业需要。就政治文明的高度发展来说，在政治民主化的条件下，作为选民的无产者意愿（如要求缩短工作时间和增加工资）对政府决策的影响会大大增加。与此相联系，政治家的偏好（如追求政绩和争取连任）也会促使他向劳动者的意愿倾斜。就精神文明的发展来说，资产者与劳动者也会由以往年代的对抗逐步走向一定的和谐。当然，只要资本主义制度存在，剩余价值总会存在，资本家和劳动者之间还存在对立。

我国处于社会主义初级阶段，社会主义公有制占主要地位。这个基本经济制度是根本区别于资本主义的。因此，反映阶级剥削的剩余价值范畴从主要方面来说已经不存在了，但作为市场经济一般范畴的剩余价值（或剩余价值产品的价值，下同）还是存在的。如前所述，1978~2004 年，农村居民家庭人均纯收入和城市居民家庭人均可支配收入的指数均低于社会劳动生产率的指数。这在某种程度上间接表明了当前我国还处于相对剩余价值生产的阶段。而上述的 1978~2002 年工业职工工资指数远远低于工业劳动生产率指标，则更直接地更尖锐地反映了这一点。而上述两组数字正是造成当前我国高投资率、低消费率的基本原因。从这种相互联系的意义上说，这一点正是相对剩余价值生产的反映。这样，我国这种高投资率、低消费率的状况，同社会主义初级阶段的性质就很不适应，甚至不及资本主义经济发达国家在第二次世界大战以后呈现出的绝对剩余价值和相对剩余价值双下降的局面。当然，我国占主要地位的社会主义公有制是根本区别于资本主义制度的。但正因为如此，就更加显得不及。

第二，我国高投资率、低消费率的格局，与以人为本的科学发展观也大相径庭。发展生产以提高人民生活为根本目的，是这种发展观的最重要内容。但在新中国成立以后，在计划经济时代，高投资率都成为每次经济过热的带头羊，1953 年、1956 年、1958 年和 1970 年的经济过热都是这样。改革以后，1978 年、1984 年、1988 年和 1993 年的经济过热和 2003 年下半年以来发生的局部经济过热也是如此。从这种历史联系的角度考察，我们仍然可以从这次经济局部过热中看到计划经济体制下那种重投资、轻消费的经济战略的历史影子。这当然不是说改革前后在这方面没有原则区别。在改革以前的一个长期内，由于执行重投资、轻消费的战略，既阻碍了社会生产的发展，又妨害了人民生活的改善。改革以来，虽然还没有改变重投资、轻消费的格局，但在这方面已经发生了原则性变化，取得了重大的历史性进步。1952～1978年，国内生产总值年均增长6.1%，居民平均消费水平年均提高2.2%，前者为后者的2.77倍；而在1979～2004年，二者分别提高了9.4%和7%，前者仅为后者的1.34倍①。这些数据表明：前后两个时期在这方面存在原则区别。即前一个时期几乎是为生产而生产；而后一个时期在发展生产的基础上兼顾了消费，使人民生活得到了空前未有的大的提高。只是兼顾得很不够，而正是这个很不够，显示出历史影子。而且这个影子并不是孤立的现象，它同前述的计划经济体制改革没到位有着最重要的直接联系。

第三，高投资率、低消费率的长期格局孕育着严重后果。这种格局不仅已经导致了多次经济过热，而且成为2003年下半年以来发生的局部经济过热迟迟难以退去的基本原因。长此以往，它还会导致由供给和需求两方面的瓶颈制约而导致更严重的经济危机。显然，一方面投资率过高，必然遇到因资源稀缺而发生的供给瓶颈制约。事实上，当前就存在这种制约，而且在有些投资品方面这种制约还很严重；另一方面消费率过低，消费品生产又必然会遇到需求的瓶颈制约。事实上，我国多年以来就存在部分消费品的产能过剩和产品供给过剩。当然，这种过剩同消费品生产结构与需求结构不相适应是有关的，但也不能说同消费率过低没有联系，而且这种过剩最终又会导致投资品过剩。因为投资需求最终是要受到作为最终需求的消费需求制约的。这样，如果投资率过高和消费率过低的局面长期得不到改变，那么，严重的经

---

① 《中国统计年鉴》和《中国统计摘要》有关各年。

济危机就必然会发生。在这种情况下，如果主要采用行政手段，实现"硬着陆"，那就会把中国推向灾难的深渊，像1961年那样。如果主要用经济和法律手段，实现"软着陆"，那也根本无法阻止危机的发生，只是减轻危机的损失。还要提到：长期存在的高投资率、低消费还会在经济改革和社会稳定方面造成严重的消极后果。因而这是一个事关发展、改革和稳定全局的大问题。所以，我们绝不能因为当前我国总的经济形势很好，就忽视这种可能发生的严重后果。

（2）要提高投资率和消费率预期指标在宏观调控中的战略地位。

这一点，是针对我国"九五"计划纲要特别是"十五"计划纲要对这个问题的某种忽视而提出的。在改革以后的第一个五年计划（即"六五"计划）第一编"基本任务和综合指标"中就有积累指标和消费指标的规定。在"七五"计划第一部分"主要任务和经济发展目标"中也有投资指标和消费指标的规定。在"八五"计划纲要第二部分"基本任务和综合经济指标"中也有这样的规定。但在"九五"计划纲要中，在第二部分"国民经济和社会发展的奋斗目标"中仅有居民收入增长指标的规定，只是在第三部分"宏观调控目标和政策"部分才有投资指标的规定。在"十五"计划纲要中，在第二章"国民经济和社会发展的主要目标"中，提出了宏观调控的各项预期目标，其中包括"提高人民生活水平的主要目标"，惟独没有投资调控的预期目标。只是在第二十五章论述宏观调控政策时，才在提出消费率预期指标的同时，也提出了投资率的预期目标。可见，在第七个到第十个五年计划中，投资指标在宏观调控中的地位有每况愈下之势。这是值得推敲的。

马克思在《资本论》中提出了扩大再生产公式。这个公式揭示了对资本主义社会和社会主义社会都适用的两条基本规律：一是生产资料生产和消费资料生产的对比关系，二是积累和消费的对比关系。当然，这一抽象理论在实际生活中的运用需要具体化。当前，前者可以具体化第一、二、三产业的对比关系，后者可以具体化投资和消费的对比关系。当然，在对外开放的条件下，还要考虑进出口的因素。这是从理论上说的。就实践上来说，如前所述，改革前后我国多次发生投资膨胀，都成为每一次经济过热的带头羊。因此，很有必要将投资率与消费率一起列入国家宏观调控的最重要的预期目标。

(3) 要提高确定投资率和消费率预期指标的科学性。

我国"六五"计划规定：到1985年，消费率达到71%左右，积累率为29%左右。但实际执行结果，到1985年积累率达到了35%，消费率为65%。"七五"计划规定：五年内平均每年消费率为70%，平均每年积累率为30%。但实际执行结果，前者只有66.1%，后者达到33.9%。"八五"计划规定：五年内，全社会固定资产投资每年增长5.7%，全国居民平均消费水平每年增长3%。但实际执行结果，前者高达18.9%，后者也达到8.2%。"九五"计划纲要规定：五年内，城镇居民人均可支配收入年均增长5%，农民人均纯收入年均增长4%；全社会固定资产投资年均增长10%。而实际执行结果，五年内，城镇居民人均可支配收入年均增长5.8%，农民人均纯收入年均增长4.8%，全社会固定资产投资年均增长9.1%。按照"十五"计划纲要提出的预计目标，"十五"期间要使居民消费率提高到50%左右，全社会固定资产投资率调控在35%左右。但实际上，2001~2004年，居民消费率分别只有46.6%、45.3%、43.3%和41.9%；而全社会固定资产投资率分别高达为38.2%、41.4%、47.4%和51.3%。四年合计，前者只有44.3%，后者高达44.6%①。预计2005年前者还会进一步下降,后者还会进一步上升到54%②。

上述情况表明:在改革以来制定的五个五年计划(或五年计划纲要)中,有关投资和消费指标的规定,只有"九五"计划比较切合实际。与计划规定预期目标相比较,其实际结果,城镇居民年均可支配收入和农村居民人均纯收入的年均增速只高0.8个百分点,而全社会固定资产投资率年均增速只低0.9个百分点。其余四个五年计划规定的指标(或预期目标)与实际执行结果都相去甚远。即以当前正在执行的"十五"计划纲要而论,依据2005年上半年情况判断,居民消费率指标实际执行结果要低5个百分点以上,而全社会固定资产投资率要高10个百分点以上。

诚然,由于各种不确定因素难以在制定计划时完全估计到,计划规定指标与实行执行结果发生差异是常有的事。而且,在我国现行体制下,为了削弱地方政府层层加码的消极作用,国家计划指标定得低一些,也有积极意义。但为了有效发挥计划(即使是指导性计划)的指导作用,需要提高计划指标的科学性。特别是像投资和消费这样的基本指标,它对国民经济其他指标有重要的制约作用。它的科学性如何,会在很大程度上影响其他指标科学性。

而且,在经济预测科学、经济信息和现代计算机技术都很发达的条件下,把计划指标定得尽可能准确些,并不是什么苛求,而是大体上可以做到的事,上述的我国"九五"计划纲要的有关规定已经开始在某种程度上证明了这一点。在这方面,日本也

---

① 《中国经济年鉴》、《中国统计年鉴》和《中国统计摘要》有关各年。
② 《经济日报》2005年7月20日。

提供了有益的经验。日本虽然是资本主义的经济发达国家，但也实行指导性计划，而且有些年份计划预测指标定得很准确。比如，日本企划厅对日本1978年、1979年这两年的国内生产总值的计划预测数字为5.7%和5.5%，实际完成数字为4.9%和5.6%[①]，相差甚微。当然，这是对经济增长率的预测。但其对投资和消费的预测，是相通的。

（4）要建立实现投资率和消费率预期指标的保证体系。

第一，要建立长效实现机制。可以通过深化经济改革，转变经济增长方式，调整产业结构，建设节约型经济以及政策（包括财政、金融和收入分配等）、法律制定和实施等途径来形成这种机制。比如，通过进一步实现政企、政事分开和深化财税体制改革，遏制地方政府的投资冲动。又如，通过法律规定不断调整工资指导线。

第二，要建立预警机制。为此，要制定预警指标体系。如全社会固定资产投资率、城镇居民人均可支配收入和农村居民人均纯收入，以及三者的增速与国内生产总值和社会劳动生产率的增速之间的对比关系；城乡之间、地区之间和行业之间的收入差别；储蓄率及投资信贷和消费信贷。要分别确定投资率和消费率的最高警戒线，还要依法授予国家有关单位（如国家统计局）定期发布预警信息。

第三，要强化监督机制。全国人大、常委会特别是财政委员会要着力加强全国人大讨论通过的有关投资率和消费率规定执行状况的监督。还要通过定期发布有关经济信息，加强舆论监督和群众监督。

---

① 《国际统计年鉴》（1995年），中国统计出版社1996年版，第100页。

当前亟须控制固定资产投资的过快增长

——兼论地方政府投资膨胀机制的治理[*]

一 2006年第一季度投资增长过快及其产生的不良社会经济后果

在科学发展观和构建社会主义和谐社会的战略思想，以及财政货币双稳健、严把土地审批和信贷投放两闸门等项政策的指导下，我国从2003年下半年开始发生的局部经济过热，到2005年趋于缓解，2006年第一季度仍然保持了经济发展的良好态势。

但是，当前经济运行中也存在着一些不容忽视的、影响经济社会健康发展的重大问题。其中的一个突出问题就是固定资产投资增长过快[①]。诚然，从2003年加强和改善宏观经济调控以来，全社会固定资产投资增速是趋于下降的。2003～2005年这三年

---

[*] 原载《经济学动态》2006年第6期。

[①] 参见新华社关于2006年4月14日国务院常务会议的报道，载《经济日报》2006年4月15日。

增速依次分别为27.7%、26.8%和25.7%。但同时必须指出，2005年固定资产投资的调整远远没有到位。2005年全社会固定资产投资的增速比发生经济局部过热前的2002年还要高出8.8个百分点，比"十五"期间年平均增速也要高出5.5个百分点。在这种情况下，按照经济协调发展的要求，全社会固定资产投资的增速需要进一步下降。但在实际上反而上升。2006年第一季度全社会固定资产投资比2005年同期上升了27.7%，比上年同期增速（为22.8%）提高了4.9个百分点。特别值得注意的是：在全社会固定资产投资中占了绝大部分的城镇固定资产投资（2005年占84.8%）大幅增长。2006年第一季度城镇固定资产投资比2005年同期上升了29.8%，比上年同期增速（为25.3%）提高了4.5个百分点。

2006年第一季度全社会固定资产投资增长过快，已经开始产生了一系列不利于经济社会健康发展的不良后果。

第一，导致经济增速过快。多年来，投资一直是我国经济增长的主要推动力，并且是多次发生的经济过热的带头羊。2006年第一季度投资增长过快，也必然导致经济增速过快。这年第一季度国内生产总值比上年同期增长了10.2%，比上年同期增速（为9.9%）提高0.3个百分点。如果这种增速持续下去，那2006年全年经济增速就要超过我国现阶段的潜在增长率（为9.6%[①]），也要超过发生经济局部过热的2003年的经济增长率（为10%），又要发生经济的局部过热。

第二，导致最基本的经济关系失衡状况进一步加深。一是总

[①] 笔者曾经将改革后1979～2005年的平均经济增长率9.4%视为我国现阶段潜在经济增长率（详见汪海波《牢牢把握战略机遇期》，《经济学动态》2005年第10期，第8页）。但依据2004年全国经济普查后的数据计算，1979～2004年的平均经济增长率为9.6%。故在此修正为9.6%。

需求超过总供给的状况进一步发展。经济局部过热表明总需求部分地超过了总供给,而2003年发生的局部经济过热,到2005年并未完全解除。这样,按照经济协调发展的要求,需要进一步降低经济增长率。但在实际上,2006年第一季度主要由投资推动的经济增长不仅没有下降,反而上升了。这就意味着总需求超过总供给的状况将进一步发展。二是投资与消费关系原本严重失衡的状况进一步加深。2005年,我国投资率高达44.8%,消费率仅有50.7%。与新中国成立后投资率最高年份和消费率最低年份的1959年相比,2005年投资率还要高出2个百分点,消费率要低3.2个百分点。当然,其中有众多不可比因素。但投资率过高、消费率过低则是一个不争的事实。所以,按照经济协调发展的要求,需要进一步降低投资率和提高消费率。但2006年第一季度也呈现出相反的情况。这年一季度社会消费零售总额比上年同期增长12.8%,比上年同期增速(为13.7%)下降了0.9个百分点,比2006年一季度固定资产投资增速要低14.9个百分点。而社会消费品零售额占了全社会消费总额的大部分,2005年占72.7%。据此可以判断,2006年第一季度的投资率在进一步提升,消费率在进一步下降。三是一些重要的产业结构的失衡状况进一步加深。多年来,我国第一、二、三产业的发展处于严重失衡状态。近几年来,在加快农业发展方面做出了很大努力,取得重大成就。但没有也不可能在短期内改变农业基础薄弱的状况。至于第三产业发展滞后则不仅没有改变,还进一步加深。2005年,第三产业增加值占国内生产总值的比重为40.3%,比2004年和2000年都低0.4个百分点。而2006年第一季度经济过快增长,主要是由工业构成第二产业的过快增长,至于第一、三产业的增速并不快。这年第一季度第一产业增加值增速为4.6%,与上年同期增速持平;第二产业增速为12.5%,比上年同期增速提高1.6个百分点;第三产业增速为8.7%,比上年同期增速下降1个百分点。在第二产业中,规模以上的工业增加值增速为16.7%,比上年同期增速提高了0.5个百分点。这样,2006年第一季度第一产业增加值占国内生产总值的比重由上年同期的7.7%下降到7.3%,第二产业由49.4%上升到50%,第三产业由42.9%下降到42.7%。按照工业化和现代化的一般规律,在工业化和现代化的进程中,先是第一产业比重下降,第二产业比重上升,后是第一、二产业比重下降,第三产业比重下降。而我国正处于工业化的中期阶段,并在越来越大的程度上与现代化相结合。所以,上述数据表明:农业发展滞后得到某种程度的遏制,而第三产业发展滞后状况则加深了,而这种状况又是与投资结构紧密相关的。2006年第一季度,第一产业投资增长了47.1%,第二产业增长了32.7%,第三产业增长了27.5%,比第二产业要低5.2个百分点。

与此同时,轻重工业之间的失衡状况又出现了反复,由发生失衡到失衡趋于缓解再到又发生失衡。在经济发生局部过热的2003年,轻工业增加值的增速由上年的12.1%上升到14.6%,而重工业由13.1%上升到18.6%;二者增速差距由1个百分点猛增到4个百分点,反映了二者关系发生了失衡。但在经济局部过热趋于缓解的2004年和2005年,轻工业增速是上升的,而重工业是下降的,二者分别为14.7%和15.2%,18.2%和17%;二者增速差距缩小到3.5个百分点和1.8个百分点,表现了二者的失衡状态趋于缓解。而在2006年第一季度,轻工业增速下降到14.7%,重工业上升到17.6%;二者增速差距又扩大到2.9个百分点。当然,在我国当前工业化进入以发展重化工业为重点的阶段,重工业增速需要比轻工业快一些。但二者增速在短期内的迅速扩大,显然是二者关系又开始趋于失衡的表现。这一点也是与重工业投资增长过快相联系的。2006年第一季度,主要由工业构成的第二产业投资比上年同期增长了32.7%。其中,作为重工业主要组成部分的采矿业和制造业则分别增长了43.2%和36.3%。显然,重工业投资的增长速度大大超过了轻工业。

第三,不利于改变我国多年存在的社会发展滞后于经济发展的状况,甚至可能加深这种失衡。因为2006年第一季度投资的过快增长,主要是城镇投资的过快增长,其中主要又是工业投资的过快增长。这就不可能不从投资方面对社会事业的发展产生消极影响。

第四,不利于缓解我国当前严重存在的资源和环境压力,甚至可能加大这种压力。既然2006年第一季度投资的过快增长主要是工业的过快增长。而在原来存在的粗放经济增长方式一时还难以显著改变的情况下,工业发展实际上主要还是走的高投入、高消耗、高污染、低效益的老路子。这就不可能不增加资源和环境压力。

总之,2006年第一季度投资的过快增长,不利于科学发展观和构建社会主义和谐社会以及体现这两大战略思想的"十一五"规划纲要的全面贯彻,亟须加以控制。

二 投资增长过快的条件和原因

2006年第一季度投资增长过快,并不是偶然发生的现象,而是一系列因素共同作用的结果。

第一,我国现阶段存在巨大的投资需求。决定这一点的主要因素有:一是工业化中期阶段在产业结构、技术结构和消费结构上的特点;二是我国已经进入了以快速和轻波为主要特征的新经济周期;三是当前我国经济增长方式的主要特点是粗放型的;四是区域发展战略的全面实施；五是社会主义新农村建设；六是城镇化提速；七是服务业的加快发展；八是进一步扩大开放。① 此外，当前存在有大量的开工项目，并有大量不断增加的新开工项目。这些项目的投资总额大大超过了当年的投资总额。这就形成一个倒退机制，反过来迫使投资的过快增长。2006年第一季度各地新开工项目33411个（其中3月份就达21688个），投资总额达到14668亿；二者分别比上年同期增长46.7%和42%②。

第二，我国现阶段还存在巨大的资金供给。在这方面当首推居民的高储蓄。比如，2006年第一季度居民存款增加1.2万亿元，比同期非金融性公司及其他部门贷款增加额1.09万亿元还要高出0.11万亿元，比同期固定资产投资1.16万亿元也要高出0.04万亿元。

但是，如果像流行的观点那样，把资金的巨大供给仅仅归结为居民的高储蓄，那是很不全面的。在这方面还有一个极重要来源就是各种经济类型企业的高利润。其主要原因是：总起来说，各种经济类型企业使用的各种生产要素价格过低。而在资源占用和环境治理方面，企业承担的费用更低，甚至根本不承担费用。这些都会导致企业生产成本低，利润高。

就作为基本生产性要素的劳动力价格来说，在改革以前，由于长期推行高积累、低消费政策，致使劳动报酬很低。改革以来，劳动报酬有了空前未有的显著提高。但由于上述历史因素的影响，更由于劳动力市场长期存在供给远远大于需求的局面，以及这方面存在宏观调控不力、劳动力价格过低的局面并没有根本改变。1954～1978年，社会劳动生产率提高了2.17倍，而居民

---

① 详见本书《试论"十五"期间投资率和消费率的运行特征及其变动趋势》。
② 《光明日报》2006年5月8日。

消费水平只提高了1.67倍，前者比后者高出0.5倍。1979～2004年，二者依次分别提高了5.91倍和5.51倍，前者比后者仍要高出0.4倍①。

还要进一步指出：当前城市职工工资低，而农民工工资更低。据粗略计算，2004年全国职工平均工资16024元，而农民工工资平均约为7200元。即使按一亿农民工计算，一年就少支付农民工8824亿元。这里还没有计算农民工和城市职工在享受社会保障方面存在的巨大差别。当然，总的说来，农民工的技术水平较低，其平均工资应该比城市职工低，但不至于差这样大。之所以如此，主要是由于农村剩余劳动力过大和城乡二元体制还未根本改革所致。

就作为另一个基本生产要素的土地价格来说，主要由于现阶段土地占有和使用等环节上存在诸多弊病，土地征用主要由地方政府操作，地价远没有市场化，以致土地价格低得惊人，地方政府由此获得了巨额的收入。据国土资源部课题组估计，地方政府在农地转用增值中获得了60%以上的收益。据江苏省调查，在全省农地转用增值分配中，政府得60%～70%，农村集体经济组织得25%～30%，农民仅得5%～10%②。另据有的专家估计，在1987～2002年间，各级政府以低价征进高价出售的方式获得的土地差价为14204亿元至30991亿元，远远超过了1952～1990年由工农业产品剪刀差流入工业部门的6990亿元③。其中有许多不可比因素，但巨额收入是肯定存在的。这项巨额收入中的相当大的部分经由地方政府以优惠价格招商引资以及企业的寻租，

---

① 《中国统计年鉴》（有关各年），中国统计出版社，下同。
② 《中国经济报告》2006年4月号，第12页。
③ 《"十五"计划回顾与"十一五"规划展望》，中国市场出版社2006年版，第213页。

又落入了国内企业和外资企业。

可以毫不夸张地说，多年来，低工资（特别是农民工的低工资）和低地价，是形成企业的低成本、高利润的两个最重要因素。

以上分析是就各种经济类型的总体说的。分别说来，各类企业投资增长还有各自的特殊原因。就国有企业来说，伴随改革深化，经营机制趋于灵活，而且在市场准入和资金信贷等方面拥有优越条件，主要的垄断行业都掌握在国有企业手中。这样，国有企业就可以获得大量利润，其中相当大的部分还是垄断利润。还要提到：从1999年到现在，国有企业利润并不分红，不上缴国库。其中，仅是2005年国有及国有控股工业企业实现利润达到6447亿元，约为当年国内生产总值的3.5%，约为当年财政收入的1/3。这就为国有企业的投资增长创造了很有利的条件。私营企业在市场准入和融资等方面受到较多限制，但在寻租和偷漏税等方面拥有较大空间。外资企业在要素投入和税收等方面享有众多优惠条件，并通过高进（投资品高价进口）和低出（产品低价出口）的方式，获得大量利润。

正是上述诸多因素的作用，使得企业利润迅速增长。2004年，国有和规模以上的非国有工业企业利润高达11341.64亿元，比1998年增长了6.8倍。2005年，在规模以上工业企业中，国有及国有控股企业实现利润6447亿元，比上年增长17.4%；集体企业551亿元，增长了32%；股份制企业7420亿元，增长了28.7%；外商和港澳台企业3967亿元，增长了6.9%；私营企业1975亿元，增长了47.3%[1]。2006年第一季度规模以上工业企业实现利润又比上年同期增长31.3%。企业利润的高速增长

---

[1] 《中国统计年鉴》（2005年），第494页；《人民日报》2006年3月1日。

正是固定资产投资高速增长的主要来源。

同时，金融的发展和对外开放的扩大，也是固定资产投资迅速增长的重要因素。2006年3月末，全部金融机构各项贷款本外币余额为21.9万亿元，比上年同期增长14%，比1978年约增21倍。2005年企业通过证券市场发行和配售股票共筹集资金1883亿元，比上年增长23.9%，比1991年增长375.6倍。2005年对外贸易顺差由1978年的11.4亿美元增长到1019亿美元。2006年第一季度外贸顺差又达到233亿美元。2005年外商直接投资达到603亿美元，比1979~1982年的11.68亿美元增长50.6倍。2006年第一季度外商直接投资又达到142亿美元，比上年同期增长6.4%。引进外资多年居世界第二位。与外贸顺差和外商直接投资的迅速增长相联系，外汇储备也迅速增长。2006年3月末，国家外汇储备达到8751亿美元，比上年末增长6.9%，比1978年增长561倍。从2月份起，国家外汇储备已由多年居世界第二位上升到第一位[①]。

可见，我国同时存在巨大的投资需求和投资供给。而且，相对投资需求来说，投资供给总是有限的，使得投资需求要经常超过投资供给，从而推动投资的过快增长。但这些仅仅是投资过快增长的条件，并不是它的原因。其原因乃是当前存在的投资膨胀机制及宏观经济调控的某种失效。

第三，当前我国转轨时期仍然存在一种特殊的投资膨胀机制。经济改革以前，国有经济（包括中央政府和地方政府以及国有企业）内含有投资膨胀机制。改革以来，随着政府职能的逐步转变和国有企业改革的逐步推行，在中央政府和改制已经到

---

① 《中国统计年鉴》（有关各年）；《人民日报》2006年3月1日；《经济日报》2006年4月15日、4月21日。

位的国有企业,投资膨胀机制已有很大的削弱。但由于这些改革均未到位,国有经济原来内含的投资膨胀机制并未根本消除,在地方政府方面则表现得尤为明显。这一点,已为"十五"期间的经验证明了。比如,2000~2004年,由中央管理的项目投资由6433.8亿元增长到6453.9亿元,只增长了0.3%;而由地方管理的项目投资则由26483.9亿元猛增到63618.8亿元,增长了1.4倍[1]。诚然,后者包含了由中央政府统筹安排给地方政府的资金,还包含了非国有企业的投资。因而,它的高速增长有合理成分。但即使考虑到这些,由地方政府推动的投资的增速也大大超过了中央政府的投资。这一点,还为各地制定的"十一五"规划所证明。有关研究表明:全国31个省市自治区制定并经省市区人民代表大会通过的、又开始付诸实施的"十一五"规划具有共同点:一是对"十一五"期间预期的国内生产总值增长率,平均起来在10%以上,比全国"十一五"规划的预期指标7.5%高出2.5个百分点以上。二是许多省市区对经济增长的高预期仍然是以高投入为支撑的。其中不少省市区"十一五"期间的固定资产投资成倍地高于"十五"时期,有的还高出1.5倍、两倍甚至更多。三是在产业选择上,多数省市区仍以工业(特别是重化工业)为重点[2]。这样,就发生了奇怪的现象:按照全国"十一五"规划的要求,2006年第一季度的投资及由此带动的经济增速是过高了,但按照各省市区"十一五"规划的要求,却是完全合适的。但并不能把这种情况简单地归结为省市区负责人的责任,主要是因为在当前我国经济转轨时期地方政府仍然内含着很强的投资膨胀机制。在我国当前政企和政事等还未

---

[1] 《中国统计摘要》(2005年),第39、84、102页。
[2] 详见《中国经济报告》2006年4月号,第19~20页。

完全分开，以及财税、投资、就业、社会保险和干部制度等项改革还没有完全到位条件下，地方政府不仅在很大程度上还保留着原来计划经济体制留下的财务软约束；不仅在发展经济、扩大就业、提供社会保障和发展社会事业等方面承担着重大责任，而且还直接或间接、或明或暗地、拥有或实际上拥有支配巨额生产资源（包括资金和土地等）的权力①；在事实上存在着以经济增长率作为考核干部的主要指标的情况下，地方政府不仅在发展经济方面存在着强大动力，而且在它们之间存在着强大的竞争压力；在许多由国有经济控制的垄断行业产品价格和要素价格远没有市场化的条件下，客观上存在巨大的寻租空间，政府官员又面临着强烈的寻租诱惑力。以上是就地方政府一般情况而言的。而对经济欠发达的许多地方政府来说，还面临着不能及时足额发放公务员和中小学教师工资的严峻形势。正是上述财务软约束以及责任、权力、动力、压力和诱惑力共同构成了地方政府内在的投资膨胀机制。正是这种机制推动地方政府追求由高投资带动的经济高增长。在这方面，2006年第一季度也提供了数据支持。第一季度中央项目投资增长18.8%，占投资比重由上年10.8%下降到9.9%，而地方项目投资增长31.2%，所占比重由89.2%上升到90.1%②。

这样说，并不意味着企业不存在投资膨胀机制。实际上，在那些改制还未到位国有企业，当然在很大程度上沿袭了国有企业原有投资膨胀机制。就是那些改制已经到位国有企业，由于也具有追求利润的冲动，又面临竞争压力，并在生产上也具有盲目

---

① 依据国土资源部的资料，2005年审批建设用地34.68万公顷。其中，国务院批准用地14.93万公顷，占总数的43%；省级批准用地19.75万公顷，占总数的57%（《经济日报》2006年4月29日）。

② 《光明日报》2006年5月8日。

性，因而仍然存在投资膨胀机制。至于那些非国有企业（包括集体企业、私人企业和外资企业）就更是这样了。

但在转轨时期，地方政府内含的投资膨胀机制与企业内含的投资膨胀机制，不仅在内容上是不同的，而且不是平分秋色的关系。由于地方政府在经济和政治上的优势，并对企业投资具有很大的影响力，因而地方政府内含的投资膨胀机制居于主导地位，地方政府也就成为当前投资膨胀机制最重要的载体。

可见，我国转轨时期存在的投资膨胀机制，既与计划经济时期投资膨胀机制相区别，也与资本主义条件下的投资膨胀机制相区别。在计划经济条件下，投资膨胀机制主要是由以指令计划形式体现的赶超战略和财务预算软约束形成的，在中央政府、地方政府和国有企业内含的投资膨胀机制中，中央政府内含的投资膨胀机制居于主导地位。在资本主义条件下，企业内含的投资膨胀机制主要是由追求利润和竞争压力形成的，并且几乎居于独一无二的地位。如上所述，转轨时期的投资膨胀机制主要是由居于主导地位的地方政府和各种经济类型企业内含的投资膨胀机制构成的，并由各种复杂的、相区别的原因形成的[①]。

第四，宏观经济调控的某种失效。应该肯定，2003年以来，由于实行了财政、货币双稳健政策，并提高了土地在宏观调控中的战略地位，实行了最严格的土地政策，又把宏观调控与深化改

[①] 这里有必要指出曾经长期广泛流行观点的两种片面性。①按照这种观点，投资膨胀机制只是由于国有经济存在财务预算的软约束来形成的。实际上，在这方面，以指令计划形式出现的赶超战略，起着更重要的推动作用，并不只是由于财务预算的软约束。②按照这种观点，投资膨胀机制只存在于计划经济，资本主义条件下并不存在。但在实际上，资本主义企业也存在投资膨胀机制。正是这种机制使得自由放任的古典市场经济时期频繁发生经济危机，经济增速的波动幅度趋于增强。到了有国家调控的现代市场经济时期，尽管经济波动幅度大大下降了，但仍然发生周期波动。其主要根源仍然是企业内含的投资膨胀机制。

革和结构调整结合起来,这年开始的经济局部过热到 2005 年趋于缓解。但 2006 年第一季度投资又增长过快,经济增速也超过了潜在增长率。仅就宏观调控来说,这是某种失控的表现。主要表现有:一是稳健的货币政策在 2005 年以来的执行中显得偏宽。2003~2006 年第一季度,M_2 同比增长率依次为 19.6%、14.6%、17.6%、18.8%;M_1 依次为 18.7%、13.6%、11.8%、12.7%;M_0 依次为 14.3%、8.7%、11.9%、10.5%[①]。上述数据表明:这期间虽然执行的都是稳健的货币政策,但其中是有区别的。其中,2004 年是趋紧的,而 2005 年以后是趋松的。二是严格的土地政策并未得到充分有效的实行。应该看到,近两年来,在土地市场整顿方面取得了很大成果。比如,2005 年,在全国土地违法案件查处中,立案 80427 件,结案 79763 件,收回土地 6992.87 公顷,罚没款 21.76 亿元。但这个数据同时表明:土地违法仍然是很严重的。贯彻最严格土地政策仍然存在很大阻力。依据国土资源部执法监察局的资料,当前土地违法呈现以下特点:一是面广量大。1999~2005 年,全国共发现土地违法行为 100 多万件,涉及土地面积近 500 万亩,比 2004 年全国新增的建设用地总量(402 万亩)还要多出近 100 万亩。二是形式多样化。近期土地违法集中表现为 4 种惯用手法:①"以租代征",规避农用地转用审批和新增建设用地有偿使用费的缴纳。②搞假招拍挂、假投资。在挂牌出让中按照事先指定的开发商,"量身定做"竞争条件,取代公开、平等竞争,有的企业以投资入股名义先控股,规避增值税、契税,再转手倒卖,不真正搞开发,专事从中渔利。③违规设开发区,"造城招商"。④一般多通过修改土地利用总体规划和采用拆分手段,化整为零批地。有

---

① 《中国统计年鉴》(2005 年),第 675 页;《经济日报》2006 年 4 月 15 日。

的省份把土地利用总体规划修编的审批权下放给地市，使占用基本农田必须报国务院审批成了一句空话。三是"梯度西进"。随着工业项目逐步向中西部转移，较大规模的违法用地也随之转移，出现了盲目照搬曾被东部实践证明不成功做法的现象。最典型的是"以地招商"。四是地方政府主导。一些地方政府实行的低标准土地补偿和拖欠征地补偿费现象比较普遍①。

这种情况可以称之为我国转轨时期特有的政府调控的某种失效。诚然，即使在发达的市场经济条件下，像市场经济作用的充分发挥需要一系列条件一样，宏观经济调控作用的充分发挥也需要一系列条件。这些条件主要包括：作为宏观经济调控主要手段的财政、货币制度和法律制度都比较完善；作为调控微观基础的企业真正自主经营、自负盈亏，对调控反映很灵敏；作为调控中介的市场体系（包括产品和要素的市场结构体系及其价格体系）很发达，对调控的传导也很灵敏。但对这方面条件的分析，仅仅这样说还是不够的。这里需要强调，在发达的市场经济国家（无论是单一制的国家，还是联邦制的国家），宏观经济调控权都能真正比较有效地集中在中央政府手中。这是由于这些国家的中央政府和地方政府之间以及地方政府之间虽然都有某种独立的利益，但由于都是实行政企分开的，而且公共财政体制比较完善，中央政府和地方政府事权和财权的划分以及中央税、地方税和共享税的配置比较合理，旨在实现公共产品均等化原则的转移支付制度比较发展，因而中央和地方以及地方之间利益得到较好调节。这样，体现社会经济发展利益的宏观经济调控就不会因为地方利益阻碍而比较容易集中到中央政府手中，而且易于贯彻执行。在这方面，中央政府在法律上和事实上都成为唯一的宏观经

---

① 《经济日报》2006年4月16日、4月29日。

济调控主体,地方政府法律上都不是这种主体。在事实上,也很少干扰这种调控。这就是经济发达国在 20 世纪 50 年代以后经济周期由强波(波峰年和波谷年的经济增速落差在 10 个百分点以上)走向中波(落差在 10 个百分点以下),再走向轻波(落差在 5 个百分点)的一个重要原因。当然,即使在这些国家由于各种市场主体之间利益矛盾以及客观和主观的矛盾,也存在宏观经济调控失效。这也成为这些国家经济周期不能避免的一个重要原因。

而当前我国经济调控某种失效则有很大不同。从中央政府到地方政府都没有完全实现政企分开,完全适合市场经济要求的企业制度、市场体系和公共财政体制还有待建立,中央政府和地方政府之间的事权和财权的划分,中央税、地方税和共享税配置,以及旨在实现公共产品均等化的转移支付制度都有待完善,因而地方政府就拥有较大的独立经济利益,中央政府和地方政府之间以及地方政府之间就有较大利益差别。这样,体现社会经济利益宏观经济调控就会受到地方利益的干扰。在这方面,中央政府虽然在法律上是唯一的宏观经济调控主体,但在事实上很难完全成为这种主体;而地方政府在法律上并不是宏观经济调控主体,但在事实上都能干扰宏观经济调控。还要提到:当前我国中央政府已经依法制定了"十一五"规划,地方政府也依法制定了各地的"十一五"规划,而且后者是在前者之先制定的,其经济增长指标又普遍高于前者。从某种意义上说,后者又在事实上为某些地方政府干扰中央宏观调控披上了一件合法外衣。这些就是 2006 年第一季度宏观经济调控某种失控的根源所在。

为了从纯粹形态上考察问题,以上分析仅以作为社会生产资源配置方式的经济体制着眼的,舍弃了发达的市场经济国家和我国转轨时期在基本经济制度方面的差别。如果把这个差别引进来,那情况更为复杂,需要做专门的分析。

三 控制当前固定资产投资增长过快的思考:
重点是抑制地方政府的投资膨胀机制

总的说来,控制固定资产投资增长过快,需要针对上述促进投资增长的四个方面的条件和原因,采取相应的措施。限于篇幅,这里不拟全面展开。而且,我曾就此提出过四点设想:一是提高对这个问题的严重性的认识;二是提高投资率在宏观经济调控中的战略地位;三是提高投资率预期指标的科学性;四是建立实现投资率预期指标的保证体系[①]。这里不再复述。本文着重就控制投资增长过快的决定因素——地方政府的投资膨胀机制做些分析。

如前所述,地方政府投资膨胀机制是由多种因素综合形成的。因此,要解决这个问题,也必须相应地要采取多项措施。

第一,要进一步实现政企、政资、政事和政中(中介组织)分开,切实推进投资体制改革,以消除由财务软约束和因实际掌握大量的生产资源而带来的投资冲动。

第二,要进一步完善市场体系和推进价格改革,以消除与市场秩序混乱和价格扭曲相关的、由大量寻租活动而带来投资的盲目扩张。

第三,要进一步推进财税改革,合理划分中央政府和地方政府的事权和财权,合理配置中央税、地方税和共享税,大力实施以提供公共产品均等化为原则的财政转移支付。同时,要大力推进公共财政建设,使得政府真正承担起提供公共产品的职能。这

[①] 详见本书《试论"十五"期间投资率和消费率的运行特征及其变动趋势》。

样,就既可以有助于抑制那些收支大量盈余的富裕地方政府的投资冲动,又有利缓解那些收支巨额赤字的贫困地方政府在这方面的压力。还可设想将现行的中央、省(市区)、地区(市)、县(市)乡五级财政改成中央、省、县三级财政。应该看到:在我国基本的经济制度和政治制度下,中央政府对地方政府的控制力是很强的。但同时也不能忽视,尽管中央和地方并不存在根本利益的冲突,但也确实存在局部利益的差别。因而事实上存在以这种利益差别为基础的博弈关系。而且,中央政府面对博弈的对象,是由31个省(区市)、333个地区(市)、2862个县(市)组成的地方政府。这是一个庞大群体。在这种情况下,中央政府要取得理想的博弈均衡,实现体现全国经济利益的宏观经济调控目标,是很艰难的。因此,除了推行上述各项经济改革外,改五级财政为三级财政也是一个重要方面。总的说来,这样做,有利于加强中央的集中统一领导,消除当前的某种无政府状态;有利于降低行政成本,提高行政效率。特殊地说,有利于加强中央对宏观经济的调控,抑制地方政府的投资冲动。

第四,切实推进包括干部培训、考核、升降和奖惩在内的干部制度改革。一般说来,干部制度改革是政治体制改革的范畴。但在我国政企还未完全分开的条件下,这项改革对我国经济的健康发展,关系极大。"十五"期间,许多地方实施的以追求政绩为目标的形象工程,以经济增长率为主要指标考核干部的制度,对2003年发生的局部经济过热起了推波助澜的作用。近年来,经过大力宣传科学发展观,上述情况有所改变。但对这种宣传的作用不能估计过高,对其成效也不能估计过大。因为地方政府的投资膨胀机制本质上是由地方的经济、政治利益决定的。因此,解决这个问题的根本途径是经济、政治体制改革,而不是宣传工作。尽管这项工作也是十分必要和重要的。当前,值得注意:以经济增长率作为评价地方政府政绩主要指标的观点,在有的地方行政领导的电视讲话中仍不绝于耳,在有的媒体有关地方经验的报道中也屡见不鲜,在有的地方政府召开的会议中更是比比皆是。还要提到:2006年许多地方政府都面临着换届,上述情况有可能加剧。如果真是这样,那对制止当前固定资产投资增长过快的情况,将是十分不利的。

第五,如前所述,我国当前存在的两级规划体制和先地方后中央的规划制定程序,成为促进地方投资膨胀的一个重要因素。但这个问题极为复杂,需要专门研究。然而有一点可以肯定:就是各地必须依据科学发展观和构建社会主义和谐社会的战略思想以及全面体现这些思想的国家的"十一五"规划纲要,并本着实事求是的原则,在执行地方的"十一五"规划过程中不断地加以修正,在指标方面,该降低的降低,该保留的保留,该提高的提高。当然,这不是根本解决问题的办法,而是局部的改进。但这是一种可行做法,并有助于弱化地方政府的投资膨胀。在这个问题上,有一种观点需要斟酌。按照这种观点,中央政府可用立法手段取消地方政府的规划。且不说这种办法在现行的法律框架体系和地方政府规划业已制定的条件下能否行得通,即使能够行得通,如果不在经济、政治等方面着力推行改革,仍然不能从根本上解决地方政府的投资膨胀问题,甚至可能出现地方政府规划名义上取消而实际上却在进一步强化的状况。这样说,并不是否定现有的两级规划体制改革的必要,而是说要采取妥善办法处理,不能简单地以取消了之。

强调着重解决地方政府的投资膨胀机制问题,并不否定财政、货币和土地等宏观调控政策在抑制投资过快增长和实现经济持续稳定增长方面的重要性。事实上,从20世纪90年代以来,宏观调控政策在实现经济的持续稳定发展方面起过极重要的作用，在缓解2003年发生的经济局部过热方面也发挥了十分重要的作用。为了保持政策的稳定性和连续性，当前仍然需要实行上述各项政策。在实施稳健的财政政策方面，在继续适当减少长期建设国债发行额和财政赤字的同时，要着重继续调整投资结构。相对城市而言，政府投资要向农村倾斜；相对经济而言，要向科教文卫等社会事业倾斜；相对一般生产而言，要向生态和环保建设倾斜；相对其他地区而言，要继续向西部倾斜。当然，同时要保证重点续建项目和适当开工建设的关系发展全局的重大项目。以上各项投资都要进一步引入竞争机制，提高投资效益。在实施稳健的货币政策方面，总的说来，是要依据经济发展需要保持货币信贷的适度增长，并需依据深化经济改革的需要，推进利率市场化改革。鉴于2006年第一季度货币供应偏宽以及与之相联系的投资增长过快的情况，在实施稳健的货币政策时需要实施按照偏紧的取向进行微调。事实上，央行从2006年4月28日起上调了金融机构贷款基准利率，将其中的一年期贷款利率由原来的5.58%提高到5.85%[①]。尽管这是一次微调，但由它发出的适度紧缩的信号是清晰的，对制止投资过快增长是有益的，并有利于避免在可能发生的通货紧缩方面产生负面影响。在土地政策方面，仍需继续实施最严格的土地政策，并需实行有保有压、区别对待的土地供应原则。应该肯定：在2003年发生经济的局部过热以后，提高了土地政策在宏观经济调控中的战略地位，实行了最严格的土地政策，对缓解这次局部经济过热起了特殊重要的作用。但同时需要看到：这种政策虽然是依法制定和执行的，有法律手段的色彩，但就其本质属性来说是行政手段，因而在宏观调控中的作用也不能估计过高。为了进一步发挥土地在宏观调控方

---

① 《经济日报》2006年4月28日。

面的作用，最根本的需要通过经济改革的途径来实现。但这个问题很复杂，需要深入研究解决。现在可以看清的有以下几点：一是依法确保各类土地所有者（包括国有土地和集体所有土地等）真正到位，并保障他们在土地占用、流转和收益等方面的权益，改变当前土地所有者没有真正完全到位以及他们在各方面权益得不到有效保证的状况；二是发展竞争性的土地市场，改变当前政府对土地一级市场的垄断状况；三是在土地市场化的基础上实现土地价格的市场化，改变当前土地价格过低的状况。只有这样，才能遏制地方政府通过强制征地和垄断土地市场以获取大量收入的活动，也有利于遏制企业在这方面的大量寻租活动，从而遏制投资的过快增长。但这项改革需要经过一个较长时间。因而当前在实行最严格土地政策方面仍然不能有丝毫的放松。

强调解决地方政府的投资膨胀机制问题，并不否定解决企业投资膨胀机制问题的重要性。事实上，当前民营企业的投资就占到全社会固定资产投资的一半以上。但就解决问题难易这个角度来说，后一方面问题的解决比前一方面问题的解决要相对容易一些；而且前者在投资膨胀机制方面居于主导地位。所以，着力解决地方政府投资膨胀机制的同时，并把上述的财政、货币和土地政策也切实贯彻到对企业的调控方面，企业的投资膨胀机制问题是可以解决的。当然，也不是轻而易举的事情。

上面主要分析制止投资增速过快问题。但我国当前在投资方面还有一个重要的投资结构调整问题。这个问题不是本文的讨论范围，这里不叙及。

试论第三产业的优先发展[*]

一 我国第三产业变化发展轨迹及其现状的特征：严重扭曲和严重滞后

为了说明这一点，首先需要简要地概括一下世界各国第三产业发展的共同特点。伴随工业化和现代化的发展，第三产业增加值在国内生产总值的比重逐步上升，先是超过农业，后是超过工业；其内部的传统服务业比重下降，现代服务业的比重上升；其劳动生产率趋于上升；其在经济社会发展中的地位和作用逐步增大，以至服务业成为占主导地位的产业。这些特点可以看作是反映经济规律的第三产业发展的一般趋势。

各国经济发展的历史证明了这一点。依据世界银行的资料，在1980年、1990年、2003年这三个时点，低收入国家第三产业增加值占国内生产总值的比重分别为32%、41%、49%；下中等收

---

[*] 本文第一、三、四部分原载《中国经济报告》2007年4月，题为《抓住战略机遇期，推进第三产业优先发展》；第二部分原载《经济学动态》2007年第4期，题为《对我国第三产业严重滞后原因的考析》。

入国家分别为42%、43%、52%；上中等收入国家分别为44%、52%、59%；高收入国家分别为61%、65%、71%[①]。上述数字表明：无论是纵向看（依四类国家经济发展的时序看），或者横向看（把四类国家放在同一个时点看），随着人均收入的提高，第三产业增加值在国内生产总值中的比重都是上升的。而且，四类国家第三产业的比重，不仅都超过了农业，还都超过了工业。

  问题的本质在于：一般说来，在经济社会正常发展的情况下，随着社会生产力的发展，人均收入必然增加。由此必然导致消费的水平提高和结构升级。而消费升级是循着人的生存需要和人的全面发展需要依次梯度推进的。正是这种需求的变化发展从本质上决定了第三产业比重的提高。比如，在人均收入水平达到一定高度的情况下，人们对科学、教育、文化和卫生需求就会显著增长。这是其一。其二，随着社会生产力发展，社会分工也会进一步细化。其中的一个重要方面，就是原来作为企业生产过程中的服务环节会独立成为一个服务的生产部门（如信息服务和流通服务，会独立发展为信息产业和第三方物流业）；原来作为家庭消费的服务也是可以发展成为独立的产业（如家政服务业）。其三，随着社会生产力发展，政府不仅提供的公共产品会大大增长，而且提供的公共服务也会大大增长。这里需要提到：有一种观点认为只是在现代市场经济条件下，政府才有提供公共产品和公共服务的职能。但在实际上，在国家产生以后，政府就都有提供公共产品和公共服务的职能。只不过是在现代市场经济条件下，政府提供的公共产品和公共服务达到了空前未有的规模。如促进充分就业，熨平经济周期，防止通胀和通缩，平衡国

[①]《2005年世界发展指标》（有关各年），中国财政经济出版社。其中，低收入国家不含中国和印度。

际收支,维护市场秩序,反对垄断,保护消费者权益,促进社会公平,提供义务教育和社会保障,维护生态环境平衡,以及保障国家的经济安全、政治安全和军事安全等。正因为这样,随着古典市场经济向现代市场经济的转变,政府的财政支出在国内生产总值的比重大大上升。依据美国财政学家马斯格雷夫的计算,财政支出占国内生产总值中的比重,英国从1890年的8.9%上升到1955年的36.6%。美国从1880年的7.1%上升到1962年的44.1%①。在当代经济发达国家,财政支出占国内生产总值的比重都一般达到了50%以上。其四,在人类社会发展的各个阶段,起决定作用的生产要素是有变化的。在农业经济时代,土地就是这种生产要素。到了工业经济时代,机器就是这种生产要素。在知识经济时代,知识就成为这种生产要素。当然,在知识经济时代,知识经济也是以第一、二、三产业为载体的,其作用也是渗透到整个产业经济。但相对说来,知识经济更多地集中在第三产业。而知识经济的科技含量更高,创造的增加值更多。这样,第三产业增速更快。正是上述各种重要因素的综合作用,使得第三

---

① 引自斯蒂格利茨《美国为什么干预经济》,中国物资出版社1998年版,第11~12页。这里需要指出:在我国改革过程中学界曾经有过小政府大社会的说法。这种观点如果是针对计划经济体制下政府直接经营管理企业,管了许多不该管、也管不了的事,以致政府机构庞大,需要改革,是可以的,也有积极意义。但是,如果以为在社会主义市场经济条件下,政府职能少了,机构也可小,那就是一种误解。实际上,在社会主义市场经济条件下,减少的只是原来计划经济体制下政府直接经营管理企业的职能,而由市场经济带来的政府职能不是减少,而是大大增加。正是这种片面观点,给1979年以来多次政府机构改革带来了失误。改革以来这方面的改革往往出现这样的怪圈:政府机构改革一次,虽然一时机构和人员减少了,但不久又膨胀了。其中的一个重要原因就是一方面忽视了企业和其他相关改革没有真正到位,原来计划经济体制下政府职能事实上还不可能都减下来;另一方面也忽视了市场经济体制下新增加的职能。这两方面在客观上都迫使政府机构和人员的回归。这当然并不否定由于旧体制没根本改革、新体制不完善所产生的各种消极因素在这种回归中的作用;而且要全面分析这种回归的原因。

产业比重上升成为工业化和现代化中的一条客观规律。

也正因为这样,从总的长期发展来看,这个趋势在任何社会制度下都会表现出来。就新中国成立以来长达半个多世纪的情况来说,也在一定程度上反映了这个趋势。1952~2006年,我国第三产业增加值占国内生产总值中的比重由28.6%上升到了39.5%。在这期间,第三产业内部结构优化和劳动生产率提高也都取得了一定的进展。国家统计局曾将我国第三产业划分为4个层次:第一层次是流通部门,包括交通运输、仓储业、邮电通讯业、商贸业及餐饮业等;第二层次是为生产和生活服务的部门,包括金融业、保险业、房地产管理业、居民服务业、公用事业、旅游业、咨询信息服务业、综合技术服务业等;第三层次是为提高居民素质和科学文化水平服务的部门,包括科研、教育、广播、电视、文化、卫生、体育、社会福利业等;第四层次是为社会公共需要服务的部门,包括国家机关、社会团体、警察、军队。依据国家统计局的资料计算,在1991~2002年间,第一层次增加值在第三产业的比重由48.4%下降到41.3%,下降了7.1个百分点;第二层次比重由32.2%上升到38.4%,上升了6.2个百分点;第三层次比重由9.3%上升到11.5%,上升了2.2个百分点;第四层次比重由10.1%下降到8.7%,下降了1.4个百分点。由于这四个层次划分的依据,主要是各种服务业的用途,而不是产业层次的高低,因而难以从整体上看出第三产业内部结构的优化。但是,第二层次比重的大幅上升表明了第三产业内部生产服务业和生活服务业分工的发展,第三层次比重上升表明了由居民消费需求结构的上升而带来的第三产业内部结构优化。还要提到:按可比价格计算,1978~2005年,第三产业的劳动生产率提高了2.16倍[①]。另据有的学者计算1981~2000年,在

[①] 资料来源:《中国统计年鉴》(有关各年),中国统计出版社。

第三产业增加值中，劳动贡献率为30.83%，资本贡献率为26.83%，综合要素生产率的贡献率为42.35%①。这些数字表明：第三产业虽然没有根本改变以劳动和资本投入为主的粗放增长方式，但综合要素生产率还是达到了相当的高度。

但是，必须着重指出：我国第三产业的正常发展过程被严重地扭曲了。就新中国成立后各个经济发展时期来看，如果不说1949年10月至1952年的新民主主义社会时期②，那就还有以下三个时期：一是1953~1957年。这个时期是由新民主主义社会向社会主义社会过渡的时期。这个时期既是由占主导地位的国有经济和多种所有制并存向基本上单一的社会主义公有制过渡的时期，也是由计划调节与市场调节相结合向占主体地位的计划经济体制过渡的时期。在这个时期，第三产业的发展，虽不是很理想，但大体上正常。1952年，第三产业增加值占国内生产总值的比重为28.6%；1953~1957年，其比重是在29.3%~30.8%之间波动的，略有上升，基本体现了第三产业发展的一般趋势。二是1958~1978年。这个时期在基本经济制度和计划经济体制方面都是进一步强化的时期。在这期间，第三产业增加值占国内生产总值由1957年的30.1%下降到1978年的24.2%。其中1976年还下降到21.7%，是新中国成立以来第三产业比重的最低点。这样，在这期间第三产业的正常发展过程就被大大扭曲了。三是1979~2006年。这个时期是单一的社会主义公有制向占主导地位的国有经济与多种所有制同时并存和共同发展、计划经济体制向社会主义市场经济体制转变的时期。在这期间，第三产业增加值占国内生产总值的比重由1978年的24.2%上升到

---

① 李江帆主编：《中国第三产业研究》，人民出版社2005年版，第103页。
② 由于缺乏这方面的统计资料，笔者把这个时期第三产业的变化状况舍弃了。

2006年的39.5%。但需指出：这在很大程度上只是一种恢复性上升。而且其间不正常的波动幅度也很大。如1979年第三产业增加值比重下降到21.9%，比1978年下降了2.3个百分点，比1976年也仅高出0.2个百分点。所以，这个时期只是在一定程度上修复了此前第三产业发展被扭曲的状况，但这种状况并没有得到根本改变。

这种扭曲的直接后果，就是当前我国第三产业发展严重滞后。其主要表现是：第三产业增加值在国内生产总值的比重低，第三产业内部结构层次低，劳动生产率低。下列数据可以说明这些情况。如前所述，2006年我国第三产业增加值在国内生产总值的比重为39.5%；2003年低收入国家为49%，下中等收入国家为52%，上中等收入国家为59%，高收入国家为71%。按当年汇价计算，2006年我国人均国内生产总值约为2000美元，高于低收入国家，与下中等收入国家大体相当，低于上中等收入国家，更远远低于高收入国家。但2006年我国第三产业比重比2003年低收入国家还低9.5个百分点，比下中等收入国家低12.5个百分点，比上中等收入国家低19.5个百分点，比高收入国家低31.5个百分点。在这方面居于世界的后列。依据2004年第一次全国经济普查的资料，这年在第三产业15个子行业中，批发和零售业、交通运输业、仓储和邮政业、房地产业、公共组织和社会组织、金融和教育等7个传统服务业，就占了第三产业增加值的70%。按当年价格计算，1952年，第二产业每个就业人员创造的增加值为926元，而第三产业为1033元。这样，如果以前者劳动生产率为1，则二者劳动生产率之比为1∶1.12。到2005年，前者每个就业人员创造的增加值上升到48135元，后者为30696元，二者劳动生产率之比为1∶0.64。按可比价格计算，1952~1978年，第二、三产业的劳动生产率分别增长了

2.94倍和0.97倍,二者增速之比(以第三产业为1)为3.03∶1;1978～2005年,第二、三产业的劳动生产率分别增长了5.93倍和2.16倍,二者增速之比(以第三产业为1)为2.7∶1[①]。可见,尽管在上述期间第三产业自身的绝对劳动生产率也大幅上升了,但相对劳动生产率却大幅下降了。这种趋势与发达的市场经济国家也是大相径庭的。在它们那里,第三产业劳动生产率的增长速度和水平都是高于第二产业的。

二 我国第三产业发展严重滞后,是由战略、体制、结构和增长方式等多种重要因素造成的

决定我国第三产业发展长期滞后的重要因素有:

第一,我国是一个发展中的人口大国。历史经验和理论分析均证明:第三产业增加值在国内生产总值中的比重与人均收入呈现很强的相关的关系。我国人口多,生产力发展水平低,人均收入少,制约了第三产业的发展。据有关单位按照改革20多年的数据计算,人均国内生产总值的增长与服务业发展的相关系数为65%。当然,仅用这个因素无法解释我国第三产业的严重滞后,尤其是不能说明我国第三产业比重为什么还低于低收入国家。但它毕竟是我国第三产业发展滞后的一个重要因素,相对于上中等收入国家和高收入国家来说,尤其是这样。

第二,长期推行强速战略,盲目追求经济的高增长。这主要是由于在计划经济体制下,从中央政府到地方政府(包括它们的各部门),到国有企业都存在投资膨胀机制。但在"一五"时期这种体制还在建立的过程中,投资膨胀机制的作用还有某种限

[①] 资料来源:《中国统计年鉴》(有关各年),中国统计出版社。

制。因而"一五"时期这种倾向相对后续时期来说还不很明显。但从"二五"计划时期到"六五"计划时期（其中1961~1965年的经济调整时期除外）这种倾向就很明显了。1981年党中央、国务院提出了以提高经济效益为中心的发展国民经济的方针，要求走出一条速度比较实在、经济效益比较好、人民可以得到更多实惠的新路子①。以后，从中央政府制定的"六五"计划到"十一五"规划这个层面来看，由推行强速战略而导致的盲目追求经济增长速度的倾向已经基本上不存在了。总的说来，这六年五年计划（或规划）规定的经济增速指标都是低于甚至远远低于潜在增长率，以致实际实现的经济增长率都超过甚至大大超过了计划（或规划）指标。但由于强速战略的惯性作用，特别是由于中央政府各部门、地方政府及其各部门和企业都还程度不同地内含着投资膨胀机制，追求经济高速增长的势头仍然很强，以致改革以来多次发生经济过热（或局部过热）。乍一看来，这种强速战略似乎同第三产业发展严重滞后是无关的。但在实际上，正是这种强速战略是第三产业发展严重滞后的一个最重要根源。问题在于：这种强速战略是片面地以工业（特别是重工业）为重点的强速战略，甚至可以说，就是工业（特别是重工业）的强速战略。其长期推行必然导致包括第三产业在内的其他产业发展的滞后。历史事实也正是这样的。1953~1957年，国内生产总值和第一、二、三产业的年均增长速度分别为9.2%、3.8%、19.7%和9.6%；这期间第一、二、三产业占国内生产总值的比重，分别由1952年50.5%下降到1957年的40.3%，由20.9%上升到29.7%，由28.6%上升到30.1%。1958~1978年，国内

---

① 详见《中国经济年鉴》（1982年），经济管理杂志社1983年版，第9~11页。

生产总值和第一、二、三产业增加值的年均增速分别为5.4%、1.6%、9.1%和4.5%；这期间第一、二、三产业的比重分别由1957年的40.3%下降到1978年的28.1%，由29.7%上升到48.2%，由30.1%下降到23.7%。1979～2006年，国内生产总值和第一、二、三产业增加值的年均增速分别为9.7%、4.6%、11.3%和10.6%；这期间第一、二、三产业的比重分别由1978年的28.1%下降到11.8%，由48.2%上升到48.7%，由23.7%上升到39.5%。上述数据表明：如果仅就上述三个时期第三产业本身增速的绝对水平来说都不算低，但问题在于第二产业增速过高，从而使第三产业相对增速偏低。这样，第三产业比重在第一时期的变化尽管还比较正常，但并没有得到应有的提高。特别是在第二时期比重甚至下降了，在第三时期也没有得到应有的提升，最终使得第三产业比重过低。可见，工业（特别是重工业）增速长期过高，是造成第三产业发展滞后的一个根本原因。

第三，计划经济体制的弊病，市场取向改革不到位以及经济、社会、政治体制改革和开放的非均衡的发展。计划经济体制内含的投资膨胀机制为推行强速战略提供了巨大需求，而由这种体制集中的资源又为推行这种战略提供了可靠供给。因此，这种体制是强速战略赖以建立和实施的基础。如前所述，正是这种强速战略从根本上导致了第三产业发展滞后。从这种相互联系的意义上说，计划经济体制是造成改革以前第三产业发展滞后的更深层次的根本原因。

诚然，这种情况在经济改革后已经发生了重大变化。这主要就是经济改革在促进第三产业比重上升方面起了重要的积极作用。伴随经济改革的进展，市场在第一、二、三产业之间合理配置资源方面的积极作用逐步得到了一定程度的发挥。而且，这种改革又成为1979年以来经济高速增长和人均收入大幅攀升的根本动力。这样,就推动了第三产业比重的迅速恢复,并上升到了新中国成立以来从未达到的高水平。

但同时需要看到:由于经济改革不到位,以及经济、社会、政治体制改革和开放的非均衡性发展,仍是第三产业发展滞后的根本性因素。就经济改革不到位来说,原来在计划经济体制内含的投资膨胀机制只是在中央政府层面和基本完成改革的国有企业基本上消除了,但在改革没到位的国有企业、政府部门特别是地方政府并没有根本改变。这就是改革以后多次发生经济过热以及2003~2006年连续4年经济发生局部过热的根本原因。其中主要又是重化工业增长过快。当然,当前我国正处于重化工业发展阶段,重化工业的发展可以而且必须快一些。问题是重化工业发展过快了,由此造成了第三产业发展的滞后。在经济改革不平衡方面,无论是存量改革还是增量改革,工业都是领先的,第三产业都是滞后的。据有的学者计算,到2006年为止,全国约有80%左右的国有中小企业已经完成了改制,由原来的国有企业改为股份制企业和民营企业等。在国有大企业中,目前国资委管理的约有160家,各省市自治区大约平均各有30家左右。其中相当大部分已经完成了股权多元化和公司治理结构的改造。当然,国有企业改革任务还很重,要真正完成国有企业改革的任务,大约还需要10年左右的时间。但相对说来,国有第三产业的改革则还要滞后得多。这一点当前突出表现在垄断行业、文化和社会保障事业的改革方面。这是就存量改革来说的。在增量改革方面,就民营经济的开放来说,工业比第三产业要早得多,快得多。这当然是从总体上说的。在第三产业的某些方面(如商业)对民营经济的开放并不晚。但在一些具有决定意义的领域(如垄断行业和文化事业方面)则要晚得多。直到目前为止,这些领域对民营经济的开放仍然严重滞后,某些方面的开放程度甚至还不及对外资企业。当然,在第三产业的某些领域(如涉及国家安全和关键经济领域)是需要国有资本控股经营甚至独资经营的。但即使考虑到这些因素,仍然可以说,第三产业对民营的开放还是滞后的。当前这方面仍然存在很大的开放空间。在对外开放方面也存在某种类似的状况。无论是在外贸方面,或是吸引外资方面,也都是首先集中在工业方面。在对外贸易方面,1980~2005年,工业制成品的出口由90.05亿美元增长到7129.16亿美元,增长了78.2倍,占货物出口的比重由49.7%上升到93.6%;工业制成品进口由130.58亿美元增长到5122.39亿美元,增长了38.2倍,占进口货物的比重由65.2%上升到77.6%。但在这期间服务业的进出口则不多。据报道,1982~2005年,我国对外服务贸易由43.4亿美元增长到1582亿美元,增长了35倍。其增速也很高,但占外贸的比重很低,2005年服务贸易仅为外贸总额的11.1%。在吸引外资方面,以2005年为例。这年外商直接投资实际使用金额已经达到6032469万美元,其中第一、二、三产业分别为71826万美元,4469243万美元(其中工业为4420223万美元)和1491400万美元,分别占总额的1.2%、74.1%(其中工业为73.3%)和24.7%。这些数字表明:改革以来,通过发展对外经贸关系,从货物出口需求与投资品和资金的供给等方面大大促进了工业的增长。而对第三产业的发展来说,这方面作用则不大。当然,决定这一点的并不只是由于对外开放不平衡性,还同体现国际资本利益的产业转移的特点相联系。国际资本为了获得超额利润和垄断利润,利用我国廉价的生产要素(包括劳动力和土地等),只是把那些附加价值小、利润低的制造业的加工环节转移到我国,至于那些附加价值大、利润高的高端产业(其中包括第三产业)以及制造业中的研发和流通环节(即生产性服务业),仍然掌握在他们自己手中。这一点,在加工贸易占我国外贸中的比重明显地反映出来。1981年,加工贸易的出口和进口分别为11.31亿美元和15.04亿美元;二者占出口总额和进口总额比重分别为5.1%和6.8%。到2005年,上述两组数字分别为4164.67亿美元和2740.12亿美元、54.3%和41.5%[①]。就经济体制和社会体制的改革来说,大部分与第三产业相联系的社会体制改革也都是滞后的。这突出表现在城乡二元体制、文化体制和社会保障体制的改革滞后上。比如,在20世纪末,我国已经初步建成了社会主义市场经济体制的基本框架,作为城乡二元体制最基本组成部分户籍制度(城乡就业、工资和社会保障制度等都是附着在户籍制度上)当前还只是在某些省市破题。显然,经济体制和社会体制改革进展不平衡状况,又导致了工业和第三产业的不平衡发展,工业发展更快,第三产业较慢,使得第三产业发展滞后。就经济体制改革和政治体制改革来说,后者也是滞后的[②]。诚然,这种滞后阻碍了经济改革,从而阻碍了整个经济的发展。但更突出地阻碍了第三产业的发展。当前在这方面的突出表现就是应由政府提供的公共服务(比如医疗、教育和社会保障等)严重不足。当然,这种不足首先同我国是一个发展中大国这一基本国情相联系的,但同政府职能转变不到位也是直接有关的。

我们在前面分别分析了经济强速战略和传统经济体制在造成第三产业发展滞后方面的作用。但二者在这方面的作用并不只是限于这些方面,还通过由它们造成的经济结构失衡、经济增长方式转变缓慢和城镇化率低等方面,导致第三产业发展的滞后。我

[①] 资料来源:《中国统计年鉴》(有关各年);《经济日报》2007年1月29日。
[②] 按照市场经济和三大产业的理论,政府提供的公共服务,是属于第三产业的产品,其改革也是属于第三产业改革的范畴。

们在下面分别就这些方面做进一步分析。

第四，经济结构失衡。这包括以下四个重要方面：

（一）消费和投资之间的失衡。

我们仍按照前面提到的三个时期来分析这种失衡状况。①1953～1957年。这期间消费率由1952年的78.9%下降到1957年的74.1%，投资率由22.2%上升到25.4%，二者升降的幅度不大。而且其中年度之间的波动幅度也不大。消费率最高年份1955年为77.3%，最低年份1957年为74.1%；与之相对应的投资率最低年份和最高年份分别为23.7%和25.4%。②1958～1978年。这期间消费率由1957年的74.1%下降到1978年的62.1%，投资率由25.4%上升到38.2%，波动幅度很大。其中年度之间波动幅度也很大。消费率最低年份1959年为56.6%，最高年份1962年为83.8%；与之相应的投资率的最高年份和最低年份分别为42.8%和15.1%。③1979～2005年。这期间消费率由1978年的62.1%继续下降到2005年的51.9%；投资率由38.2%继续上升到42.6%，波动幅度很大。其中年度之间的波动幅度也很大，消费率最高年份1981年为67.1%，最低年份2005年为51.9%；投资率最低年份1982年为31.9%，最高年份2004年为43.2%①。还要提到：2006年前三季度消费率为51.1%，投资率为42.2%。这年全社会固定投资上升了24%，作为消费最主要组成部分的社会消费品零售总额上升了13.7%，据此可以判断：2006年消费率还要继续下降，投资率还要上升。

上述情况表明："一五"期间在恢复经济基础上继续推行优

---

① 《新中国五十年统计资料汇编》和《中国统计年鉴》（2006年），中国统计出版社。说明：由于净出口的影响，消费率和投资率之和并不等于100%，消费率最低年份和投资率的最高年份并不完全对称。

先发展重工业方针并实行计划经济体制，大体还适合当时的经济发展水平，并对建立社会主义工业化初步基础起了决定性作用。但同时需要看到：这个方针和体制在导致投资和消费失衡方面已经开始显露出来。特别是1958年以后，继续长期推行优先发展重工业方针和计划经济体制，必然继续强化高积累、低消费的政策，并以此为基础，继续在资金投入方面向工业倾斜。这就导致工业增速大大超过包括第三产业在内的其他产业的发展。这是其一。其二，一般说来，工业的快速增长也会带动生产性服务业的发展。但我国原来生产技术水平低，特别是在企业组织方面长期实行"大而全"、"小而全"，因而生产性服务业并不发展。而且，在主要实行粗放型增长方式的条件下，技术升级和分工发展都比较慢。这样，工业的快速发展对生产性服务业发展的带动作用并不大。这是一方面。另一方面，消费率虽然逐年下降，但毕竟始终占了国内生产总值的大部分；而且相对生产性服务业来说，我国消费性服务业比较发展，占了服务业大部分。这样，消费率下降对消费性服务业的阻碍作用就要大于由投资率带动生产性服务业的作用，从而成为第三产业发展滞后的一个重要因素。根据国家统计局按照2002年全国投入产出表计算，消费率提高1个百分点，第三产业增加值可以提高0.51个百分点。这样，扩大消费对增加第三产业比重的作用，比增加投资要大得多。

（二）城乡之间的失衡。

为了稳定保证优先发展重工业对于资金、农产品和劳动力的需要，以计划经济体制为依托，从20世纪50年代初开始，就在农村先后实行了农业生产合作社和人民公社制度，主要农产品的统购统销制度，工农业产品价格剪刀差制度和以城乡分割的户籍制度为主要特征的城乡二元体制。这样，尽管新中国成立以后，社会主义制度推动了工农业生产的巨大发展，但就计划经济体制愈来愈不适应生产力发展来说，在农业中的作用比工业中更为严重。这是导致改革以前农业发展滞后的根本原因。当然，这种滞后同农业的物质技术基础比较落后，农民文化技术水平较低，以及农业作为弱质产业（因对自然条件的依赖较大）也有很大关系。但在这方面，传统的发展战略和经济体制是主要因素。这样，农业增速就过低于工业，农业增加值在国内生产总值中比重也下降过快（数据已在前面列出），农业在劳动生产率和人均消费水平方面与工业的差距也都急剧扩大了。1952年，农业每个从业人员创造的增加值为198元，主要由工业构成的第二产业为926元，二者劳动生产率之比（以农业为1）为1∶4.9；到1978年，前者为353元，后者为2732元，二者劳动生产率之比为1∶7.7。在这期间，农业居民人均消费水平由62元增加到132元，同比增加了77.2%；而非农业居民由148元增加到383元，同比增加了113.2%；二者增速之比（以农业居民为1）为1∶1.5。

诚然，改革以后农业生产和农民收入都有很大的提高。特别是在20世纪70年代末到80年代上半期，改革首先在农村突破，根本改革了严重束缚农业生产力发展的农村人民公社制，建立以家庭经营为基础，并与集体经营相结合的基本经营制度，大大地解放了农业生产力。农村其他方面的改革在这方面也起了重要作用。但从80年代下半期到21世纪初，工业各项经济改革逐步加快了步伐，而农村在流通、税收、金融、教育、卫生和社会保障等方面的改革显得滞后。改革以来，农业在开放方面一直落后于工业。这是其一。其二，城镇化速度慢，水平低（详见后述）。其三，1978~1999年，为了促进全国经济的高效发展，在区域经济发展方面，实行了非均衡发展战略，使得第二、三产业占有较大比重的东部地区获得了迅速发展，而在第一产业占有较大比重的中西部地区则发展较慢。其四,从一般意义上说,在工业化过程中,都经历了农业哺育工业和工业反哺农业的过程。而我国工业反哺农业的方针出台不够及时。其五,新中国成立以来,农村的基础设施发展很慢。其六,有些年份由于对粮食生产形势做了过于乐观的估计,以致使得作为主要农产品的粮食发生多次减产。其中,特别是1999~2001年连续三年减产,2001年粮食产量下降到45263.7万吨,比1998年减少了5965.8万吨。2004~2006年三年粮食增产,2006年达到49746万吨,但仍达不到1998年的51229.5万吨的水平。所有这些因素都使得改革以前就存在的农业发展滞后于工业的局面没有得到根本改变。诚然,在2004~2007年间,中共中央连续发了四个一号文件,大大加快了建设社会主义新农村的步伐。但在这样短的时间内,没有也不可能根本改变这种局面。这样,在1978~2006年间,农业增速仍然过慢,在国内生产总值的比重也下降过快(数据已见前述),农业劳动生产率与工业劳动生产率差距,以及农村居民收入与城镇居民收入的差距也并无大的变化。到2005年,每个农业从业人员创造的农业增加值为6664元,而主要由工业组成的第二产业则为49735元,二者之比(以前者为1)仍为1:7.5。2006年,农村居民人均可支纯收入为3587元,比1978年同比增长5.7倍;城镇居民可支配收入为11759元,也增长了5.7倍;二者增速之比为1:1。可见,在1979~2006年期间,劳动生产率和人均收入的增速方面,农业和第二产业之间的差距都有不同程度的缩小,但绝对水平的差距则扩大了。这是其一。其二,就收入来说,农村居民纯收入的支出包括了生产方面的支出。而且,农村居民在享受由国家财政提供的公共的产品和服务(包括基础设施、科技文卫和社会保障事业等)比城镇居民要少得多。如果考虑到这些因素,则农民居民收入与城镇居民收入的差别还要大得多。需要着重指出：在全国人口中占有很大比重的农村居民收入低，对第三产业的发展有极严重的不利影响。显然，乡村居民对服务业的需求比城镇居民要小得多。比如，2005年，城镇居民人均消费性支出为7942.88元，而农村居民则只有2555.4元，前者为后者的3.1倍；市、县在社会消费品零售总额中占的比重达到78.3%，县级以下只占21.7%。而县级以下还包括镇，考虑到这一点，农村居民在这方面占的比重还要小①。

（三）地区之间的失衡。

新中国成立以后，直到改革以前，我国区域经济发展战略虽有变化，但总的说来，是以计划经济体制为依托，采取了旨在消除旧中国留下的地区经济发展很不平衡的均衡发展战略。其突出表现就是：20世纪50年代下半期提出的建立大行政区甚至省的独立完整的工业和国民经济体系。

这种战略不仅否定了以资源禀赋和区位优势等为基础的地区之间的产业分工，而且具有浓厚的平均主义化色彩。因而不可能解决地区之间经济发展不平衡问题。以作为衡量地区之间经济发展水平标志的工业为例，1952～1978年，沿海和内地（大体相当于当前的东部和中西部）工业产值占全国工业总产值的比重分别由70.84%下降到63.32%，由29.16%上升到36.68%。这表明：这期间地区之间经济发展不平衡问题有所缓解，但并不显著。

改革以后，为了提高经济发展的效率，在区域经济发展战略方面采取了非均衡发展战略，使东部地区经济得到较快的发展。为此，在改革开放和其他方面采取了一系列促进东部地区较快发

---

① 《中国统计年鉴》（2006年），中国统计出版社，第345、678页。

展的措施，并且取得了显著成就。但地区之间的经济差别也随之扩大。依据条件的变化和经济发展的需要，在1999年以后，逐步形成了西部大开发、振兴东北等老工业基地，中部崛起和东部率先实现现代化的总体区域经济发展战略。但这个总体战略实施不长，没有也不可能改变地区之间的经济发展不平衡，甚至还没有来得及遏制这种差距扩大的趋势。比如，1978～1999年，东部地区工业产值占全国工业产值的比重分别由1978年的63.32%上升到1999年的70.14%，又继续上升到2003年的73.48%；而在这期间，中西部地区由36.68%下降到29.84%，又再下降到26.52%。这是就比重来说的。就增长率的差距来说，正在缩小。比如，西部和全国经济增长率的差距，"九五"期间为2.7个百分点，"十五"期间为1.7个百分点，2006年为0.6个百分点①。

需要强调的是：地区之间的失衡也是导致我国第三产业发展滞后的一个重要因素。据有的学者按照2000年可比价计算，1978年，东部、中部和西部第三产业增加值占全国第三产业的比重分别为54.75%、29.82%和15.43%，人均服务占有量分别为381.46元、209.38元和265.76元。到2000年，这两组数据分别为62.05%、24.89%和13.06%；4431.44元、2052.9元和1660元②。按当年价格计算，2004年，东部、中部和西部地区生产总值占国内生产总值的比重分别为59.4%、23.6%和17.0%；占全国第三产业增加值比重分别为60.7%、22.1%和17.2%。2005年，按当年价格计算，东部、中部、西部和东北

---

① 详见汪海波《中国现代产业经济史》（1949年10月至2004年），山西经济出版社2006年版，第630页；《经济日报》2007年3月2日。

② 李江帆主编：《中国第三产业研究》，人民出版社2005年版，第311页。

地区生产总值占国内生产总值的比重分别为 55.6%、18.8%、16.9% 和 8.7%，这四个地区的人均地区生产总值分别为 23768 元、10608 元、9338 元和 15982 元。与此相联系，这四个地区占全国第三产业增加值比重分别为 57.2%、17.5%、17.0% 和 8.3%①。这些数据表明：地区经济发展水平愈高，对第三产业的需求就愈大，其比重也愈大；反之亦然。据有关单位分析，地区生产总值占国内生产总值的比重与该地区第三产业增加值占全国第三产业增加值比重的相关系数为 0.98。

（四）内需和外需之间的失衡。

2003~2006 年这四年，我国货物进出口顺差分别为 254.7 亿美元、320.9 亿美元、1020 亿美元和 1775 亿美元。其中，2003~2005 年三年货物和服务的净出口对经济增长的贡献率分别为 1%、6.1% 和 25.8%；2006 年货物净出口大约接近 30%。当然，就我国具体情况来说，净出口比重多少才算是适度的，还是需要研究的问题。但就 2003 年以来与出口顺差激增相联系的经济局部过热，通胀压力加大，外贸风险增加，经济结构失衡加剧以及资源和环境压力加大等方面的情况来看，可以肯定内需和外需是失衡的。从 2007 年 1 月的外贸顺差的大幅增长情况来看，这种从 2005 年以来开始的失衡加剧的势头还在发展。据报道，今年 1 月外贸顺差高达 158.8 亿美元，同比增长 64.7%②。

诚然，从本质上说，内需与外需失衡，是与战略和体制相关的国内经济结构失衡的反映。但如前所述，这一点同国际资本的产业转移特点也是直接相关的，并且同美元作为主要的世界货币

---

① 《中国区域经济年鉴》（2005 年）和《中国统计年鉴》（2006 年），中国统计出版社。

② 《中国剪报》2007 年 2 月 14 日。

地位以及美国的外贸和军事战略紧密相连。美国依靠美元的世界货币地位，多发钞票，用以大量购入我国的廉价货物[①]，又依靠其在众多高技术的领先优势和垄断地位，在高技术的产品和服务的出口方面对我国严加限制。

但需着重指出：内需和外需之间的失衡，也是加剧我国国内经济失衡的一个重要因素。其中包括加剧了我国第三产业发展的滞后。如前所述，我国无论是出口还是进口，大部分都是工业品，服务业占的比重很小。这样，外贸在拉动工业增长方面的作用比服务业要大得多。

第五，经济增长方式转变缓慢。经济增长方式转变的最重要支撑点，就是技术进步和人力资本的增长。而技术进步和人力资本增长的来源是科技和教育事业的发展。但在改革前传统战略的指导下，长期推进优先发展重工业，必然阻碍科技和教育事业的发展。这是其一。其二，以"铁饭碗"、"大锅饭"为特征的计划经济体制，无论是政府部门、企业或劳动者个人，都缺乏推动技术进步的积极性。其三，诚然，在这种体制下，也追求经济的高增长。但推进高增长的主要手段，最简便易行并被普遍采用的就是上项目和增加投资，而并不是技术进步。其四，长期实行高积累、低消费的政策，把劳动成本压得极低，从而把使用人工和使用机器的费用的差距拉得很大，阻碍了机械化的发展。其五，在计划经济体制下，财政是建设型财政，而不是公共财政。因而财政支出的主要部分是经济建设投资，而不是提供服务的科教事业。其六，部门分割是计划经济体制的一个重要特征。这就必然会在科研体制方面形成科研院所、高等院校与企业两张皮的状

[①] 据有的学者计算，当前60%的美元是在国外流通的，50%的美国国债是由国外人购买的（新华网，2007年2月18日）。

况。从而大大阻碍了科技进步及其在企业中的运用。所有这些重要因素都阻碍了技术的进步和人力资本的增长。

（一）如前所述，由于强速战略的强大惯性作用，特别是由于以地方政府为主的投资膨胀机制的作用，曾经导致改革以后多次发生经济过热或经济局部过热。而追求经济高增长的主要手段，仍然是上新项目和增加投入而不是技术进步。这无论是对国有企业来说，或者对改革后逐步发展起来的大量民营企业来说，大体上都是这样的。

（二）在发达的市场经济条件下，本来竞争是仅次于企业追求利润最大化的、推动技术进步的强有力的动力。但在我国当前，尽管市场竞争已经有了很大的发展，但真正的统一、平等、有序、诚信的市场竞争还远没有形成，有的还是在相当范围还存在的、与地方行政垄断相联系的市场分割，自然、经济和行政相结合的行业垄断，特别是多得出奇、层出不穷的不正当竞争和非法竞争（如假冒伪劣的产品和服务盛行，信用严重缺失和商业贿赂等）。这样，企业就可以不通过改进技术等正当手段，去获取超额利润，以赢得企业的生存和发展，只要通过垄断、不正当竞争和非法竞争等手段，就可以获得超额利润、垄断利润和暴利。这是一方面。另一方面，由于国有企业改革还没到位，特别是由于地方政府的保护，不仅在改革前已经严重存在的过多的重复的生产和建设得不到改变，该淘汰的技术落后的企业也淘汰不了，甚至还有所发展。我们还多次看到改革前就已有过的现象：在经济紧缩时，许多小企业用行政手段被淘汰了；但到了经济扩张时，这些小企业死灰复燃，甚至在一定时间内能够得到更多的发展。这样，在经济转轨时期，就必然会产生一种特有的、并在一定范围内存在的恶性竞争。这种恶性竞争的最重要手段就是价格战,以微利产品甚至亏本价格出售产品。其结果就是大大削弱了作为技术进步来源的企业资金积累能力。所有这些都使得市场竞争在推动技术方面的作用在很大程度上被削弱了甚至被麻痹了。我国研究和试验发展费用低,就是这方面的有力佐证。2006年,我国研发费用相当于国内生产总值的比例为1.41%;2004年美国和日本分别为2.68%和3.13%[①]。

(三)改革以来,我国工资水平有了空前未有的大幅度提高。1978~2005年,全国工资总额由568.9亿元增长到19789.9亿元,第二、三产业增加值由2626.8亿元增长到160014.4亿元;前者占后者的比重由21.7%下降到12.4%[②]。就其直接原因而言,主要是长期推行高积累、低消费政策的结果,尤其是由近两亿人的农民工(其中约1.2亿人进城务工,0.8亿人在乡镇企业务工)工资特低造成的。这样,我们就可以如实地说,在资本主义市场经济国家,其剩余价值率已经经历了三个大的阶段:在简单协作和工场手工业阶段,资本提高剩余价值率的主要手段是提高绝对剩余价值率;工业化前期和中期,主要手段就是提高相对剩余价值率。到了工业化的后期和现代化时期,在早已出现的绝对剩余价值率下降的基础上,又新出现相对剩余价值率下降。但在我国现阶段却出现了绝对剩余价值率和相对剩余价值率

[①] 《中国科学技术年鉴》(2005年),中国统计出版社;《经济日报》2007年3月2日。

[②] 《中国统计年鉴》(2006年),第57、156页,中国统计出版社。这里说明两点:①我国职工工资主要是由第二、三产业职工工资构成,第一产业工资占的比重很小(2005年仅为工资总额的1.7%)。这样,在作为分母的增加值中虽然未包括第一产业增加值,但并不影响论点正确性。②工资虽不是职工的全部劳动报酬,但是其中的主要部分。这样,我们这里虽然没有提到工资以外的劳动报酬,但也不影响结论的正确性。

双双上升的局面。这种情况同我国社会主义经济大国的地位极不相称，亟须改变。就我们这里讨论的问题来说，这种很低的工资水平，把劳动成本与采用先进技术成本的差距进一步拉大了，从而大大抑制了企业改进技术的积极性。

（四）当前我国由建设型财政向公共财政的转变远没有到位。比如，国家财政用于科学研究的支出，虽然由 1978 年的 52.89 亿元增长到 2005 年的 1334.91 亿元，但占财政支出总额的比重由 4.7% 下降到 3.9%[①]，在这里也是增速很快，但比重下降。这也是技术进步不快的一个重要因素。

（五）随着社会体制改革的进展，科研院所、高等院校的研究工作和企业改进技术要求脱节的状况已经有所转变，但也没有转变到位；同时，技术市场发展也很不充分。2001~2005 年，技术市场成交额由 783 亿元增长到 1551 亿元，但相当于科技经费的筹集额（包括政府和企业的资金以及金融机构贷款）的比例由 30.2% 下降到 29.55%。显然，这些情况都是很不利于技术进步的。

（六）在对外贸易关系方面，技术的进出口占的比重很小。在引进外资方面又是重引进、轻消化吸收和创新；而且，原来设想在这方面以市场换技术。但实践证明：世界一流的技术是买不到的。这样，对外经贸关系就远没有发挥在促进技术进步方面的作用。

上述各点都延缓了我国技术进步的进程，使得技术方面处于落后状态。据测算，我国科技进步对经济增长的贡献度不足 30%，明显低于经济发达国家的 60%~70% 的水平；我国技术

---

① 《中国统计年鉴》（2006 年），中国统计出版社，第 283~284 页。

对外依赖度超过50%，而美国和日本不到5%[①]。2003年，我国高技术产业增加值占制造业的比重为10.2%，而美国和日本分别高达18.6%和16.8%。我国不仅高技术产业比重低，其劳动生产率也低。2004年我国高技术产业人均增加值为1.3万美元；2003年美国和日本分别为14.1万美元和10万美元[②]。诚然，高技术产业增加值的比重并不是技术进步的全部内容，但确实是技术进步的最突出的标志。需要说明的是：技术进步缓慢和落后状态是导致经济增长方式转变缓慢的决定性的因素。

但就我们这里讨论的问题来说，更要强调的是：经济增长方式转变缓慢，是科技发展缓慢的最重要的根源。世界发展的历史表明：人类生产实践的需要，是科技进步的基本动因。如果经济增长方式不转变，那么科技进步就成了无本之木，无源之水。所以，如果不在经济增长方式转变上着力下功夫，要想取得科技的大进步，是不可能的。诚然，现代科学技术发展的一个重要特点就是出现了前所未有的超前性。但终极说来，科技进步总是有赖于生产实践的发展。就我国当前情况来说，尤其有赖于经济增长方式的转变。这在应用性科技方面尤其如此。所以，由经济增长方式转变缓慢必然导致作为第三产业重要组成部分的科技事业进展缓慢。还要指出：由此又进一步影响整个服务性发展，特别是生产性服务业的发展。

第六，与强速战略相联系的城乡二元体制造成了城镇化率低，也导致了第三产业发展滞后。在1952年、1978年和2006年这三个时点上，城镇人口占全国人口的比重分别为12.5%、17.9%和43.7%。可见，尽管改革以来城镇化率有了很大提升，

---

① 《新华网》2006年12月8日。
② 《科学技术部网》2006年12月12日。

但并不高。当前我国城镇化率不仅大大低于经济发达国家平均75%的水平，也低于世界各国平均50%的水平，甚至还低于欠发达国家平均45%的水平。但我们在前面列举的数据表明：作为载体的城市在发展第三产业方面的作用比农村要大得多。

第七，众多与之相左的理论、思想和观念，也是导致第三产业发展滞后的一个重要因素。按照传统经济理论，只有投资品和消费品的生产才是生产部门，而服务业并不是生产部门。这就使得服务业在国家经济发展战略中，居于很次要的地位。受自然经济思想的影响，不仅企业搞"大而全"、"小而全"，而且办社会；也不仅是企业办社会，事业单位、党政机关和人民团体都办社会。这不仅不利于生产性服务业的发展，更不利于消费性服务业的发展。某些"左"的思想也在这方面发生了消极作用。比如，新中国成立初期，还有少数高等院校设有家政服务专业。但在后来家政服务被当作"资产阶级生活方式"，这些专业随之也给取消了。节约原本是中华民族的传统美德，但并没有与时俱进，赋予它具有时代特点的新内涵，以致成为当前储蓄率过高的原因之一。我国消费观念转变滞后，也是当前消费信贷发展慢的原因之一。当然，这些因素都不是第三产业发展滞后的最重要原因。但它们确实又在一定程度上阻碍了服务业的发展。

三 优先发展第三产业是当前有关经济发展、改革深化、政治稳定和社会和谐的一个全局性问题

这样说的主要根据是：第一，继续治理当前经济局部过热，并防止向过热转变，是当前经济中一个最尖锐、最突出问题。为了解决这个问题，优先发展第三产业就是一个重要方面。这一点已为以1999年（波谷年）为起点的新一轮经济周期上升阶段的

经济增长经验所证明了。2000~2002年,主要由工业构成的第二产业增加值年均增速为9.2%,第三产业为10.1%,国内生产总值为8.6%。但到2003~2006年,这三个数据分别为11.5%、10.1%和10.2%。可见,前三年第三产业增加值年均增速高于第二产业,但经济增长处于现阶段潜在增长率①的界限内,经济并不热。但在2003~2006年,第二产业增加值年均增速高于第三产业,连续4年发生经济局部过热。如果仅就这三种增速变化的相互联系而言,形成上述两种不同结果的原因是:在正常情况下,在工业化和现代化过程中,本来第三产业增速可以而且必须高一些。更何况在2000年以前,我国第三产业的发展是滞后的,其增速就更应高一些。这样,如果第三产业本身增速恰当,并适度高于第二产业,经济增速就是正常的。2000~2002年经济运行的情况就是这样。但是,如果第二产业本身的增速就很高,并且超过第三产业的增速,经济就会走向过热。如果宏观经济调控及时而又得力,那也只是可以避免经济过热,经济局部过热仍不可避免。2003~2006年经济运行的情况就是这样。这个近期历史经验表明:在现阶段,在整个经济增速恰当的情况下,适度加快第三产业的发展,并相应地抑制第二产业的增长,有利于经济增长在经济潜在增长率的界限内正常运行,或者至少可以把经济增长限定在经济局部过热的界限内,而不致发生经济过热;而在发生局部过热以后,也有利于经济局部过热的治理,从而拉长经济周期的上升阶段。

需要进一步指出:适度优先发展第三产业不仅有利于治理当前经济局部过热,还有利于熨平今后的经济周期波动。问题在

---

① 1979~2006年我国国内生产总值年均增长率为9.7%,似可以此作为我国现阶段的潜在增长率。

于：一般说来，并相对发展工业而言，发展第三产业所需要的投资少，因而在经济周期的上升阶段，有利于阻滞经济走向过热；而在经济下降阶段，由于需要的投资少，特别是由于在对第三产业需求构成中消费需求的比重大，这种需求具有某种刚性，并不会因为经济增速下降而有过多的下降，从而有利于防止经济增速的过度下滑。如果再考虑到我国第三产业发展滞后的情况，那就更是这样。

第二，经济结构失衡，是当前我国经济中一个深层次矛盾。优先发展第三产业有利于这个矛盾的逐步解决。因为当前在由第一、二、三产业结构之间失衡、投资与消费之间失衡、城乡之间失衡、区域之间失衡以及内需和外需之间失衡这五个方面构成的经济结构失衡中，产业结构失衡是最基本的方面。而产业结构失衡当前突出表现为第三产业发展滞后。因此，优先发展第三产业不仅是解决产业结构失衡的一个最重要方面，而且有助于解决整个经济结构的失衡。

第三，经济增长方式转变缓慢，是当前我国经济中另一个深层次矛盾。优先发展第三产业在这方面具有不容忽视的重要作用。转变经济增长方式的决定性手段，是技术的进步和人力资本的增长。而在这些方面直接有赖于作为第三产业最重要组成部分的科技和教育的发展。

第四，市场趋向改革不到位，计划经济体制没有完全改革，社会主义市场经济体制没有完全建立，是当前我国经济中的最深层次的矛盾。而优先发展第三产业可以在众多方面，特别是在扩大就业方面为深化改革创造重要条件。就国有经济改革来说，当前已经进入一个新的发展阶段。其重要特点有二：（1）国有中小企业改革大体已经基本完成，重点是继续推进大企业的改革。而且这方面的改革也发生了一个重大变化：由过去剥离优质企业上市转变整体上市。而整体上市的先决条件是剥离企业办社会和精简冗员。这方面的工作显得比过去更为重要。（2）由国有企业改革重点推向国有事业改革。而国有事业单位改革，也普遍地大量存在剥离办社会和精简冗员的问题。就发展非公有民营经济来说，当前已经取得巨大成就。改革以来，民营经济创造的增加值年均增速达到20%以上，超出同期国内生产总值增速一倍以上，当前约占总量的1/3左右[1]。但民营经济仍有很大的发展空间，而且我国经济社会的发展还确实需要民营经济进一步发展。但无论是深化国有企事业的改革，还是民营经济的进一步发展，在很大程度上都要以第三产业为依托的。因为第三产业吸纳就业的能力远远超过了第二产业。1979～2005年，第二产业增加值增长了17.02倍，就业人员增长了1.6倍，二者之比（以就业人员增速为1）为1∶10.63；第三产业增加值增加了15.4倍，就业人员增加了3.86倍，二者之比为1∶3.99[2]。

第五，物耗过大和环境污染严重已经成为当前我国经济可持续发展的两个最大瓶颈制约。优先发展第三产业在缓解这种瓶颈制约方面也具有重要作用。我国的基本国情之一，是众多资源短缺，人均占有量很低。比如，大多数矿产资源人均占有量还不到世界平均水平的二分之一，人均淡水占有量也只有世界平均水平的27%。但在新中国成立以后由传统的战略和体制形成的粗放型经济方式，直到现在并无根本改变。就是新一轮经济周期上升阶段的事实也可以说明这一点。与1998年相比，2005年国内生产总值由84402.3亿元增长到183084.8亿元，同比增长84.1%；全社会固定资产投资由28406.2亿元增长到88773.6亿元，同比

---

[1] 《经济日报》2007年2月12日。
[2] 资料来源：《中国统计年鉴》（2006年），中国统计出版社，第60、136页。

增长184.1%;作为主要能源的原煤由12.5亿吨增长到22.05亿吨,作为主要材料的钢材由10731.8万吨增长到37771.1万吨,二者分别增长76.4%和251.6%。这样,以国内生产总值增速为1,其与全社会固定资产投资、能源和钢材增速之比分别为1:1.18、1:0.91、1:2.99①。由此,我国物耗就大大超过了经济发达国家甚至发展中国家的水平。比如,当前我国单位矿产资源的产出水平只相当于美国的1/10、日本的1/20;单位产值能耗是美国2.1倍,日本的4.43倍,印度的1.65倍;单位产值水耗为世界平均水平的4倍,为经济发达国家的8倍②。这种过大的物耗必然造成严重的环境污染,由此造成重大的经济损失。比如,1998~2004年,这方面的损失由19843.3万元增长到36363.7万元,增长83.3%。针对物耗过大和环境污染严重的严峻形势,"十一五"规划将降低能耗和主要污染物排放量作为两项约束性指标,规定单位国内生产总值的能耗要降低20%,年均降低4%;主要污染物的排放量要降低10%,年均降低2%。根据国家发改委的规定,"十一五"期间单位国内生产总值的用水量也要降低20%以上,单位工业增加值用水量要降低30%以上③。但在2006年上半年,企业单位国内生产总值能耗同比上升0.8%,化学需氧量和二氧化碳的排放量分别同比增长3.7%和4.2%④。这年下半年情况有所好转,但都没有达到预期目标。2006年单位国内生产总值能耗只降低了1.2%;化学需氧量排放总量增长1.2%,二氧化硫排放总量增长1.8%。需要着重指出:

---

① 资料来源:《中国统计年鉴》(有关各年),中国统计出版社。
② 《〈中共中央关于制定国民经济和社会发展第十一个五年规划的建设〉辅导读本》,人民出版社2006年版,第252~253页。
③ 《新华网》2007年2月20日。
④ 《新华网》2007年1月17日。

这种高物耗、重污染的情况主要是工业（特别是重化工业）发展过快造成的。与工业相比较，第三产业发展所需的物耗要少得多，对环境污染也要轻得多。据有关单位测算，第三产业占国内生产总值比重上升一个百分点，工业相应下降一个百分点，单位国内生产总值能耗大约也可降一个百分点。

第六，扩大就业和建立适应我国社会生产力发展水平的、覆盖全国的社会保障体系，是实现社会稳定的主要措施，也是改革、发展得以顺利进行的根本前提。但在这方面也有赖于优先发展第三产业。其在扩大就业方面的作用已如前所述。就当前的情况来说，所谓优化发展第三产业，其中的一项重要内容，就是要加强社会保障制度的建设。

第七，从某种共同意义上说，我国当前无论在对外贸易方面，或者引进外资方面，都面临着由数量扩张向质量提高方面的转变。在质量提高方面的一个共同内容又都是调整结构。而调整结构的一个相同点，就是无论在外贸方面或者在引进外资方面，都要提高服务业的比重。从这方面来说，优先发展第三产业，对于扩大开放，特别是在提高开放的质量方面，具有很重要的意义。

第八，改革以来，我国已经实现了由人口大国到经济大国的转变。其主要标志是：（1）依据国际货币基金数据库的资料，2005年国内生产总值在世界居前4位的国家是：美国124857亿美元，日本45713亿美元，德国27973亿美元，中国22350亿美元。这样，中国经济总量在世界的位次就由1978年的第10位跃升到第4位。按当年汇价计算，2006年中国经济总量约可达到26000亿美元，虽然还达不到世界第三的地位，但向世界第三逼近的步伐是很快的。（2）依据世界贸易组织数据库的资料，2005年进出口贸易总额在世界居前三位的国家是：美国26370亿美元、德国 17448 亿美元、中国 14221 亿美元。这样，中国外贸总量居世界位次也由 1978 年的第 27 位跃升到第 3 位（实际上 2004 年就居世界第三位了）。2007 年，中国外贸总量已经达到 17607 亿美元，即使达不到第二位，但距第二位也已经很近了。这样，当前中国面临的历史性重大任务，就是要实现由经济大国到经济强国的转变。在这方面优先发展第三产业具有至关重要的作用。其主要原因有三：（1）如前所述，当代经济发达国家都是以服务业经济为主体的，而我国还是以第二产业为主体的。（2）在经济发达国家，现代服务业是服务业的主体，而我国服务业的主体还是传统服务业。（3）更重要的是，当代经济发达服务业内部构成中，其最重要最核心的内容就是自主创新的先进科学技术，而我国自主创新技术的比重远远落后于经济发达国家。

四　抓住有利的战略机遇期，积极推进第三产业的优先发展

在 21 世纪初期一个相当长的时期内，我国经济发展面临着一个良好的战略机遇期[①]。这一点，在学界已经形成共识。这里需要进一步指出：对发展第三产业来说，这是更好的战略机遇期。其根据主要有三：第一，当前第三产业发展严重滞后。这种滞后同时意味着第三产业发展潜力很大。第二，就当前的国内外环境来看，加快发展第三产业有着更多更好的有利条件，有可能把这种潜力比较充分地发挥出来。第三，由第三产业发展滞后引发和激发的各种经济社会矛盾，给加快发展第三产业带来了更强的动力和压力。因此，我国当前发展经济的一个长期而又紧迫的

---

① 详见汪海波《略论新一轮经济周期的运行特征及其战略含义》，《光明日报》2005 年 11 月 1 日。

重要战略任务，就是要积极推进第三产业的优先发展。

为此：第一，要从速度和比重两方面合理设置优先发展第三产业的目标。这里首先要解决一个问题：今后有无可能做到第三产业的增速适度超过国内生产总值的增速，并由此逐步提高其在国内生产总值中的比重。为了说明这一点，需要回顾一下同这个问题有关的两方面的历史经验。新中国成立初期实施优先发展重工业方针，对建立社会主义工业化的初步基础起了决定性作用。但在1958年以后，长期推行优先发展重工业方针，却造成了严重后果。其中首先是轻重工业的比例关系的严重失调。1952~1978年，轻重工业在工业总产值中的比重分别由64.5%下降到43.1%，由35.5%上升到56.9%。针对这种严重失衡情况，1980年国务院决定对轻工业实行六个优先的原则，即：原材料、燃料、电力供应优先；挖潜、革新、改造的措施优先；基本建设优先；银行贷款优先；外汇和引进先进技术优先；交通运输优先。这实际上就是实行优先发展轻工业的方针。这样，到1981年轻工业在工业总产值中的比重就上升到51.5%，重工业下降到48.5%。其后，一直到1998年，轻工业产值比重虽有波动，但都是在46.3%~50.2%的区间内运行的，轻重工业比例关系大体是正常的[1]。只是在这以后，特别是在2003~2006年经济发生局部过热以后，由于重工业发展过快，二者又发生了失衡。这是一种相比拟的、间接的、可借鉴的经验，还有一种直接的可借鉴的经验。在1953~2006年的54年中，第三产业增加值增速低于国内生产总值增速的有29年，前者高于后者的有25年。上述两种经验均证明：在一定条件下，第三产业增加值增速超过国

---

[1] 详见汪海波《中国现代产业经济史》，山西人民出版社2006年版，第626页。

内生产总值增速，从而导致第三产业增加值比重上升，是完全可以做到的。更何况当前优先发展第三产业正面临着空前未有的良好机遇。

接下来的问题：是如何测定 2020 年由第一、二、三产业增加值的增速差异决定的第三产业增加值在国内生产总值的比重。这也需要参照我国历史情况和国外情况，并依据我国的现实情况来决定。在历史情况方面，1978～2006 年，由于第一、二、三产业增加值增速差异，它们在国内生产总值中比重也有情况各异的变化。在这期间，第一产业增加值在国内生产总值的比重由 27.9% 下降到 11.8%，下降 16.1 个百分点，年均下降 0.58 个百分点；第二产业由 47.9% 上升到 48.7%，上升 0.8 个百分点，年均上升 0.03 个百分点；第三产业由 24.2% 上升到 39.5%，上升 15.3 个百分点，年均上升 0.55 个百分点。就国际情况来看，2003 年人均国内生产总值与我国大体相当的下中等国家，其第一、二、三产业增加值在国内生产总值中的比重分别为 11%、37% 和 52%；高于我国的上中等收入国家，三者比重分别为 6%、35% 和 59%[1]。我们再来分析当前我国第一、二、三产业情况。2006 年我国第一产业的比重比下中等收入国家的比重只高出 0.8 个百分点，相差有限；比上中等收入国家高出 5.8 个百分点，相差也不甚远[2]。这说明我国第一产业比重下降的空间不是很大。这是其一。其二，1978～2006 年，我国第一产业比重已经下降很大，由 27.9% 下降到 11.8%。与此相联系，我国当前第一产业发展滞后，需要加快发展；而且，在 2004 年以后，

---

[1] 《2005 年世界发展指标》，中国财政经济出版社，第 204 页。
[2] 作为计算单位的美元价格，2006 年与 2003 年有区别。但这种差别不致妨碍这里的总判断。

由于加快了建设社会主义新农村的步伐,第一产业增加值增速大大提升了。2004～2006 年三年农业增加值年均增速为 5.6%,比 1979～2006 年年均增速(为 4.6%)高出 1 个百分点。这样,从工业化和现代化的长期发展趋势看,第一产业增加值在国内生产总值中的比重必然进一步下降。但近三年(还要加上今后若干年)其增速上升又会成为这种下降的一个阻滞因素。但即使第一产业增速上升,仍大大低于经济增速,因而不可能改变其比重下降的趋势。这样,总起来看,第一产业增加值比重下降不可能像 1978～2006 年那样,为第三产业比重上升腾出 15.3 个百分点的空间。如果可以 2003 年上中等收入国家第一产业增加值比重(6%)为参照标准,那么到 2020 年,第一产业比重下降最多也只能为第三产业比重上升提供大约 6 个百分点的空间。就 2006 年我国第二产业增加值的比重来说,比下中等收入国家远远高出 11.7 个百分点,比上中等收入国家更是高出 13.7 个百分点。与此相比较,我国第二产业比重下降空间是很大的。但这只是一方面的情况。另一方面,2003～2006 年经济发生局部过热期间,第二产业比重由 2002 年的 44.8% 上升到 2006 年的 48.7%,上升的势头很猛。所以,就近一两年的情况来看,首先还不是降低其比重,而是制止其增长势头,然后才谈得上降低其比重。即使就长一点的时间看,由于我国当前正处于以发展重化工业为重点的工业化阶段,重化工业需要加快发展。而且,居民消费结构正在以吃穿用为重点逐步转向以住行为重点,这就必然拉动作为支柱产业的建筑业和汽车业的发展,从而带动整个第二产业的发展。还要提到:在这方面,外贸需求的拉动作用也很大。所以,尽管按照工业化、现代化的规律的要求,我国第二产业增加值比重必然下降的空间也很大,但下降的阻滞力量很大。这样,实际能够下降的空间就不大。在这方面设置目标,不仅不能以 2003

年高收入国家为标准,而且也不能以这年低收入国家为标准,而只能是更低的标准。比如说,是否可以设想到2020年把第二产业的比重下降到43%。如果上述各点可以成立的话,那么在2006~2020年间,第一、二产业比重下降最多只能为第三产业比重上升提供大约12个百分点的空间。依此空间计算,第三产业比重就可能从2006年的39.5%大约上升到52%。这就要求大大提高第三产业的年均增长速度。在1979~2006年间,第三产业增加值是以年均增速(10.6%)高于国内生产总值年均增速(9.7%)0.9个百分点,取得比重上升15.3个百分点。如果其他相关情况不变化,仅依此推算,那么要把第三产业比重由2006年的39.5%提高到2020年52%,大约要以高于国内生产总值年均增速1.2个百分点才能做到,这显然是很艰难的任务。但在这期间只要经济增长围绕潜在增长率(约为9.7%)正常运行,经过艰苦努力,是有可能做到这一点的。更何况这里所说的经济正常运行就意味着这期间工业增速要适度下降,因而第三产业可以低于1.2个百分点的增速,达到52%的比重。

第二,要为第三产业的优先发展创造有利的宏观经济环境:经济的稳定发展。当前有的文章在论到加快第三产业的发展时,只是局限在第三产业本身的范围内,而不涉及宏观经济环境。其实,如果缺乏这种经济环境,要使第三产业持续优先发展,并在国民经济中的比重稳步上升,是不可能的。在这方面,仅改革以来,就已经有过两次教训。1992年,中共中央、国务院发布了《关于加快发展第三产业的决定》。本来有望在这个决定的指导下,提高第三产业的增长速度及其在国内生产总值中的比重。但1992年开始的经济过热,使得1992~1994年经济增速大大超过经济潜在增长率,从而导致第三产业绝对增速下降,其在经济中的比重不升反降,由1991年的33.9%经过曲折变化,下降到

1994年的33.8%。2001年颁布的"十五"计划也提出要加快发展服务业。2006年颁布的"十一五"规划又提出要促进服务业的加快发展。人们有理由指望：在这些文件指导下，提高服务业的增长速度及其在经济中的比重。但在2003~2006年发生了经济局部过热，使得第三产业绝对增长或相对增速（即与第二产业相比较的增速）下降。其结果也是第三产业比重由2002年的41.7%下降到2006年的39.5%。这里的关键问题在于：我国当前经济过热主要是由第二产业（特别是工业）推动的。这样，第二产业增速必然迅速上升，而第三产业增速必然绝对下降或相对下降。但是，为了给第三产业的加快发展创造良好的经济环境，就必须重点治理以地方政府为主的投资膨胀机制，并进一步清除强速战略在实际经济工作中的影响，还要治理各种基本经济比例关系的失衡。这里还要说明：我们在前面强调了经济稳定发展的重要性，并不否定经济高速增长（要在潜在增长率的界限内）的必要。因为只有在经济高速增长的条件下，第三产业的优先增长及在经济中的比重上升才有较大的空间；否则也是不可能的。

第三，要增加对第三产业的要素投入和提高其劳动生产率。这样双管齐下，就可以为加速第三产业的发展和提高其比重奠定坚实的基础。

在投入劳动力方面，新中国成立以来，第三产业增加的绝对量是最多的，增速是最高的。1952~2005年，第三产业就业人数由1881万人增长到23771万人，增长了21890万人，增长了约11.6倍。但是，考虑到第三产业要加快发展，特别是劳动密集型产业占的比重较大，因而还必须大大增加劳动力投入。就解决当前十分尖锐的就业问题来说，也必须拓展第三产业这个容量最大的就业空间。来自劳动和社会保障部的资料显示，"十一五"期间，我国的就业工作仍然面临着十分严峻的形势，就业压力越来越大,主要表现为劳动力供求总量矛盾突出。到2010年,全国劳动力总量将达到8.3亿人,城镇新增劳动力供给5000万人,而劳动力就业需求岗位只能新增4000万个,劳动力供求缺口在1000万个左右[①]。

改革以来,第三产业增加的投资也是最多的。按当年价格计算,1981~2003年,在国有经济投资中,第三产业投资占的比重由38.4%上升到71.9%。1992~2004年在全社会固定资产投资中,按当年价格计算,第三产业投资年均增长21.9%,比第一、二产业分别高出4.9个百分点和3.4个百分点。2004~2006年,在城镇投资中,第三产业分别占了60.2%、56.8%和56.3%。但投资远没有满足以行业众多为重要特点的第三产业发展对于资金的需要,其中的一个重要原因就是投资大部分集中在少数行业。据有关单位计算,2004年,仅是金融业、租赁和商业服务业、房地产业、交通运输业、仓储和邮政业这几个子行业资产就占服务业总资产的88%。当然,投资与资产还是有区别的。但这里列举的资产集中的情况在很大程度上反映了投资的集中。这是其一。其二,要加快发展第三产业,即使资本有机构成不变,也需要在追加劳动力的同时增加投资。更何况在工业化和现代化的过程中,包括第三产业在内,技术都是不断进步的,资本有机构成是不断提高的。因而,相对说来,对资金的需求量更大。其三,相对说来,第三产业在行业结构方面的一个重要特点是:一方面有众多的技术落后的行业,另一方面又有许多技术先进并且技术进步很快的行业。但对实现社会主义现代化来说,无论是前者或者后者,都要提高资本的有机构成。因此,要加快第三产业的发展,增加投资也是十分必要的。

---

① 《经济日报》2007年2月27日。

劳动生产率从来都是发展生产的最重要因素。如前所述，新中国成立以来，第三产业劳动生产率发展较慢是其生产发展滞后的最重要的原因。因此，要加快第三产业的发展，最重要的也就是要提高第三产业的劳动生产率。在这方面，由于第三产业具有上述的行业特点，潜力也是很大的。

第四，要优化第三产业的内部结构和布局。像优化经济结构和布局可以推进经济发展一样，优化第三产业内部结构和布局也可以推进第三产业的发展。

就我国经济现阶段的具体情况来看，优化第三产业内部结构主要是要处理好以下六方面关系：一是，适应提高消费率和扩大就业的紧迫需求，首先要注重加快发展消费性服务业，同时要适应工业化和现代化发展的要求，加快发展生产性服务业。二是，与第一点相联系，首先要注重加快发展传统服务业，同时也要加快发展现代服务业。因为在消费性服务业中，传统服务业占的比重较大；而在生产性服务业中，现代服务业占的比重较大。三是，与第一点相联系，首先要注重加快发展劳动密集型的服务业，同时也要加大发展资金密集型和技术密集型的服务业。因为在消费性服务业中，劳动密集型服务业占的比重较大；而在生产服务业中，资金密集型和技术密集型服务业占的比重较大。四是，要依据我国经济发展以内需为主的特点，首先要以主要力量加快发展内需型的服务业。同时要依据当前服务贸易在外贸中的比重很低，今后要进一步扩大开放，以及世界服务贸易增速大于货物贸易增速等方面的情况，加快外需型服务业的发展。五是，从总体上说，要加快服务业的发展，但无论是消费性服务业，还是生产性服务业，都要着力发展那些生产发展潜力大，经济增长亮点多的行业。六是，在所有的服务业中，都要在加快发展的同时，注意提高技术水平，实现技术升级。特别是对传统服务业，要用现代的技术、经营方式和理念以及新型业态逐步进行改造。这既是优化第三产业内结构的一项重要内容，也是加快发展第三产业的一个十分重要的因素。

在我国现阶段，要优化第三产业的地区布局，需要注意几点：（1）要逐步改变各地区第三产业发展水平过于悬殊的状况。诚然，这种状况是由各地生产力发展水平决定的。但这种状况反过来也会加剧各地经济发展水平的差异，从而引发各种经济和社会矛盾。因此，逐步改变这种状况成为优化第三产业布局的重要内容。（2）各地区要依据本地的经济发展水平，合理确定本地第三产业的发展目标。比如，在东部的一些沿海城市，第三产业增加值比重已经超过了地区生产总值的一半以上，就可提出以建立和完善现代服务业经济为主体的目标。而在经济欠发达的许多地区，当前在发展第三产业方面，主要还只能限定在交通运输和邮电通信等基础设施、科技教育以及具有地方特色的第三产业上。必须清醒看到：人均收入水平决定第三产业水平，是一条客观规律。之所以强调这一点，是因为当前许多地方盛行着不顾当前经济发展水平，在发展包括第三产业的城市建设方面盲目攀比。这种做法是不符合这种客观规律要求的。（3）要在资源禀赋和区位等方面发挥比较优势，使之成为竞争优势。按照市场经济的要求，只有这样，才能生存和发展；否则，就不可能有什么持久的生命力。比如，随着经济发展、居民收入提高和闲暇时间增多，旅游正在成为新的消费热点。而旅游业是依托地区旅游资源的服务业。中西部地区正好旅游资源丰富，可以依托此项优势。中西部地区可以在这些自然资源基础上，加大旅游基础设施投资力度，改善旅游消费环境，大力加强旅游促销，提高区域旅游业的竞争力。要强调的是：在发展第三产业方面，当前也要特别注意防止各地千篇一律的做法，盲目地搞过多的重复生产和建设。(4)要优化第三产业的布局,最根本的就是要形成以市场调控为主、地区合作和政府支持三者相结合的机制。显然,这是社会主义初级阶段基本经济制度和现代的有国家调控的市场经济的本质要求。但在政府支持欠发达地区发展第三产业方面,依据改革以来的经验和当前情况,值得提及以下几点:(1)发展是欠发达地区的第一要务。因此,要扶持欠发达地区整个经济发展,以促进其第三产业发展。(2)直接扶持这些地区发展第三产业,只能是以下行业:一是属于基础设施的交通运输业和邮电通信业;二是关系国民经济命脉的金融业;三是提供公共产品的教育、卫生和社会保障事业。(3)以经济杠杆优惠这些地区。主要有:一是对这些地区服务业适当降税和免税;二是适当调低银行贷款利率;三是财政补贴,仅限于公共服务业。(4)行政方式的扶持主要是继续实施扶贫战略,其内容要包括发展第三产业。

还要指出,加快发展农村服务业,逐步改变城乡第三产业发展水平过于悬殊的状况,也是优化第三产业布局的一个重要方面。当然,这不只是优化第三产业布局的需要,更是发展现代农业、建设社会主义新农村的需要。为此,一是加快发展为农村生产和生活服务的基础设施。主要包括水利、交通、通讯、电力、医疗和教育等。二是加快建立并完善以销售、采购、科学、技术、信息、金融和培训等为主要内容的农村生产社会化服务体系。三是加快发展具有农村特色的产业。主要是:观光型的园艺业和特种养殖业以及旅游业和劳务经济等。四是加快发展农村的科教文卫和社会保障事业。

第五,要提高城镇化率。作为服务业载体的城市在发展第三产业方面的作用,比农村要大得多。有数据显示,当前第三产业增加值有70%来自城市。而且,当前,提高城镇化的有利条件很多，发展步伐会加快。据有的学者预测，到 2020 年，城镇化率将由 2005 年的 47% 上升到 60% 以上。但依据历史经验和当前情况，要使城镇化走上健康发展的道路，首先要在观念上实行一系列转变。主要是：要从追求政绩向以人为本的观念转变；要从片面追求数量扩张逐步向注重质量转变；要从单纯满足人的物质需求逐步向满足人的全面发展需求转变；要从单纯追求经济发展逐步向注重经济和社会的全面发展转变；要从高消费、高污染的粗放增长方式向节约型、环保型的集约增长方式转变。

第六，从根本上说就是要把改革开放推进到以加快第三产业改革开放步伐为重要特征的新阶段。这是由改革作为经济发展的根本动力以及当前第三产业发展、改革、开放三滞后的局面决定的。为了加快第三产业的改革开放，以下三点值得着重注意：（1）要从思想上清醒认识到：当前我国改革开放已经进入了以加快第三产业步伐为重要特征的新阶段。就国有经济的改革来说，国有中小企业改制已基本实现；在大型企业中也有相当一部分实行了股份制的改造；现在剩下来较多的是垄断行业，其中很大的一部分是属于第三产业。就国有企业和国有事业的改革来说，后者要滞后得多，迫切需要加快改革步伐。而这些事业单位一般都属于第三产业。当然，为了发展现代农业和推进社会主义新农村建设，全面推进农村综合改革也很重要。但这方面的改革，大部分是属于第三产业改革的范畴。就政治体制改革来说（如前所述，这项改革也属于第三产业的范畴），更是滞后的。就开放来说，第三产业开放也是明显滞后的。但到 2006 年 12 月，我国入世过渡期已经结束，面临着扩大开放服务业的形势。而且在 20 世纪 90 年代中期以来，在服务业方面的跨国投资，大约占到全世界跨国投资总量的 60%，并正在全球渴求投资机遇。这样，扩大服务业开放必将成为新一轮扩大开放的重点。

(2) 第三产业的重要特点是：它更多地涉及社会主义初级阶段基本的经济、政治和意识形态制度，以及国家的经济、政治、国防安全和社会的稳定，具有较大的经济、政治和社会风险。因此，对待这些方面的改革，必须采取十分慎重的态度，必须坚持维护基本的经济、政治和意识形态制度，以及国家安全和社会稳定。当然，又必须是积极的态度。（3）第三产业改革的另一个重要特点就是它涉及的行业极多，情况各异，十分复杂。因此，在这个行业扩大改革开放，必须特别注意各个部门和行业的特点：（一）对竞争性行业来说，要进一步调整和发展各种经济类型的市场主体。为此，要着眼于提高控制力和竞争力，继续推进国有经济的战略性调整，推动国有资本更多地向国家经济命脉和经济安全的关键领域和重要行业投入，并继续推进国有企业的改革。同时要继续大力发展民营经济，进一步提高民营经济在服务业的比重。这是其一。其二，要着力发展中小企业，特别是要发展数量极为众多的微型企业和个体户。同时要积极促进大批的拥有自主知识产权和知名品牌的大企业集团的成长。其三，要改变当前交易秩序混乱、信用严重缺失和市场分割的状况，建立和健全规范的服务业准入制度和统一、开放、有序的诚信平等竞争的市场制度，并推进服务业的价格改革。（二）对垄断行业的改革来说，要区分行政垄断、经济垄断和自然垄断。一般说来，对行政垄断要坚决破除，对经济垄断也要制止。对自然垄断则需注意：①随着科技进步，有些原来属于自然垄断的行业，也可以引入或部分引入市场竞争机制。②在多数自然垄断行业中，既有自然垄断业务，也存在非自然垄断业务。对后者也可以引入市场竞争机制。③对我国当前名为自然垄断实为行政垄断的行业，更需坚决破除，引入市场竞争。（三）对科教文卫等事业的改革来说，则需区分是提供公共产品、准公共产品或半公共产品，还是非公共产品（私人产品）。对提供公共产品的事业单位，是可以由公共财政负担的，同时需要加强监管；对提供非公共产品的，则完全可以市场化；对提供准公共产品或半公共产品的，则可以在不同程度上引入市场竞争机制。（四）在对外开放方面，要积极推进服务业的对外开放，并大力发展服务贸易，以提高对外开放的质量和水平。（五）要继续加快政府职能的转变，大力推进行政管理体制改革。为此，要继续大大减少并规范行政审批，依法加强社会管理、宏观调控、市场监管和公共服务，要建立和完善包括财税、信贷、土地、价格、市场准入等项内容的促进服务业健康发展的政策支持体系。

第五部分
关于中国化马克思主义

"新民主主义论"研究*

——纪念毛泽东诞辰100周年

"新民主主义论"是毛泽东对马克思主义所作的划时代发展，论述这方面的问题，不仅有助于缅怀毛泽东一生的丰功伟绩，也不仅有助于正确认识新中国成立初期的历史，而且可以从中获得许多理论上、实践上的有益启示。

一 "新民主主义论"不仅包括"新民主主义革命论"，还包括"新民主主义社会论"

就我看到的资料来看，自从毛泽东创立的"新民主主义论"问世以来，有关这个问题的论述，几乎都自觉或不自觉地把"新民主主义论"归结为"新民主主义革命论"，并没提出（至少没有明确提出）其中还包括"新民主主义社会论"的内容。而在1953年"过渡时期就是新民主主义的时期"的提法出现以后，是否有一个独立的与过渡时期相区别的新民主主义社会在理论上就

---

* 原载《经济研究》1993年第12期。

成了问题。1955年把新民主主义社会到社会主义社会的过渡的提法改为"从资本主义到社会主义的过渡"的提法以后,在理论上是否存在新民主主义社会,则从根本上成了问题。只是在党的十一届三中全会和马克思主义的实事求是思想路线指引下,有些论者已经开始论述这个问题。比如,于光远同志在1988年11月25日发表的《"新民主主义社会论"的历史命运》论文和《从"新民主主义社会论"到"社会主义初级阶段论"》的长篇论文(按照于光远同志自己的说法,前一篇是后一篇的"目录也是它的内容提要")中①,在我国学术界首次系统地、深入地论述了毛泽东创立的"新民主主义论"包括"新民主主义革命论"和"新民主主义社会论"这样两个密切不可分的组成部分。薄一波同志在其名著《若干重大决策与事件的回顾》中也明确提出"有人说,这个理论(指'新民主主义论'——作者)只适应于新民主主义革命时期"。其实不然,它也包括了关于对新民主主义社会的构想②。但这个问题似乎远未引起中国学术界的广泛关注。然而,认清这个问题,无论在历史上、理论上、实践上都是有益的。

其实,只要全面地观察"新民主主义论"的形成和发展过程,特别是标志着"新民主主义论"成熟时期的毛泽东著作,就不难看出"新民主主义论"所包括的两个方面,即"新民主主义革命论"和"新民主主义社会论"。这个过程大体上可以分为三个阶段:(1)"新民主主义论"的形成时期(第一次国内革命战争时期至第二次国内革命战争)。这个时期的代表著作主要有:《中国

---

① 于光远:《政治经济学社会主义部分探索》(五),人民出版社1991年版(下同),第494~495页。

② 薄一波:《若干重大决策与事件的回顾》上卷,中共中央党校出版社1991年版(下同),第61页。

社会各阶级的分析》、《湖南农民运动考察报告》、《中国的红色政权为什么能够存在?》、《井冈山的斗争》和《星星之火,可以燎原》。在这些著作中,虽然还未明确使用新民主主义革命的概念,但作为"新民主主义革命论"的最重要的内容,诸如革命的对象、任务、动力以及武装斗争和革命根据地在中国革命中的重要地位等,都做了系统的阐述。当然,在这些著作中还未提出"新民主主义社会论"问题。(2)"新民主主义论"的成熟时期(抗日战争时期)。这个时期的代表著作主要有:《〈共产党〉发刊词》、《中国革命和中国共产党》、《新民主主义论》和《论联合政府》。在这些著作中,不但明确使用了新民主主义革命的概念,而且对新民主主义革命发生的国内社会条件和国际条件,革命的对象、任务、动力、性质、道路和前途等问题做了系统深入的分析,不但明确使用了新民主主义社会的概念,而且对新民主主义社会的政治、经济和文化方面都做了概述。(3)"新民主主义论"的进一步发展时期(第三次国内革命战争时期)。这个时期的代表著作主要有:《目前形势和我们的任务》、《在中国共产党第七届中央委员会第二次全体会议上的报告》和《论人民民主专政》。这些著作不仅对新民主主义革命的一系列基本问题做了进一步的阐述,而且对新民主主义社会的政治、经济、文化纲领和政策做了分析,甚至对新民主主义社会需要经历的时间做了预期。

为了进一步说明"新民主主义论"不但包括"新民主主义革命论",而且包括"新民主主义社会论",首先有必要对于"二论"所包括的基本内容做些分析。

毛泽东创立的"新民主主义革命论",其基本依据就是"中国现时的社会,是一个殖民地、半殖民地、半封建性质的社会"。其国际背景就是"在第一次帝国主义世界大战和俄国十月革命之后",使得"中国资产阶级民主主义革命","属于世界无产阶级社会主义革命的一部分"。① 中国社会的性质,"不但规定了中国现阶段革命的性质是资产阶级民主革命的性质,革命的主要对象是帝国主义和封建主义,基本的革命的动力是无产阶级、农民阶级和城市小资产阶级,而在一定的时期中,一定的程度上,还有民族资产阶级的参加,并且规定了中国革命斗争的主要形式是武装斗争"。② 后来,毛泽东把这一点概括为:"无产阶级领导的,人民大众的,反对帝国主义、封建主义和官僚资本主义的革命,这就是中国的新民主主义的革命,这就是中国共产党在当前历史阶段的总路线和总政策。"③ 在这方面,中国资产阶级民主革命有两个基本特点:"(一)无产阶级同资产阶级建立或被迫分裂革命的民族统一战线,(二)主要的革命形式是武装斗争。"④ "统一战线和武装斗争,是战胜敌人的两个基本武器",加上党的建设,就成为革命的"三个"主要的法宝⑤。

中国社会的性质还决定了中国革命必须分为两个步骤:"第一步,改变这个殖民地、半殖民地、半封建的社会形态,使之成为独立的民主主义的社会。第二步,使革命向前发展,建立一个社会主义的社会。"⑥

新民主主义社会是作为新民主主义革命的伟大成果而出现的,这无论是在逻辑上来说或者在历史上来说,都是这样;也无论是就革命根据地和解放区还存在的新民主主义社会来说,或者就新中国成立后全国存在的新民主主义社会来说,亦复如此。作

---

① 《毛泽东选集》第2卷,人民出版社1991年版(下同),第633、667页。
② 同上书,第604页。
③ 《毛泽东选集》第4卷,第1316~1317页。
④ 《毛泽东选集》第2卷,第604页。
⑤ 《毛泽东选集》第3卷,第606页。
⑥ 《毛泽东选集》第2卷,第666页。

为这种社会实践在理论上反映的"新民主主义社会论"也是以"新民主主义革命论"必然得出的结论。但这只是"新民主主义社会论"与"新民主主义革命论"相互联系的一面,二者还有相互区别的一面。

为了说明二者内容的差别,先有必要对新民主主义社会这一概念的提出过程做点历史考察。毛泽东在1939年写的《中国革命和中国共产党》名著中,不但系统地提出了新民主主义革命的理论,而且提出了新民主主义社会的基本思想。他在这部著作中写道:"中国革命的全部结果是:一方面有资本主义因素的发展,又一方面有社会主义因素的发展。这种社会主义因素是什么呢?就是无产阶级和共产党在全国政治势力中的比重的增长,就是农民、知识分子和城乡小资产阶级或者已经或者可能承认无产阶级和共产党的领导权,就是民主共和国的国营经济和劳动人民的合作经济。所有这一切,都是社会主义的因素。加以国际环境的有利,便使中国资产阶级民主革命的最后结果,避免资本主义的前途,实现社会主义的前途,不能不具有极大的可能性了。"① 但在这部著作中毛泽东还未使用新民主主义社会的概念。

首先使用这一概念的,是《新民主主义论》。毛泽东在这部作为"新民主主义论"已经达到成熟标志的著作中写道:"这个中国革命的第一阶段……其社会性质是新式的资产阶级民主主义的革命。"这个革命"决不是也不能建立中国资产阶级专政的资本主义的社会,而是要建立以中国无产阶级为首领的中国各个革命阶级联合专政的新民主主义的社会"②。以后,毛泽东在《论联合政府》、《目前形势与我们的任务》、《在中国共产党第七届

---

① 《毛泽东选集》第2卷,第650页。
② 同上书,第671~672页。重点是作者加的。

中央委员会第二次全体会议上的报告》和《论人民民主专政》著作中又多次使用过"新民主主义社会"的概念,或者与新民主主义社会相关的概念,如"新民主主义的国家制度"(或"新民主主义国家")和"新民主主义的经济形态"等①。

不仅如此,毛泽东从《新民主主义论》开始,在上述有关著作中,多次对新民主主义社会的政治、经济和文化做过分析。

新民主主义政治。"这就是团结工人阶级、农民阶级、城市小资产阶级和民族资产阶级,在工人阶级领导之下,结成国内的统一战线,并由此发展到建立工人阶级领导的以工农联盟为基础的人民民主专政的国家。"②

新民主主义的经济。"没收封建阶级的土地归农民所有,没收蒋介石、宋子文、孔祥熙、陈立夫为首的垄断资本归新民主主义的国家所有,保护民族工商业。这就是新民主主义革命的三大经济纲领。"与此相联系,"新中国的经济构成是:(1)国营经济,这是领导的成分;(2)由个体逐步地向着集体方向发展的农业经济;(3)独立小工商业者的经济和小的、中等的私人资本经济"。后来,毛泽东又把这种经济构成进一步发展为:"国营经济是社会主义性质的,合作社经济是半社会主义性质的,加上私人资本主义,加上个体经济,加上国家和私人合作的国家资本主义经济,这些就是人民共和国的几种主要的经济成分,这些就构成新民主主义的经济形态。"③

新民主主义的文化。"民族的科学的大众的文化,就是人民大众反帝反封建的文化,就是新民主主义的文化,就是中华民族

---

① 《毛泽东选集》第 3 卷,第 1056 页;《毛泽东选集》第 4 卷,第 1433、1476 页。
② 《毛泽东选集》第 4 卷,第 1472 页。
③ 同上书,第 1253、1255、1433 页。

的新文化。"①

总之,就"新民主主义革命论"和"新民主主义社会论"的内容来说,前者是关于俄国十月革命后中国革命的性质、对象、任务、动力、道路和前途的学说,后者是关于新民主主义革命胜利后中国社会在政治、经济和文化方面的学说。

毛泽东认为,上述"新民主主义社会论"各项内容的实现,是一个客观的过程。他说:"没有一个新民主主义的联合统一的国家,没有新民主主义的国家经济的发展,没有私人资本主义经济和合作社经济的发展,没有民族的科学的大众的文化即新民主主义的文化的发展,没有几万万人民的个性的解放和个性的发展……要想在殖民地半殖民地半封建的废墟上建立起社会主义社会来,那只是完全的空想。"毛泽东还特别强调:"拿资本主义的某种发展去代替外国帝国主义和本国封建主义的压迫,不但是一个进步,而且是一个不可避免的过程。"②

但在新民主主义革命在全国范围内取得胜利以后,将上述新民主主义社会各项内容付诸实施,就不是一个短时间所能完成的,而是需要经历一个历史阶段。毛泽东在1945年写的《论联合政府》中就作过"新民主主义的整个历史阶段"的判断③。这里所说的"整个历史阶段",首先包括完成新民主主义革命所需要的时间,也包括实现上述新民主主义社会各项内容所需要的时间。毛泽东在1948年9月召开的党中央政治局扩大会议上还进一步就这个问题做了具体说明。刘少奇在这个会上做了《关于新民主主义的建设问题》的报告。其中心思想是:民主革

---

① 《毛泽东选集》第2卷,第708~709页。
② 《毛泽东选集》第3卷,第1060页。
③ 同上书,第1093页。

命胜利后,还不能马上直接采取社会主义的实际步骤。他说:"过早地消灭资本主义的办法,则要犯'左倾'的错误。"毛泽东表示赞同他的观点,并特别补充地说:"到底何时开始全线进攻?也许全国胜利后还要15年。"① 这样,就把实现新民主主义革命与实现新民主主义社会所需的时间区别开来。当然,这二者之间是有交叉的。这种交叉有两重含义:(1)从1919年五四运动起,直到1949年中华人民共和国成立,都是新民主主义革命经历的时间,但从1928年创立革命根据地起,直到新中国成立,先后在革命根据地和解放区在不同程度上实行了新民主主义社会的改革。(2)新中国的成立标志着新民主主义革命的完成,进入新民主主义社会。但在这期间还要完成新民主主义革命留下的任务。其中最主要的是完成土地改革。但总的说来,新民主主义革命比新民主主义社会开始的时间要早,结束得也要早。不考虑交叉的时间,开始的时间要早30年,扣除交叉的时间,也要早8年。按照原来毛泽东预期时间计算结束得要早15年;按照实际经历的时间计算,结束得也要早3年。因为尽管我国新民主主义社会结束的时间过早了,在1949年10月新中国成立到1952年党在过渡时期的总路线提出和实施以前,总还是新民主主义社会。

毛泽东创立"新民主主义革命论",是基于对中国半殖民地半封建社会性质的分析;而"新民主主义社会论"则是由"新民主主义革命论"得出的结论。就二者形成的终极根源来说,是相同的。但就二者赖以形成的实践经验的总结来说,又有区别。前者主要依靠新民主主义革命实践经验的总结;后者主要依靠革命根据地和解放区实行新民主主义社会政策的实践经验的总

---

① 转引自薄一波:《若干重大政策与事件的回顾》上卷,第47页。

结。关于从1928年以来就存在的革命根据地和解放区的社会性质问题，毛泽东在1941年有过一次很充分的论述。他说："还有一些同志，不了解陕甘宁边区和华北、华中各抗日根据地的社会性质，已经是新民主主义的，主要的是以那里的政权是否有人民大众的代表参加以及是否有共产党的领导为原则。因此，共产党领导的统一战线政权，便是新民主主义的社会的主要标志。有些人认为，只有实行10年内战时期那样的土地革命才算实现了新民主主义，这是不对的。现在各根据地的政治，是一切赞成抗日和民主的人民的统一战线的政治，其经济是基本上排除了半殖民地因素和半封建因素的经济，其文化是人民大众反帝反封建的文化。因此，无论就政治、经济或文化来看，只实行了减租减息的各抗日根据地，和实行了彻底的土地革命的陕甘宁边区，同样是新民主主义的社会。各根据地的模型推广到全国，那时全国就成了新民主主义的共和国"①。1945年，毛泽东在中国共产党第七次全国代表大会所作的政治报告中又一次强调指出："中国共产党领导的中国解放区"，"成为民主中国的模型"。② 事实上，新中国建立初期实现了新民主主义社会，也确实是革命根据地和解放区模型在全国的推广。在新中国成立初期，起临时宪法作用的《中国人民政治协商会议共同纲领》规定：在政治方面"中国人民民主专政是中国工人阶级、农民阶级、小资产阶级、民族资产阶级及其他爱国民主分子的人民民主统一战线的政权，而以工农联盟为基础，以工人阶级为领导"。在经济方面，"中华人民共和国必须取消帝国主义国家在中国的一切特权，没收官僚资本为人民的国家所有，有步骤地将封建半封建的土地所有制改变为农

---

① 《毛泽东选集》第2卷，第785页。重点是作者加的。
② 《毛泽东选集》第3卷，第1044~1045页。重点是作者加的。

民的土地所有制，保护国家的公共财产和合作社的财产，保护工人、农民、小资产阶级和民族资产阶级的经济利益及其私有财产，发展新民主主义的人民经济，稳步地变农业国为工业国"。在文化方面，"中华人民共和国的文化教育为新民主主义的，即民族的科学的大众的文化教育"。① 尽管我国新民主主义社会在1952年就过早地结束了，但在1949年10月至1952年期间，作为完整的新民主主义社会纲领的《中国人民政治协商会议共同纲领》，还是比较彻底地实现了，从而使得这期间的中国社会成为相当典型的新民主主义社会。这样，只要把《共同纲领》所作的规定和毛泽东在《新民主主义论》和《论联合政府》等著作所作的论述做一番比较，就可以发现前者同后者是一脉相承的；只要把新中国头三年的情况和新中国成立前革命根据地和解放区的情况做一下对比，就可以发现前者在许多基本方面同后者有惊人的一致的地方。这些情况表明：新中国成立以后推行的一整套新民主主义社会的政策，是以总结新中国成立前长期存在的革命根据地和解放区的实践经验为基础的，是革命根据地和解放区的"模型"在全国的推广。

综上所述，无论是就"新民主主义论"形成和发展的全过程来看，或者就"新民主主义革命论"和"新民主主义社会论"在内容、经历时间和赖以形成的实践基础等方面存在的差别来看，"新民主主义论"确实包含着相互联系，但又相互区别的"新民主主义革命论"和"新民主主义社会论"两个组成部分；把"新民主主义论"只是归结为"新民主主义革命论"是不完全符合实际情况的。

---

① 中国人民大学中国革命史教研室编：《中国人民政治协商会议文件选集》，第35~37、49页。

至于"过渡时期就是新民主主义的时期"的提法,在理论上也难以成立。过渡时期的理论是由马克思首先在《哥达纲领批判》中提出的,后来由列宁在《无产阶级专政时代的经济和政治》加以发展的。它实际上是指的资本主义国家发生的无产阶级革命取得胜利以后由资本主义向社会主义过渡的时期,而中国的新民主主义社会,是在半殖民地半封建中国发生的新民主主义革命取得胜利以后的一个特殊的社会发展阶段。尽管在这个阶段上,由于社会主义的政治、经济因素占优势,它的发展前途也是实现社会主义,但作为一个特殊的社会历史阶段,与资本主义到社会主义的过渡时期是有原则区别的。

即使就中国历史来看,把过渡时期等同于新民主主义时期,也说不通。1949年10月新中国成立到1952年,中国还是相当典型的新民主主义社会。而中国的过渡时期,则是提出和实现党的过渡时期总路线的1953~1956年。二者的时间界限是很清楚的。当然,在1949年10月到1952年,个体的农业、手工业和私人资本主义工商业等方面的社会主义改造都已经起步了。但这个时期的主要经济特征还是实施上述的党在新民主主义时期的三大经济纲领,存在的还是上述的毛泽东概括的由五种经济成分构成的新民主主义的经济形态。这同后来的过渡时期的主要经济特征,即变革各种私有制为社会主义公有制,是有原则区别的。

至于"从资本主义到社会主义的过渡"的提法,就中国的情况来说,在任何意义上都是不能成立的。因为中国在1949年10月以前,除了已有解放区以外,存在的是半殖民地半封建社会;在这以后,存在的新民主主义的社会,何来"从资本主义到社会主义的过渡"之有?

所以,上述的"新民主主义论"包括"新民主主义革命论"和"新民主主义社会论"的观点,并不会因为"过渡时期就是新民主主义的时期"和"从资本主义到社会主义的过渡"等提法的出现而有所改变。

二 "新民主主义论"是毛泽东对马克思主义所做的划时代发展

从 1940 年《新民主主义论》(这是"新民主主义论"走向成熟的主要标志)发表到现在已经半个世纪有余了。但直到现在并不能认为中国学术界已经充分认识了"新民主主义论"的伟大意义。即以最近中国学术界发生的社会主义发展史上"两次飞跃论"与"三次飞跃论"的争论而言，前者认为，社会主义发展史上的第一次飞跃，是马克思、恩格斯把社会主义从空想变成了科学；第二次飞跃，是实现科学社会主义从传统模式向当代社会主义的转变，在中国就是有中国特色的社会主义[①]。后者认为，在上述两次飞跃之间还要加上一次飞跃，即列宁和斯大林对马克思主义所作的发展[②]。本文的任务不是要全面评述"两次飞跃论"和"三次飞跃论"。但就我们这里讨论的问题来说，有必要提出：无论是"两次飞跃论"，还是"三次飞跃论"，都忽略了"新民主主义论"的提出，也是社会主义发展史上的一次飞跃，或者说是对马克思主义所做的一次划时代的发展。

马克思、恩格斯把社会主义从空想变成了科学，无疑是社会主义发展史上的一次飞跃。马克思主义的普遍原理至今仍然闪烁着真理的光辉，依旧是当代国际共产主义运动的指导思想。但是，马克思主义创始人不可能解决他们身后那些决定社会主义命运

---

① 《光明日报》1993 年 4 月 24 日。
② 《光明日报》1993 年 7 月 21 日。

（包括取得社会主义胜利和巩固社会主义胜利）的许多新问题。不仅如此，他们生前提出的某些重要设想，甚至可能成为后来取得社会主义胜利和巩固社会主义胜利的严重的根本性的障碍。当然，这个问题发生的原因和责任不在于马克思主义创始人，而在于后来有些共产党人对马克思主义采取了教条主义的态度，因为马克思、恩格斯反复告诫当时和后来的共产党人：（1）共产主义运动不是从原则出发，而是从事实出发。① （2）科学社会主义理论的实际运用，"随时随地都要以当时的历史条件为转移"。（3）我们的学说不是教条，而是行动的指南。如果不把我们的学说"当作研究历史的指南，而把它当作现存的公式，按照它来剪裁各种历史事实，那末它就会转变为自己的对立物"。②

马克思主义创始人当时曾经提出两大设想：（1）"共产主义革命将不仅是一个国家的革命，而将在一切文明国家里，即至少在英国、美国、法国、德国同时发生。"③ （2）"一旦社会占有了生产资料，商品生产就将被消除，而产品对生产者的统治也将随之消除。社会生产内部的无政府状态将为有计划的自觉的组织所代替。"④ 马克思主义创始人在这里虽然没有使用商品经济（或市场经济）和计划经济的概念，但传统理论据此认为社会主义经济就是计划经济，在这种经济中并不存在商品经济（或市场经济），并不能说没有根据。但这两大设想，都不符合后来的社会主义实践。

如果坚持第一个设想，像当时欧洲机会主义者那样，就不可能有俄国十月革命的胜利。但列宁依据对帝国主义基本经济政治特征的分析，特别是对经济政治发展不平衡规律的分析，"得出结论：社

---

① 《马克思恩格斯选集》第1卷，人民出版社1972年版（下同），第328页。
② 《马克思恩格斯选集》第4卷，第456、472页。
③ 《马克思恩格斯选集》第1卷，第221页。
④ 《马克思恩格斯选集》第3卷，第323页。

会主义可能首先在少数或者甚至在单独一个资本主义国家内获得胜利"。① 这样，列宁就在帝国主义这一新的历史条件下，用社会主义革命新理论取代了马克思主义创始人提出的，已经过时的社会主义革命理论。现在可以看得很清楚：如果没有这个新理论的指导，就不会有1917年俄国十月社会主义革命的胜利，也不会有第二次世界大战后一系列社会主义国家的诞生。因而，应当把列宁提出的这个新理论和无产阶级专政理论看作是科学社会主义理论的一个划时代的发展。

如果坚持第二个设想，像过去一个长时期内苏联和欧洲其他所有的社会主义国家所做的那样，社会主义制度就不能得到巩固。只有邓小平以无产阶级革命家的巨大勇气和魄力，在马克思主义普遍原理指导下，依据对社会主义实践经验的科学总结，否定了这个设想；并于党的十一届三中全会以后，逐步提出了社会主义市场经济理论和改革开放的总方针。在这个理论和方针的指导下，中国经济体制改革，以及主要由改革推动的经济发展取得了举世瞩目的成就。这样，在欧洲社会主义国家纷纷解体的情况下，中国的社会主义事业却得到了空前未有的蓬勃发展。所以，可以把由邓小平同志提出的，并由1992年召开的党的十四大进一步总结的有中国特色社会主义的理论（基本包括社会主义市场经济理论），看作是马克思主义又一次划时代发展。

在上述这些方面，我们同"两次飞跃论"（就大部分内容来说）或"三次飞跃论"（就全部内容来说）在原则上并没有分歧。但为着本文的目的，我们需要着重分析的是："新民主主义论"也是对马克思主义所做的一次划时代的发展。

1. 应该肯定，马克思、恩格斯提出的无产阶级在资产阶级

---

① 《列宁选集》第2卷，人民出版社1972年版，第709页。

民主革命中领导权的思想,特别是列宁、斯大林关于殖民地民族解放运动的许多思想,对"新民主主义革命论"的形成,无疑起了重要的指导作用。但作为完整的"新民主主义革命论",特别是像"无产阶级领导的,人民大众的,反对帝国主义、封建主义和官僚资本主义的革命"这样一个完整的新民主主义革命总路线总公式,完全是毛泽东的独创。而且正是在"新民主主义革命论"的指导下,在占世界人口一个很大比重的中国取得了民主革命的胜利,并为以后中国社会主义革命的胜利开辟了道路。所以,那种看到"新民主主义革命论"包含了马克思和恩格斯,特别是列宁和斯大林的思想,就否定"新民主主义革命论"是毛泽东独创的观点,是不对的。

2. "新民主主义革命论"虽然具有中国的特点,但它的基本内容对俄国十月革命以后的殖民地、半殖民地的革命运动有普遍指导意义。毛泽东在《中国革命和中国共产党》中就说过:"新式的特殊的资产阶级民主主义的革命……正在中国和一切殖民地半殖民地国家发展起来,我们称这种革命为新民主主义的革命。"[①]他在《新民主主义论》中又写道:在俄国十月社会主义革命以后的时代,"任何殖民地半殖民地国家,如果发生了反对帝国主义……的革命,它就不再是属于旧的世界资产阶级民主主义革命的范畴,而是属于新的范畴了"。[②] 可见,毛泽东本人就认为,"新民主主义革命论"不只是关于中国革命的理论,而是关于那个新时代一切殖民地半殖民地革命的理论。还要看到,在无产阶级社会主义世界革命的时代,尽管资本主义国家的无产阶级是主力军,殖民地半殖民地被压迫民族是同盟军,但由于后者占世界人

---

① 《毛泽东选集》第 2 卷,第 647 页。重点是作者加的。
② 同上书,第 668 页。重点是作者加的。

口的大部分,因而对无产阶级社会主义世界革命的全局仍然具有决定意义。这样,作为殖民地、半殖民地国家的民族民主革命的指导思想的"新民主主义革命论",就具有十分重要的国际意义。

3. 如果再考虑到20世纪80年代末和90年代初欧洲各社会主义国家纷纷解体的情况,那么中国革命的胜利,以及与之相联系的社会主义中国的存在和发展,对世界社会主义命运就更具有决定意义。当然,中国的社会主义制度得以巩固下来,有多方面的原因,其中具有决定意义的,是逐步实行了市场取向的经济体制改革。但无论怎么说,中国社会主义制度的巩固,总是以中国革命的胜利作为前提的。

基于上面的分析,我们完全有理由把"新民主主义革命论"看作是对马克思主义所做的划时代发展的一个重要方面。还要提到:

1. 如果说"新民主主义革命论"还包含了较多的马克思和恩格斯特别是列宁和斯大林的思想,那么"新民主主义社会论"就以崭新的面貌出现在马克思主义发展史上。这方面,主要是对作为历史唯物主义的基本内容的社会经济形态学说的发展。按照马克思主义的观点,在人类社会发展中依次有五种社会经济形态:原始共产主义社会—奴隶社会—封建社会—资本主义社会—共产主义社会(包括社会主义阶段和共产主义阶段)。此外,还有一些非基本的社会经济形态。比如,半殖民地半封建中国就是一种非基本的社会经济形态。中国新民主主义革命后建立起来的新民主主义社会,也是一种非基本的社会经济形态。但这种新民主主义社会不仅在人口最多的中国存在过;而且在俄国十月革命胜利以后,在一切殖民地、半殖民地国家的民主革命胜利以后,都曾经经历过这种社会。因而也就具有广泛的国际意义。

2. "新民主主义社会论"指导了新中国头三年的实践,使得半殖民地半封建中国在民主革命胜利的基础上变成了新民主主义社会。这是在人类历史上，在人口众多的中国创立的第一个新民主主义社会。"新民主主义社会论"还指导了这个时期的国民经济恢复工作，使得这项工作在极其困难的条件下，以短短的三年时间就取得了举世瞩目的伟大成就，并为以后社会主义制度在中国的胜利打下了良好的基础。

所以，就"新民主主义论"（包括"新民主主义革命论"和"新民主主义社会论"）对马克思主义所做的重大发展来说，就它完整地、系统地解决在世界无产阶级社会主义革命中居于极重要地位，并占世界人口大多数的殖民地半殖民地国家的民族民主革命，以及在革命胜利以后通向社会主义的发展道路来说，把它看作是马克思主义的划时代发展，是当之无愧的。

非常可惜的是：中国在1952年就过早地结束了新民主主义社会，从1953年就按照列宁关于过渡时期的理论进入了过渡时期，致使"新民主主义社会论"的作用还没有得到充分的发挥，它的伟大的国内意义和国际意义也还没有充分地显示出来。

但是，经过新中国成立后的实践，我们有可能把1949~1952年、1978~1993年与1953~1977年的情况做一番对比。这就使我们有可能得到这样的结论：如果1953年以后，不是按照列宁提出的过渡时期的路子走，而是按照前面说过的"新民主主义社会论"的路子走，按照新中国成立前后刘少奇所发展的、发端于毛泽东的"新民主主义社会论"的路子走①，那么，中国在1953年以后社会经济发展、综合国力增强和人民生活改善等方面的情况还会好得多。

---

① 薄一波同志对1948年到1951年期间刘少奇"关于巩固新民主主义制度的构想"做过很好的概括，并正确地评论说："我认为，少奇同志的构想，实际上也是发端于毛主席的理想。在大的问题上两者是基本一致的。"（《若干重大决策与事件的回顾》上卷，第46~61页）

但后一条路子与前一条路子的区别，不在于存在社会主义因素与资本主义因素的矛盾和斗争，不在于把发展社会主义经济放在优先地位，不在于具有过渡性，也不在于发展前途是社会主义社会。因为二者在这些方面基本上是相同的。二者的区别在于：

1. 按照二者的基本含义来说，前者是指的资本主义国家的无产阶级革命取得胜利以后由资本主义到社会主义的过渡时期；后者是指的半殖民地半封建国家的新民主主义革命胜利以后走向社会主义的一个特殊的社会发展阶段。这样，按照前一条路子，就会在实际上把原来中国的社会看作是资本主义社会，而不是看作半殖民地半封建社会。因而就会在变革资本主义经济方面脱离社会生产力发展的要求。所以，尽管主观意图上是想发展社会生产力的，甚至在改造资本主义经济的步骤、形式和方法等方面很慎重地考虑了社会生产力发展的要求，但由于在变革资本主义经济的战线上超越了新民主主义的社会这个发展阶段，其结果并不是把发展社会生产力放到了首位，而是恰恰相反，把变革生产关系放到了首位。按照后一条路子走，则是从革命胜利前半殖民地半封建社会生产力落后的具体国情出发的，是把发展社会生产力作为中心任务的。这样，就可能在变革资本主义经济方面真正做到符合社会生产力发展的要求。

2. 按照前一条路子走，虽然也可以不采取没收资本主义经济的办法，而采取改造的办法。但即使如此，也会在过渡时期一开始就把改造资本主义经济作为一项根本任务提出来。正是这一点从根本上决定了不能在限制资本主义经济的消极作用（即不利于国计民生的作用）的同时，充分发挥这种积极作用（有利于国计民生的作用）。特别是我国仅仅在过渡时期开始以后三年（1953～1956年）就完成了资本主义经济的社会主义改造，就更是这样了。在某种限度内这一点毛泽东也是觉察到了的。他在

1956年12月提出：在我国生产资料私有制的社会主义改造基本完成以后，还要继续实行一段"新经济政策"，保留和发展一些"私营工商业"、"夫妻店"和"自由市场"，还"可以开私营大厂……10年20年不没收"。"华侨的投资20年、100年不要没收。可以搞投资公司……可以搞国营，也可以搞私营。""可以消灭了资本主义，又搞资本主义。"① 这样做，当然不是要回到1949年10月至1952年那样的新民主主义社会，而是要在某种程度上达到1978年党的十一届三中全会以后提出的社会主义初级阶段的所有制结构，即以社会主义公有制为主体的前提下，适当保留和发展一些个体经济、私营经济和外资经济。

按照后一条路子走，当然也要限制资本主义的消极作用，最终也要消灭资本主义，实现社会主义。但办法既不是没收，也不是改造，而是社会主义与资本主义的"经济竞争"。在这个过程中，"社会主义与半社会主义性质的经济，比重要逐步增大，私人资本主义经济的比重、个体经济的比重要相对缩小，其作用也要相对缩小"，"以便逐步地稳步地过渡到社会主义"。在采取社会主义步骤的时候，国家不是没收，而是给以代价，还可以发给高薪，请资本家继续办厂②。

3. 按照前一条路子，就我国的情况来看，在1952年刚刚恢复国民经济以后，在现代工业基础还不发展的条件下，在1953～1956年，就基本上完成了社会主义改造。

按照后一条路子走，在经过了新民主主义社会"这个时期以后，工业大大发展了，农业也有了大发展。国家经济的领导更加强了……经济管理工作的干部成熟了，数量也多了，党的技术干部也

---

① 薄一波：《若干重大决策与事件的回顾》上卷，第64、433～434页。
② 同上书，第53、59页。

有了，工人阶级和农民联盟在政治上经济上都巩固了，那时，就会要采取进入社会主义的步骤"。① 显然，所有这些都是顺利推进社会主义、发挥社会主义制度优越性、促进社会生产力发展的重要条件。

总之，按照前一条路子走，就意味着遵循列宁的过渡时期的理论办事。与此同时，又基本上沿袭了源于马克思和列宁理论而由斯大林后来创立的计划经济体制。这样，在1956年中国就基本上建成了以单一的社会主义公有制（主要是国有制）和主要依靠指令计划、排斥市场机制为主要特征的计划经济体制。这不仅使得资本主义经济积极作用没有得到充分的发挥，而且成为中国经济在以后的一个长时期内没有得到应有发展的一个根本原因。

现在有一种流行观点，把中国社会主义改造后一个长时期内经济没有得到应有发展的原因，归结为"大跃进"特别是长达10年的"文化大革命"的破坏。就直观的意义上说，这种看法无疑是正确的。但其中的根本原因还是计划经济体制。显然，"大跃进"正是计划经济体制内容的投资膨胀机制发生作用的结果。而与高度集中的计划经济体制相联系的"权力过分集中"，"成为发生'文化大革命'的一个重要原因"。②

这样说，当然不否定以短短三年时间在一个几亿人口的大国，基本完成了社会主义改造，是社会主义运动发展史上空前未有的伟大成就！也不否定在这个改造过程中的伟大创造。其中主要是：在个体的农业、手工业和资本主义工商业的社会主义改造中采取了一系列的新的过渡形式；不仅绝大多数农民、手工业者，而且大部分资产阶级分子都不太勉强地接受了社会主义改造；在改造过程中，社会生产不仅没有下降，而且获得了相对（以"一五"时期与后续

---

① 薄一波：《若干重大决策与事件的回顾》上卷，第60~61页。
② 《邓小平文选》第2卷，人民出版社1994年版，第329页。

许多计划时期相比较而言）的持续、稳定、高速的发展。

但是，从一个较长时期来看，我们在上面对按前一条路子走的消极作用所做的分析，还是能够成立的。按照后一条路子走，既可以充分利用私人资本主义的积极作用，又可以最终使它得到变革；既可以促进生产力的持续发展，又实现了社会主义。这样，不仅在半殖民地半封建的中国开创了一条"新民主主义革命论"的路子，而且在革命胜利以后又开创一条"新民主主义社会论"的新路子。这样，"新民主主义论"的理论意义和实践意义，国内意义和国际意义就更加伟大了。

但在这里也有一种观点值得提出商榷。近几年来有的学者提出："新民主主义社会论"和"社会主义初级阶段论"有可能继续直接起指导作用的，即中国社会有可能是从新民主主义社会进入社会主义初级阶段的社会。如果仅仅从理论上来说，"中国社会有可能是从新民主主义社会进入社会主义初级阶段的社会"的提法，也许是正确的。但即使从理论上来说，"新民主主义社会论"和"社会主义初级阶段论有可能是连续直接起指导作用的"提法，仍然值得斟酌。"新民主主义社会论"并没有提出社会主义市场经济问题。不仅如此，就 1949 年 10 月到 1952 年的新民主主义的实践来看，已塑造了计划经济体制的雏形，并且朝着计划经济体制的方向发展。而建立社会主义市场经济，正是"社会主义初级阶段论"的一项基本内容。这当然不是说市场经济只存在于社会主义的初级阶段，而不存在于它的中级阶段和高级阶段。但无论如何，市场经济总是"社会主义初级阶段论"的一项不可缺少的基本内容。所以尽管在"新民主主义社会论"指导下，可以为中国由新民主主义社会进入社会主义的初级阶段，创造极重要的基础，但如果以为仅凭"新民主主义社会论"的指导，而不加以发展（其中特别是发展社会主义市场经济理论）并付诸实践就可能塑造出 1978 年以后逐步提出的那样的社会主义初级阶段，并不是完全正确的。

以上对两条路子的分析，是基于新中国成立以后 45 年的实践，从总结过去经济的角度提出问题的。但在事实上，新中国成立初期很难做到（或者很难完全做到）按照"新民主主义社会论"指引的路子走，很难避免按照列宁的"过渡时期理论"指引的路子走。这里且不说其他各种社会原因（其中包括急于向社会主义过渡这样良好的愿望），仅从马克思主义的认识论方面提一点原因。毛泽东在 1963 年《中共中央关于目前农村工作中若干问题的决定（草案）》中，发挥了他在 1937 年写的《实践论》中提出的马克思主义的认识论。他写道："一个正确的认识，往往需要经过由实践到认识，由认识到实践这样多次的反复，才能够完成。"就我们这里讨论的问题来说，也是这样。在 1952 年，由于实践和认识上的限制，中国究竟是按照"新民主主义社会论"的路子走好，还是按照"过渡时期理论"的路子走好，且不要说在广大党员干部中，就是在党的最高决策层中，也都不是很明确的。这就能从一个方面说明：毛泽东自己创立了"新民主主义社会论"，但由他自己过早地结束了这个社会；而刘少奇在新中国成立前后的一个较长的时期内较多地坚持和发展了"新民主主义社会论"，但在受到毛泽东多次批评以后也终于心悦诚服地接受了[①]。

三 毛泽东创立"新民主主义论"给我们的有益启示

无论就毛泽东创立"新民主主义论"（包括"新民主主义革

---

① 参见薄一波《若干重要决策与事件的回顾》上卷，第 46～66、184～211、212～230 页。

命论"和"新民主主义社会论")来说,或者就他过早地结束新民主主义社会来说,都给了我们许多富有理论意义的启示。

1. 要坚持实事求是。坚持这一点,也就从根本上坚持了马克思主义的辩证唯物论。毛泽东之所以能够创立科学的"新民主主义论",从根本上说来,就在于他是从作为基本国情的半殖民地半封建社会性质出发的。这一点,尤其明显地表现在作为中国革命基本特点的对民族资产阶级的统一战线关系和武装斗争这样两个问题上。毛泽东之所以过早地结束新民主主义社会,也同他忽略中国国情是相关的。

2. 要坚持适应社会生产力发展的要求。坚持这一点,就是从根本上坚持马克思主义的历史唯物论。毛泽东提出的"新民主主义论"之所以把帝国主义、封建主义和官僚资本主义作为革命对象,之所以把民族资产阶级作为革命动力之一,并在革命胜利以后的新民主主义社会中还要在限制资本主义消极作用的同时,利用它的积极作用,都是以发展中国社会生产力作为根本出发点的。从这种意义上来说,变革所有制是手段,发展生产力才是目的①。毛泽东过早地结束新民主主义社会,也是同他忽视利用资本主义的积极作用有联系的。

3. 要坚持马克思主义普遍真理与中国具体实践相结合;反对"左"的和"右"的错误倾向,特别要着重反对"左"的教条主义。坚持这一点,就是最完整地坚持了马克思主义。民主革命时期,陈独秀的右倾机会主义理论上的根本错误在于否定了马克思列宁主义关于民主革命中无产阶级领导权和工农联盟这一普遍真理;而三次"左"倾机会主义特别是王明的"左"倾机会主义理论上的根本错

---

① 参见周叔莲《所有制是一种经济手段》,《经济社会体制比较》1993年第5期,第26~29页。

误又在于他照搬了资本主义国家的无产阶级革命的做法。这一点尤其明显表现在对待民族资产阶级的关系和武装斗争道路上。"新民主主义论"则是把马克思主义普遍真理与中国具体实践结合起来的典范。但毛泽东过早地结束新民主主义社会，在一定程度上也是由于受到了教条主义的影响。这里之所以用"在一定程度上"和"影响"这样的词，其最重要的根据已如前述，即从资本主义到社会主义的过渡时期与新民主主义社会有许多共同点；实行起来具有客观条件；在实行过程中还有许多创造；结果是成功的（尽管带来了严重的消极后果）。其重要意义在于把它同民主革命时期的"左"倾教条主义从原则上区别开来。后者完全照搬外国的做法；实行起来不具备客观条件；其结果是革命的失败。

4. 对有关社会发展的基本理论，需要研究透，并广为宣传，真正在党的最高决策层取得一致的认识，并在广大干部的思想上扎下根。在这方面，"新民主主义革命论"是一个典范。该理论在1945年召开的党的第七次全国代表大会上发展到了顶峰，经过宣传，全党取得了思想上的一致，并真正为广大干部所掌握。这是在抗日战争胜利后只用了不到四年的时间就取得解放战争胜利的一个重要原因。相对说来，"新民主主义社会论"则显得很不足了。这首先是受到了客观实践的限制。但在研究和宣传方面做得不够也是事实，以致许多干部并不知道"新民主主义论"除了包括"新民主主义革命论"以外，还包括"新民主主义社会论"。这是毛泽东在1952年提出党在过渡时期总路线得以顺利通过的一个重要原因。重温这段历史经验，对于我国当前坚持贯彻邓小平在1992年初发出的"党的基本路线要管一百年"的号召，颇富现实意义。当然，要做到这一点，单靠研究和宣传党的基本路线是远远不够的，还必须坚持党的民主集中制，发展社会主义民主，健全社会主义法制。

关于社会主义本质问题的研究[*]

——学习邓小平经济理论的一点体会

邓小平逝世后,党中央发出号召:"我们一定要努力学习邓小平建设有中国特色社会主义理论。"[①] 而在这个理论中,社会主义本质理论处于基础的地位,并成为把握党的十一届三中全会以来党的基本路线和基本实践的一把钥匙。正如党中央所指出的:"这个理论,科学地把握社会主义的本质,第一次比较系统地初步回答了中国这样的经济文化比较落后的国家如何建设社会主义、如何巩固和发展社会主义的一系列基本问题。"[②] 但有人对这个社会主义本质理论为什么要把"发展生产力"列为首要内容这个问题一直存在困惑,甚至提出异议。在这种情况下,针对上述问题,学习和阐述邓小平关于社会主义本质的理论,就显得更加重要了。

---

[*] 原载《中国社会科学院研究生院学报》1998年第1期。
[①] 《敬爱的邓小平同志永远活在我们心中》,人民出版社1997年版(下同),第12页。
[②] 同上书,第7~8页。

一　邓小平关于社会主义本质问题的论述

为了澄清有人对邓小平关于社会主义本质理论为什么首先列入"发展生产力"的内容存在的困惑的问题，比较详细地分析邓小平在这个问题上的论述，很有必要。

邓小平对这个问题直接、明确的论述，是1992年初他在南巡谈话中讲的那段话，即"社会主义的本质，是解放生产力，发展生产力，消灭剥削，消除两极分化，最终达到共同富裕"。①

当然，《邓小平文选》对这个问题的类似论述是很多的。我们依据《邓小平文选》第1、2、3卷有关这个问题论述的先后顺序列举其中的一些重要方面：

1. 早在我国生产资料私有制的社会主义改造基本完成以后，邓小平依据党的八大决议于1957年提出："今后的主要任务是搞建设。"②

2. 1980年1月，邓小平指出："发挥社会主义的优越性，归根到底是要大幅度发展社会生产力，逐步改善、提高人民的物质生活和精神生活。"③

3. 1980年4~5月，邓小平尖锐地提出："经济长期处于停滞状态总不能叫社会主义。人民生活长期停止在很低的水平上总不能叫社会主义。""根据我们自己的经验，讲社会主义，首先就要使生产力发展，这是主要的。"④

4. 1985年4月，邓小平指出："社会主义的首要任务是发

---

① 《邓小平文选》第3卷，人民出版社1993年版，第373页。
② 《邓小平文选》第1卷，人民出版社1994年版，第261页。
③ 《邓小平文选》第2卷，人民出版社1994年版（下同），第251页。
④ 同上书，第312、314页。

展生产力,逐步提高人民的物质和文化生活水平。""不发展生产力,不提高人民的生活水平,不能说是符合社会主义要求的。"①

5. 1985年8月,邓小平又指出:"社会主义的任务很多,但根本一条就是发展生产力。"②

6. 1985年10月,邓小平再一次强调:"要坚持社会主义制度,最根本的是要发展社会生产力。"③

7. 1986年9月,邓小平指出:"社会主义原则,第一是发展生产,第二是共同致富。"④

8. 1986年12月,邓小平又说:"我们要发展生产力,发展社会主义公有制,增加全民所得。我们允许一些地区、一些人先富起来,是为了最终达到富裕,所以要防止两极分化,这就叫社会主义。"⑤

9. 1987年4月,邓小平还把生产力发展提高到了是"真的搞了社会主义"的标志。他说:"搞社会主义,一定要使生产力发达,贫穷不是社会主义。""现在虽说我们也在搞社会主义,但事实上不够格。只有到了下世纪中叶,达到了中等发达国家的水平,才能说真的搞了社会主义,才能理直气壮地说社会主义优于资本主义。现在我们正在向这个路上走。"⑥ 同月,他又一次强调:"社会主义的第一个任务是要发展生产力。"⑦

10. 1987年10月,邓小平又一次提醒人们:"整个社会主义

① 《邓小平文选》第3卷,第116页。
② 同上书,第137页。
③ 同上书,第149页。
④ 同上书,第172页。
⑤ 同上书,第195页。
⑥ 同上书,第225页。
⑦ 同上书,第227页。

历史阶段的中心任务是发展生产力,这才是真正的马克思主义。""贫穷不是社会主义,发展太慢也不是社会主义。"①

11. 1988年5月,邓小平再一次重申:"坚持社会主义的发展方向,就要肯定社会主义的根本任务是发展生产力,逐步摆脱贫穷,使国家富强起来,使人民生活得到改善。没有贫穷的社会主义。社会主义的特点不是穷,而是富,但这种富是人民共同富裕。"②

诚然,在上述各项论述中,邓小平没有像在1992年初南巡谈话中那样,直接明确地把社会主义本质的首要内容表述为发展生产力。但是,他所说的社会主义的根本任务(或主要任务,或中心任务,或首要任务,或第一任务)是发展生产力(或发展生产,或搞建设);他所说的社会主义原则,第一是发展生产;他所说的坚持社会主义的发展方向,就要肯定社会主义的根本任务是发展生产力;他所说的发挥社会主义的优越性,归根结底是要大幅度发展社会生产力;他所说的搞社会主义,一定要使生产力发达,贫穷不是社会主义;所有这些,显然都体现了发展生产力是社会主义本质的首要内容。

我之所以在上面不厌其烦地引证邓小平的有关论述,是在于表明:邓小平关于社会主义本质的首要内容是发展生产力的思想,不是他的偶然的、一闪而过的思想,而是长期的、一贯的思想。对他来说,这种思想甚至也不是在党的十一届三中全会以后才有的,而是在1956年八大召开前后就开始形成了。当然,经过他对1957年以后长期存在的"左"的错误的总结,这种思想有了重大发展,发生了历史性的飞跃。

---

① 《邓小平文选》第3卷,第254~255页。
② 同上书,第264~265页。

二 创造性地运用马克思主义的重大成果

有人提出疑问:生产力是与生产关系相区别的范畴,把发展生产力也归结到社会主义的本质中,是否妥当?但在实际上,把社会主义本质的首要内容确定为发展生产力①,正是邓小平创造性地运用马克思主义的重大成果。按照笔者的理解,这一点,至少包括以下四方面内容:

(一)这是创造性运用历史唯物主义关于生产关系必须适应和促进生产力的原理

按照列宁的说法,"第一次使科学的社会学的出现成为可能,还由于只有把社会关系归结于生产关系、把生产关系归结于生产力的高度"。②按照这个生产力决定生产关系的根本原理,一定社会发展阶段上某种生产关系之所以能够产生就在于它能在一定时期内适应和促进生产力的发展。这既是生产关系的运动规律,也是它的历史使命。这个历史唯物主义的基本原理对社会主义生产关系也是适用的。因此,邓小平在论到这一点时说过:"马克思主义的基本原则就是要发展生产力。"③

但邓小平的分析没有停留在这个一般原理上,他进一步论述

---

① 说明:第一,这里说的是"发展生产力",不是"生产力"。显然,"生产力"不构成社会主义本质的内容。但"发展生产力"却构成社会主义本质的内容,理由详见后述。第二,依据邓小平1992年初南巡谈话的有关论述,"解放生产力"和"发展生产力"都是社会主义本质的首要内容(《邓小平文选》第3卷,第370页)。但鉴于前者并无争论,故专门论述"发展生产力"是社会主义本质的首要内容。

② 《列宁全集》第1卷,人民出版社1955年版,第120页。
③ 《邓小平文选》第3卷,第116页。

了作为共产主义社会第一阶段社会主义生产关系的历史使命。他写道:"马克思主义的最高目的就是要实现共产主义,而共产主义是建立在生产力高度发展的基础上的。""要实现共产主义,一定要完成社会主义阶段的任务。社会主义的任务很多,但根本一条就是发展生产力,在发展生产力的基础上体现出优于资本主义,为实现共产主义创造物质基础。"① 按照历史唯物主义基本观点,社会主义生产关系的历史使命,就是发展生产力,为实现共产主义创造物质基础。

不仅如此,邓小平还具体分析了中国社会主义初级阶段在发展生产力方面的特殊历史使命。他在论到这一点时说过:"落后国家建设社会主义,在开始的一段很长时间内生产力水平不如发达的资本主义国家,不可能完全消灭贫穷。所以,社会主义必须大力发展生产力,逐步消灭贫穷,不断提高人民的生活水平。否则,社会主义怎么能战胜资本主义?"② 可见,经济不发达的社会主义初级阶段在发展生产力方面的任务,不仅要为长远将来实现共产主义,也不仅要为将来过渡到发达的社会主义,而且要为完全消灭贫穷,提高人民生活,战胜资本主义创造物质基础。

无论从上述的社会主义初级阶段条件下社会主义生产关系必须适应和促进生产力的规律来说,还是从它的历史使命来说,把社会主义本质的首要内容归结为发展生产力,都是正确的。因为,按照列宁的说法,"规律和本质是表示人对现象、对世界等等的认识深化的同一类的(同一序列的)概念,或者说得更确切些,是同等程度的概念。"③ 至于从历史使命来说,那社会主

---

① 《邓小平文选》第3卷,第116、137页。
② 同上书,第10页。
③ 《列宁全集》第38卷,人民出版社1963年版(下同),第159页。

义生产关系产生的根本原因和主要价值就在于促进生产力的发展,因而更可以这样讲了。

(二) 这是创造性地运用辩证法关于矛盾的原理

按照毛泽东的说法,一个事物矛盾的特殊性,是规定该事物不同于他事物的特殊的本质①。邓小平具体分析了中国社会主义初级阶段的主要矛盾,即"我们的生产力发展水平很低,远远不能满足人民和国家的需要,这就是我们目前时期的主要矛盾,解决这个主要矛盾就是我们的中心任务"②。这个中心任务就是现阶段作为发展生产力集中表现的社会主义现代化建设。依据上述毛泽东和邓小平的分析,我们也可以认为,发展生产力是社会主义本质的首要内容。

(三) 这是创造性运用马克思主义经济学关于"每一个社会的经济关系首先是作为利益表现出来"③ 的原理

党的十一届三中全会以来,邓小平多次讲过:"就我们国内来说,什么是中国最大的政治?四个现代化就是中国最大的政治。"④ 而按照马克思主义的观点,政治是经济的集中表现。在这方面,邓小平还明确说过:"社会主义现代化建设是我们当前最大的政治,因为它代表着人民的最大的利益、最根本的利益。"⑤ 而实现社会主义现代化正是当前中国发展生产力的集中表现。从这方面来说,把发展生产力看作是社会主义本质的首要

---

① 参见《毛泽东选集》第 1 卷,人民出版社 1991 年版(下同),第 309 页。
② 《邓小平文选》第 2 卷,第 182 页。
③ 《马克思恩格斯选集》第 2 卷,人民出版社 1972 年版(下同),第 537 页。
④ 《邓小平文选》第 2 卷,第 234 页。
⑤ 同上书,第 163 页。

内容，也是完全正确的。

（四）这是创造性地运用了马克思主义关于社会主义必须消灭剥削和实现共同富裕的原理

以上三方面的分析，只限于"发展生产力"一点来说的。如果把这一点与"消灭剥削，消除两极分化，最终达到共同富裕"联系起来看，那么"发展生产力"作为社会主义本质的首要内容，就更加清楚了。因为在这里"发展生产力"是作为"消灭剥削，消除两极分化"的物质前提而存在的。马克思主义从来认为，"阶级的存在仅仅同生产发展的一定历史阶段相联系"。① "这种划分是以生产不足为基础的，它将被现代生产力的充分发展所消灭。"② 既然发展生产力是"消灭剥削，消除两极分化"的物质前提，那么它也是"最终达到共同富裕"的物质基础。这是不言而喻的。但在马克思主义看来，无论是"消灭剥削，消除两极分化"，还是"最终达到共同富裕"都是社会主义制度的本质要求。

但有人提出疑问："发展生产力"与"消灭剥削、消除两极分化，最终达到共同富裕"，是不同层次的问题，为什么把它们都看作是社会主义的本质呢？诚然，按照事物的因果联系和发展逻辑来说，这里存在三个层次的问题：一是"发展生产力"；二是"消灭剥削，消除两极分化"；三是"最终达到共同富裕"。但依据上述的理由，这并不能成为它们不构成社会主义本质的原因，而只是表明它们作为本质是分别依次处于三个不同层次上。这不仅是符合客观事物的本来面貌和认识论的，也是符合马克思

---

① 《马克思恩格斯选集》第 4 卷，第 332 页。
② 《马克思恩格斯选集》第 3 卷，第 321 页。

主义关于本质概念的。列宁说过:"人的思想由现象到本质,由所谓初级本质到二级的本质,这样不断地加深下去,以至于无穷。"①

总之,基于上述分析,尽管生产力是与生产关系相区别的范畴,但仍然可以将"发展生产力"列为社会主义本质的首要内容。这是科学的社会主义本质理论的最重要方面。

三 科学总结社会主义建设经验的产物,批判党内曾经长期存在的"左"的错误的产物,特别是揭露"四人帮"假社会主义的产物

邓小平关于社会主义本质的理论(其中包括作为首要内容的发展生产力),是依据他在"文化大革命"结束以后反复倡导的解放思想、实事求是的原则,科学地总结了我国社会主义建设长期经验(特别是长期犯的"左"的错误教训)得出的正确结论。

针对1957年以后党内长期存在的"以阶级斗争为纲"的"左"的指导思想,邓小平旗帜鲜明地提出:"不解放思想不行,甚至包括什么叫社会主义这个问题也要解放思想。"②

从这一点出发,他指出:"我们总结了几十年搞社会主义的经验。社会主义是什么,马克思主义是什么,过去我们并没有完全搞清楚。""从一九五八年到一九七八年这二十年的经验告诉我们:贫穷不是社会主义,社会主义要消灭贫穷。不发展生产力,不提高人民的生活水平,不能说是符合社会主义要求的。"③

---

① 《列宁全集》第38卷,第278页。
② 《邓小平文选》第2卷,第312页。
③ 《邓小平文选》第3卷,第137、116页。

邓小平高度评价了这个经验。他写道："最根本的一条经验教训，就是要弄清楚什么叫社会主义和共产主义，怎样搞社会主义。"① 这里说的什么叫社会主义，就是上述社会主义本质的定义。

在这方面，邓小平着重总结了党内长期存在的"左"的错误。他说："多少年来我们吃了一个大亏，社会主义改造基本完成了，还是'以阶级斗争为纲'，忽视发展生产力，'文化大革命'更走到了极端。十一届三中全会以来，全党把工作重点转移到社会主义现代化建设上来，在坚持四项基本原则的基础上，集中力量发展社会生产力。这是最根本的拨乱反正。"②

在这方面，他也正确评价了毛泽东的功过是非。他说："毛泽东同志是伟大的领袖，中国革命是在他的领导下取得成功的。然而他有一个重大的缺点，就是忽视发展社会生产力。"③

在这方面，他还着重"批判了'四人帮'那种以极左面目出现的主张普遍贫穷的假社会主义"。"四人帮"鼓吹的"宁要贫穷的社会主义，不要富裕的资本主义"，简直荒谬得很！他针锋相对地提出，"贫穷不是社会主义，发展太慢也不是社会主义"。④

经过本文第二、三部分的分析，我们可以清楚地看到：邓小平关于社会主义本质的理论（包括作为其首要内容的发展生产力），是创造性运用马克思主义一系列基本原则的重大成果，是对中国几十年社会主义建设经验的科学总结，是在批判党内长期存在的"左"的错误的过程中建立的，是作为"四人帮"假社

---

① 《邓小平文选》第3卷，第223页。
② 同上书，第141页。
③ 同上书，第116页。
④ 《邓小平文选》第2卷，第165页；《邓小平文选》第3卷，第255、265页。

会主义的对立物而产生的。这是坚持了科学社会主义。因此,对这个科学理论持怀疑态度,甚至担心它会混淆社会主义制度与资本主义制度的本质差别,是完全不正确的。

四 科学社会主义理论发展的新阶段,党的基本路线的理论基石,经济改革的根本指导思想

按照恩格斯的观点,马克思的两个伟大发现——唯物史观和剩余价值理论,使得社会主义从空想变成了科学①。

列宁在帝国主义和无产阶级革命时代提出了社会主义革命新理论②和一国可以建成社会主义的理论③,为俄国十月社会主义革命的胜利和苏联在30年代建立社会主义制度奠定了理论基础。可以把列宁提出的这些理论看作是科学社会主义理论发展的新阶段。

毛泽东在半殖民地半封建中国提出的新民主主义论,找到了一条占世界人口四分之一的旧中国通过新民主主义革命再走上社会主义革命的正确道路。在中华人民共和国建立以后,在实现生产资料私有制的社会主义革命方面又找到了一条具有创举意义的成功道路。也可以把毛泽东提出的这些理论看作是继列宁之后的科学社会主义理论发展新阶段。

---

① 参见《马克思恩格斯选集》第3卷,第424页。
② 按照这个理论,"社会主义可能首先在少数或者甚至在单独一个资本主义国家内获得胜利"(《列宁选集》第2卷,人民出版社1972年版(下同),第709页)。
③ 列宁认为:"的确,国家支配着一切大生产资料,无产阶级掌握着国家权力,无产阶级和千百万小农及最小农结成联盟,无产阶级对农民的领导已有保证等等,难道这不是我们所需要的一切,难道这不是我们通过合作社,而且仅仅通过合作社……来建成完全的社会主义社会所必需的一切吗?这还不是建成社会主义社会,但这已是建成社会主义所必需而且足够的一切。"(《列宁选集》第4卷,第682页)

但是，无论是列宁，还是毛泽东，都没有涉及或者没有完全涉及后来邓小平创立的有中国特色社会主义的理论（这是完整的说来），特别是没有涉及或者没有完全涉及以社会主义本质作为理论基础的党在社会主义初级阶段的基本路线（这是从根本上说来）①。当然，在这方面，列宁和毛泽东是有重大差别的。列宁的局限性主要是受到时代条件的制约，同他过早逝世相联系的。而毛泽东的局限性，虽然也有时代条件的制约，但主要是同他在1957年以后长期犯的"左"的错误相联系的。

只有邓小平在"文化大革命"结束以后，以马克思主义者的伟大气魄和革命风格，依据实事求是的马克思主义基本原则，正确总结了中国社会主义建设的经验，完整地提出了有中国特色的社会主义理论，特别是以社会主义本质理论为依据的党在社会主义初级阶段的基本路线，真正解决了在生产资料私有制的社会主义改造完成以后如何建设社会主义的问题。这当然不是说社会主义建设理论以后不需要发展了。但党的十一届三中全会以来的经验已经充分证明：邓小平提出的上述理论为我国社会主义建设指明了一条正确的道路。因此，可以把这个理论看作是继毛泽东之后的科学社会主义理论发展的又一个新阶段。

邓小平多次强调：中国社会主义建设最根本、最重要的一条经验教训，就是要弄清什么是社会主义，如何建设社会主义②。这是我国社会主义建设的中心问题。邓小平创立的有中国特色的社会主义理论，也就是围绕这个中心展开的。

从根本的和主要的意义上说来，这里所说的什么是社会主

---

① 为什么党在社会主义初级阶段的基本路线是以社会主义本质理论为基础，将在后面做分析。

② 参见《邓小平文选》第3卷，第116、223、369页。

义,就是社会主义的本质;这里所说的如何建设社会主义,就是一个中心(社会主义经济建设)、两个基本点(坚持四项基本原则和坚持改革开放)的基本路线。后者是以前者为依据的。邓小平自己对这一点多次作过很好的说明。他写道:1957年以后中国经济长期处于停滞的状态,"迫使我们重新考虑问题。考虑的第一条就是要坚持社会主义,而坚持社会主义,首先要摆脱贫穷落后状态,大大发展生产力,体现社会主义优于资本主义的特点。要做到这一点,就必须把我们整个工作的重点转到建设四个现代化上来,把建设四个现代化作为几十年的奋斗目标。同时,鉴于过去的教训,必须改变闭关自守的状态,必须调动人民的积极性,这样才制定了开放和改革的政策"。① 这就再清楚不过地揭示了党的基本路线(包括一个中心,两个基本点)与社会主义本质(以发展生产力作为首要内容)的内在联系。

上面分析已经说明:社会主义本质理论是中国经济体制改革的指导思想。这里还需要针对有关疑问,着重强调邓小平提出的"三个有利于"的标准②,是直接从上述的社会主义本质引申出来的结论。因而是判断改革姓社姓资的正确标准。

但有人提出:"三个有利于"只是判断改革成败的标准,而不是判断改革姓社姓资的标准。说"三个有利于"是判断改革成败的标准,无可非议。但加上"只是"就是片面的,否定它是判断改革姓社姓资的标准,就更是不妥的。诚然,在改革的进程中,要发展非国有经济。而且,在坚持社会主义国有经济为主

---

① 参见《邓小平文选》第3卷,第224页。
② 即"判断的标准,应该主要看是否有利于发展社会主义社会的生产力,是否有利于增强社会主义国家的综合国力,是否有利于提高人民的生活水平"(《邓小平文选》第3卷,第372页)。

导、公有经济为主体的前提下，在国家有关法律的规范下，发展非公有经济，也是符合"三个有利于"的标准的。但这些非公有经济的性质并不是社会主义的。只是在这个限度内，可以说"三个有利于"不是判断改革姓社姓资的标准。但在中国社会主义条件下，这些非公有经济不可能成为整个社会经济的主体部分。这是第一。第二，尽管它们本身性质不是社会主义的，但却是社会主义经济的必要补充。在这个意义上，可以把它看作是社会主义经济体系的一部分，正像帝国主义时代殖民地、半殖民地人民的革命性质是资产阶级民主革命，但由于它是世界无产阶级社会主义革命的同盟军，因而成为世界无产阶级社会主义革命的一部分一样①。就上述两点来说，无论从主要意义上，或者从整体意义上，都可以把"三个有利于"看作是判断改革姓社姓资的标准。

其实，即使不作这样的理论分析，只要看一下邓小平提出"三个有利于"标准，就是针对改革姓社姓资的问题而发的②，问题也就很清楚了。

还要提到，中国改革性质是社会主义制度的自我完善。从这方面来看，改革的成败与改革的姓社姓资是紧密相关的两个问题，把二者对立起来，进而认为有两个不同的判断标准，有什么意义呢？

既然如此，为什么还有人提出上述观点呢？从理论上来说，要害在于他们不承认社会主义本质的首要内容是发展生产力。因而否定"三个有利于"（确切地说是"第一个有利于"）是判断改革姓社姓资的标准。这种理论渊源就是本文多次说过的在我国

---

① 参见《毛泽东选集》第2卷，第667页。
② 参见《邓小平文选》第3卷，第372页。

曾经长期存在的"左"的观念。

  需要说明，当前辨明"三个有利于"的正确含义，不仅是理论上的需要，对推动中国改革的顺利发展，也有重要的实践意义。

对陈云关于稳定发展中国经济思想的历史考察[*]

——纪念陈云诞辰90周年

一 陈云关于稳定发展中国经济思想形成的历史条件

陈云关于发展新中国经济的思想包含了极丰富的内容，在许多时期都起了极重要的指导作用。这一点，不仅已经成为国内许多人的共识，而且受到了国际史学界的赞赏。例如，在国际史学界享有盛誉的剑桥《中华人民共和国史》在论到50年代中国经济发展的政策选择时就曾指出："陈云的政策性建议可以说是50年代中国国内提出的最合理化的发展选择。"①

在这方面，陈云关于稳定发展中国经济的思想，居于突出重要的地位，起过特别重要的指导作用。这并不是偶然发生的现象，而是由新中国成立以后各个时期的历史条件以及与之相联系

---

[*] 本文是1995年为"陈云生平与思想研讨会"提供的论文，原载《经济研究》1995年第6期。

① 费正清、罗德里克·麦克法夸尔主编：《剑桥中华人民共和国史》（1949～1965年），中译本，上海人民出版社1990年版，第322页。

的经济发展需要决定的。

1. 在全国解放前夕,旧中国存在着极为严重的通货膨胀,成为导致旧中国崩溃的重要经济因素。1949年10月1日新中国成立以后,把半殖民地半封建社会改变为新民主主义社会,结束了旧中国那样的通货膨胀。但由于新中国成立初期各种客观条件的限制,还无力制止严重通货膨胀的再次出现。这样,制止通货膨胀,稳定物价,就成为新中国成立初期恢复国民经济和巩固新生的人民民主专政的一个根本前提。

2. 中国革命是在旧中国资本主义大机器工业只有初步发展条件下取得胜利的。革命后面临的国际形势虽然没有十月革命胜利后那样严峻,但在1950年就开始了抗美援朝战争,后来又长期面临着帝国主义的经济封锁。这样,高速度的优先发展重工业就成为新中国"一五"计划时期经济发展战略的必然选择。但这种战略本身就是一种不均衡的发展战略,自始就包含着经济失衡以及由此造成的经济难以稳定发展的因素。

3. 新中国成立以后,就开始了对个体的农业和手工业以及私人资本主义工商业的社会主义改造。但这项改造的决定性阶段是从1955年下半年到1956年初不到一年时间实现的社会主义改造高潮。在国民经济这样大的范围和这样短的时间实现社会主义改造,能否同时实现经济的稳定发展,就成为一个需要着力解决的重要问题。

4. 50年代中期以后,中国经济领导工作中,长期发生过"左"的错误①。在经济增长方面,这种"左"的错误的突出表现就是盲目追求高速度。这就导致经济周期失衡。这样,要争取

---

① 按照陈云的说法,"开国以来经济建设方面的主要错误是'左'的错误"(《陈云文选》(1956~1985年),人民出版社1986年版,第254页)。

实现经济的稳定增长，在经济升温阶段，就要解决经济过热问题；在经济过热造成经济严重失衡，不得不步入经济调整阶段，又要解决经济比例关系失调问题。

5. 在1978年底召开的党的十一届三中全会以后，中国经济体制改革逐步走上了市场取向的轨道。但由计划经济体制过渡到市场经济体制需要经过一个相当长的历史时期。在这个过渡阶段，在市场主体和市场机制以及与市场经济相适应的国家宏观调控机制还没完全形成的条件下，市场机制的积极方面，难以有效发挥，而其消极方面（如市场经济固有的盲目性）则会得到膨胀；计划经济体制内涵的投资膨胀机制也不可能得到根除。这样，经济的周期波动仍不可避免，争取实现经济的稳定增长仍是一个不可忽视的重要问题。

6. 中国人口多，生产力比较落后，经济稳定发展极为重要[①]。

上述各项历史条件表明：陈云关于稳定发展中国经济的思想，是适应中国经济发展的客观需要而产生的，是作为经济增长方面急于求成的"左"的思想的对立物而产生的。

也正是上述各项历史条件，使得稳定发展经济成为新中国的一个非常突出的重要问题，从而成为新中国经济领导人陈云（新中国成立以后，除了某些时期以外，陈云都是中共中央和政务院或国务院分管经济工作的领导人）长期关注极重要的问题，在他的发展中国经济思想中居于极重要地位。在一定意义上甚至可以说，稳定发展中国经济是贯穿陈云经济思想的一条最重要的红线，是他的经济思想的一个最基本特征。

---

① 正像陈云自己说过的"像我们这样一个有6亿人口的大国，经济稳定极为重要"（《陈云文选》(1956～1985年)，人民出版社1986年版（下同）第44页）。

因此，研究陈云这方面的经济思想，也就具有特殊重要意义。本文只是就笔者所掌握的文献资料在这方面做点粗浅探索，有不符合原意的地方，请大家批评指正。

二　陈云关于稳定发展中国经济思想在各个时期的具体表现及其所起的重要作用

陈云关于稳定发展中国经济的思想，在新中国成立以后的各个历史时期具有不同的具体内容。这里有必要分时期进行历史考察。

（一）国民经济恢复时期（1949年10月至1952年）

新中国成立以后，1949年10月21日成立了中央人民政府财政经济委员会（以下简称中财委），陈云任主任。在国民经济恢复时期，为了稳定地恢复和发展国民经济，陈云提出了以下一些重要主张。这些主张就是他在这个时期稳定发展中国经济的思想。

1. 提出并坚持把稳定财政、金融和物价放在经济工作的重要地位。1949年，中央人民政府军政费用支出浩大。在分散经营的财经管理体制存在和新解放地区正迅速扩大、税收一时还难以完全收起来的情况下，中央财政必然发生巨额赤字。在当时条件下，弥补这种赤字，主要还只能是靠货币发行。这就必然导致通货急剧膨胀，物价巨幅上涨。1949年，全国财政收入为303亿斤粮，支出为567亿斤粮，赤字为264亿斤，占支出的46.6%[①]。自人民币发行以来，1949年7月底达到2800亿元，

---

① 中央档案馆、中国社会科学院编：《1949~1952年中华人民共和国经济档案资料选编》（综合卷），中国城市经济社会出版社1990年版，第119~120页。

1950年1月底增加到41000亿元，增加了13.6倍①。据石家庄、张家口、北京、郑州、济南、天津、太原、汉口、南昌、青岛、南京、杭州、上海13个城市的统计，其批发物价综合指数，在1948年12月到1949年12月，上升了73.84倍。

按照陈云在1950年2月1日的计算，上述41000亿元钞票，因为贬值，"人民损失了165亿斤小米，等于战前银洋8.25亿元。为时只有一年就损失这么多，是一个极大的数字。……这样下去，人民将很难支持"。② 可见，制止通货膨胀，稳定物价，不仅关系到经济的恢复，而且关系新生的人民政权的巩固。

这里值得提出：当时陈云就批判了"通货膨胀有益论"的观点。他说："有人说，'温和的'物价上涨，是可以刺激生产的，这种说法我们认为是不妥当的。物价的波动，只能打击生产，使经济停滞。这是后退的办法。"③ 这种批判颇富现实意义。

按照陈云的观点，"财政金融平稳了，市场物价的平稳便有了基础"。④ 这就是说，要消除物价上涨，就必须消除财政赤字和为弥补财政赤字而做的、超经济的货币发行。

这样，稳定财政、金融和物价就成为1950年头等重要的工作。

在这方面，陈云主张采取的决定性措施，就是1950年3月开始实行的统一财政经济工作。由陈云代政务院起草的《关于统一财政经济工作的决定》（1950年3月3日发布），以及由他写的1950年3月10日《人民日报》社论《为什么要统一财政

---

① 《陈云文稿选编》（1949～1956年），人民出版社1982年版，第29、42、57页。
② 同上书，第57页。
③ 同上书，第58页。
④ 同上书，第101页。

经济工作》①，全面系统地反映了他的这一主张。这个"决定"规定的统一管理的主要内容是统一财政收支，重点又在财政收入，即统一国家的主要收入。这个决定既是适应当时消除通货膨胀、支援解放战争和恢复国民经济的迫切需要而提出的，又是依据1950年初全国大陆已经解放，各地交通、物资交流和关内币制等方面已经统一的条件提出的，既有必要，又有可能，完全正确。

由于《关于统一财政经济工作的决定》的贯彻执行，通货膨胀得到了控制，物价趋于稳定。如果以1949年12月全国大中城市主要商品价格指数为100，1950年3月上升到226.3，同年12月下降到193.2②。

1950年底，陈云依据当时"抗美援朝"战争正在进行，并在扩大，物价趋于稳定，但基础并不稳固等情况，提出1951年财经工作的方针：①一切服从战争，一切为了战争的胜利。②保持市场物价的稳定。③各种带投资性的经济和文化的支出③。

1952年初，陈云依据当时抗美援朝战争可能结束，但应准备拖延，市场物价继续稳定，以及恢复发展国民经济的需要等情况，提出这年"财经工作的重点，应在不放松收入的条件下，转向管理支出；在不放松财政、金融和市场管理的条件下，转向工业、农业、交通等方面"。④

由于1951年和1952年继续坚持了稳定财政、金融物价的方针，并把它放在重要的地位，因而继续保持了物价稳定的局面。如果以1950年全国零售物价总指数为100，1951年为112.2，

---

① 《陈云文稿选编》（1949~1956年），人民出版社1982年版，第69~74页。
② 《1949~1952年中华人民共和国经济档案资料选编》（综合卷），第403页。
③ 《陈云文稿选编》（1949~1956年），第99页。
④ 同上书，第144页。

1952 年为 111.8①。

这里需指出：在国民经济恢复时期，稳定财政、金融和物价，不仅是稳定经济的首要内容，而且为稳定地恢复和发展国民经济创造了一个基本经济前提。

2. 创造性地贯彻新民主主义的经济纲领。这里需要着重提到以下三点：

（1）妥善接收官僚资本主义企业。随着解放战争的胜利发展，许多大中城市的解放，如何妥善地接收官僚资本主义企业，就成为当时一个极重要的问题。其中的难点有两个，即怎样做到接收快而完整和怎样迅速恢复秩序。在这方面，发生过不少教训。但陈云在主持接管沈阳后，于 1948 年 11 月 28 日给中共中央写的题为《接收沈阳的经验》的报告，很好地解决了上述两大难题。陈云报告中提出的具体办法是：各按系统，自上而下，原封不动，先接后分，以保证接收快而完整。同时要抓紧解决有助于在政治上、经济上稳定人心的关键问题。首先要恢复电力供应；要迅速解决金融物价问题；收缴敌警察枪支，让其徒手服务；主要利用报纸，传布政策，稳定人心；妥善解决工资问题。报告还提出："依目前形势看，中央和各战略区野战军，均需准备有专门接收大城市的班子，待工作告一段落，即可移交给固定的市委等机关。这样的接收班子，可以积累经验，其中骨干可以转成专职，依次接收各大城市。"② 中共中央及时批转了这个报告，对妥善接收官僚资本主义企业的工作，起了有力的促进作用。这虽然是发生在新中国成立前夕的事，但对新中国成立以后

---

① 《中国统计年鉴》（1993 年），中国统计出版社 1994 年版（下同），第 238 页。

② 《陈云文选》（1926～1949 年），人民出版社 1984 年版，第 269～374 页。

稳步地、迅速地恢复和发展由没收官僚资本主义企业而形成的、在国民经济中居于主导地位的国营经济，起了重要的积极作用。

（2）合理调整资本主义工商业。在把半殖民地半封建经济改组为新民主主义经济的过程中，资本主义工商业必然发生多种困难。在国民经济恢复时期，1950年3月物价开始趋于稳定以后，以及1952年上半年"五反"运动以后，这种困难表现得很突出。

由陈云主持的中财委，依据新民主主义经济纲领，在1950年上半年物价走向稳定以后，就"把工作重心转到调整工商业方面去"；① 1952年上半年"五反"运动后，对资本主义工商业又一次进行了调整。

按照陈云的观点，所谓调整工商业，"就是说，在半殖民地半封建的国民经济轨道拆毁了之后，应该按照新民主主义的轨道来安排工商业的问题。其中最突出的是三个基本环节：①调整公私关系。②调整劳资关系。③调整产销关系"。② 对上述两次调整来说，都是这样③。

为了调整资本主义工商业，中财委采取了一系列的措施。就调整公私关系来说，为了做到在国营经济领导下保护和促进有利于国计民生的资本主义工商业的发展，首先需要合理确定二者在国民经济中的比重。当时这个问题在商业方面显得比较尖锐。为此，陈云于1952年6月提出："去年国营贸易的比重是19%～

---

① 《陈云文稿选编》（1949～1956年），第78页。
② 陈云：《中华人民共和国过去一年财政和经济工作的状况》，《新华月报》1950年10月号，第1320～1321页。
③ 参见陈云《在中华全国工商联合会筹备代表会议上的讲话》，《新华月报》1952年7月号，第34～35页。

20%，今年的比重是 24%～25%，我们要保持这个比例。"① 为了合理地调整资本主义工商业，陈云还就资本主义工商业的合法利润、银行贷款利息率和税收等做了一系列量的规定。工业加工订货"工缴费的合法利润可以 10%，可以 20%，也可以 30%"。一般说来，"商业利润不应高于工业利润"。"现在银行利息月利三分，年利 36%。"应该"降低到月利一分，或者一分多一点，年利 10%，12%～15%"。营业税"一般占营业额的百分之一到三"。②

调整资本主义工商业，促进了当时在国民经济中还居于重要地位的这种经济的稳步发展。1950 年，资本主义工业总产值比 1949 年增加 6.6%，1951 年比 1950 年增加 39%，1952 年比 1951 年增加 4%③。

（3）促进个体农民经济的发展。当时在陈云看来，"提高农业产量的关键，就是在新解放区完成土地改革"。兴修水利和实行正确的价格政策，对于发展农业也很重要。但陈云强调了扩大农副产品购销的重要意义。他指出，这不仅是农村问题，而且也是活跃中国经济的关键④。

上述各项措施促进了作为国民经济基础的农业的稳步恢复和发展。1950～1952 年，每年农业总产值分别比上年增长 17.8%、9.4%、15.2%⑤。

3. 提出并坚持重点建设的方针。陈云在这个时期提出并坚

---

① 《陈云文稿选编》（1949～1956 年），第 163 页。
② 同上书，第 159、164、165 页。
③ 《1949～1952 年中华人民共和国经济档案资料选编》（工商体制卷），中国社会科学出版社 1993 年版，第 732 页。
④ 《陈云文稿选编》（1949～1956 年），第 105、127、128、162 页。
⑤ 《中国统计年鉴》（1984 年），第 25 页。

持的重点建设方针,包括两个层次的内容:

(1) 从国民经济范围来考察的重点建设。陈云在新中国成立初期说过:1950年和1951年国家经济建设"投资的重点是铁路、水利和重工业"。① 1952年,由陈云主持的中财委又确定:这年国家经济建设投资的重点:"第一是重工业(包括燃料工业),第二是铁路,第三是水利。"②

(2) 从工业经济范围来考察的重点建设。1950年6月陈云提出:"现在工业投资只能有重点地进行。"③ 工业方面的重点建设方针包含三方面的内容:①1950年8月由中财委召开的计划工作会议确定:在工业方面应以现有为主进行调整④。与这个方针相适应,工业基本建设投资以恢复、改建为主,新建为辅。②如前所述,工业建设的部门重点是重工业。③依据中财委的部署,工业建设的重点地区是东北。

陈云提出的重点建设方针,是依据国民经济恢复时期财政经济力量有限,以及各产业部门、各地区在国民经济中的重要地位和发展现状提出的,是符合当时实际情况的。

由陈云主持的中财委有力地贯彻了重点建设方针。1950~1952年的3年中,在基本建设投资总额中,工业分别占38.1%、29.8%和43.3%;农业水利分别占11.5%、11.1%和14.7%;运输邮电分别占30.0%、26.8%和18.3%⑤。

1950~1951年,恢复和改建投资在基本建设投资总额中占

---

① 《1949~1952年中华人民共和国经济档案资料选编》(基本建设投资和建筑业卷),中国城市经济出版社1989年版(下同),第246页。
② 同上书,第248页。
③ 《陈云文稿选编》(1949~1956年),第95页。
④ 《1949~1990中华人民共和国工业大事记》,湖南出版社1991年版,第72页。
⑤ 《1949~1952年中华人民共和国经济档案资料选编》(基本建设投资和建筑业卷),第254页。

了大部分,新建投资只占小部分。直到1952年,前者还占到3/4,后者只占1/4①。

1950~1952年,重工业的投资在工业基本建设投资总额中一直占了很大比重。1952年,这方面比重达到了76%,轻工业的投资只占24%②。

1950~1952年,全国累计完成的工业基本建设投资中,有一半多投到了东北地区③。

重点建设方针的贯彻,就把建设限制在当时国力能够承受的范围内,并大大提高了社会生产资源配置效益,成为稳定地、迅速地恢复和发展国民经济的一个重要因素。

1950~1952年,每年工农业总产值分别比上年增长23.3%、18.9%和21.1%④。

可见,陈云关于稳定发展中国经济的思想在稳步地、迅速地恢复和发展国民经济方面,发挥了重要的指导作用。这里有必要提到陈云的下述教导:"他在财政经济委员会主持工作期间几乎所有的决策,特别是重大决策,除了他做了必要的调查研究以外,都是经过集体讨论作出的……许多重大决策都是根据以毛泽东同志为首的党中央确定的路线、方针、政策做出的,或者经过党中央批准的。……如果觉得那一段工作还有成功之处,决不要把功劳记在他一个人的账上。"⑤ 本文论述陈云关于稳定发展中国经济思想的作用,也都是在这个意义上说的。

---

① 《1949~1952年中华人民共和国经济档案资料选编》(基本建设投资和建筑业卷),第225页。
② 《伟大的十年》,人民出版社1959年版(下同),第52页。
③ 《当代中国的基本建设》上卷,中国社会科学出版社1989年版,第17页。
④ 同上书,第16页。
⑤ 《陈云文稿选编》(1949~1956年),第328页。

(二) 第一个五年计划时期 (1953～1957年)

"一五"时期,陈云依据对新中国成立以后经验的总结,在稳定发展我国经济方面,提出了一系列的根本性的理论观点。重要的有:

1. 国民经济"按比例发展的法则是必须遵守的。但各生产部门之间的具体比例,在各个国家,甚至一个国家的各个时期,都不会是相同的。一个国家,应根据自己当时的经济情况,来规定计划中应有的比例。……唯一的办法只有看是否平衡"。①

2. "在相当长的一段时间内,这种平衡大体上是个比较紧张的平衡。""所谓紧张的平衡,就是常常有些东西不够。"② "我国因为经济落后,要在短时期赶上去,因此,计划中的平衡是一种紧张的平衡。""但紧张决不能搞到平衡破裂的程度。"③

由陈云主持编制的"一五"计划,就是这种紧张平衡的具体体现。就整体来说,"一五"计划规定的国民经济主要比例关系是平衡的。但农业、燃料工业和铁路运输等都是紧张的。"但可以过得去,不至于破裂。"④

3. "建设规模的大小必须和国家的财力物力相适应。适应还是不适应,这是经济稳定还是不稳定的界限。……建设的规模超过国家财力物力的可能,就是冒了,就会出现经济混乱;两者合适,经济就稳定。当然,如果保守了,妨碍了建设应有的速度也不好。但是,纠正保守比纠正冒进要容易些。"⑤

---

① 《陈云文稿选编》(1949～1956年),第228页。
② 《陈云文选》(1956～1985年),第30页。
③ 《陈云文选》(1949～1956年),第228页。
④ 同上书,第223～228页。
⑤ 《陈云文选》(1956～1985年),第44页。

陈云还提出了一系列的、完整的制约经济建设规模超过国力的原则界限。①财政收支和银行信贷都必须平衡，而且应该略有结余。②物资要合理分配，排队使用。应该先保证必需的生产和必需的消费，然后再进行必需的建设。③人民的购买力要有所提高，但是提高的程度，必须同能够供应的消费物资相适应。④基本建设规模和财力物力之间的平衡，不但要看当年，而且必须瞻前顾后。⑤中国农业对经济建设的规模有很大的约束力①。

"一五"时期，陈云还在稳定发展经济方面提出了一系列的、根本性的政策措施。其集中表现就是为纠正1956年经济建设小冒进而采取的政策措施。

按照陈云的说法，"经济建设，1953年是小冒，今年（指1956年——引者）又是小冒，比1953年冒的还大一点，暴露的问题也就更明显一些"。②这样，纠正1956年小冒进，在实现经济稳定发展方面起了特别重要的作用，值得着重叙述。

1956年的冒进，是由毛泽东发动的。毛泽东1955年7月和11月分别批判了农业和工商业的社会主义改造方面的"右倾保守思想"之后，12月初又发起了对生产建设方面的"右倾保守思想"的批判③。

在批判"右倾保守思想"口号的激励下，各部门、各地区纷纷要求增项目，加投资，以致国家计委提出的1956年基本建设投资控制数，1955年10月还只有112.7亿元，但到1956年初就上升到200多亿元。经过周恩来和陈云等领导人的努力工作，终于在1956年6月召开的全国人大一届三次会议上把这年基本

---

① 《陈云文选》（1956~1985年），第44~47页。
② 同上书，第29页。
③ 参见《毛泽东选集》第5卷，人民出版社1977年版（下同），第223~224页。

建设投资计划控制数降到了140亿元①。

由于周恩来和陈云等领导人在反冒进方面进行了艰苦努力，1956年的生产建设取得了巨大成就。但由于毛泽东发动的冒进来势甚猛，冒进也只是得到了基本遏止，以致这年在经济运行过程中仍然发生了局部性的冒进错误。其主要表现是：①在财政和信贷方面多支出了近30亿元。②生产资料和生活资料的供应都紧张。为了解决这些问题，陈云提出了以下主要的政策措施：一是开展增产节约运动。二是适当压缩基本建设的投资额。三是有计划地控制社会购买力增长的速度②。

经过周恩来和陈云在反冒进方面的继续努力，又把1957年基本建设投资计划控制数降到了110亿元。这样，不仅避免了1956年可能发生的1958年"大跃进"那样严重的灾难③，而且使得1957年经济得到了稳定的发展。

在论述"一五"时期陈云关于稳定发展中国经济思想及其所起的重要指导作用时，还需提到以下两点：

1. 提出并坚持实行粮食的统购统销。"一五"时期，中国开展的大规模的工业建设，是在小农经济在农业中占主要地位的条件下进行的。这就必然发生粮食供应紧张的状况。但这是一个关系稳定市场、从而关系稳定发展经济建设的大问题。正如陈云指出的："过去我们说物资充足，物价稳定，一个是指纱布，一个

---

① 详见汪海波《新中国工业经济史》（1949年10月至1957年），经济管理出版社1994年版，第479~481页。

② 详见《陈云文选》（1956~1985年），第41~44页。

③ 这绝不是危言耸听，而是有根据的。如果1956年初提出的该年基本建设投资计划控制数200多亿元真的付诸实施了，那么，这年基本建设投资就比1955年实际达到的100.36亿元增长一倍多。而1958年的基本建设投资实际上也只达到269亿元。比1957年增加了87.7%（详见汪海波《新中国工业经济史》（1949年10月至1957年），第481~483页）。

是指粮食。纱布和粮食相比较，粮食更重要。粮食波动就要影响物价。"①

陈云依据对当时情况的分析和各种方案的比较，提出解决这个问题的基本办法："在农村中采取征购粮食的办法，在城镇中采取配售粮食的办法，名称可以叫作'计划收购'、'计划供应'，简称'统购统销'。"②

实践证明：在当时的具体情况下，特别是在计划经济体制的条件下，这一政策的实施，以及随后实行的棉花、食油和纱布的统购统销，对于稳定物价乃至稳定地发展"一五"时期的经济都起了重要的保证作用。

2. 推进了资本主义工商业的社会主义改造的顺利实现。中国资本主义工商业的社会主义改造是由陈云直接主持的。从1954年开始，陈云就把主要精力放在这一方面③。

1955年底和1956年初出现的公私合营的高潮，是实现资本主义工商业的社会主义改造的决定性阶段。在公私合营高潮即将来临的时候，陈云在1955年11月16日中共中央召开的关于资本主义工商业的社会主义改造问题的工作会议上作了报告。报告提出："现在的问题，就是要前进一步。"为了前进一步，陈云提出了六点原则性指导意见：①为了克服当前私营工商业面临的困难，要对各行各业的生产进行全国范围的统筹安排。②要进行统筹安排，各个行业内部必须有或大或小的改组。③按整个行业安排生产，实行改组，就要实行全行业公私合营。④公私合营以后，应该推广定息的办法。⑤为了实现上述一、二、三项的目

---

① 《陈云文稿选编》（1949~1956年），第193页。
② 同上书，第203页。
③ 同上书，第321页。

的，就需要组织专业公司。⑥要全面规划（包括生产规划和改造规划），加强领导。规划应该分期分批，不要一声号令，就立刻全面铺开①。

但可惜的是，规划还没有做好，就立刻全面铺开了。在毛泽东发动的农业社会主义改造高潮的推动下，差不多在1956年1月这一个月的时间就在全国大中城市实现了全行业公私合营；到了3月末，除西藏等少数民族地区以外，全国资本主义工商业基本上实现了全行业公私合营。这样，就在资本主义工商业的社会主义改造取得巨大胜利的同时，暴露了许多问题。诸如工厂和商店盲目合并，生产经营集中过多；对许多独立经营的小商贩也同样实行公私合营等。由此在一段时间内造成了产品质量下降，品种减少，经济效益下滑和人民生活不便。

针对上述问题，陈云及时提出了一系列的指导意见：

1. 现在全行业公私合营的工作仅仅是开始，并不是已经结束了。因为实现公私合营，需要清产核资，安排生产，改组企业，安排人员，组织专业公司，而这些工作还没有做。

2. 企业改组要有利于生产和方便生活。不论工业商业，都要想尽一切办法保持原来好的品种和质量，并要提高质量和产量，增加品种，要适合老百姓的生活需要。

为此，企业改组要大部分不变，小部分要调整。这不是短期的，在10年以至10多年中，这种局面要维持下去。

企业改组还必须经过充分准备。为此，私营工商业公私合营以后，原有的企业经营管理制度半年不动；企业原有的供销关系和协作关系也继续保持②。

---

① 详见《陈云文稿选编》（1949～1956年），第259～269页。
② 详见《陈云文稿选编》（1949～1956年），第272～273、294～295页。

在企业改组过程中，对原来独立经营的小商贩，还要继续采取经销、代销方式，要在长时间里保持这种单独经营方式①。

3. 要合理安排资方人员的工作。资本主义工商业者的绝大多数是懂技术的，有业务经验的。他们的技术和经验，对人民、对国家、对社会主义建设是有用的。为此，还要合理安排资方人员的工资②。

上述陈云的指导性意见及国务院有关决定③的贯彻执行，较好地解决了全行业公私合营高潮中出现的问题。这样，尽管我国资本主义工商业的社会主义改造存在改造速度过快、改造时间过于短促、改造的面过宽等缺陷，但毕竟在这方面取得了史无前例的伟大成就（其中包括原来的资本主义工业生产稳定发展）④。

1953~1957年，这5年工农业总产值每年比上年的增长速度分别为14.4%、9.5%、6.6%、16.5%和7.9%⑤。可见，"一五"时期，尽管发生了两次小冒进，但总的说来，工农业生产获得了稳步、持续、高速的增长。在这方面，陈云提出上述的稳步发展中国经济的思想，起了重要的指导作用。

（三）国民经济调整时期（1961~1965年）

1956年的冒进是由毛泽东发动的，只是由于周恩来和陈云等领导人采取了一系列反冒进措施，才避免了一场大灾难。但当

---

① 《陈云文稿选编》（1949~1956年），第272、282页。
② 同上书，第277~281页。
③ 这里主要是指《国务院关于目前私营工商业和手工业的社会主义改造中若干事项的规定》（1956年2月8日），以及《国务院关于对私营工商业、手工业、私营运输业的社会主义改造中若干问题的指示》（1956年7月28日），载《中国工业经济法规汇编》（1949~1981年），第81~85页。
④ 汪海波：《新中国工业经济史》（1949年10月至1957年），第366~374页。
⑤ 《中国统计年鉴》（1984年），第25页。

时毛泽东对反冒进是有不同意见的。这样，到了1957年下半年，在国内外形势变得有利的时候，毛泽东的急于求成的"左"的思想又膨胀起来。于是从1957年9、10月召开的党的八届三中全会起，他就开始发动了对反冒进的批判。其后又在多次中央工作会议上批判反冒进。毛泽东认为，反冒进是非马克思主义的，是政治问题。他甚至武断地说：以后反冒进的口号不要提，反右倾保守的口号要提[1]。1958年5月召开的党的八大二次会议按照毛泽东的观点就反冒进问题做了结论[2]。在这个过程中，周恩来和陈云都受到了批判。这样，陈云再也不可能像纠正1956年冒进那样来纠正1958年开始的"大跃进"这样全局性的、严重的"左"倾错误了。

但1958年至1960年的"大跃进"造成了国民经济的严重失衡。于是，1961年1月召开的党的八届九中全会决定：从1961年起，实行"调整、巩固、充实、提高"的八字方针[3]。但这时"左"的错误路线并没有从根本上得到解决，批判右倾保守和批判反冒进还有严重影响，对于"大跃进"造成的严重后果也认识不足。这样，在1961年大部分时间里，调整处于徘徊状态。为此，党中央在1962年一二月间召开了扩大的中央工作会议。这次会议在统一党的干部思想方面起了重要作用。但问题并没有完全解决。接着在二月下旬又召开了党中央政治局扩大会议。陈云在会上做了《目前财政经济的情况和克服困难的若干办法》的报告。

陈云在这个报告中首先分析了目前财政经济方面的五点困

---

[1] 转引自薄一波《若干重大决策与事件的回顾》下卷，中共中央党校出版社1991年版，第644页。

[2] 参见《新华半月刊》1958年第11号，第6页。

[3] 参见《新华半月刊》1961年第1~2号。

难：①农业在近几年有很大的减产。②已经摆开的基本建设规模，超过了国家财力物力的可能性，同现在的工农业生产水平不相适应。③钞票发得太多，通货膨胀。④城市的钞票大量向乡村转移，一部分农民手里的钞票很多，投机倒把在发展。⑤城市人民的生活水平下降。

陈云在分析了克服困难的有利条件之后，提出了克服困难的六点主要办法：①把10年经济规划（指1963~1972年的10年国民经济计划——引者）分为两个阶段。前一阶段是恢复阶段，后一阶段是发展阶段。恢复阶段大体上要五年。这样做，对我们妥善部署财经各部门的工作有好处。如果不是这样，笼统地要大家执行10年规划，又想发展，不要下马，又想扩大规模，又要"精兵简政"，就会彼此矛盾、举棋不定。而分成两个阶段，基本建设和若干重工业生产的指标先下后上，任务就比较明确。②减少城市人口，"精兵简政"。这是克服困难的一项根本性的措施。③要采取一切办法制止通货膨胀。④尽力保证城市人民的最低生活需要。⑤把一切可能的力量用于农业增产。这一条是根本大计。⑥计划机关的主要注意力，应该从工业、交通方面，转移到农业增产和制止通货膨胀方面来，并且要在国家计划里得到体现。①

接着陈云3月7日《在中央财经小组会议上的讲话》中进一步指出："现在的调整计划，实质上是要把工业生产和基本建设的发展放慢一点，以便把重点真正放在农业和市场上。"

"农业问题，市场问题，是关系5亿多农民和一亿多城市人口生活的大问题，是民生问题。解决这个问题，应该成为重要的国策。为了农业、市场，其他的方面'牺牲'一点是完全必要

---

① 详见《陈云文选》（1956~1985年），第182~197页。

的。今年的计划,特别是材料的分配,要先把农业、市场这一头定下来,然后再看有多少材料搞工业。工业也要首先照顾维修、配套,维持简单再生产。满足了当年生产方面的需要,再搞基本建设。有多大余力,就搞多少基本建设。今年如此,今后也要如此,使人民的生活一年一年好起来。""现在我们面临着如何把革命成果巩固和发展下去的问题,关键就在于要安排好六亿多人民的生活,真正为人民谋福利。"

"我看今年的年度计划要做相当大的调整。要准备对重工业、基本建设的指标'伤筋动骨'。重点是'伤筋动骨'这四个字。要痛痛快快地下来,不要拒绝'伤筋动骨'。现在再不能犹豫了。"①

为了统一党内干部的思想,陈云在做了上述分析之后,还针对当时存在的思想分歧,就综合平衡这个理论问题做了分析。①"从什么时候开始搞综合平衡?"陈云的回答是:"综合平衡必须从现在开始,今年的年度计划就要搞综合平衡。""所谓综合平衡,就是按比例;按比例就平衡了。""按比例是客观规律,不按比例就一定搞不好。""搞经济不讲综合平衡,就寸步难行。"②"从什么'线'出发搞综合平衡?""过去几年,基本上按长线搞平衡。这样做,最大的教训就是不能平衡。""按短线搞综合平衡,才能有真正的平衡。所谓按短线平衡,就是当年能够生产的东西,加上动用必要的库存,再加上切实可靠的进口,使供求相适应。"②

陈云的上述思想成为当时由他主持的中央财经小组的指导方针,从而成为中共中央关于调整国民经济决策的最重要依据。这

---

① 《陈云文选》(1956~1985年),第198~201页。
② 同上书,第201~202页。

就使得调整工作在1962年进入了决定性阶段,并在1963~1965年继续得到了全面调整,推动经济在经历了1961~1962年必经的下降阶段之后,从1963年起又迈入了上升阶段。1961~1965年,每年工农业总产值分别比上年增长 -30.9%、-10.1%、9.5%、17.5%和20.4%[①]。

(四) 社会主义建设新时期(1978~)

在10年"文化大革命"期间,陈云被迫离开了经济领导工作岗位。只是在党的十一届三中全会以后,才又真正重新走上经济领导工作岗位。在这以后,中国经济体制改革逐步走上了市场取向的道路。但在由计划经济体制向社会主义市场经济过渡的期间,没有也不可能从根本上改变经济周期波动的局面。这样,争取实现经济的稳定发展,仍然是一个十分重要的问题。陈云正是依据社会主义新时期的实践,坚持并进一步发展了关于稳定发展中国经济的思想。

就《陈云文选》(1956~1985年)所包括的1978~1985年的文章来看,这些思想的重要内容有以下几点:

1. 坚持按比例原则调整国民经济[②]。提出这一思想的历史背景,就是1978年和1984年我国又发生了两次经济过热,以及由此造成经济严重失衡。1979年3月,陈云多次指出:"现在比例失调的情况相当严重。"针对这一严重情况,他尖锐地提出:"前进的步子要稳。不要再折腾,必须避免反复和出现大的'马鞍形'。""要有两三年的调整时期,才能把各方面的比例失衡情况大体上调整过来。""调整的目的,就是要达到按比例,能比

[①] 《中国统计年鉴》(1984年),第25页。
[②] 《陈云文选》(1956~1985年),第226页。

较按比例地前进。"① 1985年9月,陈云又提出:"1984年工业总产值比上年增长40%,今年1~7月又比去年同期增长20%~22.8%。这样高的速度,是不可能搞下去的,因为我们目前的能源、交通、原材料等都很难适应这样高速度的需要。"②

陈云针对急于求成、盲目追求高速度而忽视比例协调的错误思想,强调了经济按比例发展的重大经济、政治意义。他反复指出:"从长期来看,国民经济能做到按比例发展就是最快的速度。""否则,造成种种紧张和失控,难免出现反复,结果反而会慢,'欲速则不达'。"③ 经济不能按比例发展,"经济形势的不稳定,可以引起政治形势的不稳定"。④

但是,陈云强调经济的按比例发展,并不否定速度的重要意义。他指出:"目前人民向往四个现代化,要求经济有较快的发展,但他们又要求不要再折腾,在不再折腾的条件下有较快的发展速度。我们应该探索在这种条件下的发展速度。"⑤ 可见,陈云只是要求经济在按比例发展条件下追求较快的速度。

2. 为了坚持按比例原则调整国民经济,促进经济稳定发展,陈云提出"经济建设要脚踏实地"。他要求"我们的基本建设,必须是没有赤字的。就是在财政平衡的基础上,看能够拨出多少钱用于基本建设投资,以这个数字来制定基本建设计划"。⑥ 他还要求我们"对于生产和基本建设都不能有材料的缺口"。⑦

在这里,陈云批判了靠发票子来弥补基本建设投资赤字的做

---

① 《陈云文选》(1956~1985年),第224~229页。
② 同上书,第305页。
③ 同上书,第224、305页。
④ 同上书,第250页。
⑤ 同上书,第240页。
⑥ 同上书,第236页。
⑦ 同上书,第213页。

法。他认为,这样做,"不可能,而且决不能这样做。因为这将无以为继。基建投资年年有赤字是不行的,因为年年用发票子来搞基建到了一定的时候,就会'爆炸'"。①

为了做到基本建设投资没有赤字,陈云还结合1979年以后实行对外开放的经济环境,对于借外债和工业引进项目提出了原则性意见。他指出:"借外债,必须充分考虑还本付息能力,考虑国内投资能力,做到基本上循序进行。"据此,他批评了那种认为利用外国资金时可以不考虑国内配套投资能力的观点。工业引进项目,也"要循序而进,不要一拥而上"。②

为了做到基本建设投资没有赤字,陈云还提出:"在实现四个现代化建设中,除了要上若干个大项目以外,着重点应该放在国内现有企业的挖潜、革新、改造上。我们国内现有企业的基础是不小的。要在这个基础上引进新技术(软件),或者填平补齐,或者成龙配套,用这些办法来扩大我们的生产能力。""我看这也应该是我们今后发展工业的一条新路子。"③

为了做到基本建设投资没有赤字,并兼顾国家建设和人民生活两方面的需要,陈云还多次提出经济工作一大方针:"一要使10亿人民有饭吃;二要进行社会主义建设。""必须在保证吃饭后,国家还有余力进行建设。"④

3. 为了坚持按比例原则调整国民经济,陈云从农业在我国的极重要地位出发,提出"搞建设,必须把农业考虑进去。所谓按比例,最主要的就是按这个比例"。⑤ 陈云还特别强调了发

---

① 《陈云文选》(1956~1985年),第237页。
② 同上书,第212、224~225、237页。
③ 同上书,第212、239、286页。
④ 同上书,第276页。
⑤ 同上书,第227页。

展粮食生产的重大经济、政治意义。他说:"10亿人口吃饭穿衣,是我国一大经济问题,也是一大政治问题。'无粮则乱',这种事不能小看就是了。"①

为了坚持按比例调整国民经济,陈云还批评了当时冶金部单纯突出钢的错误做法,他指出:"单纯突出钢,这一点,我们犯过错误,证明不能持久。""突出一点,电跟不上,运输很紧张,煤和石油也很紧张。钢太突出,就挤了别的工业,挤了别的事业。"因此,"冶金部提出不拖别人的后腿,实际上不可能"。陈云还指出:"冶金部要把重点放在钢铁的质量、品种上,真正把质量、品种搞上去,就是很大的成绩。"②

4. 为了坚持按比例调整经济,促使经济稳定发展,陈云还结合1978年以后实行经济体制改革的经济环境,就处理改革与调整的关系提出原则意见。他说:"我们要改革,但是步子要稳。""这绝对不是不要改革,而是要使改革有利于调整,也有利于改革本身的成功。"③ 这个原则既符合马克思关于生产力和生产关系相互关系的理论,也符合党的"一个中心、两个基本点"的基本路线,是处理经济改革和经济发展的重要原则。

上述分析说明:1978年以后,陈云关于稳定发展中国经济的思想,主要是围绕按比例调整国民经济这一中心展开的。

陈云提出的这些思想,对于党中央和国务院1979年提出执行并在"六五"计划时期(1981~1985年)继续贯彻的调整、改革、整顿、提高的方针,对于促进经济比较稳定的发展,起了重要指导作用。这样,尽管1978年和1984年发生了两次经济过

---

① 《陈云文选》(1956~1985年),第304页。
② 同上书,第227~228、230页。
③ 同上书,第251页。

热,但并没有出现1958年开始的"大跃进"造成的那样大的经济波动。1978~1986年这九年,每年国内生产总值比上年的增长速度分别为11.7%、7.6%、7.9%、4.5%、8.5%、10.2%、14.5%、12.9%和8.5%[①]。

三 陈云关于稳定发展中国经济思想的深远意义

陈云关于稳定发展中国经济的思想,不仅在以往的各个历史时期起过重要的指导作用,而且具有深远的指导意义。诚然,陈云这些思想的基本点是在计划经济体制条件下形成的,只有一部分形成于经济改革的过程中。因而,这些思想均具有深厚的计划经济体制的烙印。但共性总是寓于个性之中的。这些思想的许多方面也反映了计划经济体制下和市场经济体制下共同的客观规律。因而,这许多方面的思想不仅适用于计划经济体制时期,而且在不同范围、不同程度上也适用于由计划经济体制向市场经济过渡的时期,乃至于将来的市场经济体制时期。

这许多方面的思想,举其要者有:

1. 在人口众多的大国,经济稳定极为重要。经济形势的不稳定,可以引起政治形势的不稳定。

2. 按比例发展的法则,是必须遵守的。从长期来看,国民经济能够做到按比例发展,就是最快的速度。

3. 是否按比例,唯一的办法只有看是否平衡。在相当长的一段时间里,这种平衡大体上是个比较紧张的平衡。但紧张绝不能搞到平衡破裂的程度。只有按短线搞综合平衡,才能有真正的平衡。是否平衡,不但要看当年,而且必须瞻前顾后。

---

① 《中国统计年鉴》(1993年),第31页。

4. 建设规模的大小必须和国家的财力物力相适应。财政收支、银行信贷、物资供求和消费品供求都必须平衡。靠发票子弥补基本建设投资赤字的做法和"通货膨胀有益论"都是错误的。

5. 搞建设，必须把农业考虑进去。所谓按比例，最主要的就是按这个比例。无农不稳，无粮则乱。

6. 钢和工业的发展速度对基础产业存在客观的依存关系。

7. 一要吃饭，二要建设，是经济工作的一大方针。

8. 要使经济改革有利于经济调整。从一般意义上说，也就是要使经济改革有利于经济发展。

9. 借外债，必须充分考虑还本付息能力，考虑国内投资能力。

10. 必须注意主要防止急于求成的"左"的错误。

上述各点，是陈云在这方面对马克思主义所做的重大发展。

不言而喻，就当前说，运用陈云上述思想需要结合计划经济体制向市场经济体制过渡的实际；就将来说，需结合市场经济体制的实际。但这并不说明陈云上述思想没有深远指导意义。因为运用任何马克思主义的原理，都是必须结合实际的。

总之，如果不充分估计陈云关于稳定发展中国经济的思想的深远指导意义是不妥的，但如果以为可以照搬这些思想（特别是其中与计划经济体制相关的思想）也是欠妥的。

第六部分
关于经济学研究的方法

关于当前经济学研究的若干问题[*]

党的十二届三中全会提出：社会主义经济，"是在公有制基础上的有计划的商品经济。"① 就我党的历史文献来看，这是我国社会主义政治经济学的一个划时代的发展。这个论断是以总结我国和其他社会主义国家的实践经验为基础的，并概括了社会主义经济的一个最重要、最基本的经济特征，因而它理应带来我国经济学研究工作指导思想的一系列的变化。就当前我国经济学研究现状来看，它确实已经引起了显著的、重大的变化，但变化得还很不彻底。显然，这种情况同我国经济体制改革和社会主义现代化建设的要求，是很不适应的，需要进一步促进这个变化。在这方面，值得注意的有以下几个问题：

---

[*] 原载《江海学刊》1987年第1期。
① 中共中央《关于经济体制改革的决定》，人民出版社1984年版，第17页。

一 要把马克思主义经典作家否定社会主义商品经济的观点扬弃掉,并把马克思主义关于资本主义商品经济中适合社会主义经济和我国国情的部分运用起来

这里首先需要说明:我这里之所以提"需要把马克思主义经典作家否定社会主义商品经济的观点扬弃掉",是因为这种观点不只来自斯大林,而且来自列宁,还来自马克思和恩格斯。

然而,近几年来,我国学术界流行的一种观点认为,否定社会主义商品经济观点的只是斯大林,似乎同列宁、恩格斯和马克思无关。其实不然。马克思主义的文献表明:斯大林否定社会主义商品经济的观点①,是同列宁的《国家与革命》的有关论述有关的,是同恩格斯的《反杜林论》的有关论述有关的,也是同马克思的《哥达纲领批判》的有关论述有关的。当然,在问题的主要根源方面,马克思、恩格斯、列宁与斯大林是存在着原则区别的。马克思和恩格斯否定社会主义商品生产,主要是因为受到没有社会主义实践的限制,这并不表明他们世界观上有什么缺陷。列宁在俄国十月革命以前否定社会主义商品生产,也是这个状况。当然,列宁在这以后,在十月革命胜利后的初期,还把这种理论付诸实践。苏维埃俄国在1918~1920年实行的战时共产主义政策,虽然是在国民经济遭到严重破坏、人民生活极度贫困

---

① 斯大林只承认社会主义国家所有制与集体所有制之间存在商品生产,否定在社会主义经济中占主要地位的国有经济内部存在商品生产。我们说斯大林否定社会主义商品经济,就是从这个主要意义上说的。

和战争迫切需要粮食的情况下迫不得已采取的措施,但在理论上同否定社会主义条件下存在商品经济是直接相关的。战时共产主义政策对保证国内战争的胜利起了重要作用。但战争一结束就暴露了它在经济上造成的严重后果,并危及苏维埃政权。列宁及时总结了这一经验,在1921年国民经济恢复时期开始时,就把苏维埃俄国的经济转向了以发展商品经济为主要特征的新经济政策的轨道。后来,由于列宁1924年就去世了,他还没有来得及进一步探讨生产资料私有制的社会主义改造基本完成以后的商品经济的命运问题。但这个历史过程清楚表明:尽管列宁一度否定了社会主义商品生产,并一度把这种理论付诸实践,但这是认识客观真理过程中难以避免的现象,也不表明列宁的世界观有什么缺陷。斯大斯则大不一样。斯大林在有了几十年的社会主义建设的经验以后,在1952年发表的《苏联社会主义经济问题》中,仍然否定了国有经济内部存在商品生产。从思想方法上说,这主要是部分地受到了形而上学影响的缘故。但这只是一种认识根源上的差别,它并不表明马克思和恩格斯以及列宁没有否定过社会主义商品生产。

从50年代初以来,马克思主义经典作家否定社会主义商品经济的观点,在我国学术界占了主要地位,直到党的十二届三中全会以后,主张社会主义社会存在商品生产的观点,才占了主要地位。但是,马克思主义经典作家否定社会主义商品经济的观点对当前我国学术界仍然是有影响的。

这种影响表现在对于社会主义商品生产存在原因的分析上。比如,1985年出版的、作为高等学校文科教材的一本政治经济学教科书,在全文引证了斯大林关于"社会主义全民所有制和集体所有制两种公有制并存决定论"以后,明确写道:"斯大林关于两种公有制之间商品关系原因的分析,不仅对苏联,而且对其他社会主义国家也是适用的。"①

应该肯定，斯大林提出的"社会主义全民所有制和集体所有制两种公有制并存决定论"的重点，是在论证社会主义集体所有制是集体经济成为商品经济的原因，这无疑是正确的②。但同时必须看到：按照斯大林关于社会主义全民所有制的理论，国有经济内部是不存在商品生产的。这是以恩格斯的"一旦社会占有了生产资料，商品生产就将被消除"的原理作为理论依据的③，同时又是对他自己创立的、高度集中的，以行政管理为主的、排斥市场机制的经济管理体制在理论上的复制。在这种体制下，只是由代表全民所有制的国家与集体企业发生商品经济关系；国有企业只是国家行政机关的附属物，国有企业与国有企业之间，以及国有企业与集体企业之间并不存在商品经济关系。因此，斯大林的社会主义全民所有制的理论，是排斥国有企业作为相对独立商品生产者的原理的。但社会主义历史阶段社会生产力发展要求国有企业作为相对独立的商品生产者，要求国有企业与国有企业之间，以及国有企业与集体企业之间存在商品经济关系。所以，用斯大林关于社会主义全民所有制的理论来说明国有经济对集体经济的商品关系，是不正确的。

当然，如果对斯大林的社会主义全民所有制的理论赋予新的含义或增加新的内容，如社会主义国家所有制带有企业集体所有制的因素，因而国有企业是相对独立的商品生产者，并由此说明

---

① 《政治经济学》（社会主义部分，1985年修订本），陕西人民出版社1985年版（下同），第116~117页。

② 这是就斯大林这个理论本身来说的，这同斯大林在苏联的社会主义建设实践中把社会主义集体所有制也搞成了准社会主义国家所有制，在颇大的程度上限制了集体所有制的商品生产，并不是矛盾的。

③ 参见《斯大林文选（1934~1952）》，人民出版社1962年版（下同），第578~583页。

国有企业对国有企业,以及国有企业对集体企业的商品经济关系,这是可以的。但是,上述教科书的作者并没有这样做,而是径直从斯大林的"社会主义全民所有制和集体所有制两种公有制并存决定论",来说明全民所有制经济与集体所有制经济之间的商品关系,这就不妥了。

诚然,这本教科书的作者在作了上述的分析之后,又从"企业是责、权、利相结合的,相对独立的经济实体"方面,说明了"全民所有制经济内部存在商品关系的根本原因"。[①] 这种分析本身大体上可以认为是正确的。然而,它不仅不能表明用斯大林的"社会主义全民所有制和集体所有制两种公有制并存决定论"来说明国有经济对集体经济存在商品经济关系是正确的,反而带来了一系列的问题:第一,用"企业是权、责、利相结合的,相对独立的经济实体",或者用"国有企业是相对独立的商品生产者",既可以说明国有企业对国有企业的商品经济关系,又可以说明国有企业对集体企业的商品经济关系,完全用不着"社会主义全民所有制和集体所有制两种公有制并存决定论"来说明国有经济对集体经济的商品经济关系。如果再提这一点,那就令人有画蛇添足之感了。第二,更重要的问题还在于:斯大林的这个理论是以上述的恩格斯对于社会主义社会的设想为依据的,是传统的僵化的经济体制的理论上的复制;而国有企业是相对独立的商品生产者的原理,是马克思主义在社会主义建设时期重要的新发展,依此建立的经济体制将是充满生机和活力的新体制。显然,把这两个互相对立的理论同时用来说明社会主义商品生产的原因,必然使自己的观点陷于自相矛盾的境地。第三,这样一种相互矛盾的理论,还将会给经济体制改革的实践造成混乱。如果按照斯大林

---

① 《政治经济学》(社会主义部分,1985年修订本),第117~118页。

的这个理论行事,那就仍然要维护传统的经济体制,如果按照国有企业是相对独立的商品生产者的原理行事,那就要根本改革旧的经济体制,建立新的经济体制。这将叫人何去何从呢?

上述情况表明:马克思主义经典作家否定社会主义商品经济的观点对我国经济研究工作的影响,仍然是一个值得注意的问题。这是一方面。另一方面,马克思主义关于资本主义商品经济的理论适合社会主义经济制度和我国国情的,并对我国有用的部分却长期没有受到应有的重视。这种情况在党的十一届三中全会以后,特别是党的十二届三中全会以后已经有了变化,但似乎还未引起人们的普遍重视,并提到应有的高度,即把这个有用部分作为研究社会主义商品经济的一个重要指导思想来对待。

要提到这样的高度来对待它,需要解决两方面的问题:一方面,要改变人们长期以来把马克思主义关于资本主义商品经济的理论仅仅(或主要)看作是资本主义商品经济特殊的理论,而不是同时看作是包含着发达的商品经济一般的理论。这样,也就从根本上否定了这个理论对于社会主义商品经济研究的指导意义。

在这方面也要扬弃斯大林经济思想中错误部分对我国学术界的影响。因为上述观点实际上是来自斯大林的。斯大林在论到平均利润率等等经济范畴不适用于社会主义经济时曾经强调指出:"我国的商品生产是和资本主义制度下的商品生产根本不同的。"斯大林在这里正确地区分资本主义商品生产和社会主义商品生产的经济性质的同时,却把资本主义经济和社会主义经济的共同点,即都是作为发达的商品经济也给否定了。这样,在斯大林看来,在社会主义经济条件下,还运用马克思专门分析资本主义的《资本论》中的概念,"令人非常奇怪"。[①] 诚然,斯大林也认为,马

---

① 《斯大林文选》(1934~1952),第583~584页。

克思由于研究资本主义再生产规律的结果而制定出来的再生产理论，"不仅对于资本主义社会形态是有效的，而且任何一个社会主义社会在计划国民经济时，不运用这些原理也是不行的"。① 但是，也就仅此而已，斯大林并不认为《资本论》所包含的作为发达的商品经济一般的理论对社会主义社会也是适用的。

但是，斯大林的这种观点是不妥的。因为第一，按照唯物辩证法的观点，共性"即包含于一切个性之中"。② 资本主义商品生产是一种商品生产特殊，但它包含着以社会化大生产作为物质基础的、发达的商品生产一般。而社会主义商品生产虽然也是一种商品生产特殊，但也是以社会化大生产作为物质基础的、发达的商品生产。就这方面来说，社会主义商品生产同资本主义商品生产的共同点，比资本主义商品生产同简单商品生产的共同点还要多。第二，正因为这样，就可以用马克思关于资本主义商品经济的理论来指导社会主义商品生产的研究。这是完全符合马克思主义的认识论的。按照这种认识论，人类的认识总是循环往复地依照下列两个过程进行的："一个是由特殊到一般，一个是由一般到特殊。"③ 在这里，情况也是如此。马克思对资本主义商品生产特殊所做的研究，同时也揭示了发达的商品经济一般的理论。这样，我们就可能用这个一般理论来指导社会主义商品生产特殊的研究。

另一方面，要摆脱过去那种把社会主义经济表面上看作是产品经济、实际上看作是自给经济或半自给经济的传统观念，要如实地把社会主义经济看作是发达的商品经济。与此相适应，要确

---

① 《斯大林文选》（1934~1952），第636页。
② 毛泽东：《矛盾论》，《毛泽东选集》第1卷，人民出版社1966年版（下同），第294页。
③ 同上书，第285页。

立高度集中的、以行政管理为主的、排斥市场机制的传统经济体制必须进行根本改革的观念，要建立适应发达的社会主义商品经济要求的新经济体制。这种新经济体制的基本特征是：企业要真正成为独立的或相对独立的社会主义商品生产者，建立和完善社会主义市场体系，建立和健全以间接控制为主的宏观经济管理。显然，如果按照传统的观念看问题，那么，马克思主义关于资本主义商品经济的理论对于社会主义商品经济研究的指导作用就会从人们的视野中消失了；反之，如果依照社会主义的、发达的商品经济的观点看问题，那么，这种指导作用的必要性和重要性就会在人们的眼前充分地清楚地显示出来。前一方面正是在传统经济体制下形成的、长期存在的情况，而后一方面又是建立新的经济体制的要求。

但是，这里所说的重视马克思主义关于资本主义商品经济理论对于社会主义商品经济研究的指导作用，并不是像过去那样，只是指的《资本论》所体现的唯物辩证法的指导作用，也不只是指的其中所包含的社会经济科学研究所特有的重要方法（如历史和逻辑的一致以及抽象法等）的指导作用，又不只是指的社会再生产一般理论的指导作用，而着重是指的作为发达的商品经济一般理论的指导作用。比如，过去和近年来流行的一种观点认为，马克思的生产价格理论只是资本主义经济的特有范畴，对社会主义经济是不适用的[1]。但在实际上，马克思关于生产价格的形成，是发达的商品经济条件下，"每个特殊生产部门商品再生产的条件"[2] 的分析，关于在部门内竞争的

---

[1] 参见《经济研究》1964年第4期，以及《经济问题》1984年第7期。
[2] 马克思：《资本论》，《马克思恩格斯全集》第25卷，人民出版社1972年版（下同），第221页。

基础上部门间的竞争形成生产价格的分析，关于社会生产力的发展是形成生产价格的一个重要条件的分析，关于生产价格的形成条件和充分实现条件的分析，关于作为客观经济发展过程的生产价格形成及其阻滞因素的分析，等等，对于社会主义商品经济都是适用的。

这里所说的重视马克思主义关于资本主义商品经济理论对于社会主义商品经济研究的指导作用，同过去那种仅仅从揭露资本主义剥削本质出发，重视对《资本论》第 1 卷的研究，当然是不同的；就是同前几年为了解决国民经济综合平衡问题，从而重视《资本论》第 2 卷的研究也是大相径庭的（显然，以上两点现在也是十分必要的）；而是要在重视包括第 1、2、3 卷在内的《资本论》整体研究的同时，着重《资本论》第 3 卷的研究。显然，随着社会主义商品经济的发展和新的经济体制的建立，《资本论》第 3 卷充分展开的物质产品市场、资金市场和土地市场，以及物质产品价格、资金价格和土地价格等等理论的指导作用，也就显得愈来愈突出了。

二 要把现代资产阶级经济学所总结的、适合社会主义商品经济和我国国情的有用经验借鉴过来，并把其中庸俗的和不适合的部分批判掉

一般说来，马克思主义的建立和发展，都离不开批判地继承和吸收资产阶级理论中的有益成分。而对社会主义商品经济理论的发展来说，这样做，还有某种特殊重要的意义。这一点，是由下列诸种情况决定的。

第一，当前我国马克思主义经济文献对现代资本主义（即帝国主义，下同）经济的运行机制缺乏系统的、深入的分析。

诚然，马克思的《资本论》对自由资本主义的经济关系及其运行机制都做了系统的、深入的分析；而且，它所揭示的经济规律，对现代资本主义经济也是适用的。但是，它并不能概括现代资本主义经济的特征。列宁的《帝国主义论》对现代资本主义的基本的经济和政治特征作了扼要的分析；斯大林在这方面有了进一步的发展，然而比《帝国主义论》还要简单得多，并且包含了某些错误论点；毛泽东对帝国主义的分析又前进了一步。但是，无论是列宁，还是斯大林和毛泽东都没有系统地、深入地分析过现代资本主义经济的运行机制。由于毛泽东推行的个人崇拜的严重发展，以及学术民主和学术自由发育得很不健全，我国许多经济学者对现代资本主义经济的分析，大体上也就限制在给列宁、斯大林和毛泽东的论点做注释的范围。所以，整个说来，当前我国马克思主义经济文献对现代资本主义经济的运行机制的分析还是很不系统、很不深入的。

第二，现代资产阶级经济学在这方面所做的分析却是值得注意的。资产阶级宏观经济学是在1936年凯恩斯发表《就业、利息和货币通论》一书以后迅速发展起来的。其特征是研究国民收入的变动及其与就业、通货膨胀和经济周期等等之间的关系。资产阶级微观经济学是由马歇尔（1842～1924年）集大成的。当然，在他以后，微观经济学也有一定的发展。微观经济学的研究大都涉及资本主义的市场和价格机制的运行问题。这样，包括宏观经济学和微观经济学在内的现代资产阶级经济学就从宏观和微观两个方面对资本主义经济的运行机制做了分析。从体系上说，现代资产阶级经济学固然是辩护资本主义制度的经济学，是唯心主义的经济学，是庸俗的经济学。但是，这并不排除它在资本主义商品经济的运行机制方面所做的、具有某种价值的分析，也不排除这种分析对于社会主义商品经济研究所具有的借鉴意义。比如，收入流量和均衡理论是以凯恩斯为代表的现代资产阶级宏观经济学的理论基础，以这个理论为基础建立起来的财政政策和货币政策，对社会主义国家实行宏观经济管理就有借鉴意义。现代资产阶级微观经济学所研究的市场价格、供求关系和供求弹性等问题，对于社会主义企业决定价格和产量也有参考价值。

这里还涉及正确理解马克思的下列论断。马克思曾经说过："法国和英国的资产阶级夺得了政权。从那时起，阶级斗争在实践方面和理论方面采取了日益鲜明的和带有威胁性的形式。它敲响了科学的资产阶级经济学的丧钟。"[①] 长期以来，人们正是依据这一点认为现代资产阶级经济学中没有什么可借鉴的东西了。但这样理解就把两个不同层次的问题混淆起来了。马克思的上述论断是从揭露资本主义商品经济最深层次的本质来说的，即在资产阶级上升为统治阶级以后，资产阶级经济学在涉及资本主义商品经济关系最深层次的本质方面，如劳动价值论，以及与工资和利润的对立相联系的资本主义社会的阶级对立等，不仅不可能有什么新的创造，就连资产阶级古典经济学已经达到的成就也会被否定。这就从根本上决定了这时的资产阶级经济学不可能是什么科学的经济学，而只能是庸俗的经济学。现代资产阶级经济学当然也只能是这样。但这样说，同现代资产阶级经济学能够在较浅层次的本质方面（如资本主义经济的运行机制方面）做出某些有价值的分析并不是矛盾的。因为这是两个不同层次的问题。而且由于现代资产阶级经济学在揭露资本主义商品经济关系最深层次的本质方面存在着上述的局限性，即使在较浅层次的本质方面能够做出某些有价值的分析，仍然没从根本上改变它的庸俗经

---

① 《马克思恩格斯全集》第23卷，第17页。

济学的面貌。但更重要的问题还在于：如果说由于资产阶级利益的局限性、现代资产阶级经济学不敢触及资本主义商品经济关系最深层次的本质，那么，同样是出于资产阶级利益的需要，必须对作为较浅层次本质的资本主义经济的运行机制做出某些如实的分析。在这里，前者与后者的现象各异，但根源却是一个。当然，现代资产阶级经济学在这方面取得的进展，也不只是由于这一点，它同资产阶级国家管理经济和资本家管理企业的经验的积累，同现代科学方法（如系统论、信息论、控制论、耗散结构论和协同论以及经济数学方法等）和现代技术手段（如电子计算机）在经济学研究中的运用，也是有关的。

第三，问题不仅在于现代资产阶级经济学在资本主义经济的运行机制方面已经做出了某些有价值的分析，更重要的问题还在于这种分析对于社会主义国家的经济管理，特别是对于社会主义经济学的研究，具有借鉴意义。因为，尽管社会主义的商品经济与资本主义的商品经济在社会经济关系方面具有根本性质的区别，但又都是以社会化大生产作为物质基础的、发达的商品经济；而上述的某些有价值的分析是反映了这种共同点的。诚然，社会主义基本经济制度比资本主义基本经济制度要先进得多，优越得多。但就当前商品经济的发达程度来说，西方资本主义国家比我国又要发达得多[①]。但这种情况一方面提醒我们，在社会主义国家管理经济方面运用上述某些有价值的分析时，需要考虑我国的特点；另一方面又告诉我们，在社会主义经济学的研究方面，运用这些有价值的分析，不仅有助于认识当前我国社会主义商品经济的运行机制，而且有助于认识它的前景。

[①] 当然，就长远的发展趋势来说，社会主义生产关系所能容纳的社会生产力和商品经济的发展程度将一定会远远超过资本主义的生产关系。

在论到借鉴现代资产阶级经济学的有益成分时，需要同时提到：要注意防止照搬西方经济学的倾向。其原因在于：第一，从西方经济学的整个体系来说，它是庸俗的经济学，其庸俗的部分是没有什么借鉴意义的。对这一部分需要在马克思主义的指导下，进行有说服力的批判，以利清除其影响。第二，就是西方经济学中的某些有价值的分析，虽有借鉴意义，但由于社会经济制度的根本区别，商品经济发展程度的不同，以及其他的社会条件的差异，也不能照搬。

回顾一下历史，还可以进一步看到：提出防止照搬西方经济学的倾向，是有必要的。毛泽东在《论人民民主专政》中，总结了1840年以后先进的中国人向西方国家寻找救国道路的过程。在这期间，许多人照搬西方资产阶级的民主主义，照搬西方资产阶级共和国的方案，但由于它不适合中国国情，行不通，多次革命运动（包括辛亥革命那样伟大的革命运动）都失败了。后来，中国革命走上了中国共产党和毛泽东指出的、适合中国特点的新民主主义革命的道路，革命才取得了胜利。当前，如果再照搬包括现代资产阶级经济学在内的西方资产阶级的理论，也肯定不会有什么好结果。

分析一下当前情况，更可以清楚地看到提出这一点的必要性。第一，在过去，由于"左"的指导思想的影响，长期实行闭关锁国政策；百家争鸣的方针虽然在1956年就提出了，但长期搁置不实行。在这种条件下，当然难以产生照搬西方经济学的倾向。但在1979年以来，实行了对外开放政策，并开始认真贯彻百家争鸣方针。对外开放政策是加速我国社会主义现代化的正确政策，百家争鸣方针是繁荣我国科学事业的正确方针，二者本身并不必然带来照搬西方经济学的倾向。但是，相对于过去来说，在实行这两个方针的条件下，照搬西方经济学的倾向就容易产生了。因而，不对这方面的倾向给予进一步的批判，将无益于"双百"方针的贯彻执行。

第二，在过去的长时期内，由于"左"的错误的影响，对现代资产阶级经济学似乎只有批判的任务，没有吸收的任务。但在实行对外开放政策以后，人们较广泛地接触了西方经济学，发现情况并不像原来所说的那样。这样一种转变也容易使人由原来的一个极端——完全否定西方经济学，走到另一个极端——完全肯定和照搬西方经济学。

第三，近30年来在社会主义国家，部分地由于传统经济体制的影响，部分地由于片面强调速度和发展重工业的战略的影响，社会主义基本经济制度的优越性没有得到充分的发挥。与此不同，在发达的资本主义国家，在资本主义私有制的范围内对其生产关系进行了调整。这种调整虽然没有、也不可能根本解决资本主义的基本矛盾，因而并不可能最终挽救资本主义制度必然灭亡的命运，但是，它却使得资本主义生产关系能够容纳社会生产力的高度远远超过了马克思甚至列宁的设想。战后资本主义国家社会生产力获得的空前未有的、巨大的、迅速的发展，以及资本主义经济周期的变化，都可以证明这一点。当然，这种发展同战后发生的新的科学技术革命也有重要的、直接的联系。诚然，如果从本质上看问题，上述的社会主义国家和资本主义国家发生的两方面情况，既不表明资本主义制度可以避免必然灭亡的命运，也不表明社会主义制度不从根本上优越于资本主义制度。但是，上述两种情况的外观，却很容易使人产生这样的错觉：似乎马克思主义已经变得不灵了，而作为当代发达的资本主义国家政策的理论基础的西方经济学，却已经显得很灵了。这不能不说是促进照搬西方经济学倾向的一个重要的认识根源。

第四，党的十一届三中全会已经过去八年了。在这期间，实行了对内搞活经济对外实行开放的总方针。在这种社会经济环境下成长起来的、年轻的经济理论的研究和教学工作者,就具有时代的特征。其特征之一,就是他们对于探索社会主义商品经济理论富有强烈的革命激情和创造精神,对于吸收现代资产阶级经济学也富于敏感性。但是,就许多情况来看,相对于老年的、经济理论的研究和教学工作者来说,他们的马克思主义理论修养不深,对西方经济学的鉴别力不强,对中国的国情了解也较浅。正是这些弱点使得照搬西方经济学的倾向在年轻的经济理论和教学工作者之间有了较多和较明显的表现。

三 要以我国和其他社会主义国家的实践为基础建立和发展社会主义的商品经济理论,同时又要用已经为实践所证明的社会主义商品经济理论去指导社会主义各国的实践

对建立和发展社会主义的商品经济理论来说,无论是运用适合社会主义经济和我国国情的马克思主义关于资本主义商品经济的理论,或者是借鉴现代资产阶级经济学对我国有用的部分,都只是流,而不是源。这个源就是我国和其他社会主义国家的实践。这一点,不仅是符合马克思主义的认识论,而且为1979年以来我国的实际所充分证明了的。在这期间,伴随着我国社会主义商品经济的发展,我国社会主义商品经济的理论也获得了一系列的新发展。重要的有:社会主义经济是有计划的商品经济,国有企业是相对独立的商品生产者和经营者,实行商品生产和经营的、以社会主义国有制为主导的多种所有制形式和多种经营形式,价值规律是社会主义经济的调节者,社会主义的市场体系和价格体系,以及适应社会主义商品经济发展要求的经济体制改革的理论等。实践表明:以社会主义各国的

实践为基础建立和发展社会主义商品经济的理论，仍然是今后必须坚持的方向。

前面说过，把马克思主义经典作家否定社会主义商品经济的观点扬弃掉，并把马克思主义的资本主义商品经济理论中适合社会主义经济和我国国情的部分运用起来；以及把现代资产阶级经济学中对我国有用的部分借鉴过来，并把其中庸俗的和不适合的部分批判掉，对于我国社会主义商品经济理论的发展，具有重要的意义。但是，这种扬弃和运用以及借鉴和批判，都需要有科学依据、客观标准和分析武器。这种依据标准和武器，就是社会主义商品生产的实践，以及以这个实践为基础建立和发展起来的社会主义商品经济的理论。可见，这种理论对于上述的扬弃、运用和借鉴、批判具有重要的指导意义。

这样，以社会主义的实践为基础建立和发展社会主义商品经济的理论就成为社会主义经济学研究的一个根本指导思想。这是一方面。另一方面，用已由实践证明的理论去指导社会主义商品生产的实践，以及旨在发展社会主义商品生产的经济体制改革的实践，也具有重要的意义。"马克思主义的哲学认为十分重要的问题，不在于懂得了客观世界的规律性，因而能够解释世界，而在于拿了这种对于客观规律性的认识去能动地改造世界。"[①] 就经济体制改革的具体情况来说：第一，要进行经济体制改革，就需设计改革的蓝图。这一点，就离不开社会主义商品经济理论的指导。事实也正是这样的。如果不是在党的十一届三中全会以来，在社会主义经济是有计划的商品经济以及国有企业是相对独立的商品生产者等这样一些根本性的理论问题上有了突破性的进展，就很难设想有作为我国经济体制改革蓝图的党的十二届三中

[①] 《毛泽东选集》第 1 卷，第 268 页。

全会《关于经济体制改革的决定》的产生。

第二，马克思主义经典作家否定社会主义商品生产的观点以及高度集中的、以行政管理为主的、排斥市场机制的传统经济体制在我国流行和存在了很长时间，其影响不仅不可能在短时间得到消除，而且在某种条件下还可能扩大。经济体制改革虽然不像1949年新民主主义革命那样从根本上触及到政治权力和经济利益在对立的阶级之间的重新分配，但也部分地涉及权力和利益在根本利益一致，但有局部利益差别的社会成员之间的再分配。即使仅仅由于认识上的原因，人们对经济体制改革也会有不同的看法。这样，实现经济体制改革的蓝图就不可能没有这样或那样的阻力。要妥善排除这些阻力，也需要有社会主义商品经济理论的指导。

第三，经济体制改革是历史发展的必然趋势，不可阻挡，其胜利前景是毋庸置疑的。就我国当前经济体制改革的情况来看，方向是正确的，主流是健康的。但是，也难免发生部分的失误，其所以说难免，不仅是因为从一般意义来说，存在着客观与主观的矛盾，人们的认识难以完全同客观一致，而且考虑到某些特殊因素。这些特殊因素主要是：（1）我国人口多，国家大，经济和文化发展比较落后，发展又很不平衡；封建主义在社会生活各方面遗留的东西较多，传统的经济体制和革命根据地、解放区的供给制的影响较深。这样，情况复杂，改革起点低，因而改革的难度大。（2）在生产建设上急于求成，曾经是过去长期存在的经济工作中"左"的错误的一项主要内容。1979年以来，急于求成的情况有了很大的改变，但也没有从根本上消除，而时不时地冒出来。这不仅干扰了社会主义的生产建设而且不利于为经济体制改革创造宽松的经济环境，干扰了改革，加大了改革的难度，甚至导致改革出现某些曲折。还需着重指出：这种急于求成的状况还在改革本身方面也表现出来，使得许多方面改革的效果很不理想。（3）在传统体制下长期生活过的人们，往往难于完全摆脱旧的影响，以致在改革的某些方面还走着老路。比如，1981年开始实行的"分灶吃饭"的财政制度虽然在调动地方政府增收节支的积极性方面起过积极作用，但它强化了地方政府对企业的行政干预和地区分割状况。这种行政性的分权，同经济体制改革所要求的增强企业活力，建立和发展市场体系，建立和完善以间接控制为主的宏观经济管理等是背道而驰的。再如，1979年以来建立的大批行政性公司也是一种行政性分权，存在着类似弊端。至于1985年实行的企业工资套改，虽然主观上是想推进改革，也确有某些好处，但从其实际效果的主要方面来说，它算不上什么改革，甚至可以说是一种倒退。这主要表现在：这次套改实行的还是以国家行政管理为主的管理工资的原则，妨碍了企业在工资管理方面自主权的扩大；它减少了较能体现按劳分配原则的活工资部分（即奖金），增加了具有明显平均主义倾向的固定工资部分，削弱了企业内部的经济责任制，强化了"吃大锅饭"的工资制度。这样，在改革中，就既有正确的经验，也有错误的教训。显然，要正确区分这种经验和教训，也需要有社会主义商品经济理论的指导。否则，就可能发生把正确的当作错误的，把错误的也当作正确的情况。如果考虑到下述两种情况，这种事情是很容易发生的。一是在过去长期存在的"左"的错误的影响下，学术民主和学术自由发育得很不健全，学术界有人习惯于对现行政策做理论说明。对正确政策这样做，无疑是必要的。但问题是对错误政策也往往这样做。虽然学术民主和学术自由的空气比过去浓多了，但后一种状况在短期内也难以完全改变。二是在对传统体制的弊病缺乏认识，或对改革发生抵触的人们中，也往往易于把由于改革部分失误而带来的问题归结为改革的本身。总之,要正确总结改革的经验和教训,以完善和发展改革,把改革进行到底,就需要有社会主义商品经济理论的指导。当然,在这个过程中,社会主义商品经济的理论也会不断地得到检验和发展。

《资本论》研究要为社会主义商品经济研究服务[*]

一

理论联系实际,是中国共产党的优良作风之一。因此,在党的领导下,从新中国成立起,就注意了理论研究为社会主义实践服务的问题。但在《资本论》研究方面,从主要的意义上说,真正做到为社会主义商品经济研究服务,却经历了一个很长的、曲折的历史过程。

在新中国成立以后的一个长时期内,都是实行以阶级斗争为纲,实行产品经济和传统经济体制的。与这种政治、经济情况相适应,《资本论》研究首先和主要是为阶级斗争服务的。这一点特别突出地表现在长期、广泛流行的政治经济学教科书中。这些教科书的自由竞争的资本主义部分,是《资本论》基本内容的压缩本。一般分为下列七章:第一章商品与货币;第二章资本与剩余价值;第三章资本积累;第四章资本循环与周转;第五章社

---
[*] 原载《中国社会科学院研究生院学报》1989年第1期。

会资本再生产与流通；第六章剩余价值的分割；第七章资本主义的经济危机。其中，前三章是从资本主义生产过程揭露资产阶级和无产阶级的对立，以及资本主义必然灭亡、社会主义必然胜利的规律；后四章分别从资本主义的流通过程和生产总过程进一步论证了这一点。在这里，《资本论》所包括的反映发达商品经济一般并对社会主义商品经济研究有指导作用的许多重要内容，并没有受到应有的重视和给予应有的地位。在这些教科书的社会主义部分，既没有把社会主义经济作为商品经济来看待，更没有运用《资本论》来研究社会主义商品经济。可见，这些教科书所体现的只是《资本论》研究为阶级斗争服务，而同社会主义商品经济的研究却是脱节的。

与上述情况相适应，这个时期《资本论》的研究还注意了为产品经济和传统经济体制服务。重视马克思关于社会资本再生产理论的研究，最明显地反映了这一点。这是可以理解的。包括产品经济和传统体制在内的一切经济和体制下社会生产的发展，都要以国民经济按比例的发展作为条件的；而马克思关于社会资本再生产理论又最具有一般性，对一切经济和体制下的社会再生产都是适用的；传统经济体制的一个重大弊病，就是周期性地带来国民经济的严重失衡。当这种失衡到来的时候，就要提倡对马克思关于社会资本再生产理论的研究。

这样说，并不否定这个时期我国学术界和经济界已经有人以《资本论》为指南开展了社会主义商品经济研究。事实上，在50年代末和60年代初，我国已经有人就社会主义商品生产的原因、价值规律的作用、生产价格和级差地租等问题展开了讨论；在这个过程中一般也都是以《资本论》为指导的。但是，由于没有在总体上确立社会主义商品经济的地位，这种研究也就不可能占主导地位。而一到"左"倾路线占统治地位时，就连这种没有成为主流的研究也销声匿迹了。

直到1978年底召开的党的十一届三中全会以后，党中央先后相继地提出了社会主义的根本任务是发展生产力，社会主义经济是有计划的商品经济。在这种形势下，《资本论》的研究也就逐步转到了主要为发展生产力研究服务、为社会主义商品经济研究服务、为经济体制改革研究服务的轨道上来。但在社会主义阶段，发展生产力还必须通过发展社会主义商品经济形式来实现，经济体制改革的目的也是为了发展社会主义商品经济。从这种相互联系的意义上，似乎可以集中起来说，《资本论》研究要转到为社会主义商品经济研究服务的轨道上来。事实上，我国1978年以来《资本论》研究也是逐步围绕这条主线展开的。

这样说，并不否定新中国成立初期《资本论》研究为阶级斗争服务的特殊重要性。因为当时阶级斗争还很激烈，社会主义和资本主义谁战胜谁的问题还没有根本解决。

这样说，也不意味着当前《资本论》研究可以不为阶级斗争服务了。因为国内的阶级斗争在一定范围内还存在着，在一定条件下还会激化；当前国际形势虽然趋于缓和，但这个范围内的阶级斗争问题并没有解决，意识形态方面的斗争有时还很尖锐。

从新中国成立后我国《资本论》研究的历史来看，从主要为阶级斗争、产品经济和传统经济体制服务，转到主要为社会主义商品经济研究服务，总是一个重大的转变。要实现这个转变，需要做许多艰苦的工作。这里依据过去的经验和当前的情况，就研究方法需要注意的一些问题讲几点意见。

二

按照马克思主义的要求，一切研究工作都必须遵循这项基本方法：不能从已有的原则出发，而必须从事实出发。要使得《资本论》研究为社会主义商品经济研究服务，也必须这样做。这里强调这一点，主要是针对过去在《资本论》研究中长期存在的教条主义错误而提出的。马克思在《资本论》中谈到对未来社会的设想时说过："设想有一个自由人联合体，他们用公共的生产资料进行劳动，并且自觉地把他们许多个人劳动力当作一个社会劳动力来使用。……这个联合体的总产品是社会的产品。这些产品的一部分重新用做生产资料。这一部分依旧是社会的。而另一部分则作为生活资料由联合体成员消费。因此，这一部分要在他们之间进行分配。……每个生产者在生活资料中得到的份额是由他的劳动时间决定的。"① 后来，马克思在《哥达纲领批判》中进一步阐述了这一思想。他在论到共产主义社会第一阶段（即社会主义社会）时写道："每一个生产者，在作了各项扣除之后，从社会方面正好领回他所给予社会的一切。他所给予社会的，就是他个人的劳动量。"② 可见，马克思是把社会主义社会设想为一个统一的生产单位和分配单位，因而这里并不存在商品生产。然而，马克思主义创始人一再告诫后人，他们的理论只是行动的指南，而不是教条。但在过去的一个长时期内，人们在这个重要问题上恰好犯了教条主义的错误，即从已有的概念出发，而不是从社会主义的实践出发，以致做出了否定社会主义国家所有制经济内部存在商品经济的结论。由于这种经济在社会主义社会经济中占主导地位，因而就从主导方面否定了社会主义经济是商品经济。可见，教条主义的思维方法从根本上堵塞了《资本论》研究为社会主义商品经济研究服务的道路。显然，不

---

① 《马克思恩格斯全集》第 23 卷，人民出版社 1972 年版，第 95～96 页。
② 《马克思恩格斯选集》第 3 卷，人民出版社 1972 年版，第 10～11 页。

打破这个障碍，就不可能使《资本论》研究为社会主义商品经济研究服务。而在党的十一届三中全会以后，人们终于打破了教条主义思维方法的束缚，坚持实事求是，以社会生产力标准作为检验马克思对社会主义社会设想的根本标准，于是有愈来愈多的人发现：承认社会主义经济是商品经济，就可以促进社会生产力的发展；否认这一点，就会阻碍社会生产力的发展。据此，人们终于得出了社会主义经济是商品经济的结论。

这个历史经验表明：只有坚持从事实出发，才有可能否定马克思主义创始人关于社会主义社会不存在商品生产的设想，并由此为《资本论》研究为社会主义商品经济研究服务创造了一个根本前提。显然，如果不承认社会主义经济是商品经济，那从根本上说来，就谈不上《资本论》研究为社会主义商品经济研究服务的问题。

而且，只有坚持从事实出发，才能进一步揭示马克思主义创始人否定社会主义经济是商品经济的认识根源。笔者把这种根源归结为以下几点：一是没有经历社会主义建设的实践。这个时代的限制，是主要的认识根源。二是社会生产力水平限制，使人们不容易充分看到社会主义社会作为一个统一的生产分配单位的不合理性。三是研究的注意力集中在揭示社会主义制度与资本主义制度的根本区别上，因而容易忽视二者的共同点。四是空想社会主义的某些影响[①]。我认为，只有充分揭示这些认识上的根源，才有利于人们进一步摆脱教条主义的束缚，并为人们把《资本论》广泛运用于社会主义商品经济研究开辟道路，或者说创造又一个前提。

---

① 详见汪海波《社会主义商品经济研究》，经济管理出版社1988年版，第63~69页。

三

按照马克思主义的观点,特殊的事物是和普遍的事物相联结的,事物的共性是存在于事物的个性之中的。要使得《资本论》研究为社会主义商品经济研究服务,也必须遵循这个方法。就是说,不能只是把《资本论》看作是资本主义商品经济特殊在理论上的反映,同时要把它看作是发达的商品经济一般在理论上的反映。然而,这里着重提出这一点,主要还是针对过去长期存在的、与"左"的思想相联系的片面认识。按照这种认识,《资本论》只是反映了资本主义商品经济特殊,而不反映发达的商品经济一般。这就在另一个方面从根本上堵塞了《资本论》研究为社会主义商品经济研究服务的道路。显然,不打破这个障碍,就不可能使得《资本论》研究充分地为社会主义商品经济研究服务。诚然,1978年以来,我国学术界有愈来愈多的学者在这方面的认识已经起了变化;但似乎还很少有人把这一点作为重要的研究方法来看待。而如果做不到这一点,就难以充分发挥《资本论》研究为社会主义商品经济研究服务的作用。

在这里,首先要看到《资本论》反映的资本主义商品经济特殊,如它所反映的资本主义剥削关系,以及资本家采用过的残酷剥削无产者的手段(如延长劳动时间,提高劳动强度,广泛采用童工)等。显然不能把这些运用到以生产资料公有制为基础的、已经消灭了阶级剥削的社会主义商品经济中来。

但从《资本论》研究为社会主义商品经济研究服务这个角度,需要着重看到的是《资本论》所反映的发达的商品经济一般。

为了说明这一点,需要区分原始的商品经济与发达的商品经济。这里所说的原始的商品经济,是指在奴隶社会和封建社会存在过的简单商品经济;发达的商品经济则是指资本主义社会和社会主义社会存在的商品经济。这两种商品经济的主要区别在于:第一,前者是以手工工具作为物质基础的;后者是以机械化,现代化技术作为物质基础的。第二,前者在社会生产中只占一小部分;后者在社会生产中占了主要地位。第三,前者只是部分产品商品化了,各生产要素并没有商品化;后者不仅全部产品商品化了,而且各生产要素乃至作为各生产要素结合体的企业的产权都商品化了。第四,前者只有部分产品的市场,而且没有在一个国家形成统一的市场;后者不仅有了全部产品的市场,而且有了各生产要素的市场,不仅形成了统一的国内市场,而且形成了国际市场。

与上述情况相联系,还要区分原始的商品经济的范畴、规律与发达的商品经济的范畴、规律。前者如商品、货币和价值规律等;后者如资本(或资金)、剩余价值(或剩余产品的价值)、劳动力商品、资本积累(资金积累)、利润、平均利润、生产价格、企业利润和利息、级差地租和绝对地租等。当然,商品、货币和价值规律这些反映原始商品经济的范畴,同时也是商品经济一般的范畴,因而在发达的商品经济中也是存在的。但它不构成发达的商品经济一般的特征。构成这些特征的是上面列举的资本(资金)等范畴。

作这种区分的原因在于:过去《资本论》研究中存在的问题,并不在于不承认反映原始商品经济的范畴在社会主义商品经济中的作用,至少在某种范围内还是承认商品、货币和价值规律等在社会主义经济中的作用;而是在于否认发达的商品经济一般的范畴和规律在社会主义经济中的作用。但在实际上,社会主义商品经济与资本主义商品经济尽管在社会经济性质上是有根本区别的，但都是发达的商品经济。因而，《资本论》论述的反映发达的商品经济一般的范畴和规律，对社会主义商品经济也是适用的。比如，在过去的长时期内我国学术界许多人都把生产价格看作是资本主义商品经济的特有范畴，否认《资本论》在这方面的分析对于社会主义商品经济研究的指导作用。其实，马克思关于生产价格的形成是发达的商品经济条件下每个特殊生产部门商品再生产的条件的分析，关于在部门内竞争的基础上部门间竞争形成生产价格的分析，关于社会生产力的发展是形成生产价格的一个重要条件的分析，关于生产价格的形成条件和充分实现条件的分析，关于作为客观经济过程的生产价格形成及其阻滞因素的分析等等，对于社会主义商品经济都是适用的。

我们说《资本论》反映的发达商品经济一般的范畴对于社会主义商品经济的适用性，是把社会主义商品经济作为一个历史阶段来说的，它并不意味着可以不顾我国社会主义初级阶段的特点，特别是当前两种新旧体制交替的特点，而照搬《资本论》在这方面的分析。仍以运用马克思的生产价格理论为例，如果不充分考虑当前我国的具体情况（诸如作为市场最重要主体的国有企业还没有真正成为商品生产者；在国民经济中占有重要地位的农业还处于由自然经济或半自然经济向商品经济过渡的过程中；产品市场还没有完全形成，如作为最重要的生活资料的住宅还没有商品化，至于要素市场，发育程度则更低；由于部门分割和地区分割，国内统一市场还没有完全形成；由于国有经济的某些垄断，也由于各种经济成分之间乃至国有经济内部的各类企业之间的放开搞活程度不一，平等竞争也没有形成；适应发达商品经济发展要求的市场组织创新任务还远未完成；包括经济、立法和行政等因素在内的社会主义商品经济新秩序也远没建立，等等），如不结合这些情况加以运用，而是照搬《资本论》的有关分析，那显然是行不通的。

四

按照马克思主义的要求，对一个复杂事物内部诸要素的研究，不能把各个要素孤立起来考察，而必须从各个要素的相互联系中去进行考察。《资本论》所反映的发达的商品经济一般是一部复杂的机体，对它的各个范畴的研究和运用，也不能孤立地进行，而必须从其相互联系中去进行；否则，也不能有效地为社会主义商品经济研究服务。

而过去和当前在这方面存在的一个问题，就是违反了这一要求。

我们只要简要地回顾一下对社会主义商品经济的认识过程，就可以清楚地看到这一点。按照传统的经济理论，在社会主义条件下，只有消费品（但不包括作为基本生活资料的住宅）是商品，而生产资料并不是商品。1978年以后，人们才开始认识到生产资料是商品，住宅也是商品。其后又逐步认识到各个生产要素（包括资金、劳动力、技术、信息和土地使用权等）乃至作为各个生产要素结合体的企业的产权也是商品。至于像失业、通货膨胀和经济周期等问题，人们原来也都认为这些是资本主义制度所特有的，而现在则有愈来愈多的人认为，在社会主义制度下也存在这些问题。这种情况的发生，是同人们摆脱传统经济理论的影响和深化对社会主义商品经济的认识需要有一个过程直接相关的。但如果仅从研究方法上来说，是同人们孤立地研究《资本论》的各个范畴相关的。如果是从各个范畴的相互联系中来进行考察，那么解决这些问题就要容易得多。

现以失业问题为例做些说明。在没有摆脱传统经济理论的影响下，如果孤立地看待社会主义制度下失业问题，似乎很难理解。然而，如果把它放在整个的发达商品经济环境下，并同其他经济范畴联系起来考察，似乎又不是很难认识的：第一，在社会主义商品经济条件下，企业是商品生产者。自由选购劳动力，是企业正常进行的商品经济活动，是实现价值增值和进行竞争的必要条件之一。在社会主义条件下，劳动者在人身上是自由的，劳动力是归劳动者个人所有的，因而劳动力也是当作商品来买卖的。这样，企业和劳动者之间的双向自由选择，就成为客观的经济过程。第二，竞争是社会主义商品经济的一个重要范畴。竞争必然导致一部分企业发展，一部分企业淘汰，从而使得劳动者在企业之间流动。第三，作为发达商品经济的社会主义商品经济的一个重要特征，就是以现代化技术作为物质基础的。与手工工具相比较，这种技术的特点就是处于不断变革的状态中，从而导致有的生产部门发展得快了，有的慢了；某些新的生产部门产生了，某些老的生产部门衰落了。这又会使得劳动者在部门之间流动。所有这些都会引起部分劳动者在一定时期内的失业。

如果从事实出发，充分考虑到我国社会主义初级阶段的某些特点，那还可以进一步看到这种必然性。第一，这个阶段生产力水平比较低，很可能出现劳动力增量超过生产资料增量的情况。这个阶段的技术进步在很大程度上是与机械化的发展相联系的。这种技术构成的提高，更加使得劳动力增量超过生产资料的增量。但更重要的原因还在于：这个阶段由于缺乏经验等原因，在社会经济政策和经济体制等方面都难免发生失误。比如，我国50年代把有些学者提出的计划生育的正确主张当作错误理论来批判，在人口这个基本国策方面发生了重大失误，使得人口在原来基数已经很大的情况下急剧膨胀。而在经济体制方面又盲目地追求单一的社会主义公有制（主要是国有制）和高度集中的经济管理体制，大大限制了就业门路。这样，在实行多就业、低工资的条件下，必然在形成一定数量社会显性失业的同时，还形成大量的隐性失业。第二，这个阶段初期实行的经济体制和经济发展战略，周期性地带来国民经济的严重失衡。当前我国人民的生活正开始处于由温饱型向小康型过渡的状态中，消费结构正在发生急剧变化。已经形成的产业结构，既不适应消费结构变化的要求，也不适应对外开放和世界新的技术革命的要求。这一切就使得产业结构的调整成为现阶段的一项重要任务，而这也会导致失业。第三，这个阶段在经济上的一个重要特点，就是在社会主义公有制为主体的条件下多种经济成分并存。对各种私有经济来说，无疑是允许失业的。如果对社会主义公有制经济不允许失业，就要把后者与前者放在不平等的竞争地位上，而这是不利于社会主义商品经济发展的，不利于社会生产力发展的。

这些历史经验表明：从《资本论》各个范畴的相互联系来考察，是研究和运用《资本论》为社会主义商品经济研究服务的一个重要方法。强调这一点在当前仍有重要意义。比如，当前我国仍有人认为，社会主义制度下不存在劳动力商品和失业等范畴。究其原因，从研究方法来说，除了由于不是从事实出发，以及不是把社会主义商品经济看作像资本主义商品经济一样都是发达的商品经济以外，就是由于只是孤立地研究《资本论》的各个范畴，而不是从相互联系中考察它们。

五

我们在前面分析了《资本论》研究要为社会主义商品经济研究服务的问题。在这之后，为了全面认识这个问题，并避免可能引起的片面认识，还需做两点说明：第一，同时要在马克思主义指导下，重视西方经济学研究①，并使之为社会主义商品经济研究服务。一般说来，马克思主义的建立和发展，都离不开批判地继承和吸收资产阶级理论中的有益成分。而对社会主义商品经济理论的发展来说，这样做，还有某种特殊重要的意义。这一点，是由下述两种情况决定的：（1）当前我国马克思主义经济文献对当代资本主义经济的运行机制缺乏系统、深入的分析。而在这方面，西方经济学已经做出了有价值的分析。（2）更重要的问题还在于：这种分析对于社会主义商品经济的研究是有借鉴意义的。此外，从研究方法来说，西方经济学中的实证法、数量分析法和比较研究法等，对我们研究社会主义商品经济也是有用的。

但要真正做到西方经济学研究为社会主义商品经济研究服务，需要在马克思主义指导下，把西方经济学所总结的、适合社会主义商品经济和我国国情的有用经验借鉴过来，并把其中庸俗的和不适合的部分批判掉。1978年以来我国经济研究的经验表明：凡是这样的研究成果，都已经并正在对我国社会主义商品经济理论的发展起着越来越重要的作用。

然而，在这方面，近年来也有两种正在开始发展起来的倾向值得注意。

一是忽视包括《资本论》在内的马克思主义经济学的研究，只注重西方经济学的研究。在马克思主义指导下，重视西方经济学的研究是必要的。但如果只注重西方经济学的研究，而忽视马克思主义经济学的研究，那就是轻重倒置了。研究马克思主义经

---

① 一般说来，现代西方经济学可分为正统派经济学和非正统派经济学。前者是作为统治阶级的资产阶级的意识形态，后者属于小资产阶级经济学。本文所说的西方经济学是指前者，不包括后者。

济学在树立科学的共产主义世界观、掌握科学的方法论和构造经济学的理论基础等方面的巨大作用，是研究西方经济学所无法代替的。

二是照搬西方经济学。这也是不妥的。因为，西方经济学包含有庸俗的部分，这部分是没有什么借鉴意义的。对这部分需要运用马克思主义进行有说服力的分析，以利于清除其影响。就是西方经济学中某些有价值的分析，虽然有借鉴意义，但由于社会经济制度的根本区别，商品经济发展程度的不同，以及其他的社会条件的差异，也不能照搬。比如，凯恩斯的宏观经济学针对资本主义国家有效需求不足的情况提出了赤字财政和信贷膨胀等主张。而有人根本无视我们社会主义国家有效需求过多的基本特点，也提出赤字财政无害论，通货膨胀有益论。这是照搬西方经济学的典型例子。

这里还要指出：要重视东欧各社会主义国家的经济学的研究。其中许多国家商品经济发展程度比我国高，经济体制改革比我国起步早。作为这种实践总结的经济学也有许多值得注意的地方。而且，相对于西方经济学来说，其借鉴意义要大得多。

第二，从根本上说来，要在马克思主义指导下，重视研究我国和其他社会主义国家发展商品经济的实践。因为对建立和发展社会主义商品经济理论来说，无论是运用适合社会主义经济和我国国情的马克思主义关于资本主义商品经济的理论，或者是借鉴西方经济学对我国有用的部分，都只是流，而不是源。这个源就是我国和其他社会主义国家发展商品经济的实践。这是其一。其二，前面说过，把马克思主义创始人否定社会主义商品经济的观点扬弃掉，并把马克思主义关于资本主义商品经济的理论中适合社会主义经济和我国国情的部分运用起来，以及把西方经济学中对我国有用的部分借鉴过来，并把其中庸俗的和不适合的部分批判掉，对于我国社会主义商品经济理论的发展，具有重要的意义。但是，这种扬弃和运用以及借鉴和批判，都需要有科学依据、客观标准和分析武器。从根本上说来，这种依据、标准和武器，就是社会主义商品生产的实践。

这里还要指出：我们还需在马克思主义指导下重视西方资本主义国家发展商品经济实践的研究。从某种意义上说，这种研究比对西方经济学的研究显得更为重要。即使西方经济学正确地反映了资本主义国家发展商品经济的实践，那它也是流，而不是源。对建立马克思主义关于资本主义经济学的理论来说，资本主义国家发展商品经济的实践才是源。而且，由马克思主义者直接总结资本主义实践而形成的科学理论，不仅对发展马克思主义关于资本主义政治经济学有重要意义，对社会主义商品经济研究的借鉴意义，比西方经济学也要大得多。再有，尽管就长远的发展趋势来说，社会主义生产关系所能容纳的社会生产力和商品经济的发展程度将一定会远远超过资本主义生产关系，但在当前，西方资本主义国家的商品经济发展程度又比我国高得多。这样，研究当代经济发达的资本主义国家发展商品经济的实践，不仅有助于认识当前我国社会主义商品经济的运行机制，而且有助于认识它的前景。还要看到：1978年以来，我国经济学研究工作的一个重大进步，就是相当广泛地注意了对西方经济学的研究。相对这种研究来说，用马克思主义观点研究当代资本主义国家发展商品经济的实践，似乎还没有引起广泛的注意。

第七部分
关于新中国工业史和中国现代产业经济史

《新中国工业经济史》序*

一 开展新中国工业经济史研究的必要性

新中国工业的发展经历了坎坷不平的曲折道路,有伟大的成功,也有严重的失误。成功和失误的关键就在于是否遵循了工业经济发展规律的要求。研究新中国工业经济发展史,总结这方面的经验教训,有助于工业和工业企业管理干部深入认识工业经济的发展规律,进一步掌握党的十一届三中全会以来确定的一系列正确的发展工业的路线、方针和政策,以利于提高他们的工业经济管理水平和企业经营管理水平。而这一点正是当前社会主义现代化建设提出的迫切要求。

新中国成立以后,工业发展虽然几经挫折,但总的说来,表现了社会主义经济制度的巨大优越性。研究新中国工业经济史有助于揭示这种优越性。这也是当前抵制和清除资产阶级思想影响的需要。这种影响的一个重要方面就是怀疑、否定社会主义制度的优越性。

---

* 原载《新中国工业经济史》(一卷本),经济管理出版社1986年版。

无论是作为学科来说，或者是作为课程来说，工业经济史的研究都是工业经济学赖以建立和发展的基础之一。在我国，工业经济学这门学科（或课程）的建立已经有好几十年的历史了。然而迄今工业经济史这门学科仍未形成。这不能不影响到这门学科的发展。因此，开展新中国工业经济史的研究，也有利于加强工业经济学这门学科（或课程）的基础。总之，开展这项研究工作，是建设社会主义物质文明和精神文明的需要。

二　新中国工业经济史这门学科的研究任务

新中国工业经济史虽然是一门横跨经济学和历史学的边缘科学，但主要还是属于经济学。这门学科的主要任务，是要通过新中国工业经济发展史实的研究和叙述，具体地阐明工业中社会主义生产关系（包括基本生产关系和作为这种基本生产关系表现形式的工业经济管理体制）发展的历史过程及其规律。同时，这门学科还具体地阐明作为社会主义经济必要补充的非社会主义工业生产关系发展变化历史过程及其规律的任务。

在这里，新中国工业经济发展的史实，是整个研究工作的出发点。一般说来，马克思主义理论"和任何理论一样，至多只能指出基本的和一般的东西，只能大体上概括实际生活中的复杂情况"。[①] 而且，"自然界在人的思想中的反映，应当了解为不是'僵死的'，不是'抽象的'，不是没有运动的，不是没有矛盾的，而是处在运动的永恒过程中，处在矛盾的产生和解决的永恒

[①] 《论策略书》，《列宁全集》第24卷，人民出版社1963年版（下同），第25页。

过程中的"。① 社会界在人的思想中的反映亦复如此。这样，"一个事物的概念和它的现实，就像两条渐近线一样，一齐向前延伸，彼此不断接近，但是永远不会相交"。② 因而，像任何科学研究工作一样，新中国工业经济史这门学科的研究工作如果从原则出发，而不从实际情况出发，就不可能完成它的使命。

如果考虑到新中国工业经济史这门学科的某些特点，那么，这从事实出发的必要性，就显得更为明显了。

第一，新中国工业经济史是一门新的学科。这门学科的主要任务，是要通过新中国工业经济发展史的研究和叙述，具体地阐述工业中生产关系发展的历史过程及其规律。这些历史过程，有些还没有用马克思主义深入总结过，甚至完全没有总结过。显然，对这些过程的研究，如果从定义出发，而不从实际出发，那么，这些历史过程以及支配这些过程的规律更是不可能得到揭明的。

第二，总的说来，在我国工业经济历史发展全过程中，存在着许多特殊的情况。比如，多种所有制形式和多种经营形式，生产力方面的多层次的结构，各地区工业的发展很不平衡，等等。

分别说来，工业的各个发展阶段也具有多方面的特点。这是因为：（一）在社会主义社会的初级发展阶段，存在着把资本主义私有制和劳动者的个体所有制变革为社会主义所有制的任务。在社会主义的基本经济制度建立起来以后，由于缺乏经验，开始建立的工业经济管理体制也很不完善，需要继续进行改革。（二）社会主义经济制度优越性的一个重要表现，就是它能够推动工业生产建设的迅速发展。而且，"现代工业的技术基础是革命的"。③

---

① 《黑格尔"逻辑学"一书摘要》，《列宁全集》第38卷，第208页。
② 《恩格斯致康·施米特（1895年3月12日）》，《马克思恩格斯全集》第39卷，人民出版社1975年版，第408页。
③ 《马克思恩格斯全集》第23卷，人民出版社1972年版，第533页。

现代科学技术也使得工业迅猛地向前发展。这些就使得各个发展阶段上的工业面貌能够发生较大的变化。（三）在我国还有一个特殊因素，即经济工作指导思想上几次犯过"左"的错误，使得工业的发展几次遭到严重挫折。所有这些重要因素都使得工业发展的各个阶段显示出较大的特殊性。

毛泽东在论到研究矛盾特殊性的时候说过："不但事物发展的全过程中的矛盾运动，在其相互联结上，在其各方情况上，我们必须注意其特点，而且在过程发展的各个阶段中，也有其特点，也必须注意。"① 研究新中国工业经济史尤其需要注意这一点。但是，如果单靠已有的现存结论，而不是从实际出发，那么，无论是新中国工业发展全过程的特殊性，或者是它的各个发展阶段上的特殊性，都是难以揭明的。

这里所说的史实，必须是经过批判地审查过的，去伪存真的而不是实虚混杂的；是"从事实的全部总和、从事实的联系去掌握事实"，而不是"片断的和随便排出来的"；② 是反映客观规律要求的大量事实，而不是个别的偶然现象；是表现本质的典型事实，而不是非本质的现象。

在这里，用历史的方法进行叙述，是一项重要的内容，也是一个重要特点。马克思在论到政治经济学资本主义部分的经济范畴排列次序以及与此直接相联系的分篇时曾经指出："把经济范畴按它们在历史上起决定作用的先后次序来安排是不行的，错误的。它们的次序倒是由它们在现代资产阶级社会中的相互关系决定的。"③ 与此不同，经济史（包括新中国工业经济史，下同）

---

① 《矛盾论》，《毛泽东选集》第1卷，人民出版社1991年版，第314页。
② 《统计学和社会学》，《列宁全集》第23卷，第279页。
③ 《〈政治经济学批判〉导言》，《马克思恩格斯选集》第2卷，人民出版社1972年版，第110页。

的研究则必须按照历史的发展阶段来分篇。政治经济学对问题的分析是采取摆脱了具体历史形式的抽象论点进行的。而经济史则必须通过具体的历史事实来说明问题。

这样说,并不意味着经济史的研究可以不采用逻辑的方法。事实上,经济史对某个历史阶段内各方面经济问题进行分析时,也有一个这诸方面的先后次序的排列问题。而这诸方面均处于同一个历史阶段,又没有历史发展的先后次序之分。对这诸方面先后次序的安排,就不可能采取历史的方法,而只能依据它们在社会经济中的相互关系来决定。经济史对某个具体经济问题的分析所提出的各种论点的先后次序的排列,也存在这种情况。但是,经济史在这两方面采用的逻辑的方法,与政治经济学仍然不同。前者可以采取抽象的论点形式,而经济史则必须采取具体的历史形式,即通过历史事实来阐述。就这方面说,可以称为逻辑方法与历史方法的结合。

像一切科学一样,新中国工业经济史这门学科的任务也在于揭示事物发展的客观规律。这是毋庸赘言的。

但是,无论对用历史的方法进行叙述来说,或者是对揭示事物的客观规律来说,对新中国工业发展史实的研究,都是基础的工作。马克思在讲到《资本论》的研究时曾经说过:"研究必须充分地占有材料,分析它的各种发展形势,探寻这些形式的内在联系,只有这项工作完成以后,现实的运动才能适当地叙述出来。"① 马克思这里说的虽然是政治经济学的研究方法,但它反映了唯物论认识论的一般规律,对经济史的研究也是适用的。经济史的研究在这方面的特点,不在于不要以事实为出发点,而在于要采取历史的形式对客观规律进行叙述。

---

① 《马克思恩格斯全集》第23卷,人民出版社1972年版,第23页。

新中国工业经济史这门学科的另一项重要任务，是要通过新中国工业生产发展史实的研究和叙述，具体地阐明工业生产力发展的历史过程及其规律。

第一，这是揭示社会主义工业生产关系发展的历史过程及其优越性的需要，按照马克思主义的观点，生产力是决定生产关系的。但这里所说的决定，不仅包括决定工业的基本生产关系（如社会主义国家所有制和集体所有制），而且包括决定作为这种基本生产关系的具体表现的工业经济管理体制（包括计划、人、财、物、产、供、销和工资、价格等方面的管理体制），决定工业生产关系及其具体表现形式中的数量关系（如工业中集体所有制企业的应有比重，国家所有制工业企业纯收入在国家与企业之间的分割，工业固定资产投资在基本建设和更新改造之间的分配，工资的增长速度等），决定作为工业社会组织形式的公司，等等。所以，要揭明工业中生产关系这么多方面变化的历史过程，就不能不研究生产力的历史发展过程。

当然，在社会主义制度下，上述的工业中社会主义生产关系诸方面的变化，都是在党和国家的政策指导下进行的。这里既有成功之处，也有失误的地方。那么，检验这种成功和失误的标准是什么？按照历史唯物主义的观点，终极地说来，就是看它是否促进了生产力的发展。因此，探索生产力变化的历史过程，不仅可以揭明上述的工业生产关系诸方面发展的原因，而且成为检验这些变化以及指导这种变化的政策的成功与否、正确与否的标准。

根据历史唯物主义的原理，工业中社会主义生产关系的优越性，从根本上说来，也在于它是否适合生产力的性质。因此，探索生产力发展的历史过程，也就是从根本上揭示工业中社会主义生产关系优越性的过程。

还要说明，对要揭示作为社会主义经济必要补充的非社会主义工业生产关系的发展变化来说,也需要对工业生产力发展过程进行研究。

第二,这也是发展社会主义工业现代化建设的需要。社会主义经济是计划经济,要求自觉地选择工业发展战略目标,以促进社会主义工业现代化建设。要正确地选择工业发展的战略目标,不仅需要遵循社会主义工业生产关系发展的规律,而且需要遵循生产力发展的规律。要揭示生产力发展的规律,就必须探索工业生产发展的历史过程。

要实现业已确定的正确的发展工业的战略目标,需要相应地制定一系列的为实现这个目标服务的发展工业的政策。这也离不开对工业生产力发展历史过程的研究。

为了实现阐明工业中社会主义生产关系和生产力发展的历史过程及其规律的任务,新中国工业经济史这门学科还需要研究有关的社会主义上层建筑的作用。这也是一项不容忽视的重要任务。

列宁在论到马克思《资本论》的写作时曾经指出:"他专门以生产关系说明该社会形态的结构和发展,但又随时地探究适合于这种生产关系的上层建筑,使骨骼有血有肉。'资本论'所以大受欢迎,是由于'德国经济学家'的这一著作把整个资本主义社会形态作为活生生的东西向读者表明出来,将它的生活习惯,将它的生产关系所固有的阶级对抗的具体社会表现,将维护资产阶级统治的资产阶级政治上层建筑,将资产阶级的自由平等之类的思想,将资产阶级的家庭关系都和盘托出。"[1] 列宁这里说的是马克思研究资本主义生产关系发展规律的方法。但从一般意义上说,这个方法也完全适用于我们对于新中国工业经济史的

---

[1] 《什么是"人民之友"以及他们如何攻击社会民主主义者?》,《列宁全集》第1卷,人民出版社1963年版(下同),第121页。

研究。就是说，我们要揭示工业中社会主义生产关系和生产力的历史发展过程及其规律，也必须联系社会主义的上层建筑来进行研究。因为，社会主义的上层建筑对于工业中社会主义生产关系和生产力的发展是有异常重要的促进作用。这种异常重要作用是由下列一些特殊因素决定的：（一）包括工业在内的社会主义生产关系是在无产阶级取得政权以后才建立和发展起来的；（二）作为社会主义上层建筑核心的无产阶级专政具有组织经济（包括工业生产）的作用；（三）作为社会主义上层建筑重要组成部分的社会主义意识形态是由马克思列宁主义、毛泽东思想指导的；（四）工业中的社会主义公有制形态，主要是社会主义国家所有制，国家在组织这种经济方面的作用，显得尤为重要。

这当然不是说，社会主义的上层建筑对工业中社会主义生产关系和生产力的发展只有促进的作用，而不可能有相反的作用。恩格斯曾经说过："国家权力对于经济发展的反作用可能有三种：它可以沿着同一方向起作用，在这种情况下就会发展得比较快；它可以沿着相反方向起作用，在这种情况下它现在在每个大民族中经过一定的时期就都要遭到崩溃；或者是它可以阻碍经济发展沿着某些方向走，而推动它沿着另一方向走，这第三种情况归根到底还是归结为前两种情况中的一种。但是很明显，在第二种和第三种情况下，政治权力能给经济发展造成巨大的损害，并能引起大量的人力和物力的浪费。"① 从一般意义上说，恩格斯提出的这个原理对社会主义社会也是适用的。就是说，即使是在社会主义制度下，政权对经济发展的作用，也不仅有促进的情况，而且可能发生阻碍的情况。这是因为在社会主义社会，上层

---

① 《恩格斯致康·施米特（1890年10月27日）》《马克思恩格斯选集》第4卷，人民出版社1972年版，第483页。

建筑和社会生产力之间也存在着矛盾。诚然，社会主义的上层建筑在根本上是能适应社会生产力发展的要求，其矛盾的性质是根本区别于资本主义的。因而即便在一定时期内无产阶级国家在经济决策方面发生了部分的失误甚至全局的失误，给经济的发展带来了部分损失乃至严重的损失，但依靠社会主义制度本身的力量，是可以纠正失误的，这种矛盾不会导致无产阶级政权的崩溃。这里需要进一步指出：在社会主义的上层建筑和经济基础之间也存在着上述的类似情况。就是说，在这二者之间也存在着矛盾。因而社会主义的上层建筑不仅会促进经济基础的发展，而且可能发生阻碍的作用。但由于二者在根本上是一致的，因而也不会导致社会主义上层建筑的崩溃。但所有这些都不排斥无产阶级政权对社会主义生产力和经济基础的发展可能起阻碍作用。这一点，在社会主义社会的初级发展阶段表现得尤为明显。我国社会主义建设的经验已经反复地证明了这一点。

由此可见，无论是为了揭示社会主义生产关系和生产力的顺利发展的历史进程，或者是为了说明二者在历史发展中所遇到的严重挫折，都不能脱离社会主义上层建筑的促进作用或阻碍作用。离开了后一点，前一点是不能说明的，至少是不能得到充分说明的。而且，为了揭示社会主义生产关系和生产力的发展规律，也不仅需要总结社会主义国家在组织社会主义建设方面的成功经验，同时还需要吸取这方面的失误教训。总之，要建立新中国工业经济史这门学科，就不能忽视对有关的社会主义上层建筑的研究。

我们在前面分析社会主义上层建筑对社会主义生产关系和生产力发展的作用，着重地讲了无产阶级国家的作用，这当然是极为重要的一点。但社会主义上层建筑在这方面的作用又不仅限于这一点，它还包括社会主义精神文明和党的思想政治工作对社会主义生产关系和生产力的维护作用和促进作用。这些重要方面，都是研究新中国工业经济史所不能忽视的。

这里也要指出：对揭示作为社会主义经济必要补充的非社会主义的工业生产关系的发展变化来说，研究有关的社会主义上层建筑的作用，也是完全必要的。

当然，对新中国工业经济史这门学科来说，这方面的研究也像对生产关系和生产力的研究一样，需要从史实出发的，并且需要通过史实来阐明的。

三 研究新中国工业经济史这门学科的指导思想

研究新中国工业经济史这门学科，需要遵循下列指导思想：在马克思列宁主义、毛泽东思想的指导下，从中国的实际情况出发，去探索工业中社会主义的（这是主要方面）和作为社会主义经济必要补充的非社会主义的生产关系和生产力发展的历史过程及其规律。

过去的历史唯心主义者虽然也承认历史现象的规律性，但他们不能把这些现象的变化看作是客观的历史过程，这是因为他们只限于指出支配这些历史现象的社会思想和人的目的，而不是把这些思想和目的归结为物质的社会关系，即客观的社会生产关系。与此根本相反，历史唯物主义"之所以第一次使科学的社会学的出现成为可能，还由于只有把社会关系归结于生产关系，把生产关系归结于生产力的高度，才能有可靠的根据把社会形态的发展看作自然历史过程。不言而喻，没有这种观点，也就不会有社会科学"。①

---

① 《什么是"人民之友"以及他们如何攻击社会民主主义者？》，《列宁全集》第1卷，第120页。

毫无疑问，马克思列宁主义的原理应该成为我们研究新中国工业经济史这门学科的根本指导思想。从一定意义上说，马克思列宁主义原理对于这门学科的研究还有特殊重要的意义。

第一，就新中国工业经济史这门学科的任务来说，它是要探索工业中生产关系和生产力发展的历史过程及其规律，同时要研究有关的社会主义上层建筑的作用。很显然，如果没有历史唯物主义关于生产力和生产关系以及经济基础和上层建筑相互关系的原理作指导，工业中生产关系和生产力的历史过程及其规律是不可能得到阐明的，对社会主义上层建筑对工业的作用也不可能作出正确的评价，这门学科的研究任务也就无法完成。

第二，就新中国工业经济史这门学科所要研究的史料来说，也有三种情况值得注意：一是这门学科研究的史料涉及生产关系、生产力和上层建筑这样极为广阔的领域，情况十分复杂。再加以人的认识过程本身具有曲折性。这样在研究过程中，就很可能发生"把认识的某一个特征、方面、部分片面地、夸大地……发展（膨胀、扩大）为脱离了物质、脱离了自然的、神化了的绝对"，就很可能把认识"这一曲线的任何一个片断、碎片、小段都能被变成（被片面地变成）独立的完整的直线"。而这种"直线性和片面性"，"就是唯心主义的认识论根源"。①

二是工业中的社会主义生产关系的建立、发展和生产力的增长，都是由无产阶级国家组织实现的。这种情况很容易使人们误认为，社会主义的上层建筑可以决定社会主义的经济基础和生产力，而不是生产力决定社会主义的生产关系，经济基础决定上层建筑。但在实际上，无产阶级国家之所以能够完成建立社会主义

---

① 《谈谈辩证法问题》，《列宁选集》第2卷，人民出版社1972年版，第715页。

生产关系的任务,"仅仅是因为它依靠了生产关系一定要适合生产力性质这个经济规律"。① 同样的道理,无产阶级国家能够实现发展社会生产的任务,也仅仅因为它遵循了社会主义生产关系和生产力的客观规律。

提出上面两点,并不表明社会主义制度下唯心主义认识论根源反而扩大了。实际上,在社会主义制度下,由于剥削阶级作为阶级已经消灭,因而唯心主义认识论的重要社会根源也就消除了。提出这两点,也不表明这些就是社会主义制度下唯心主义认识的全部根源。实际上,社会主义制度下唯心主义的主要根源还是在于一定范围内阶级斗争的存在,国内剥削阶级的思想影响和国外资本主义思想的侵蚀;社会主义社会的基本矛盾,即生产力与生产关系和经济基础与上层建筑的矛盾;以及主观与客观的矛盾。但是,这两种情况确实易于导致人们在新中国工业经济史研究中发生错误认识,因而表明要正确地进行这项研究工作,必须要以马克思列宁主义作指导。

三是在社会主义社会的初期发展阶段,由于缺乏经验及其他原因,无论在建立社会主义工业生产关系及其管理体制方面,在处理工业中的社会主义生产关系和作为社会主义经济必要补充的非社会主义经济的相互关系方面,或者在组织社会生产力方面,都存在着许多不成熟的、不完善的地方,甚至发生严重的错误。这样,业已存在的工业经济史料就会有两种情形:一种是反映了工业中的生产关系和生产力发展规律的;一种是没有完全反映、甚至是根本违反了这些规律的。显然,对工业经济史料的取舍、鉴别和分析,没有马克思列宁主义的武器,也是行不通的。

在论到马克思列宁主义的指导作用时,需要强调毛泽东思想

---

① 《斯大林文选》(1934~1952),人民出版社1963年版,第575页。

在这方面的特别重要意义。作为党的集体智慧结晶的毛泽东思想，是马克思列宁主义的普遍真理和中国具体实践相结合的产物，因而不仅对我国的社会主义革命和社会主义建设，而且对我国的社会科学研究（其中包括新中国工业经济史这门学科的研究），都富有更直接的指导意义。

在论到马克思列宁主义的指导作用时，还需重视党的十一届三中全会以来毛泽东思想的发展。这些发展对新中国工业经济史研究，具有更全面、更现实和更深远的指导意义。所谓更全面，就是在总结新中国成立30多年正、反两方面经验、教训（主要是"左"的错误教训）的基础上发展起来的毛泽东思想，有助于人们去鉴别工业发展过程中的"左"的错误，并注意防止右的倾向，从而达到全面总结工业发展的历史经验和揭示工业经济发展规律的目的。所谓更现实，就是依据社会主义建设实践及其需要发展起来的毛泽东思想，有助于人们立足于当前工业现代化建设的要求去总结工业发展的历史经验和探索工业经济发展规律，做到古为今用。所谓更深远，就是这样发展起来的毛泽东思想，有助于人们去探索工业未来的发展趋势。

强调重视发展了的毛泽东思想，同马克思列宁主义、毛泽东思想的指导作用，并不是对立的，而是统一的。因为所谓发展了的毛泽东思想，不是别的，而正是作为马克思列宁主义的普遍真理与中国具体实践相结合的毛泽东思想在社会主义现代化建设这个新历史时期的发展。

强调马克思列宁主义、毛泽东思想对新中国工业经济史这门学科研究工作的指导作用，也并不是要否定从中国实际情况出发在这方面的意义；恰恰相反，马克思主义从来都认为，原则不是研究的出发点，事实才是研究的出发点。从事实出发开展研究工作，这是马克思主义指导作用的基本要求。这一点，前已述及，不再重复。

四　新中国工业经济史的分期

我们把新中国工业经济史区分为六个时期：

（一）国民经济恢复时期的工业经济（1949年10月至1952年）；

（二）生产资料私有制的社会主义改造时期的工业经济（1953~1957年）；

（三）社会主义建设"大跃进"时期的工业经济（1958~1960年）；

（四）国民经济调整时期的工业经济（1961~1965年）；

（五）"文化大革命"时期的工业经济（1966~1976年10月）；

（六）社会主义现代化建设新时期的工业经济（1976年10月至1985年）。

对于新中国工业经济史的分期需作四点说明：（1）这种划分都是依据各个阶段的主要经济特征。（2）我国生产资料私有制的社会主义改造工作从1949年10月中华人民共和国成立以后就开始了。但主要是集中在1953~1956年完成的。因此，生产资料私有制的社会主义改造时期和"一五"时期（1953~1957年）在时间的外延上是有区别的。而且，"一五"时期的主要成就不仅是基本上完成了生产资料私有制的社会主义改造，还建立了社会主义工业化的初步基础。但从总的方面说来，生产资料私有制的社会主义改造不失为"一五"时期的基本经济特征。我们正是在这种意义上，把"一五"时期称作社会主义改造时期。（3）我国国民经济的调整实际上从1961年就开始了。所以，我们把 1961~1965 年称作国民经济调整时期。(4) 社会主义现代化建设的新时期是从 1976 年粉碎江青反革命集团开始的，特别是 1978 年底党的十一届三中全会开始的。这个时期现在还远没有结束。我们的分析只是到 1985 年为止。

新中国工业经济制度是在摧毁半殖民地半封建中国工业的经济制度的基础上建立的，同新中国成立前革命根据地和解放区的新民主主义工业有着直接的继承关系。因此，我们在分析新中国工业经济史之前，对半殖民地半封建中国的工业和中国革命根据地和解放区的新民主主义工业也作了简要的考察。

《中国现代产业经济史》序*

一 撰写中国现代产业经济史的起因

从1978年底党的十一届三中全会以来，伴随我国经济和社会各项事业的蓬勃发展，社会科学研究也获得了空前的繁荣。各种新中国国民经济史和部门经济史的频频问世，就能从一个侧面说明这一点。但是，迄今未见中国现代产业经济史的著作出版。然而，部门经济史不能涵盖全部第一、二、三产业，国民经济史也没有包括整个第三产业。显然，这种情况不利于对新中国产业经济发展经验的全面总结，不利于作为经济学基础学科的产业经济史学的建立，不利于为决策部门提供更全面的参考，不利于充分满足教学的需要，不利于在经济理论研究、教学乃至发展对外经贸关系方面与国际接轨。正是基于这种考虑，本书拟在这方面做些探索。

---

* 原载《中国现代产业经济史》，山西经济出版社2006年版。

二 中国现代产业经济史的研究任务

中国现代产业经济史的研究任务可以简要地概括为:在马克思主义指导下,运用现代经济学关于产业经济的理论,探索和叙述中国现代产业经济发展的历史进程及其规律。

(一) 坚持以马克思主义为指导

马克思主义特别是其中的哲学,阐述了人类社会、自然和思维发展的普遍规律。中国现代产业经济史研究必须以马克思主义为指导思想。当然,马克思主义的应用必须结合实际,并且必须结合实践加以发展,否则,不仅不可能成为实践的指导思想,而且会成为贻害实践的僵化教条。坚持以马克思主义为指导思想,就意味着要坚持以毛泽东思想、邓小平理论和"三个代表"重要思想为指导。因为它们都是马克思主义普遍真理与中国实践和时代特征相结合的产物,是中国化了的马克思主义。

(二) 有分析地运用现代经济学

三次产业的理论是从20世纪30年代以后逐步建立和发展起来的,其著名代表是英国学者科林·克拉克。他在继承前人研究成果的基础上,于1940年出版的《经济进步的条件》一书中,把产业结构分为三大部门:第一部门主要是农业,还包括畜牧业、游牧业、狩猎、渔业、林业。第二部门是制造业。对矿业的划分不明确,有时划入制造业,而有时又划入第一部门。第三部门为其他各业,称为服务业。包括建筑业、运输业、通讯、商业、金融、教育、卫生、文学艺术、科学、行政和国防以及个人服务。他认为,随着人均国民收入水平的提高,劳动力首先从第一产业向第二产业转移,当人均国民收入水平进一步提高时,劳动力便向第三产业转移。因而劳动力在产业间的分布状况是第一产业减少,第二和第三产业逐步增加。可以认为,这个理论大体上反映了人类社会产业经济的规律,值得借鉴。但克拉克理论只是揭示了产业经济理论的基础性内容,并不是全部内容。在他以后,这方面理论还有很大发展。看来,在马克思主义指导下,有分析地运用现代经济学关于产业经济的理论,是研究中国现代产业经济史不可缺少的环节。

(三) 产业经济涉及的内容

首先,本书对三次产业的划分,是依据国家统计局 2003 年 5 月关于这个问题的规定,即:第一产业是指农、林、牧、渔业;第二产业是指采矿业,制造业,电力、燃气及水的生产和供应业,建筑业;第三产业是指除第一、二产业以外的其他行业。第三产业包括:交通运输、仓储和邮电业,信息传输、计算机服务和软件业,批发和零售业,住宿和餐饮业,金融业,房地产业,租赁和商务服务业,科学研究、技术服务和地质勘察业,水利、环境和公共设施管理业,居民服务和其他服务业,教育、卫生、社会保障和社会福利业,文化、体育和娱乐业,公共管理和社会组织,国际组织。在上述三次产业划分基础上,本书对产业经济发展过程的叙述,都程度不同地涉及支配和影响产业运行的宏观体制、微观机制和产业政策,产业经济总量运行方式、速度和形态,产业总体结构(第一、二、三产业构成)、部门结构(第一、二、三产业内部结构)、产业组织和企业规模结构、地区结构和技术结构以及产业经济运行的结果(包括对生态环境和人民生活的影响)等方面。

(四) 叙述产业经济发展的历史过程及其发展规律

同其他科学一样,中国现代产业经济史的任务也在于揭示历史发展的规律。从史学研究的视角考察,要揭示历史规律,主要的基础性工作是要如实地叙述历史过程的原貌,但也需要客观的、画龙点睛的分析小结。这也是揭示历史规律不可忽视并且不能由叙述历史过程所代替的一个重要环节。

三 中国现代产业经济史的研究方法

为了实现上述任务,中国现代产业经济史的研究方法必须注意以下几点:

(一) 坚持实事求是

这是辩证唯物论的基本要求。这样,从史实出发,就成为产业经济史研究工作的基本出发点。如果不从史实出发,而从原则(比如党和政府某些政策)出发,就不可能完成它的使命。但是,这里所说的史实,必须是经过批判地审查过的、去伪存真的,而不是虚实混杂的;是从事实的全部总和、从事实的联系去掌握事实,而不是片断的和随便抽出来的事实;是反映客观规律要求的大量事实,而不是个别的偶然现象;是表现本质的典型事实,而不是非本质的现象。

这里所说的史实,是历史过程中的事实。因此,用历史事实叙述这个过程,是包括产业经济史在内的所有史学著作在叙述形式上所必须具有的一个重要特点。这同经济学对问题的分析采取摆脱了具体历史形式的抽象论点是有重大区别的。

就产业经济史中的重大事件来说,这个历史过程需要包括决策过程、实施过程和实施结果三方面。

在叙述这些历史过程时,势必涉及决策实施过程中的重要人物。这样,对重要人物在这些过程中作用的叙述,就成为产业经济史不可分割的重要内容。

与叙述历史过程的特点相联系，产业经济史这门学科在篇章排列顺序上也有它的特点。马克思在论到政治经济学资本主义部分的经济范畴排列次序以及与此直接相联系的分篇时曾经指出："把经济范畴按它们在历史上起决定作用的先后次序来安排是不行的、错误的。它们的次序倒是由它们在现代资产阶级社会中的相互关系决定的。"① 与此不同，产业经济史的研究则必须按照历史的发展阶段来分篇。

这样说并不意味着产业经济史的研究可以不采用逻辑的方法。事实上，经济史对某个历史阶段内各方面经济问题进行分析时，也有一个诸方面先后次序的排列问题。而这诸方面由于均处于同一个历史阶段，就没有历史发展的先后次序之分；对这诸方面先后次序的安排，就不可能采取历史的方法，而只能依据它们在社会经济中的相互关系来决定。经济史对某个具体经济问题的分析所提出的各种论点的先后次序的排列，也存在这种情况。但是，经济史在这两方面采用的逻辑方法，与政治经济学仍然不同。后者可以采取抽象的论点形式，而经济史则必须通过历史事实来阐述。就这方面说，可以称为逻辑方法与历史方法的结合。

（二）坚持生产力标准

这是历史唯物主义的基本要求。如果产业经济史的研究不坚持这个标准，而采用别的标准（比如党和政府领导人的某些言论），那么，产业经济发展的历史进程就不可能得到科学说明。

---

① 《马克思恩格斯选集》第2卷，人民出版社1972年版，第110页。

（三）着重注意党和政府在产业经济发展方面的领导作用

因为中国新民主主义社会的建立，从新民主主义社会到社会主义社会的过渡，以及从计划经济体制到社会主义市场经济体制的转变，都是在党和政府的领导下进行的。而且在社会主义市场经济体制已经建立的情况下，由我国国情决定的市场经济不能是古典的、自由放任的市场经济，也不是一般的、现代的、有国家干预的市场经济，而是特殊的、有国家更多干预的市场经济。当然，这种干预是以市场为基础的，市场是社会生产资源配置的主要方式。这样，如果脱离了党和政府的领导作用，那么，中国现代产业经济发展过程（包括顺利发展过程和遭受严重挫折过程），是不可能得到说明的。正因为这样，本书每编在叙述新中国各个时期产业经济发展过程时，都要首先叙述党和国家在这个时期提出的任务以及路线、方针和政策。这绝不是形式主义的做法，绝不是多余的，而是为了真实地再现中国现代产业经济发展的过程。当然，这绝不是说党和国家提出的任务以及路线、方针和政策，在各个时期和各个方面都是正确的，都起了积极作用。实际上，在某些时期或某些时期的某些方面是有缺陷和错误的，在不同程度上起了消极作用。这需要依据各个时期产业经济发展的具体情况给予客观评价。但如果脱离了党和政府的领导作用，中国现代产业经济发展的进程是无法得到说明的①。

---

① 这里需要提到，英国剑桥《中华人民共和国史》（1949~1965年）主编费正清和罗德里克·麦克法夸尔在该书的序中指出：“与帝国时代和民国时代不同，在中国共产党的统治下，生活的任何方面、国家的任何地区都不能不受到中央政府使中国革命化的坚定努力的影响。要考察中国社会的任何方面而不考察共产党变革它的努力的来龙去脉，则是毫无意义的。因此，人们就必然要从北京的党的政治局和政府的国务院的角度着手观察中国。"[《英国剑桥中华人民共和国史》（1949~1965年）

（四）注重产业经济发展历史过程中数量的关系

历史过程像一切事物一样，都是质和量的统一。因此，如果只注意历史过程质的方面，忽视量的方面，那就不可能全面反映历史过程。这个问题在中国现代产业经济史的研究中显得尤为重要。

为此，本书除了在正文中引用了大量的数据以外，还附了37张有关产业经济全局的、系统的（其中很多都是分析性的）表格。这样做，除了可以弥补正文分析的不足以外，还有助于精简行文，特别是有利于一目了然地观察事物的全貌。

四 中国现代产业经济史的分期

基于各有关问题的重要性的差别，我们在本书中以社会基本经济制度或经济体制的变化作为中国现代产业经济史分期的主要标准，并以正标题表示；在许多时期以社会生产力的变化状况作为第二位标准，并以副标题表示；在个别时期还以政治因素作为次要标准，也以副标题表示。这样，中国现代产业经济史的分期就是：

第一，新民主主义社会的产业经济

——经济恢复时期的产业经济（1949年10月至1952年）；

第二，从新民主主义社会到社会主义社会过渡时期的产业经济

——社会主义工业化初步基础建立时期的产业经济（1953～1957年）；

（中译本），上海人民出版社1992年版，第1页］如果把这段文字中的"在中国共产党的统治下"换成"在中国共产党的领导下"，那么，它的基本精神都是可以同意的。可见，尽管这两位史学家和我们的世界观根本不同，但在研究中国社会生活各方面（当然包括产业经济）时必须研究党和政府的作用这一点上，同我们的看法是一致的。

第三，实行计划经济体制时期的产业经济（一）

——"大跃进"阶段的产业经济（1958～1960年）；

第四，实行计划经济体制时期的产业经济（二）

——经济调整阶段的产业经济（1961～1965年）；

第五，实行计划经济体制时期的产业经济（三）

——"文化大革命"阶段的产业经济（1966～1976年9月）；

第六，实行计划经济体制时期的产业经济（四）

——经济恢复与"洋跃进"阶段的产业经济（1976年10月至1978年）；

第七，市场取向改革起步阶段的产业经济

——以实现经济总量翻两番、人民生活达到小康水平为战略目标的社会主义建设新时期的产业经济（一）（1979～1984年）；

第八，市场取向改革全面展开阶段的产业经济

——以实现经济总量翻两番、人民生活达到小康水平为战略目标的社会主义建设新时期的产业经济（二）（1985～1992年）；

第九，市场取向改革制度初步建立阶段的产业经济

——以实现经济总量（或人均国民生产总值）翻两番、人民生活达到小康水平为战略目标的社会主义建设新时期的产业经济（三）（1993～2000年）；

第十，市场取向改革制度完善阶段的产业经济

——以全面建设小康社会为战略目标的社会主义建设新时期的产业经济（四）（2001～2004年）。

但上述分析只是说明了中国现代产业经济史分期的一般依据，即从总的方面说明了这种划分的首要标准和第二位标准，并

未说明各个时期提法的具体根据。这一点正是需要进一步回答的问题。如果再考虑到各个时期的提法在学术界有争议，以及个别时期的特殊因素需要进一步说明，那么逐个简要地分析各个时期的提法就显得更为必要了。

依据中共中央的有关文件和毛泽东等中共中央领导人的著作，以及实际经济发展状况，我将第一、第二个时期确定为新民主主义社会和从新民主主义社会到社会主义社会的过渡时期①。这是从基本经济制度的变化来说的。从社会生产力的发展来看，第一个时期是经济恢复时期，第二个时期是社会主义工业化初步基础建立时期。这是很明显的。

我国实行的计划经济体制是伴随官僚资本的没收以及资本主义工商业、个体农业和个体工商业的社会主义改造而逐步全面建立起来的。一直到1978年，这种体制不仅没有得到根本改革，而且在"大跃进"和"文化大革命"期间还被进一步强化。但从社会生产力的变化和政治因素来看，这个时期却经历了各有特点的四个阶段，即"大跃进"、经济调整、"文化大革命"以及经济恢复与"洋跃进"。所以，我从前一角度将这个时期划分为实行计划经济体制时期（一）、（二）、（三）、（四）的四个发展阶段；从后一角度将这个时期划分为"大跃进"、经济调整、"文化大革命"以及经济恢复与"洋跃进"四个发展阶段。

从1978年底召开的党的十一届三中全会开始，我国即开始步入了市场取向的经济体制改革和社会主义现代化建设新时期。依据改革的进程，我将其划分为四个阶段：市场取向改革的起步阶段（1979~1984年）、市场取向改革的全面展开阶段（1985~

---

① 汪海波：《"新民主主义论"研究——纪念毛泽东诞辰100周年》，《经济研究》1993年第12期。

1992年)、市场取向改革制度初步建立阶段(1993~2000年)和市场取向改革制度完善阶段(2001~2004年)。就社会主义现代化建设来说,就是要实现邓小平提出的三步走的经济发展战略目标:第一步,在20世纪80年代实现国民生产总值翻一番,基本解决人民生活的温饱问题;第二步,在20世纪90年代实现国民生产总值再翻一番,使人民生活达到小康水平;第三步,在21世纪中叶使我国达到中等发达国家的水平,使人民过上中等富裕生活[1]。但鉴于1995年比原定计划提前5年实现了经济总量翻两番的目标,中共中央和八届全国人大四次会议将原定的经济总量翻两番的目标提高为人均国内生产总值翻两番[2]。后来召开的党的十五大和党的十六大又进一步把实现社会主义现代化建设第三步战略目标的部署具体分为两个阶段:21世纪头20年全面建设小康社会,到中叶基本实现现代化[3]。我在前面对第七、八、九、十时期所做的划分,其依据就在这里。

以上就具体划分10个时期的依据分别做了分析。这里还拟就其中某些时期的起点和终点做一些说明:①当前,一般都把1963~1965年称作经济调整时期。但是,我国经济调整实际上从1961年就开始了。所以,把1961~1965年称作经济调整时期。②市场取向改革的全面展开阶段是以1984年10月召开的党的十二届三中全会做出的《关于经济体制改革的决定》为标志。选择1985年作为这个阶段的起点,是考虑到这个决定实际起指导作用的起始时间。③市场取向改革制度初步建立阶段是以

---

[1] 参见《邓小平文选》第3卷,人民出版社1993年版,第226、251页。
[2] 参见《关于国民经济和社会发展"九五"计划和2010年远景目标纲要》,人民出版社1996年版,第64页。
[3] 参见《中国共产党第十六次全国代表大会文件汇编》,人民出版社2002年版,第18页。

1992年9月召开的党的十四大首次提出建立社会主义市场经济体制的改革目标为标志的。选择1993年作为这个阶段的起点，也是考虑到这个决定实际发生指导作用的起始时间。④按预定计划，无论是社会主义市场经济体制的完善或者是全面建设小康社会，都要到2020年才能实现。而本书的叙述只到2004年。

最后，还有四点需要说明的问题：①本书作为简明读本，在叙述历史过程时，都很扼要（其中很多地方甚至根本没有涉及决策和实施过程，只叙述了实施结果），并在每编末尾列出复习的重点。②本书涉及了许多文件，文件名称第一次出现用全称，在随后出现不产生歧义时，一般用简称。③为了保留历史的原貌，本书有些地方采用了原有的计量单位。④本书叙述范围只限于中国内地，未包括中国香港、澳门特别行政区和中国台湾省。

作者著作目录

一 专著和文集

汪海波、周叔莲、吴敬琏：《驳"按劳分配是产生资本主义的经济基础"的谬论》，广东人民出版社1978年版。

吴敬琏、周叔莲、汪海波：《驳"四人帮"对社会主义工资制度的诬蔑》，广东人民出版社1978年版。

汪海波：《略论社会主义直接生产中的生产关系》，山西人民出版社1979年版。

周叔莲、吴敬琏、汪海波：《利润范畴和社会主义的企业管理》，人民出版社1979年版。

汪海波：《脑力劳动和体力劳动问题研究》，广东人民出版社1980年版。

汪海波：《中国社会主义经济问题探索》，湖南人民出版社1981年版。

汪海波参与撰写：《中国经济结构问题研究》（马洪、孙尚清主编），人民出版社1981年版。

周叔莲、吴敬琏、汪海波：《社会主义经济建设和马克思主义政治经济学》，中国社会科学出版社1982年版。

汪海波：《中国工业经济问题研究》，云南人民出版社1984年版。

汪海波参与撰写和编纂：《论经济结构对策》（孙尚清主编），中国社会科学出版社1984年版。

周叔莲、汪海波：《论孙冶方"最小—最大"理论》，中国社会科学出版社1985年版。

汪海波：《中国积累和消费问题研究》，广东人民出版社1986年版。

汪海波：《略论国有企业是相对独立的商品生产者》，重庆出版社1986年版。

汪海波参与撰写和编纂：《论社会主义商品经济》（马洪主编），中国社会科学出版社1987年版。

汪海波：《社会主义商品经济问题研究》，经济管理出版社1988年版。

汪海波：《工业经济效益问题探索》，经济管理出版社1990年版。

汪海波：《汪海波选集》，山西经济出版社1990年版。

汪海波：《发展的效益型与改革的市场型》，经济管理出版社1993年版。

汪海波：《论市场取向的经济改革》，经济日报出版社1996年版。

汪海波参与撰写：《2000年的中国经济》（孙尚清主编），中国发展出版社1996年版。

汪海波：《中华人民共和国工业经济史》，山西经济出版社1998年版。

汪海波：《论中国经济的持续快速发展》，经济管理出版社2000年版。

汪海波参与撰写：《宏观经济调控政策研究》，桂世镛、周绍朋主编，经济管理出版社2000年版。

汪海波：《我国"九五"、"十五"宏观经济分析》，经济管理出版社2002年版。

汪海波参与撰写和编纂：《社会主义市场经济概论》（全国干部学习读本），全国干部培训教材编审指导委员会组织编写，刘国光、桂世镛主编，人民出版社2002年版。

汪海波参与撰写：《国有企业改革与国有资产监管》，周绍朋、丁德章主编，国家行政学院出版社2005年版。

汪海波参与撰写：《经济安全：预警与风险化解》，周绍朋、张孝德主编，国家行政学院出版社2005年版。

汪海波：《论中国经济社会的持续快速全面发展（2001~2020）》，经济管理出版社2006年版。

汪海波：《中国现代产业经济史》，山西经济出版社2006年版。

二 主编

汪海波主编并参与撰写：《新中国工业经济史》（一卷本），经济管理出版社1986年版。

汪海波副主编并参与撰写：《中国工业经济管理（上、下）》，马洪主编，经济管理出版社1986年版。

汪海波主编之一并参与撰写：《经济体制改革理论与实践研讨会论文集》，中国经济出版社1987年版。

汪海波编者之一并参与撰写：《中国的宏观经济管理》，经济管理出版社1988年版。

汪海波主编：《工业经济学》，在中央电视台经济频道授课的讲稿，1989年内部出版。

汪海波主编：《中国国民经济各部门经济效益研究》，经济管理出版社1990年版。

汪海波主编之一：《中国工业经济效益问题研究》（上、下），中国社会科学出版社1990年版。

汪海波主编之一：《企业承包经营》，北京出版社1990年版。

汪海波主编并参与撰写：《中国经济效益问题研究》，经济管理出版社1991年版。

汪海波主编之一并参与撰写：《企业转换经营机制的系列讲座》，在中央电视台经济频道授课的讲稿，经济管理出版社1992年版。

汪海波主编之一并参与撰写：《九十年代中国经济的改革与发展》，经济管理出版社1992年版。

汪海波主编之一并参与撰写：《建立和发展中国的市场经济》，经济管理出版社1995年版。

汪海波副主编并参与撰写：《中国工业五十年——新中国工业通鉴》（二十卷）（国家经贸委主编），中国经济出版社2000年版。

汪海波主编之一并参与撰写：《新中国工业经济史》（四卷本），经济管理出版社1994～2001年版。

汪海波主编之一并参与撰写：《中国转轨时期的政府经济职能》，国家行政学院出版社2005年版。

三 论文

汪海波和陈俊欧等：《在城市街道建立人民公社的若干问题》，《教学与研究》1958年第11期。

汪海波、盛皿：《试论城市街道居民生产服务合作社的分配问题》，《学术月刊》1958年第

12 期。

汪海波、邹斌（周叔莲笔名）：《第二次国内革命战争时期马克思主义与反马克思主义在土地问题上的斗争》，《经济研究》1960 年第 2 期。

汪海波、朝红（周叔莲笔名）：《人民公社在实现农业技术改造中的伟大作用》，《学术月刊》1960 年第 3 期。

汪海波、周斌（周叔莲笔名）：《列宁论农业问题——纪念列宁诞辰九十周年》，《大公报》1960 年 4 月 21 日。

汪嘉周（汪海波、周叔莲笔名）：《我国农业的高速发展，是毛泽东思想的伟大胜利》，《大公报》1960 年 7 月 12 日。

汪海波、周斌（周叔莲笔名）：《论我国农业的高速度发展》，《学术月刊》1960 年第 9 期。

汪涛（汪海波笔名）：《论"三包一奖"制度》，《东风》1961 年第 1 期。

实学（汪海波、周叔莲笔名）：《关于扩大再生产公式的初步探讨》，《光明日报》1961 年 12 月 4 日。

汪涛、粟联（汪海波、周叔莲笔名）：《关于社会主义级差地租产生原因的探讨》，《经济研究》1962 年第 2 期。

汪嘉周（汪海波、周叔莲笔名）：《现阶段我国农村人民公社级差地租的分配问题》，《江汉学刊》1962 年第 2 期。

实学（周叔莲、汪海波笔名）：《如何在扩大再生产公式中反映劳动生产率提高的影响》，《江汉学报》1962 年第 4 期。

实学（汪海波、周叔莲笔名）：《关于社会主义级差地租的若干问题》，《中国经济问题》1962 年第 5 期。

周叔莲、汪海波：《试论影响农业扩大再生产的若干因素》，《中国经济问题》1963 年第 12 期。

周莲波（周叔莲、吴敬琏、汪海波笔名）：《工业发展速度问题是一个尖锐的政治问题——斥"四人帮"攻击〈条例〉的谬论》，《中国经济问题》1977 年第 4 期。

吴敬琏、周叔莲、汪海波：《论社会主义工资及其具体形式》，《光明日报》1977 年 12 月 5、7 日。

汪海波：《必须坚持合理的规章制度——批判"四人帮"破坏社会主义规章制度的谬论》，《新湘评论》1977年第12期。

汪海波、周叔莲、吴敬琏：《按劳分配不是产生资产阶级的经济基础》，《经济研究》1978年第1期。

汪海波：《坚持政治挂帅和物质鼓励相结合》，《人民日报》1978年2月22日。

汪海波：《企业管理人员的劳动性质不容歪曲》，《复旦大学学报》1978年第2期。

周叔莲、汪海波：《社会主义商品生产不容诋毁》，《文史哲》1978年第2期。

汪海波：《科学技术人员和工程技术人员也是生产劳动者》，《社会科学战线》1978年第3期。

景周（汪海波、周叔莲笔名）：《一本宣扬"四人帮"反动谬论的坏书》，《北京日报》1978年5月25日。

汪海波：《社会主义生产过程中人与人之间的相互关系是阶级对抗关系吗?》，《经济研究》1978年第6期。

吴敬琏、周叔莲、汪海波：《建立和改进企业基金的提成制度》，《人民日报》1978年9月2日。

吴敬琏、周叔莲、汪海波：《利润范畴和社会主义企业管理》，《经济研究》1978年第9期。

周叔莲、吴敬琏、汪海波：《充分发挥企业主动性》，《人民日报》1978年12月31日。

汪海波、吴敬琏、周叔莲：《必须把劳动者的一部分收入和企业的经营状况紧密地结合起来》，《经济研究》1978年第12期。

汪海波：《论企业在社会主义经济中的地位和作用》，《北方论丛》1979年第1期。

汪海波：《企业生产管理人员也是生产劳动者》，《财经问题研究》1979年第1期。

汪海波、孙连成：《必须保障集体农民的物质利益和民主权利》，《学术月刊》1979年第3期。

汪海波：《加强思想政治工作，把精神鼓励和物质鼓励结合起来》，《财贸战线》1979年5月11日。

周叔莲、吴敬琏、汪海波：《价值规律和社会主义企业的自动调节》，《经济研究》（社会主义经济中价值规律问题讨论专辑）1979年第6期。

周叔莲、吴敬琏、汪海波：《再论价值规律和社会主义企业的自动调节》,《经济研究》1979年第9期。

汪海波:《必须兼顾积累和消费》,《学术月刊》1980年第1期。

汪海波:《略论社会主义制度下脑力劳动和体力劳动分工的发展过程》,《北方论丛》1980年第1期。

汪海波:《思想政治工作在提高劳动积极性方面的作用》,《工人日报》1980年3月13日。

汪海波、吴敬琏、周叔莲:《知识分子在现代生产中的作用》,《经济研究》1980年第4期。

汪海波:《需要开展"教育是一个生产部门"的讨论》,《教育研究》1980年第4期。

汪海波参与撰写:《发挥地方的经济优势,建立合理的工业结构》,《光明日报》1980年5月10日。

汪海波:《教育部门是一个重要的生产部门》,《教育研究》1980年第5期。

吴敬琏、汪海波:《在调整中正确发挥优势》,《人民日报》1980年11月6日。

汪海波:《关于社会主义国家所有制企业生产目的的探讨》,《经济研究》1980年第12期。

汪海波:《略论现阶段农村中某些封建经济残余》,《中国经济问题》1981年第1期。

汪海波:《对我国积累和消费比例关系严重失调的分析》,《群众论丛》1981年第1期。

汪海波:《关于我国积累和消费比例关系的初步分析》,《浙江学刊》1981年第1期。

汪海波:《关于社会主义集体所有制企业生产目的的探讨》,《求索》1981年第2期。

汪海波、吴敬琏、周叔莲:《实现社会主义生产目的的症结何在》,《社会科学辑刊》1981年第2期。

汪海波:《进一步调整国民经济的几个重要环节》,《中国经济问题》1981年第4期。

汪海波:《关于企业利润留成若干理论问题的初步探索》,《财贸经济》1981年第4期。

周叔莲、吴敬琏、汪海波:《关于社会主义全民所有制经济的若干问题》,《求索》1981年第4期。

汪海波:《关于国有企业自负盈亏的若干问题》,《财经问题研究》1981年第4期。

汪海波：《经济管理体制改革讨论评述》，《人民日报》1981年5月29日。

汪海波：《关于社会主义竞争的若干理论问题》，《北方论丛》1981年第6期。

汪海波：《试论我国工业经济组织的合理化》，《经济问题》1981年第10期。

吴家骏、汪海波：《1980年中国工业》，《中国经济年鉴》1981年版。

汪海波：《关于提高经济效益的若干问题》，《求索》1982年第3期。

汪海波：《关于社会主义工业现代化的若干问题》，《江西社会科学》1982年第4期。

汪海波：《从我国社会主义工业的产生发展过程看社会主义生产关系的优越性》，《财经问题研究》1982年第4期。

汪海波：《我国社会主义消费模式的特点及其决定因素》，《经济研究》1982年第5期。

汪海波：《略论社会主义的经济效益》，《云南社会科学》1982年第5期。

汪海波：《社会主义国家所有制的客观必然性》，《社会科学辑刊》1982年第5期。

汪海波：《我国社会主义消费模式的特点》，《光明日报》1982年6月22日。

汪海波：《经济战略和经济效益》，《财贸经济》1983年第1期。

汪海波：《略论党的思想政治工作的必要性》，《江西社会科学》1983年第1期。

汪海波：《一个具有强大活力的联合企业》，《经济管理》1983年第3期。

汪海波、郭今（周叔莲笔名）：《引进先进技术是加快实现现代化的一项伟大战略决策》，《中国经济问题》1983年第4期。

汪海波：《略论半殖民地半封建中国积累和消费在量的方面的若干特征》，《江西社会科学》1983年第4期。

汪海波：《略论社会主义国有经济中多层次积累》，《财经问题研究》1983年第4期。

汪海波：《经济体制改革性质刍议》，《经济管理》1983年第9期。

汪海波：《试论家庭承包责任

制条件下家庭积累的性质》,《经济研究》1983年第10期。

汪海波:《建设有中国特色的社会主义工业管理讨论评述》,《人民日报》1983年11月25日。

汪海波:《试论国家积累和地方积累》,《求索》1984年第1期。

汪海波:《控制积累基金和消费基金的规模》,《湖南经济研究》1984年第1期。

汪海波:《社会主义国家所有制包含计划经济的必然性》,《中国经济问题》1984年第2期。

汪海波:《新中国工业经济史研究的若干问题》,《江西社会科学》1984年第2期。

汪海波:《论工业经济学和工业经济管理学的研究对象》,《中山大学学报》1984年第3期。

汪海波:《我国经济改革中的一项大政策》,《求索》1984年第4期。

汪海波:《孙冶方"最小—最大"理论与社会主义建设》,《财经科学》1984年第5期。

汪海波:《借鉴国际经验,探索我国本世纪内积累和消费的比例关系》,《财经问题研究》1984年第5期。

汪海波:《对本世纪最后二十年积累和消费比例关系的探讨》,《云南社会科学》1984年第7期。

汪海波:《国民经济恢复时期恢复和发展工业的主要成就和经验》,《中国工业经济学报》1985年第1期。

汪海波:《香港工业的一个基本特征:产出出口主导和投入进口主导的结合》,《港澳研究》1985年第1期。

汪海波:《社会主义商品经济理论的新发展》,《求索》1985年第1期。

汪海波:《建立社会主义工业化初步基础的主要原则》,《中国工业经济学报》1985年第3期。

汪海波:《评述几种否定国家企业是相对独立商品生产者的观点》,《中国经济问题》1985年第3期。

汪海波:《社会主义商品经济的一个理论支柱》,《财经科学》1985年第3期。

汪海波:《香港工业的基本特征》,《财经问题研究》1985年第3期。

汪海波:《日本经济管理体制的特征》,《经济问题探索》1985

年第5期。

汪海波：《中国新民主主义革命时期根据地和解放区的国营工业》，《江西社会科学》1985年第6期。

汪海波：《增强企业活力的理论前提》，《城市改革理论研究》1985年第6期。

汪海波、周叔莲：《一定要控制固定资产投资规模》，《技术经济与管理研究》1985年第6期。

汪海波：《关于"六五"时期提高经济效益的若干问题》，《中国工业经济学报》1986年第1期。

汪海波、周叔莲：《论控制固定资产投资规模的机制》，《求索》1986年第1期。

周叔莲、汪海波：《论固定资产投资重点转向技术改造》，《财经科学》1986年第1期。

汪海波参与撰写：《对"十五"时期建设和改革问题的回顾与思考》，《中国社会科学》1986年第2期。

周叔莲、汪海波：《坚定地走社会主义建设新路子》，《经营与管理》1986年第2期。

汪海波：《工业经济学教材体系中存在的问题和改进意见》，《中国工业经济学报》1986年第4期。

汪海波：《对住宅商品化原因的探讨》，《江西社会科学》1986年第5期。

汪海波：《"经济体制改革理论与实践研讨会"闭幕词》，《中国工业经济研究》1987年第1期。

汪海波：《关于社会主义商品经济原因、性质的几点思索》，《中国工业经济研究》1987年第1期。

汪海波：《略论社会主义制度下的基础价格——兼评"双渠价格"》，《江苏经济探索》1987年第2期。

汪海波：《关于社会主义制度下产品价格的若干问题》，《社会科学学刊》1987年第2~3期。

汪海波：《试析剩余产品基金的分配（上、下）》，《中国工业经济研究》1987年第4、5期。

汪海波：《论国有企业劳动报酬基金改革的目标模式》，《浙江学刊》1987年第6期。

汪海波：《关于劳动报酬基金增长的若干问题》，《江西社会科学》1987年第6期。

汪海波：《关于当前经济学研究的若干问题》，《江海学刊》1987年第7期。

汪海波：《试论生产资料补偿基金的分配》，《财经问题研究》1987年第8期。

汪海波：《历史经验的启示》，《人民日报》1987年10月12日。

汪海波：《关于提高经济效益的若干问题》，《中国工业经济研究》1988年第2期。

汪海波：《企业家与企业的经济效益》，《社会科学学刊》1988年第2期。

汪海波：《加快建立和培育社会主义市场体系》，《经济管理》1988年第3期。

汪海波：《提高劳动生产率应该成为轻工业产品出口的立足点》，《轻工业经济》1988年第5期。

汪海波：《关于"进一步解放思想，进一步解放生产力"的思考》，《经济管理》1988年第6期。

汪海波：《论社会主义劳动纪律的基本格局》，《经济管理》1988年第8期。

汪海波：《关于我国现阶段产业后备军的若干问题》，《中国工业经济研究》1989年第1期。

汪海波：《〈资本论〉研究要为社会主义商品经济研究服务》，《中国社会科学院研究生院学报》1989年第1期。

汪海波：《对我国工业经济效益历史和现状的分析》（上、下），《中国工业经济研究》1989年第4、5期。

汪海波：《当前我国城镇失业率刍议》，《经济管理》1989年第5期。

汪海波：《论全要素生产率》，《经济管理》1989年第8期。

汪海波：《中国工业40年：成就和经验》，《经济管理》1989年第10期。

汪海波：《牢固树立持续稳定协调发展经济的思想》，《中国社会科学院研究生院学报》1990年第1期。

汪海波：《深化经济体制改革的方向问题——兼评经济私有化观点》，《经济管理》1990年第2期。

汪海波、刘立峰：《认清企业经营环境，增强企业应变能力》，《中国工业经济研究》1990年第4期。

汪海波、刘立峰：《论加强国有资产管理》，《中国社会科学院研究生院学报》1990年第4期。

汪海波、刘世锦：《试析我国经济效益的现状及其变动特征》，

《江西社会科学》1990年第6期。

汪海波：《提高经济效益的若干对策》，《经济管理》1990年第7期。

汪海波：《论经济的适度增长》，《经济管理》1990年第9期。

汪海波：《关于开发高附加值产品的若干问题》，《轻工业经济》1990年第10期。

汪海波：《积极推进企业技术改造》，《经济管理》1991年第1期。

汪海波：《"软着陆"后中国经济走势：持续快速健康发展》，《财经科学》1991年第1期。

汪海波、刘世锦：《对形成我国经济效益变动特征若干原因的分析》，《江西社会科学》1991年第2期。

汪海波、刘世锦：《速度、结构与效益——对1979年以来我国经济变动特征若干原因的分析》，《中国工业经济研究》1991年第3期。

汪海波：《对中国大陆九十年代适度增长率的预测和分析》，《经济学家》1991年第3期。

汪海波：《经济适度增长，是实现经济持续、稳定、协调发展的重要途径》，《企业家报》1991年4月15日。

汪海波：《关于计划与市场关系的几点思考》，《社会科学学刊》1991年第4期。

汪海波：《90年代深化经济体制改革若干问题探讨》，《经济研究》1991年第6期。

汪海波：《关于计划和市场关系的几点思考》，《中国社会科学院研究生院学报》1991年第6期。

汪海波、刘立峰：《评增强企业活力的几种不同思路》，《经济管理》1991年第9期。

汪海波：《论真想还是假想提高经济效益的若干标志》，《财贸经济》1991年第11期。

汪海波：《九十年代中国工业的发展》，载《九十年代中国经济发展与改革探索》，经济科学出版社1991年版。

汪海波：《我国工业经济效益的现状及其提高的途径》，载《我的经济观》，江苏人民出版社1991年版。

汪海波：《当前经济效益下降已经到了十分严重的程度》，《经济参考报》1992年1月19日。

汪海波：《经济效益：怎样才

能使你冲出低谷〉,《经济师》1992年第2期。

汪海波:《进一步解放思想,是加快改革开放步伐的先导》,《改革》1992年第3期。

汪海波:《试论计划调节与市场调节的有机结合——兼评"计划调节为主论"》,《求索》1992年第4期。

汪海波、刘立峰:《对我国产业结构变动的分析和预测》,《中国工业经济研究》1992年第5期。

汪海波:《论进一步解放思想》,《经济管理》1992年第5期。

汪海波:《再论进一步解放思想》,《经济管理》1992年第6期。

汪海波:《社会主义市场经济刍议》,《经济管理》1992年第8期。

汪海波:《计划体制改革的历史回顾与前瞻》,《计划经济研究》1992年第8、9期。

汪海波:《实现速度与效益的统一,是当前极重要问题》,《经济管理》1992年第10期。

汪海波:《当前要强调提高速度与增进效益相统一》,《中国工业经济研究》1992年第10期。

汪海波:《论社会主义市场经济》,《中国工业经济研究》1992年第12期。

汪海波:《历史的选择——再论社会主义市场经济》,《经济管理》1993年第1期。

汪海波:《划时代的发展——三论社会主义市场经济》,《经济管理》1993年第2期。

汪海波、刘立峰:《企业体制改革与企业行为合理化的历史考察——兼论加速对国有企业实行股份制改造的必要性》,《华东化工学院学报》(社会科学版)1993年第2期。

汪海波:《关于中国现阶段国有经济比重问题——兼论国有经济主导作用的历史发展》,《中国社会科学院研究生院学报》1993年第3期。

汪海波、刘立峰:《从两种企业行为看推行股份制的必要性》,《经济管理》1993年第6期。

汪海波:《从当前经济效益的变化特征看深化市场取向改革的紧迫性》,《社会科学辑刊》1993年第6期。

汪海波:《对当前工业经济效益变化特征的分析》,《经济管理》1993年第8期。

汪海波：《关于社会主义初级阶段的若干问题》，《江西社会科学》1993年第9期。

汪海波：《"新民主主义论"研究——纪念毛泽东诞辰100周年》，《经济研究》1993年第12期。

本刊编辑部（汪海波写）：《夺取经济发展与经济改革的新胜利》，《经济管理》1994年第1期。

汪海波：《关于新中国工业经济史的分期问题》，《中国社会科学院研究生院学报》1994年第4期。

汪海波：《企业劳动、工资、社会保险制度的改革》，《社会科学辑刊》1994年第4期。

汪海波：《国民经济恢复时期发展工业的基本经验》，《中国社会科学院研究生院学报》1995年第1期。

汪海波：《论企业家在实现企业改制中的作用》，《中国投资与建设》1995年第2期。

汪海波：《如何建立企业家队伍》，《中国投资与建设》1995年第5期。

汪海波：《对陈云关于稳定发展中国经济思想的历史考察——纪念陈云诞辰90周年》，《经济研究》1995年第6期。

汪海波：《学习陈云关于稳定发展中国经济的思想和实践》，《经济改革与发展》1995年第6期。

汪海波：《大力开展闲置设备交易》，《经济管理》1995年第9期。

汪海波：《我国经济步入持续快速健康发展轨道——"八五"经济发展的回顾与展望》，《光明日报》1995年10月20日。

汪海波：《对我国基础产业发展滞后的考察》，《中国工业经济》1995年第10期。

汪海波：《基础产业筹资的重要性及其途径》，《经济管理》1995年第12期。

汪海波：《中国经济发展现状及其近期走势》，《经济改革与发展》1995年第12期。

汪海波：《中国民族工业发展的历史进程及其基本经验——纪念江南造船厂暨民族工业诞生130周年》，《中国工业发展战略讨论会文集》1995年版。

汪海波：《中国大陆基础产业的发展及其筹资途径》，台湾省中华经济研究院：《"两岸产业分工策略"学术讨论会文集》1995年版。

汪海波：《关于实现经济增长

方式转变的若干问题》,《中国工业经济》1996年第1期。

汪海波:《建立和完善企业技术进步机制》,《经济日报》1996年2月26日。

汪海波:《更好地发挥国有经济的主导作用》,《中国国情国力》1996年第2期。

汪海波:《实现经济增长方式转变的意义和条件》,《经济界》1996年第3期。

汪海波、王东:《企业技术进步与经济增长方式转变》,《经济管理》1996年第5期。

汪海波:《关于经济增长方式转变的若干问题》,《北京经济瞭望》1996年第5期。

汪海波、王东:《关于国有经济战略性改组的若干问题》,《中国经济体制改革》1997年第1期。

汪海波:《关于经济体制改革的若干问题》,《北京经济瞭望》1997年第3期。

汪海波:《国有企业H股香港上市的现状和原因》,《经济管理》1997年第4期。

汪海波:《时代的最强音》,《新视野》1997年第5期。

汪海波:《论邓小平经济体制改革理论的形成》,《中国工业经济》1997年第5期。

周绍朋、王健、汪海波:《软着陆:宏观政策协调的成功》,《经济日报》1998年1月26日。

汪海波:《关于社会主义本质的研究》,《中国社会科学院研究生院学报》1998年第1期。

汪海波:《坚定信心,推进国有企业改革》,《中国社会科学院研究生院学报》1998年第2期。

周绍朋、王健、汪海波:《宏观经济政策协调在实现软着陆中的作用》,《经济研究》1998年第2期。

汪海波:《试论社会主义初级阶段非公有制理论的历史性发展》,《中国党政干部论坛》1998年第2期。

汪海波:《社会主义初级阶段所有制理论的历史性发展——学习党的"十五大"报告的一点体会》,《经济界》1998年第2期。

汪海波:《大力发展融资租赁业》,《浙江学刊》1998年第5期。

汪海波:《论经济体制改革》,《中国工业经济》1998年第11期。

汪海波:《跨国联营和收购的良方》,《光明日报》1999年1月

22日。

汪海波：《试析1998年宏观经济政策的协调》，《经济界》1999年第3期。

汪海波：《中国市场取向改革的成就》，《首都经贸大学学报》2000年第12期。

汪海波：《中国工业五十年成就》，《中国经济年鉴》2000年版。

汪海波：《21世纪初中国经济走势：持续快速发展》，《国家行政学院学报》2001年第1期。

汪海波：《建立社会主义市场经济的可行性和艰巨性》，《经济与管理研究》2001年第2期。

汪海波：《论社会主义市场经济环境的完善与发展》，《经济学动态》2001年第3期。

汪海波：《21世纪初中国经济稳定持续快速发展》，《学习与探讨》2001年第4期。

汪海波：《我国经济周期波动幅度的巨大变化，是党领导经济走向成熟的一个重要标志——纪念建党80周年》，《经济参考报》2001年6月28日。

汪海波：《"九五"时期中国经济运行轨迹、特征及其意义》，《中国经济年鉴》2001年版。

汪海波：《2001年："十五"计划开局良好的一年》，《中国经济年鉴》2002年版。

汪海波：《2001年，"十五"计划开局良好的一年》，《中国社会科学院研究生院学报》2003年第1期。

汪海波：《论2001～2020年中国经济总量翻两番的可行性》，《国家行政学院学报》2003年第2期。

汪海波：《论政府经济职能的历史发展》，《经济管理干部学院学报》2003年第2期。

汪海波：《论建立现代分配制度》，《经济学家》2003年第6期。

汪海波：《2002年：经济凸显稳步上升的一年》，《中国经济年鉴》2003年版。

汪海波：《2002年，凸显经济稳步上升的一年》，《中国社会科学院研究生院学报》2004年第1期。

汪海波：《21世纪初中国经济仍有条件实现持续快速发展》，《香港经济导报》2004年第1期。

汪海波：《论通货紧缩的特征》，《经济学动态》2004年第2期。

汪海波：《论现代分配制度》，《国家行政学院学报》2004年第

2期。

汪海波：《中国国有资产监管的实践进程》，《中国经济史研究》2004年第4期。

汪海波：《我国经济运行的总体特征》，《经济日报》2004年11月8日。

汪海波：《论统筹城乡发展》，《中国经济年鉴》2004年版。

汪海波：《论统筹城乡发展——兼及消灭城乡差别的条件》，《中国社会科学院研究生院学报》2005年第1期。

汪海波：《2004年我国经济运行特征和未来趋势》，《国家行政学院学报》2005年第1期。

汪海波：《中国国有企业改革的实践进程》，《中国经济史研究》2005年第3期。

汪海波：《试论新一轮经济周期及其战略机遇期》，《经济学家》2005年第5期。

汪海波：《编制五年计划的若干经验教训》，《中国改革报》2005年8月1日。

汪海波：《产业结构调整是最大的节约》，《经济日报》2005年8月14日。

汪海波：《牢牢把握重要的战略机遇期》，《经济学动态》2005年第10期。

汪海波：《略论新一轮经济周期的特征及其战略含义》，《光明日报》2005年11月1日。

汪海波：《2004年经济运行特征及其发展趋势》，《中国经济年鉴》（2005年）。

汪海波：《试论"十五"期间投资率和消费率的运行特征及其变动趋势》，《中国社会科学院研究生院学报》2006年第1期。

汪海波：《新中国十个五年计划的回顾：成就和经验》，《国家行政学院学报》2006年第1期。

汪海波：《略论2005年经济运行的总体特征》，《经济与管理研究》2006年第1期。

汪海波：《经济周期的理论与实际——对〈宏观经济周期波动在适度高位平滑化〉的商榷意见》，《中国经济问题》2006年第3期。

汪海波：《深化改革，有效治理投资膨胀》，《中国社会科学院院报》2006年5月25日。

汪海波：《当前亟须控制固定资产投资的过快增长——兼论地方政府投资膨胀机制的治理》，《经济学动态》2006年第6期。

汪海波：《重点是抑制地方政府的投资膨胀机制》，《光明日报》2006年8月21日。

汪海波：《保持经济平衡，实现科学发展》，《中国社会科学院院报》2006年12月26日。

汪海波：《新中国十个五年计划的回顾：成就与经验》，《中国经济年鉴》2006年版。

汪海波：《"十一五"开局良好，重点治理失衡》，《国家行政学院学报》2007年第1期。

汪海波：《对新一轮经济周期上升阶段运行特征的分析》，《中国经济问题》2007年第2期。

汪海波、周民良：《如何促进投资和消费关系的协调》，《新京报》2007年3月13日第2版。

汪海波：《抓住战略机遇期，推进第三产业的优先发展》，《中国经济报告》2007年4月号。

汪海波：《对我国第三产业发展严重滞后原因的分析》，《经济学动态》2007年第4期。

汪海波：《评中国经济学家薛暮桥著作〈中国社会主义经济研究〉》，《中国社会科学》1980年第4期英文版。

汪海波参与撰写：《中国经济改革》，林伟主编，美国宾夕法尼亚大学出版社1982年英文版。

汪海波：《关于中国国有企业工资制度改革问题》，日本总合研究开发机构编：《现代中国的经济体系》，筑摩书房1986年日文版。

汪海波：《中国建立独立完整的工业体系》，《北京周报》（英文版）1989年10月2~8日。

汪海波：《中国工业：42年与109年比较》，《北京周报》（英文版）1991年第39期。

汪海波：《关于中国提高经济效益问题》，日本总合研究开发机构编：《现代中国经济的展望》，筑摩书房1993年日文版。

汪海波：《中国经济发展现状及近期走势》，中国改革发展研究院、日本三井物产贸易经济研究所编：《东亚经济白皮书》，日本能率协会1996年日文版。

汪海波：《一部有现实意义的经济著作——评薛暮桥新著〈中国社会主义经济问题研究〉》，《人民日报》1980年2月21日。

汪海波：《一部系统地批判"四人帮"的经济著作——评董辅礽主持撰写的〈"四人帮"对马克思主义政治经济学的篡改〉》，《经济研究》1980年第8期。

汪海波：《评孙尚清的〈经济与管理〉一书》，《经济研究》1982年第10期。

汪海波：《缜密分析香港经济的佳作——读杨奇主编的〈香港概论〉》，《经济日报》1990年12月30日。

汪海波：《评陈佳贵的〈市场经济与企业经营〉》，《中国工业经济研究》1994年第4期。

汪海波：《评李京文主编的〈走向21世纪的中国经济〉》，《经济学动态》1995年第12期。

汪海波：《战略较量：经济全球化的新思维——评韩康等的新作》，《光明日报》2004年5月25日。

汪海波：《评陈锦华等新著〈论社会主义与市场经济兼容〉》，《光明日报》2006年2月9日。

汪海波参与撰写：《2000年的中国》，马洪主编，中国社会科学出版社1988年版。

汪海波主编并参与撰写：《深圳能源集团有限公司"十五"规划》，《深圳能源》2001年第8期。

汪海波、邱靖基、刘立峰：《社会主义市场经济条件下行业管理》，《国家行政学院学报》2002年第2、4期。

汪海波：《浙江海正集团有限公司市场战略研究》，载《论中国经济社会的持续快速全面发展》，经济管理出版社2006年版。

作者年表

汪海波原名汪期涛,笔名汪涛。
1930 年 9 月 24 日
出生于安徽省宣城县龙坑汪村的一个地主家庭。
1936～1944 年上半年
在宣城县龙坛坑和榨门口读私塾和小学。
1944 年下半年至 1947 年上半年
在宣城县立初中毕业。
1947 年下半年至 1950 年上半年
先在安徽省宣城中学读高一、芜湖中学读高二,后在皖南区宣城中学高中毕业。
1950 年下半年至 1953 年上半年
先在南京大学经济系读大一、大二,后在复旦大学经济系毕业。
1953 年下半年至 1956 年上半年
在中国人民大学经济系研究生毕业。
1956 年 8 月至 1958 年 12 月
在中国人民大学政治经济学教研室任助教。
1958 年 12 月至 1975 年 12 月
在中国科技大学政治经济教研组先后任助教、讲师和组长。
1975 年 12 月至 1981 年 1 月
在人民出版社经济编辑室做编辑工作。
1981 年 1 月至 1995 年 9 月
在中国社会科学院工业经济研究所工作。
其间:1981 年任副研究员,1985 年任研究员。
1982 年
任硕士生导师,1985 年任博士生导师。

1981 年

任工业经济理论和发展史室主任。

1985 年 7 月

任所党组成员。

1985 年 10 月

任所学术委员会副主任。

1984 年

任中国工业经济学会常务理事、副秘书长。

1984 年 9 月

任经济管理出版社副社长、副总编辑和《中国经济年鉴》副总编辑。

1986 年 7 月

任经济管理出版社社长和总编辑。

1987 年 4 月

任《经济管理》主编。

1988 年 11 月

任《中国经济年鉴》总编辑。

1987 年 8 月至 1991 年 11 月

任中国社会科学院研究生院副院长。

其间还任：研究生院学术委员会副主任。

学位委员会主任和学报主编。

1987 年、1989 年、1991 年

任中国社会科学院直属学科片学术委员会委员。

1995 年 10 月

在工业经济研究所退休。

2006 年 8 月

被选为中国社会科学院首届荣誉学部委员。

1995 年 10 月至今

继续任《中国经济年鉴》总编辑，并任国家行政学院经济学部教授、教学顾问。